古川孝順
社会福祉学著作選集

第4巻

社会福祉学

中央法規

第4巻　はしがき

本書は二〇〇二年二月に誠信書房から刊行した著作であるが、此度著作選集を編纂するにあたって第4巻として復刻することにした。原本の執筆刊行の時期は、時代的にはまさに二〇世紀から二一世紀にかけての世紀転換期にあたる。本書は筆者の八冊目の単著であり、書名も『社会福祉学』である。その限りでは、本書は、一九九四年の『社会福祉学序説』を直接的に継承するという位置づけになる。書名も序説をはずした『社会福祉学』である。ただし、筆者自身の社会福祉学を系統的、体系的に記述した著作は、むしろ翌年の二〇〇三年に刊行した『社会福祉原論』（本著作選集に第5巻として収録）である。本書は『社会福祉原論』のための地ならし的な位置づけになっている。その意味において、本書『社会福祉学』と『社会福祉原論』は姉妹編としての関係にある。

本書は、全九章から構成されている。第1章の「社会福祉における現代」は、基礎構造改革論、それを具体化した児童福祉法や介護保険法の制定というまさに転型期にあった社会福祉の動向を俯瞰的に捉えたものであり、筆者の時代認識が示されている。ついで、第2章の「社会福祉研究の課題」と第3章の「社会福祉研究の枠組み」は、そのような転型期的、過渡期的状況にある社会福祉をどのように分析するかを問うために、筆者自身の視点と枠組みの設定を手探りしつつ、従来の研究方法論の再吟味を試みたものである。第4章の「欧米社会福祉の展開」と第5章の「戦後日本の社会福祉」は、変動期のさなかにあるわが国の社会福祉を歴史的な文脈のなかで捉え直すことによって、社会福祉にかかる変動の意味と将来を展望することを課題としている。

　続く第6章の「社会福祉理論のパラダイム転換」と第7章の「社会福祉援助理論のパラダイム転換」は、以上の考察を踏まえた、筆者なりの視点と枠組の設定、それらに依拠する理論展開を示したものである。第6章は、従来のいわゆる政策制度論の再検討を通じた理論の再構築とその方向性を素描した内容となっている。第7章は、基礎構造改革を通じて再構築された援助提供の制度の枠組と運営のありようについて、援助の提供者と利用者との関係に焦点を絞って検討したものであるが、ケアマネジメント、権利擁護、苦情処理にかかる諸問題についてかなり突っ込んだ議論を展開している。さらに、コミュニティエンパワーメントアプローチという概念を導入して、地域福祉、あるいは地域社会をベースにした社会福祉の新たなありようについて素描している。

　第8章の「社会福祉運営の理論（一）」と第9章の「社会福祉運営の理論（二）」は、端的にいえば、従来社会福祉行政として議論されてきたテーマを社会福祉の運営という新たな視点と枠組によって捉えようとしたものである。わが国の従来の社会福祉学研究、なかでも政策のレベルで社会福祉の全体像を捉えようとする研究、いわゆる社会福祉の原理論的研究は、社会福祉の具体的な内容となる援助そのものや援助の提供や利用にかかる議論を欠落させている、あるいはその議論が希薄に過ぎるために、リアリティを欠いたメタフィジカルな空中戦といった様相を呈した議論の応酬に終始するという嫌いがあった。他方においては、社会福祉行政論、しかもいわゆる社会福祉六法とよばれる生活保護法、児童福祉法、母子福祉法（現・母子及び父子並びに寡婦福祉法）、身体障害者福祉法、知的障害者福祉法、老人福祉法、さらには社会福祉法（旧・社会福祉事業法）の逐条的な説明と解釈というかたちで、社会福祉の内容が論じられてきた。さらにいえば、それらの議論と内在的なかかわりをもたないままに、ソーシャルワーク論や個別社会福祉施設におけるケア論が展開されてきた。

　筆者は、それらを社会福祉の運営という観点から再整理し、かつそれによって政策論と援助論を媒介し、政策の策定から制度の設置と運営、援助の提供と展開にいたる過程を一連のプロセス、事象が連続して順次受け継がれることによって形成される過程として把握し、展開することを提起したものである。筆者は、そのための視点や枠組を設定するために、一部については従来の概念を再構成し、一部については新たな概念を導入した。

以上のように、筆者としては、本書において、二〇世紀から二一世紀へという世紀転換期、転型期におけるわが国の社会福祉の状況やそれを認識し、変容させるために必要と思われる理論的な枠組についてかなり系統的、体系的な整理を試みた。そのうえで、社会福祉学そのものについての記述は、『社会福祉原論』に委ねることにしたのである。その意味において、読者諸氏には、本書『社会福祉学』と本著作選集第5巻を姉妹編として通読されるように希望したい。そうすることによって、筆者の社会福祉学についてより一層ご理解いただけるものと期待している。

本書の刊行を準備する過程においては、中央法規出版の皆さんをはじめ多数の人びとにお世話になった。まず、校正については西田恵子（立教大学教授）氏と門美由紀（東洋大学非常勤講師）氏にご協力をいただいた。かなりの大部であり、両氏には貴重な時間と相当のエネルギーを投入していただいた。改めて感謝の意を表したい。校閲その他煩瑣な事務については、編集部の照井言彦氏と鈴木涼太氏のご尽力を頂戴した。あわせ記して感謝の意を表したい。

二〇一九年一月

古川　孝順　記す

目次

初出

社会福祉学

発行日：2002年2月18日
発行所：誠信書房
判　型：A5判
頁　数：442頁

■はしがき

二〇〇一年も残すところわずかである。

二一世紀の最初の年として祝福されるはずであったこの年は、いまや容易に出口のみつからない過渡期的、カオス的状況のさなかにあることを思わせるような深刻な状況のなかで暮れ行こうとしている。

規模に違いがあるとはいえ、社会福祉もまたそうした過渡期的、カオス的状況のさなかにある。わが国では、二〇世紀の最後の一〇年間を通じて強力に推進された社会福祉基礎改革のなかで、市民の自立生活の支援、利用者本位の利用システムと利用支援システムの構築、サービスの質的向上とそのための苦情解決システム、第三者評価システム、情報公開制度の推進が提唱されてきた。なるほど、このような社会福祉における基礎構造改革には、わが国の社会福祉に従来にない新しい息吹が持ち込まれる兆しも感じられる。しかし、その一方において、規制緩和・構造改革の大合唱のなかでわが国はかつてないほどの失業率の上昇、ホームレスに象徴される現代的貧困の拡大、子育て不安と虐待の蔓延、介護費用や医療費の負担増などの難問に直面させられている。その深刻さにおいて変わるところはない。

そうしたなかで、社会福祉の施策とすぐれた実践にたいする社会の期待は日増しに拡大しているように思われる。社会福祉に関わる研究と教育にたいする期待も否応なしに拡大せざるをえない。実際、わが国において、こんにちほど社会福祉の施策や実践が、そしてそれについての研究や教育が社会の耳目を集めたことがあったであろうか。近年、大学の生き残りという動機も絡んでのことであるが、定員にして数千人に及ぶ社会福祉学関係の学科や学部、大学院が設置されてきた。

このような状況は、筆者が社会福祉の研究と教育に関わるようになった一九六七年頃、三五年の昔には考えられないことであった。その後、こんにちまで、わが国における社会福祉学の研究も教育もそれなりにレベルを高めてきたように思う。しかし、現在、年々増加を続ける社会福祉学系の学科、学部、大学院における研究や教育が充実しているとはとてもいえないであろう。ありていにいえば社会福祉学の現状はバブル的状態にあるといって過言ではないように思われる。世代論的にいえば筆者もそのことに責めを負うべき立場にいるのであるが、社会福祉の研究や教育をめぐる深刻な状況が進行しつつあるにも関わらず、善後策もままならないというのが実情であろう。

先に筆者が社会福祉学の研究と教育に関わるようになって早くも三五年になると書いた。自分自身としてはそれなりに時間と労力を費やしてきたつもりであるが、日暮れにかかって道なお遠しである。世間的にいえば暦を一巡する年齢になりつつある現在、もう一度態勢の建て直しを図りたい。筆者が本書の編纂を思い立った理由は、ここにあるといってよい。

本書に収録した論稿の一部は既刊の編著から抜粋したものであり、他の一部はさまざまな機会にすでに刊行しあるいは発表した論稿をベースに、その草稿にあらためて筆を入れたものである。それでも随所に痕跡は残らざるをえず、あるいは読者諸氏に再読するという印象をあたえる部分も出てこようかと恐れている。筆者としては、そうした論稿を含め、多様な視点から社会福祉に接近を試みた論稿をあらためて一冊の書物としてとりまとめることによって、筆者の意図している社会福祉学研究の現状と到達点を明らかにし、読者諸氏による忌憚のない批判に委ねることができるのではないかと期待している。

これまで、筆者は、社会福祉学の研究に取り組むにあたり、可能な限り借り物ではない、自前の社会福祉学の構築を目指したいと念じてきた。いま本書に収録した論稿を読み返してみると、それぞれの論稿に濃淡があることに加え、全体的にみてアイディアどまり、デッサンどまりという印象を禁じえない。まさに日暮れにかかって道遠しというほかないのであるが、筆者の想いをお汲み取り願い、ご批判とご鞭撻をいただければ幸いである。

第1章から第9章までのうち、第1章、第6章、第7章は、それぞれ筆者の編集による『社会福祉21世紀のパラダイムⅠ』(誠信書房、一九九八年)に収録されている「社会福祉21世紀への課題」と「社会福祉理論のパラダイム転換」、『社会福祉21世紀のパラダイムⅡ』(誠信書房、一九九九年)に収録されている「社会福祉基礎構造改革と援助パラダイム」を改題し、補筆したものである。残りの論稿は、前述のように既刊の論稿を再編集し、大幅に加筆したものである。さらに、巻末に筆者がこれまで公にしてきた著書及び論文の一覧を収録しておいた。雑多なものが多いが、社会福祉学研究教育三五年を機にとりまとめたものである。私家版的であるがご海容いただければ幸いである。私情にわたるが、この著書論文の一覧をみているとこの一〇年ほどは、質は別にしても、量的にはそれなりに仕事をしてきたという想いがないわけではない。しかし、山あれば谷ありである。本書の刊行を契機にもう一度戦略を練り直し、筆者なりの社会福祉学体系の構築に微力を尽くしたいものと思う。

最後になってしまったが、誠信書房の柴田淑子社長、編集部の松山由理子氏、長林伸生氏をはじめとする関係者諸氏のご理解とご支援に衷心から感謝の意を表したい。関係者諸氏の社会福祉学研究の発展に寄せられる熱意がなければ本書が世に出ることはなかったであろう。校正及び索引の作成については、東洋大学大学院社会学研究科社会福祉学専攻後期課程の所貞之氏、野口友紀子氏の労を惜しまぬ献身に負うている。あわせて感謝の意を表しておきたい。

二〇〇一年　晩秋の日に　　　筆　者　記

第1章 社会福祉における現代

現代は過去を将来に継承する接点である。現代は、過去の結果であると同時に、将来をうみだす起点である。ここでは、そのことを前提に、過渡期的、転換期的状況にあるこんにちの社会と社会福祉、そしてそれらが内包する諸問題をどのように把握し、分析し、理解すべきなのか、またそれらの解決にいかにして寄与することが可能かという視座と観点から、二〇世紀の社会と社会福祉を回顧し、その延長線上において二一世紀の社会そして社会福祉の課題について若干の考察を試みることにしたい。

第1節 転換期的問題状況

社会福祉の舞台装置としてみるとき、一体二〇世紀はどのような時代であったろうか。端的にいえば、一九世紀の百年間が資本主義の時代であったとするならば、二〇世紀の百年間は社会主義の時代であったといっても過言ではない。実際、一九世紀は産業革命を通じて確立した資本主義の思想とその体制が、その比類なき生産力と軍事力を背景に、世界を席巻し、支配した時代であった。これにたいして、二〇世紀は、社会主義の思想とその体制が世界的な影響力をもつ対抗軸として新たに登場し、資本主義対社会主義という二項対立（ダイコートミー）的な状況のなかで世界史が形成されてきた時代であったといえよう。

1 「市場の失敗」と社会主義の浸透

一九一七年のロシア革命から九一年のソビエトロシアの崩壊にいたる七四年間、世界の経済、政治、社会、そして文化は、一九世紀以来の影響力を確保し、維持しようとする資本主義の思想と体制と、それを厳しく批判し、克服しようとする社会主義の思想と体制という二項対立的な構造と直接的に、あるいは間接的に関連をもちながら推移してきた。なかでも、第二次世界大戦後の四〇年余を支配した冷戦構造の時代における両者の関係は危機的なものであった。戦後における植民地の解放を推進しつつ顕著にその影響力を増大させていった社会主義体制と、そのことにいらだちと深刻な危機感をもつ資本主義体制とは経済的、政治的、イデオロギー的に深く、鋭く対立し、しばしば軍事力による全面的衝突の危機すら取り沙汰されてきた。

歴史を遡及していえば、一九世紀の後半にその影響力を拡大しはじめる社会主義は、同時代における資本主義の確立と著しい発展のもたらした負の所産である大衆的な失業、困窮、生活不安、傷病、障害、犯罪、少年非行、密住などの広汎かつ深刻な社会問題を批判し、その根源的な克服を意図する思想そして社会運動として登場してきたのであった。社会主義は、資本主義の根底にある剝き出しの個人主義、私的所有、利潤増殖主義、競争至上主義などのもたらす弊害を鋭く批判し、国家の介入を前提とする社会的所有への移行、社会的な公正や平等の実現、すべての国民にたいする参政権・労働権・生活権の保障を主張したのである。

このような社会主義の思想は、二〇世紀を迎え、ソビエトロシアをはじめ社会主義体制をとる国々が誕生するとともに、現実的具体的に、政治的な課題として追求されることになる。しかしながら、社会主義の思想は、社会主義体制をとる国々においてのみ追求されたのではない。それは、表層的、あるいは部分的な範囲にとどまっていたとはいえ、資本主義体制をとる国々においても追求されてきたのである。実際、戦後四〇年余に及ぶ冷戦構造下の資本主義諸国にみられた福祉国家政策の発展は、社会主義的諸理念の実現が社会主義体制によらずとも、さらにいえば社会主義体制におけるよりもより十全なかたちで可能であることを、社会主義体制をとる諸国にたいして、また資本主義諸国内部の社会主義的諸勢力にたいして証明し、資本主義の経済システムとしての優越性を強調しようとしたものであったといってよい。

戦後のわが国を含めて、先進資本主義諸国における社会保障や社会福祉の発展は、世界史的なレベルでいえば、このような二〇世紀の世界社会を特徴づけた特有な構造のなかでうみだされてきたものであった。直截にいえば、二〇世紀の後半における社会保障や社会福祉の発展はまさに、このような社会主義対資本主義という二項対立的な政治経済的ならびに社会的な構造の産物であったといってよいのである。

2 「政府の失敗」と市場原理の再生

しかしながら、周知のように、このような社会主義と資本主義の相剋という二項対立的構造は、八〇年代末から九〇年代初頭にかけて東欧ロシア社会主義体制が崩落するとともに、その終焉の秋を迎えることになった。東欧ロシア社会主義体制の崩落は、しばしば社会主義にたいする資本主義の勝利を意味するものとして喧伝される。けれども、これまた周知のように、この時期において、厳しい批判の対象とされ、危機的状況に追い詰められていたのは、社会主義体制ばかりではなかった。むしろ、東欧ロシア社会主義体制の崩落に一歩先立つかたちで、資本主義体制の内部においても、ある種の内部的な崩壊現象が進行していたのである。

すなわち、資本主義体制の内部においては、すでに七〇年代のなかば以降、イギリスやアメリカを中心に、第二次世界大戦後の経済復興と高度経済成長を導き、福祉国家政策の展開を可能ならしめてきたケインズ主義的現代資本主義体制の行き詰まりを象徴するようにスタグフレーションが進行し、景気の停滞と低迷が顕在化しつつあった。一九三〇年代アメリカのニューディール政策にはじまる国家主導の経済運営の方式は、すでに市場原理と小さな政府への復帰を唱導する新自由主義者や新保守主義者たちによる鋭い批判に曝され、改革のやり玉に挙げられていたのである。

社会主義の時代である二〇世紀の最後の一〇年間に勝利を宣言したのは、戦後の冷戦構造を演出してきた社会主義の体制でも資本主義の体制でもなかった。八〇年代を転期として九〇年代初頭に勝利を収めたもの、実はそれは市場原理であり、それを根幹としながら国境を越えて発展してきた市場経済にほかならなかった。一九世紀の後半における社会問題の噴出として顕在化してきた「市場の失敗」を克服すべく登場した社会主義も、またそれに対抗して自己変革を遂げてきた資本主義も、二〇世紀の末期において自由な市場、利潤の増殖と自由な競争を機軸的な原理とする市場経済の反撃をうけ、根源的なレベルにおいてそのありようを問われることになったのである。

八〇年代末に露呈してきた計画経済を基盤とする社会主義体制の停滞も、また七〇年代末以来のケインズ主義的な政策介入を基盤とする資本主義体制の停滞も、そのいずれもが市場的増殖原理や競争原理の否定ないし制限を前提とする国家による経済の計画化ないし直接的介入・規制という経済運営の手法、そしてそれに連動する政治手法という同一種類の要因に起因するものとして批判されることになった。一九世紀から二〇世紀にかけての世紀転換期において「市場の失敗」にたいする批判を拠所に世界の表舞台に登場してきた社会主義の思想と体制も、またそれに対抗しつつ自己変革を続けてきた資本主義の思想と体制も、百年を経過した八〇年代から九〇年代にかけて軌を一つにするように、今度は「政府の失敗」にたいする責任を問うというかたちで市場原理による批判の対象に据えられることになったのである。

社会主義の停滞と資本主義の停滞にたいする市場経済の処方箋は、ともに増殖原理と競争原理から構成される市場原理の導入ないしその活性化、分権化の促進、規制緩和、そして自己責任原則の強化ということであった。もとより、処方箋の焦点は異なっていた。社会主義の停滞にたいしては市場原理の導入、すなわち経済の市場経済化が求められ、資本主義の停滞にたいしては市場原理の再生、分権化、規制緩和、そして自己責任原理の強化による市場経済の活性化が求められることになった。

3　オルタナティブの探究

さて、このような状況のなかで、八〇年代このかた、わが国に限らず、先進資本主義諸国を通じて、社会福祉は「政府の失敗」を象徴する主要な領域の一つとみなされてきた。たしかに、こんにちわが国の社会福祉をみても、中央集権主義や官僚主義の肥大、家父長主義的な事業経営、サービス内容の低位性、福祉官僚と福祉経営者の癒着と汚職など、まさに「政府の失敗」を象徴するかのような改革課題が山積している。八〇年代以来の福祉改革もいまや新たな段階を迎えつつあるという印象が強い。そして、改革の方向は明確に市場原理の強化と自己責任原則の拡大に向けられている。

こうして、二〇世紀から二一世紀への世紀転換期にあるこんにち、われわれはまさに転換期的問題状況に直面させられることになった。すなわち、われわれは、社会福祉の現状を「政府の失敗」とみなしてこれを批判し、「市場の失敗」を必要悪として甘受することを求める市場原理主義の立場を容認するのか、それとも「市場の失敗」と「政府の失敗」を同時的に克服しうるような第三の道、オルタナティブを追求するのか、理論的にも実践的にも、重大かつ深刻な岐路に立たされているのである。

しかも、われわれがいま直面せしめられている転換期的な問題状況は、ひとり社会福祉の内部的な問題として処理されるべきものではない。それは、一九世紀最後の四半世紀に顕在化してきた「市場の失敗」から二〇世紀最後の四半世紀に顕在化してきた「政府の失敗」にいたる百年単位のサイクルで進行してきた世界史的なうねりのなかで、その一部分ないし一側面に位置する問題として捉えられ、処理されなければならないのである。

第2節　福祉集権主義と市場原理至上主義

第二次世界大戦後の未曾有の混乱と窮乏のなかで再出発したわが国の社会福祉は、その後の五十余年間に著しい発展をとげることになった。しかし、その反面、社会福祉の領域においても、中央集権化や官僚主義化が進行し、福祉集権主義ともよびうるような状況が形成されてきた。二〇世紀最後の一〇年に露呈してきた福祉官僚と福祉経営者の癒着と汚職は福祉集権主義の根の深さと深刻さを物語るできごとであった。

1　福祉集権主義の形成

実際、戦後五十余年間のわが国の社会福祉のありようを象徴してきた国家責任と生活権の普遍的保障という観念は、一方においてわが国の社会福祉に近代化と質量両面にわたる発展をもたらすことになった。しかしながら、他方において、それは国（中央）政府を機軸に社会福祉の中央集権主義化や官僚主義化をもたらし、いわば福祉集権主義ともいうべきものを形成してきた。そして、この福祉集権主義は、戦前以来の伝統的、家父長主義的な社会福祉の組織原理を継承することによって、家族経営的な社会福祉施設の運営や低位なサービス水準を当然とみなすような風潮を温存させただけでなく、その延長線上において福祉官僚と福祉経営者の癒着や汚職をうみだすことにもなった。このような事実をみれば、福祉集権主義とその弊害をもって「政府の失敗」の象徴とみなす市場原理主義者たちの指摘も、あながち的外れとばかりはいえないであろう。

周知のように、わが国においては、一九八〇年代のなかば以来、行財政改革の一環として福祉改革が実施されてきた。いわゆる八〇年代福祉改革の課題は、普遍化、多元化、分権化、自由化（脱規制化）、計画化、総合化、専門職化、自助化、主体化そして地域化ということであった。これらの課題は、九〇年の「福祉関係八法改正」によってさらにその実現が促進されることになった。なかでも、社会福祉における分権化と規制緩和（自由化＝脱規制化）は、八五〜八六年と九〇年の二度にわたる福祉改革によって大幅に促進された。

実際、八〇年代福祉改革は、その後におけるわが国の行政改革を分権化と規制緩和の方向に先導するものであったといって過言ではない。しかし、福祉改革の動向について、一部の分権論者たちは改革はなお不十分であるという。八〇年代福祉改革以降、分権化や規制緩和が促進されたようにみえながら、現実には国政府の権限はその過程においてむしろ強化されてきたという。なかでも、六〇年代以来自治体によって運営管理されてきた在宅福祉サービスの法制化（国制度化）は改革の目標である分権化と自由化に逆行するものであり、補助金を手段にして国政府の地方自治体にたいする支配を強化するものにほかならないという。いわゆる新中央集権主義の形成である。(1)

2　市場原理至上主義の台頭

このような状況認識に依拠する一部分権論者たちの処方箋によれば、新中央集権主義にたいするもっとも効果的な対処の方法は、分権化や規制緩和の促進剤として市場原理を大幅に導入することであるという。このような分権論者たちによる処方箋のなかでは、分権化や規制緩和は、社会福祉にたいする市場原理の導入、より具体的にいえば福祉サービスの供給にたいして営利事業体の参入を認めることとほとんど同義語として取り扱われている。市場原理を万能視するいわば市場原理至上主義である。このような傾向は、九〇年代なかば以降の保育所改革や介護保険導入に関わる議論のなかで、利用者の選択・申請権、サービス供給における規制緩和、措置から契約利用方式への移行、そして自己責任主義が話題になることを通じて一挙に強まったように思われる。

重ねていえば、わが国の戦後における社会福祉の歴史のなかで国家責任と生活権の普遍的保障という理念が、一面において国（中央）政府を中心とする福祉集権主義の肥大をもたらしたことは否定し難い事実であろう。第一種社会福祉事業の経営主体の制限に象徴的にみられるように、社会福祉サービスの運営が国・自治体と社会福祉法人によって事実上独占され、そこに各種の停滞や弊害がうみだされてきたこともまた事実である。その意味において、事態はいまや抜本的な改革を必要とする状況にある。

しかし、そうはいっても、こんにちわが国の社会福祉が直面させられている諸問題、すなわち福祉集権主義、利用者の市民的諸権利にたいする抑制、社会福祉法人による施設経営の不透明性、福祉経営者と福祉官僚との癒着や汚職、サービスの質量両面にわたる低位性、など、諸々の問題のすべてが、市場原理主義者の主張するように、市場原理の導入によって直ちに解消されうるというものではないであろう。市場原理は万能ではありえないのである。

3　公的責任システムの再構成

戦後福祉改革のなかで導入され、定着することになる国家責任や生活権の保障という観念に国（中央）政府を中心とする福祉集権主義の肥大をもたらすような側面のあったことはたしかである。しかし、戦後のわが国の社会福祉においてそれらが歴史的に重要な役割を果たしてきたこともまたたしかである。その事実が否定され、あるいは軽視されるようなことがあってはならないのである。国家責任や生活権の観念の導入と定着がなければ、こんにちのようなわが国の社会福祉の発展はありえなかったであろう。また、それらが形成されるにいたった歴史的社会的経緯に照らしていえば、国家責任や生活権保障の観念を全面的に否定し、解除しようとすることは社会福祉の発展に逆行するものといえよう。

わが国の社会福祉にとっていま必要なことは、ただ市場原理の導入に邁進するということではない。むしろ、国家責任や生活権の保障という観念のもつ歴史的社会的な意義を継承しつつ、同時に福祉集権主義の陥穽に陥ることを回避することのできるような新しい公的責任システムのあり方を追求することであろう。そのことこそが重要なのである。

その意味において、ここで、戦後福祉改革の過程において導入された「国家責任原則」が他方における「公私分離原則」とともに、広く「公的責任原則」を構成するものとして理解されてきたことに注意を喚起しておきたい。もとより、国家責任原則はそれ自体として独立に歴史的な意義をもっている。しかし、それは同時に、公私分離原則とかかわりつつ、全体として公的責任原則を構成するものとして導入され、わが国社会福祉の近代化に重要な役割を果たしてきたのであった。いま重要なことは、国家責任原則の功罪をそれ自体として独立に論じることではない。むしろ、いま必要なことは、社会福祉における国家（中央政府）の責任や役割のあり方を、地方自治体（地方政府）の責任や役割のあり方、さらには広く民間組織のあり方、また公民両セクターの関係のあり方などと関連づけながら、社会福祉における新しい公的責任システムの再構築という、より包括的な視点と文脈のなかで改めて検討し直してみるということである。

4 社会福祉法人制度の再評価

九〇年代のなかば以降、介護保険制度の導入にともなうサービス供給組織のあり方に関する議論や福祉官僚と福祉経営者の癒着に関する問題が浮上してきたことに刺激されるかたちで、改めて民間セクターを代表する社会福祉法人のあり方が問われ続けている。

周知のように、社会福祉法人はもともと日本国憲法第八九条にいう慈善、教育もしくは博愛の事業にたいする公金支出の禁止と公的福祉の不備欠落を民間社会福祉に依存してカバーせざるをえないという現実的要請との矛盾を措置委託費制度という便法によって応急的に処理し、同時に公私分離原則を貫徹させようとして創設された制度である。その根拠法である社会福祉事業法は、国、自治体、そして社会福祉法人その他の民間の社会福祉事業経営者は、社会福祉事業の経営に関してはそれぞれが独立した存在であり、相互に依存しあるいは介入してはならないと定めている。このような社会福祉事業法の精神からすれば、国・自治体による公的社会福祉事業と社会福祉法人を中心とする民間社会福祉事業とは本来相互に独立した領野を構成するものであり、それぞれが独自に展開してはじめて、それぞれがそれぞれの特色を発揮し、ひいては社会福祉の全体としての発展に貢献しうるはずであった。

しかしながら、現実的には、民間の組織である社会福祉法人は、その許可に関する権限と措置委託費制度によって福祉行政に絡めとられてしまい、いわば第二福祉行政団体ともいうべき存在に転化してしまった。まさにそれは福祉集権主義の産物というべきであろう。その意味では、分権主義者や市場原理主義者たちが社会福祉法人の制度と現状を改革の課題とすることに異論はない。しかし、サービス供給組織にたいする営利事業者の参入を認めること、すなわち市場原理にもとづく競争の導入という手段によってただ一方向的に社会福祉法人に改革を迫るというのでは事柄の半面のみをみる処方箋といわざるをえないであろう。

社会福祉法人に関してはいま一つ論点が存在する。それは、社会福祉事業法が第一種社会福祉事業の経営を、国・自治体を除けば、原則として社会福祉法人にのみ認めていることである。このことは、民間における第一種社会福祉事業の社会福祉法人による独占という事態をうみだし、一部に指摘されるような経営の不透明性やサービス内容の低位性をもたらすことになった。ここにも福祉集権主義の関与があることは指摘するまでもないことであろう。この問題にたいする分権主義者や市場原理主義者たちの処方箋もまた、営利事業者の参入を前提とする市場原理の導入である。われわれは、この処方箋についても少なからず疑問を差しはさまざるをえない。たしかに、市場原理の導入による社会福祉法人経営の近代化には期待しうることが多いかもしれない。しかしながら、分権主義者や市場原理主義者たちの推奨する市場原理には競争原理とともに根源的なレベルにおいて社会福祉の理念と抵触する増殖原理が内包されている。そのような市場原理の導入によって必然的に経営の透明性が確保され、サービスの質的向上がもたらされるということにはなりえないであろう。

市場原理の効用を強調する分権主義者や市場原理主義者たちの処方箋には、市場原理の導入によって利用者の選択的利用が行われるようになり、そのことが福祉サービス提供者にインセンティブとしてはたらいて必然的に経営の透明性やサービス水準の向上がもたらされるという仮定が含まれている。しかし、福祉サービスの利用者は必ずしも、市場における商品交換が一般的に措定しているような、商品選択に必要とされる判断能力と自己責任能力をもつ消費者ではない。逆に、福祉サービスの利用者の大多数は市場弱者ともいうべき人びとである。市場における競争が有利な状況をもたらすどころか、むしろ容易に市場原理の犠牲者になってしまいかねないような存在である。倒産したり転売された有料老人ホームの例や高齢者相手の悪徳商法の例に言及するまでもないであろう。

われわれは、ここにおいて、社会福祉事業法が第一種社会福祉事業の経営を国・自治体と社会福祉法人に限定した理由を思い起こしておかなければならない。社会福祉事業法の制定を推進した木村忠二郎は、社会福祉事業法が第一種社会福祉事業の経営主体を限定した理由の一つとして、利用者の人格的尊厳の維持と施設経営者による搾取の防止をあげている[(2)]。ここで木村が搾取といっているのは施設入所者に課せられた労働にたいする搾取であるが、高齢者施設経営者による施設居住者の金品の詐取、利益の最大化を求める結果としての低劣なサービス水準の強制などはまさに搾取の現代的な形態というべきであろう。このような施設経営者による利用者の人格の侵害や搾取が、はたして市場原理の導入による競争の拡大という状況のなかで排除されうるものかどうか、いささか疑問といわざるをえないであろう。

5　市場原理から脱落する社会的弱者

われわれが市場原理主導の福祉改革に直ちに同意しえないいま一つの理由は、一部の分権主義者や市場原理主義者たちにみられるような分権主義と市場原理導入の不用意な同一視あるいは混同である。分権主義と市場原理主義とは本来異なった文脈に属している。分権主義は政治ないし行政に関わる概念であり市場原理主義は経済に関わる概念である。そのことはことあらためて指摘するまでもないことであろう。しかしながら、すでに言及しておいたように、九〇年代なかば以降、分権化や規制緩和の推進は市場原理の導入と同義語として扱われる傾向が強まりつつある。すでに、一部分権主義者の言説はいまや市場原理至上主義の響きを帯びるようになってきている。そのことに一抹の懸念を覚えるのはわれわれだけであろうか。

われわれの社会は、イギリスやアメリカの社会と比較してきわめて中央集権的であり、政府による規制が日常生活の隅々にまで及んでいるといわれる。しばしば、これらの国々は、分権化と規制緩和を断行し、市場原理を前提に自己責任による豊かな生活を実現しているとして高く評価されている。しかし、その半面、これらの国々においては低賃金、失業、貧困に苦しむ人びとが著しく増加してきているといわれる。まさに市場原理の光と影ともいうべき事態が日常的に展開しているのである。

こんにち、われわれの社会においては、一向に景気回復の兆しがみえないなかで、低賃金、失業、貧困、犯罪などの社会問題が確実に増加しつつある。しかも、市場原理を機軸とする分権化や規制緩和の推進は、これらの問題を緩和の方向に導くどころか部分的にはむしろ一層悪化させつつある。しかも、それは単なる一時的な現象ではない。そうした状況のなかで、社会福祉の領域において古典的な自由放任主義時代さながらの自己増殖と競争を至上の行動原理とする市場の効用が唱導されている。このような状況のなかで社会福祉の市場原理による改革が一面的に推進されるとすれば、市場弱者たちはいかにしてその生命と生活を維持しうるのであろうか。

社会福祉の領域においても「政府の失敗」は克服されなければならない。そのことは言を待たない。しかし、その改革はあくまでも社会的弱者、市場弱者にたいする配慮、その利益の擁護を起点として実施されなければならない。わが国の社会福祉は、二〇世紀後半の五十余年間を通じて、徐々に選別主義的社会福祉を克服し、普遍主義的社会福祉に移行してきたといってよいであろう。そうだとすれば、これを継承する二一世紀の課題は、社会的弱者階層にきめこまかく配慮しした、社会福祉の普遍的一般的な享受者である一般階層のニーズと社会的弱者層のニーズを同時的かつ公平に充足しうるような新たな社会福祉供給システムの構築に努めることでなければならない。

第3節　社会福祉の分節化と多元化

ここまでの議論を前提にしながら、社会福祉二一世紀の課題について、さらに議論を重ねておきたい。一般階層と社会的弱者層の利益を同時的に追求するという観点をとるとき、二一世紀において重視され、実現されるべき制度改革の課題として、われわれはここで、社会福祉の分節化と多元化という問題をとりあげておきたい。

1　社会福祉における分節化の意味

まず、社会福祉の分節化である。分節化という概念は、シビルミニマム概念の提唱者として知られる政治学者松下圭一からの援用である。(3) 松下によれば、伝統的に政治や行政は国（中央）政府の思想や行動を意味するものとして取り扱われてきたが、これからの政治や行政のなかでは国政府の役割や機能のある部分は国際政府機関に、別の部分は自治体（都道府県・市町村）政府に委譲されていき、その役割や機能は縮小するものと考えられる。簡略にいえば、国政府の役割や機能の一部が一方においては国際政府機関に、他方においては自治体政府に委譲されていくこと、これが松下のいう分節化の意味である。このような松下の議論は社会福祉の領域においても十分に意味をもっている。

すなわち、すでに再三にわたって議論を試みてきたように、戦後五十余年、わが国の社会福祉は国（中央）政府を機軸として展開してきた。しかし、八〇年代以来、わが国の社会と社会福祉においては、一方におけるグローバリゼーション（国際化＝地球社会化）と他方におけるコミュナリゼーション（地域化＝自治体化）が同時的に進行しつつある。こうした状況のなかで、二一世紀の社会福祉においては、国政府の役割と機能が相対的に縮小し、その分、国際政府機関と自治体政府の役割と機能が一層拡大することになろう。

2　社会福祉における国際政府機関の機能

社会福祉の領域においても国際政府機関の存在は重要な意義をもっている。戦後五十余年間を通じて、わが国の社会福祉は、その発展を国際連合、世界保健機関、国際労働機関、ユニセフなど数多くの国際政府機関とその活動に少なからずバックアップされてきた。そのことは、国際連合による世界人権宣言、障害者権利宣言、児童権利条約、国際児童年、国際障害者年、国際高齢者年の設定、世界保健機関による障害概念の提唱、国際労働機関による労働政策や社会保障に関する各種条約の批准が、わが国の社会福祉の水準を向上させるうえで重要な影響をもった事実を思い起こせば十分に理解されうるであろう。

国際政府機関の役割と影響力がどのようなものであるかについては、たとえば国際障害者年以降のわが国における障害者施策の展開を考えてみたい。わが国は、国際政府機関の影響力を利用することによって、障害者施策を一挙に進展させることができた。実際、国際連合による八一年の国際障害者年の設定がなければ、恐らく障害者施策のこんにちはありえなかったであろう。そして、その間、わが国の政府は、そうでなければ必要とされたはずの努力と労力の一定の部分を他の政策課題のために振り向けることができた。その意味では、国際政府機関としての国際連合は、国際障害者年を設定することを通じて、本来わが国の政府が果たすべき役割や機能の一定の部分を代行し、推進したのである。

二一世紀において、グローバリゼーションの進行とそれにともなう社会福祉の課題は一層拡大し、多様化するものと予測される。たとえば、対外的には、社会福祉にかかわる国際政府機関への積極的な参加や貧困・疾病などにかかわる二国間援助の必要性は一層拡大するものと考えられる。他方、国内的には、長期滞在者や期限外滞在者の福祉ニーズへの対応や異文化適応問題への援助の必要性が指摘されている。二一世紀へ向けてわが国が取り組むべき国際的な課題は決して少なくないのである。

3　社会福祉における分権化と規制緩和

さて、分節化のもう一つの側面は、コミュナリゼーション、すなわち国政府から地方政府への役割、権限や機能の委譲、分権化である。社会福祉における分権化は、周知のように、具体的には八〇年代なかばの国庫補助金の一括削減、そしてそのことと表裏の関係にある機関委任事務の団体委任事務への移行としてはじまった。その後、この分権化の流れは九〇年の福祉八法改正による高齢者福祉と身体障害者福祉にかかわる措置権の福祉事務所を設置していない町村への委譲、それまで自治体の主導する事業として発展してきた在宅福祉サービスの法制化、自治体による高齢者保健福祉計画策定の義務づけその他の措置によって一層拍車がかけられることになった。

このような社会福祉における分権化の推進は、時間的にも内容的にも、他の行政分野に先行するものであった。しかし、すでに言及してきたように、一部の分権論者たちの評価は、社会福祉における分権化は形式的、みせかけのうえでの分権化であるにすぎないという。彼らによれば、国政府は、かたちのうえでは率先して分権化に取り組むようにみせながら、その実、措置基準のガイドライン化や在宅福祉サービスの法制化などを梃子にしながら逆に新たな装いをもつ中央集権主義、すなわち新中央集権主義をうみだしてきたにすぎないという。新中央集権主義ということばをもちいるかどうかは別にして、省庁の官僚組織や政党、圧力団体の抵抗によって、分権化の停滞は明らかである。

しかしながら、こんにち、新中央集権主義を批判する分権論者の言説を含めて、福祉改革をめぐる議論の焦点は明らかに分権化から市場原理による規制緩和の問題にシフトしてきている。いまや、議論の焦点が分権化の問題から社会福祉の供給システムにたいする市場原理の導入、より具体的にいえば利益追求を基本的なインセンティブとする営利事業者を供給システムに参入させ、いかにしてサービスの量の拡大と質の向上をはかるかという問題にシフトしてきているといってよい。しかも、そこでは、意識的にか無意識的にか、規制緩和の問題と営利事業者の導入によるサービスの資の向上という問題とが直接的な対応関係にあるものとして論じられ、議論の内容も社会福祉法人や社会福祉施設の経営の合理化や効率化の問題にしぼられてきている。

たしかに、規制緩和は、政府による権限の行使を制限し、あるいは縮小分散化させるという効果があり、広い意味では分権化の一翼に位置するものといってよいであろう。しかし、営利事業者による参入の容認と競争原理の効用を中心に展開される議論のなかで、分権化問題の本来的な課題である、国政府と自治体政府（都道府県・市町村）というレベルを異にする政府間における、あるいはそれぞれの政府の内部における政策策定や援助提供にかかわる意思決定の権限や財源の再配分にかかわるような諸問題にたいする関心はいささか影を薄めつつあるようにみうけられる。

4　分権化の一層の推進

しかしながら、いわゆる新中央集権主義の問題に限らず、社会福祉における分権化についてはなお多くの課題が残されている。しかも、それらは競争原理の導入によって一挙に解決がつくというものではない。分権化は、本来競争原理あるいは市場原理導入の問題とは別に、それ自体として推進されなければならない課題である。われわれは社会福祉における分権化に、基礎自治体（市町村）を中心とする社会福祉の運営、われわれの用語でいえば自治分権―多元型社会福祉を可能にするような諸条件の実現を期待したい。そのためには、社会福祉に関する権限と財源の自治体政府（市町村）にたいする委譲が不可欠の要件となる。

また、分権化は政府間のみならず政府の内部においても必要である。なかでも、社会福祉の効果的効率的な運営を可能にするためには、自治体政府のストリート官僚――社会福祉運営の第一線に立つ現業職員――にたいし一定範囲の専決権限を付与することが求められる。同様の改革の必要性は、公立民間を問わず、利用者との対面関係において援助提供を行う機関や施設においても存在する。社会福祉の利用者にとっての最初の障壁は、窓口の複雑多様さとそれにともなう無責任なたらい回し、事務手続きの煩雑さである。社会福祉における分権化は、最終的には、このような社会福祉の提供者と利用者とが直接的に接触する場面に及ぶものでなければならない。

5 資源配分方式の多元化

つぎに社会福祉の多元化の問題をとりあげる。

一般に、わが国における社会福祉の多元化は、八〇年の武蔵野福祉公社の設立にはじまるとされる。これを嚆矢に、その後年々当事者組織、互助組織、さらには生活協同組合や農業協同組合、営利事業者が社会福祉に参入するようになり、こんにちでは非営利、営利を含めて多種多様な組織がさまざまな形態をとりながら社会福祉の一翼を担っている。

さて、社会福祉の多元化について論じるにはそこに二通りのレベルを区別しておくことが重要である。多元化は、まず社会福祉にかかわる社会資源の配分というレベルで論じることが可能である。つぎに、それはより直接的具体的な援助提供のレベルにおいて論じることができる。

社会資源配分のレベルにおける多元化論は、社会総体が社会福祉のために動員することのできる資源をどのようなチャンネルを通じて配分するかという問題に関わっている。この意味での多元化論として著名なのは、たとえば、イギリスでいえばハドレイとハッチの所説であり、わが国でいえば丸尾直美の所説である。ハドレイとハッチは、資源配分のチャンネルとして、①政府（法定）セクター、②インフォーマルセクター、③ボランタリーセクター、④市場（商業）セクターの四つのセクターを設定している。[(4)] これにたいして、丸尾は、①公的福祉供給システム、②市場システム、③インフォーマルシステムの三つの類型を設定している。[(5)] 両者にはことばを含めて若干の違いがあり、また前者のいうインフォーマルセクター、ボランタリーセクターは後者ではインフォーマルシステムに統合されている。

これらの多元化論はいずれも、第二次世界大戦後の福祉国家体制のなかで社会福祉の供給が政府によって独占されてきたこと及びそれが十分な成果をあげえなかったこと——すなわち「政府の失敗」ないし「国家の失敗」——を批判し、それらの問題の解決は社会福祉の供給にたいする市場セクターの参入を認め、インフォーマルセクターやボランタリーセクターの役割を再評価し、政府セクターが担ってきた役割や機能を他のセクターに分散させることによって可能になるという。そこには、福祉国家体制の影の部分にたいする的確な批判が含まれている。しかし、同時に、多元化の効用を説く議論にはいくつかの難点も含まれている。

第一に、国家による社会福祉供給の独占状態は、政府による他部門の意図的積極的な排除行動によって形成されたというものではない。それはまず、一九世紀後半以降の資本主義経済の発展にともないインフォーマルセクターやボランタリーセクターによっては対処しえないような大規模な「市場の失敗」が出現し、インフォーマルセクターやボランタリーセクターが供給のアリーナから退場を余儀なくされたことの結果であった。市場セクターについていえば、当時も社会福祉に関心を示す営利的事業者が存在しなかったわけではない。しかし、その数は限られ、事業の内容も授産などが中心であった。社会福祉施設などの直接的な援助提供に関心をもつ営利的事業者は存在しなかった。篤志的な民間社会福祉にしても、資金的には国や自治体による補助金に期待せざるをえなかった。こうして、「国家（政府）による社会福祉の独占」は結果として成立したのであり、それが積極的に追求されてきたというわけではない。

こんにちでは事情が異なり、福祉集権主義の狭隘性や硬直性、さらには権限集中の弊害が指摘されるようになり、営利事業者の直接的参入にたいする関心も拡大してきている。近年におけるインフォーマルセクター、ボランタリーセクター、市場セクターの拡大はその結果であろう。しかし、インフォーマルセクターやボランタリーセクターの活動が増加し、さらに市場セクターの直接参入が拡大したとしても、組織の規模や資金力、また動員しうる知識や技術にはおのずと限界があり、広範囲な地域にかかわる問題や深刻な危機的状況にたいする対応は政府セクターに頼らざるをえないであろう。

第二に、インフォーマルセクター、ボランタリーセクター、市場セクターの役割を重視する議論においてはある種の予定調和が仮定されている。あたかも市場経済が需要者と供給者の自由な選択と競争による予定調和の仮定を前提にしているように、多元化論、なかでも福祉ミックス論のなかには、社会福祉の供給は四つないし三つのセクターの自由な参入と相互の競争が保証されればそのことによってすべての福祉ニーズが効果的効率的に充足されうるという仮定が含まれている。しかし、それぞれのセクターの行動原理はまったく異なっている。政府セクターは社会の統合を、インフォーマルセクターは親密圏における互助を、ボランタリーセクターはミッション（社会的使命の追求）をそれぞれ行動原理とし、市場セクターは利益の増殖をその行動原理としている。当然、それぞれのセクターの活動は、その依拠する行動原理の及ぶ範囲に限定されることにならざるをえない。依拠する行動原理と相いれないような資源配分には関与しないであろう。そうであれば、多様なセクターの参入とセクター間の自由な競争が保証されたとしても資源配分における予定調和はそもそも成り立ちえないのである。それを必要としている人びとのおかれた状況からすれば、社会福祉にかかわる資源の配分には「見えざる神の手」に代わる調整者が介在しなければならない。

第三に、そのことに関連させていえば、各セクターがどこまで責任をもって社会資源の配分に関与するかという問題が存在する。たとえば、市場セクターが資源配分に関与するとしてもそれは利益増殖というその行動原理の及ぶ範囲に限定されよう。したがって、もし市場セクターが利益増殖を期待しえなくなった事業から撤退したとしても、それはそれで容認されざるをえないであろう。そうでなければ、原理的にみて自由な事業活動は成り立ちえないからである。もし撤退が容認されえないとすれば、市場セクターにはその本来的な行動原理とは異なる別の原理、たとえば社会福祉にかかわる資源配分の担い手としてのミッション（社会的使命追求動機）の設定やそれによる利益増殖動機の中和を期待しなければならない。そうでなければ、市場セクターから資源の配分をうけていた社会的弱者層は路頭に迷うことになりかねないからである。インフォーマルセクター、ボランタリーセクターについても資源配分からの撤退は当然ありうることである。これにたいして、政府セクターには撤退の自由が容認されうる余地は存在しない。ここでも、もっとも適用範囲の広い行動原理をもつ資源配分のチャンネルとして最終的に期待されるのは政府セクターということになる。

結局のところ、資源配分方式を多元化することの意義は、政府セクターのほかにいくつかのオルタナティブを準備し、部分的な競争状態をうみだすことによって政府セクター中心の資源配分行動の多様化と効率化をはかり、サービスの量的拡大と質的向上を期待するというところに帰結するといってよい。多元化の促進といっても、インフォーマルセクター、ボランタリーセクター、市場セクターによる活動に期待しえない領域における資源配分活動、各セクター間の調整、各セクターによる資源配分の質的水準の維持など、最終的な資源配分にたいする責任は政府セクターに期待せざるをえない。

こうして二一世紀の社会福祉にとっても政府セクターの責任は重い。公的責任原則は二〇世紀社会福祉の到達点である。今後、その内容やあり方は時間の推移と社会の変動に応じて柔軟に変容されていくべきものであるとしても、政府は市民の生活にたいして基本的な、そして最終的な責任を負うという理念、換言すれば政府は市民にたいして生活権保障の責任を負うという二〇世紀社会福祉の理念は二一世紀に明確に継承されていかなければならないのである。

6　援助提供組織の多元化

さきに、八〇年の武蔵野福祉公社の設立が社会福祉における多元化の嚆矢であるといったが、その場合にいう多元化は援助の提供組織における多元化であった。福祉公社の性格は行政と民間（援助の利用希望者と提供希望者）が出資する第三セクターであり、行政で対応しにくい一般階層の福祉ニーズの充足をはかる方式として注目された。その後、第三セクター方式とは別に、いわば純粋に民間的な性格をもつ互助組織、当事者組織、近隣組織、生活協同組合、農業協同組合などが社会福祉の援助提供に参入することによってその多元化の幅は一層拡大することになる。さらに、有料老人ホームやベビーホテルにはじまる営利事業者による参入も拡大し続けている。そうしたなかで、特別養護老人ホームや保育所の営利事業者による経営の容認が、わが国における規制緩和政策の進展を示す象徴的な領域の一つとしてその実現が求められ続けている。

さて、市場セクターを除く民間福祉セクターによる援助提供には、①一般階層の福祉ニーズに対応することが可能なこと、②利用者による自由な選択が可能なこと、③契約という利用方式をとるため行政措置にともないがちなスティグマのおそれが少ないこと、④利用者にコスト意識がうまれること、⑤利用者と提供者との連帯が期待できること、⑥提供者に社会参加意識の醸成が期待できること、⑦公的セクターにたいするカウンターパワーとしてのチェック機能が期待できることなど、多くの長所を期待することができる。しかしながら、その半面において、①利用が原則として会員に限定されること、②資金・設備・知識・技術に限界があること、③組織運営の長期的な安定性に不安があること、④援助の利用や結果に自己責任が強く求められることなど、短所も多い。

こんにち、このように長所短所をあわせもつ民間福祉セクターが拡大し続けている背景には、①福祉ニーズが公的（法定）セクターの対応能力を超えて、あるいは公的セクターで対応すべき範囲を超えて拡大していること、②利用者の一部に公的セクターを敬遠する意識があること、③市民のなかに社会参加意識が拡大していることなど、の諸要因が存在するとみられるが、さきのような民間セクターの長所に鑑み、提供組織の多元化傾向それ自体は大いに歓迎すべきであろう。しかし、提供組織の多元化にはつぎのような今後取り組むべき課題も残されている。

第一に、民間福祉セクターは資金、設備、知識・技術などを強化し、提供組織としての安定性と専門性を高めることが必要であろう。また、一般市民の立場をとれば会員制による運営には限界があり、提供組織への接近性や開放性をたかめる工夫が必要であろう。さらに、組織としての社会性を高めるということを含めて、特定非営利活動促進法による法人資格の取得や全国的な連絡調整システムの構築が期待されるところである。

第二に、民間福祉セクターとしての自主性や主体性を高める努力が一層必要であろう。第三セクター方式の場合はいうに及ばず、それ以外の民間福祉セクターの場合にも行政にたいする依存性が強い。しかも、この傾向は、行政による民間福祉セクターへの事業委託が行われるようになったことによって一層強まったように思われる。行政の側もそれが公設公営方式よりも安上りであるという財政的理由から民間セクターに安易に依存する傾向があり、結果的に民間福祉セクターは公的福祉セクターの下請け機関的な状況におかれはじめている。これでは多元化の効用は無に等しいであろう。

民間福祉セクター、なかでも互助組織や当事者組織の場合、資金や設備という側面では思うに任せないところがあり、行政に資金的援助を期待する事情は理解できないわけではない。しかし、民間セクターの意義は公的セクターでは対応し難い領域での活動や公的福祉セクターのカウンターパワーとしての活動にあるのであり、可能な限り主体性・自立性を確立する努力が求められる。他方、行政の側も、民間福祉セクターに行政的に対処し難い領域での対応を期待するということであれば、資金援助を行ってもその使途や活動のありようについては説明責任は求めても内容的には介入しないという自己抑制的な姿勢が必要となる。行政も民間福祉セクターもともに、民間福祉セクターが社会福祉法人の轍を踏むようなことにならないような自己抑制が必要であろう。

第三に、提供組織の多元化が進んだとしても、それだけで利用者にとって好ましい状況がうみだされるわけではない。二一世紀における社会福祉の運営は、市町村が基礎的な単位となり、多様な提供組織が多元的に援助の提供にあたるということになろう。しかし、市町村のなかに複数の、多様な性格をもつ提供組織が存在しているとしても、それだけで必要とされる援助の提供が保障されるというわけではない。予定調和的に援助提供の最適化が実現するというわけではないからである。それぞれの提供組織は、利用者として想定している集団も、行動原理も異なっている。しかし、それぞれが独自に活動するということになれば利用者の重複や遺漏は避けられないであろう。多元化した提供組織が相互に自主的、自律的であることは当然のことであるが、社会資源の配分ということからいえば援助提供における公平性や効率性の確保は不可欠の要件である。そのための責任を果たしうるのは市町村（自治体政府）を措いてほかにはありえない。

すなわち、供給組織多元化時代の市町村（自治体政府）は、民間セクターに期待しえない援助について供給組織としての責任を負うことに加え、民間セクターにたいする支援と公的セクターと民間セクター間の、また民間セクター相互間の、連絡調整を進め、連携をはかる責任を負わなければならない。そして、市町村がこのような責任を全うするためには、民間セクターの自主性、自律性を尊重しながら、干渉や介入をともなうことのない支援、連絡調整、連携の推進をはかるという公的責任システムの新しい考え方、あり方を確立する必要がある。その場合、支援・連絡調整・連携にかかわる意思決定過程の分権化と民間セクターや一般市民による参加や参画が求められることはいうまでもないであろう。

第4節　利用者民主主義の確立

社会福祉の歴史を繙いてみれば、洋の東西を問わず、それは利用者（被援助者）にたいする過酷な労働の強制や施設への強制的収容という懲罰的な対応からはじまっている。このような利用者にたいする対応は二〇世紀を通じて大幅に改善され、理念的には社会福祉の利用を市民の生活権とその国家による保障のシステムとして位置づける制度的な枠組が構築されてきた。しかし、社会福祉の現実は必ずしも利用者の市民としての諸権利を十全に保障するものとはなっていない。社会福祉を利用者の市民としての権利という観点から捉えなおし、利用者民主主義を確立することは二一世紀に託された最大の課題というべきであろう。

1　自己決定と自己責任の論理

利用者民主主義に関わって九〇年代に議論されはじめたことの一つに、利用者によるサービスの選択利用の権利、すなわち利用者選択権の問題がある。周知のように、この問題は九七年の児童福祉法改正、介護保険法の制定をめぐる議論のなかで中心的な論点となった。

この利用者選択権の議論には、医療の領域における「インフォームドコンセント」さらには「インフォームドチョイス」の理念に触発され、深められてきたという経緯がある。「インフォームドコンセント」は「説明をうけたうえでの同意」、「インフォームドチョイス」は「説明をうけたうえでの選択」を意味している。医療の領域では、従来、医療は専門的権威をもつ医者と医療を施される弱者としての患者という垂直的な関係を前提として行われ、治療の方法についても予後についても患者は何ら情報を与えられず、つねに受け身の立場におかれてきた。「インフォームドコンセント」は、そのような状況を改善するべく提起された理念であり、医療の前提として病気の種類や治療法、予後について患者に十分説明し、その同意のもとに治療を行うという思想である。これにたいして「インフォームドチョイス」の理念は、それをさらに発展させ、患者に複数の治療法を提示し、患者の選択した治療法にもとづいて治療を行うという思想である。

この議論を社会福祉に援用し、複数の福祉サービスや施設が存在する場合には利用者の自由な意思によっていずれか一つを選択することを認め、かつその選択を利用者にとっての権利として承認すべきであるという議論がなされるとき、そこに利用者選択権という概念が成立する。このような利用者選択権という概念は、わが国の社会福祉が伝統的に社会福祉の利用を「法による措置にもとづく反射的利益」として位置づけ、利用者を消極的に利益の享受者としてのみ捉えてきたことに照していえば画期的な意味をもつ着想であるといえよう。その意味では、九七年の児童福祉法の改正や介護保険法の制定がいずれもこの利用者選択権の部分的ないし全面的な承認を前提としていることは特筆に値することである。改正児童福祉法も介護保険法もいずれも多くの論点を残しているものの、利用選択権の承認は二一世紀の社会福祉のあり方を考えるとき、転換期を象徴する改革になったといって過言ではない。

さて、いわれるところの利用者選択権は福祉サービスや施設を選択する権利という意味にとどまるものではない。利用者選択権は、広くいえば、市民生活の基底にある市民法の原則、多少とも具体的にいえば、契約自由の原則を社会福祉の利用という局面に適用したところに成立した概念である。したがって、利用者選択権を承認するということは、利用者の自由意思による福祉サービスや施設の選択を尊重する、すなわち福祉サービスや施設の選択にかかわる利用者の自己決定権を尊重するということを意味している。おのずと、そこには、福祉サービスや施設の選択について判断の誤りや過失があった場合には、その結果については利用者自身が責任を負うという自己責任の問題が発生することにならざるをえない。

すなわち、自己決定と自己責任は表裏の関係にあるものとして取り扱われるのが社会的通念である。社会福祉における利用者選択権を論じるにあたっては、そのことを十分に認識しておかなければならない。自己決定と自己責任は表裏の関係にある。そのことは、市民社会における生活自己責任の原則を考えれば当然のことである。しかしながら、社会福祉の利用者の場合、その自己決定能力の程度の問題ともかかわり、自己決定と自己責任を直線的に結びつけることには問題が少なくない。自己決定と自己責任の関係が逆転させられ、自己責任が負えなければ自己決定が認められないという論理が形成されることになれば、多くの場合、社会福祉利用者は自己決定の資格がないということにもなりかねないのである。

つぎに、社会福祉の利用には費用の負担がともなわざるをえない。費用負担の拡大もまた八〇年代福祉改革以来の課題であった。児童福祉法の改正にみられるように、利用者選択権の承認と費用負担の問題とは表裏の関係におかれている。介護保険法もまた、一方において利用者選択権を認め、他方において拠出と一部自己負担をともなう保険方式を導入した。社会福祉の領域において、より明確なかたちで、生活自己責任の原則が再確認されたのである。

総じていえば、一九世紀が市民法の時代であったとすれば、二〇世紀は社会法の時代であったといえよう。しかし、世紀転換期を迎えたいま、再び市民法の原理が舞台の前面に浮上してきている。こんにち、社会福祉の領域においてなおその実現が不十分な利用者の市民権的諸権利の確立が急がれることはもとよりであるが、二一世紀においては市民法体系と社会法体系とのより均衡ある発展がはかられなければならないであろう。

2　利用手続き過程における利用者の権利

社会福祉の利用の手続きは、一般的にいえば、利用者の利用申請を契機にして開始される。しかし、従来、この申請行為は利用者の利用申請権を前提にするものではないと解されてきた。措置制度のもとでは、福祉サービスの利用は法による措置の反射的利益として可能となる。利用者は全く受け身の立場におかれることになる。そこで、利用者が自由に社会福祉を選択し、利用できるようにするには従来の措置制度を廃止し、契約利用方式に改めるべきであるとする議論がうまれてくる。この措置制度から契約制度による利用へという議論は、まず保育サービスについて提起され、つぎに介護保険制度をめぐる議論に受け継がれてきた。

議論の結果は、保育制度については利用者にたいして利用を希望する保育所を指定したうえで利用の申請（申し込み）を行う権利を認め、保育サービスの実施機関にたいしては申請にたいする応諾義務を課すというかたち――行政との契約方式――で決着がはかられた。介護保険制度については社会保険方式を導入したことによって利用者と保険者の関係は契約関係として設定される（保険給付申請方式）ことになった。

このような利用方式の改革にたいしては賛否両論厳しい議論が提起された。周知のように、保育制度の改革については、一方には保育所と利用者の直接的契約という方式にならなかったことにたいする強い批判があり、他方に措置制度の改革それ自体に反対する議論が存在する。介護保険制度についても、一方には介護サービスにたいする保険制度の導入を評価し、社会福祉の全般に保険方式を適用すべきであるとする議論がみられ、他方には介護サービスにたいする社会保険方式の導入そのものを批判する見解が存在する。

さて、われわれは、保育サービスの利用方式をめぐる改革については、その方向と内容は概ね妥当であったと考えている。保育制度改革においては、一方では利用者にたいして保育所の選択をともなう申請（申し出）を行わせることによって利用者の選択と申請の権利を認め、他方では実施機関である市町村に応諾義務を課し、あわせて保育サービスの利用を勧奨する義務を課すというかたちで保育サービスの提供に関する利用者の選択権と市町村（最終的には国）の責任を明確化した保育サービスの新たな利用方式が導入された。

これによって、措置権者が一方向的な措置とよばれる職権行為（行政処分）によって保護者による保育サービスの利用を認めるという措置権者と利用者との権力的関係は、保育の実施機関（かつての措置機関）と利用者のあいだに締結される行政的契約として新たに位置づけられることになった。これは、利用するサービスや施設の選択に関する自己決定権や申請権の保障を求めつつも、現実的には差し迫った状況のなかで施設入所の措置を求めざるをえないという、これまで利用者のおかれてきた状況からいえば、十分意義のある改革であったといえよう。ただし、保育サービスの利用資格そのものが認められなかった場合や選択した施設の利用が認められなかった場合にもその理由の開示は行われず、また再審査の道も用意されていない。実施機関の決定に不満な場合には利用者は直接行政訴訟に訴えるほかはないのである。利用権の保障という意味では不十分な改正といわざるをえないであろう。

これにたいして、介護保険の場合については、あらかじめ介護保険に加入し、一定期間の拠出を行い、要介護性の認定がなされていることを前提に、利用者は介護サービス提供機関とのあいだに自由に利用契約をむすぶことができる。また、要介護性の認定については再審査の制度も導入されている。ただし、この場合、介護保険の主体（保険者）としての市町村と利用者との関係は、保育サービスの場合とは異なり行政契約というよりは私法上の契約に近い。他方、公的介護サービスの実施主体としての市町村と利用者との関係は必ずしも明確ではない。

このように、介護保険制度は、一部に論点を残しながらも、伝統的な措置制度にもとづく介護サービスに比較し、格段に利用者の介護サービス申請権や施設選択権を尊重することになっている。その点は高く評価してしかるべきである。ただし、逆に介護保険制度では利用者は要介護性の認定が行われていても、介護サービス提供機関との契約は基本的には利用者の自己責任において行わなければならない。契約の失敗や適切でない契約についての最終的な責任は自己自身で負わなければならなくなった。

また、介護保険制度の非加入者や保険制度からの離脱者、脱落者について、介護保険制度はそれ自体として救済策を準備していない。別の制度、すなわち公的扶助（生活保護）制度としての介護扶助と措置による介護サービスの提供に依存するほかはない。その結果として、本来的に同一のカテゴリーに属するはずの介護サービス利用者たちは、その利用する制度の違いに応じて、介護保険範疇と公的扶助＝措置制度範疇に二分されてしまうことになる。これでは選別主義から離脱し普遍主義の実現を求めてきた社会福祉の近代化の歴史に逆行することになりかねないであろう。

いずれにせよ、保育制度改革と介護保険制度導入はともに、旧来の措置制度にたいする改革として評価すべき点と不十分な点の両面を含んでいる。今後の課題としては、保育制度の場合には、認定理由の開示や再審査制度の導入を手始めに、手続き過程にたいする利用者の直接的な参加、すなわち審査から交渉（ネゴシエーション）への転換やその後の利用過程におけるサービスや施設の再選択権の保障などが不可欠であろう。また、介護保険についても、同様に、手続き過程における審査から交渉への転換やサービスや施設の再選択権の実質的保障が必要であろう。

そして、何よりも重要なことは、財源確保の手段としての社会保険方式の導入は避けられないとしても、介護サービスの供給システムにおいては社会的にみてもっとも弱い立場にある人びと、自己責任原則になじみえない人びとの権利保障を中核に位置づけるような制度のあり方をすえることが求められる。社会的弱者はスタンダードからの逸脱者・離脱者として位置づけられるべきではない。社会的弱者をスタンダードに、そこに一般階層を包括するようなシステムのあり方を追求する視点をもつことこそが、二一世紀の社会福祉に期待される基本的なスタンスであろう。

3　情報公開・サービス評価システム

保育制度の改革や介護保険制度の実現によって実現させられた利用者による選択と申請という利用の方式は、利用者の市民としての権利を尊重し、確立する方向として、おそらく将来的には社会福祉のほかの領域にも浸透していくことになろう。他方、八〇年代以来利用者の権利を擁護する、あるいは保障するいま一つの方法としてオンブズマン制度や成年後見制度などの人権擁護制度の導入を求める社会運動が展開され、近年各地の自治体でその制度が創設され、あるいは創設が計画されている。このような改革の方向は、今後とも一層追求されなければならないが、その前提になるのが情報の開示とサービスの評価という課題である。情報がなければ選択はできないし、その情報のなかには利用の対象となるサービスや施設についての客観的な評価が含まれていなければならない。

社会福祉にかかわる情報は、①政策情報、②制度情報、③利用者情報に大別される。ここで、①政策情報というのは、政策の企画・立案・策定、さらにはその運用の過程において収集され、活用される情報である。それは、ⓐニーズ情報、ⓑ運営情報、ⓒ援助情報、ⓓ要員情報、ⓔ財源情報、ⓕ社会資源情報、そしてⓖ審議情報などに区分される。②制度情報というのは、ⓐサービスの種類・内容・実施機関・実施手続きなどに関する情報、ⓑサービス提供機関（相談機関・施設・団体など）の所在・事業内容・アクセスの方法などに関する情報である。③利用者情報というのは、利用者のⓐニーズの種類と程度、ⓑ年齢、ⓒ性別、ⓓ職業、ⓔ所得、ⓕ家族構成、ⓖ生活歴、ⓗ福祉サービス利用の履歴、ⓘ関連サービス利用の履歴などにかかわる情報である。もとより、これらの情報は、情報を活用しようとする側の目的や立場によってそのもつ意味が異なってくる。利用者の選択や申請の権利というここでの関心からいえば、さしあたり重要なのは制度情報、なかでもサービスの提供機関にかかわる情報である。

制度情報のうちでも、ⓐサービスの種類・内容・実施機関・実施手続きなどに関する情報、ⓑサービス提供機関（相談機関・施設・団体など）の所在・事業内容・アクセスの方法などに関する情報はこれまでにもかなり行き渡っている。実際に利用者が個々のサービスをどの程度利用しているのか、それが実際的に利用可能な状態にあるかどうかは別にして、社会福祉の実施に責任を負う自治体はいずれも広報誌その他の手段によって情報の提供に努めている。しかし、サービスの提供機関にかかわる情報は利用者にたいしてこれまでほとんど提供されてこなかった。措置制度のもとではその必要性がほとんどなかったからである。だが、利用者に選択と申請を求めるということになれば、情報の開示は不可欠の要件とならざるをえない。

しかし、保育制度の改正や介護保険制度の導入という状況の変化にたいして、提供機関の姿勢は必ずしも積極的なものではない。これまでにも、提供機関は監督官庁による監査をうけいれるというかたちで一定の情報を開示（提供）してきたといってよいが、利用者にたいする情報の開示ということになると事柄はそれほど容易ではない。提供機関の側には、利用者にたいしてどのような情報をどの程度まで開示すればよいのかという疑問と同時に、それ以前に利用者による選択と申請という手続きの必要性や妥当性そのものについての疑問が根強く存在するからである。

ただし、仮にそのような疑問に考慮の余地が認められるにしても、アカウンタビリティ（説明責任）という観点からいえば、提供機関にとって情報の開示は避けて通れない課題である。さきに言及したように、これまでにもサービス提供機関は監査を受け入れるというかたちで監督官庁にたいして、そして間接的には予算決算の審議決定権をもつ自治体議会にたいして説明責任を果たしてきたといえる。しかし、サービス提供機関はそれが委託費や助成金、寄付その他の社会的費用によって運営されている限り、納税者を含む一般市民にたいしても、また利用者にたいしても、同様に説明責任を負わなければならない。それは、社会的費用にもとづいて社会的な活動にかかわっている機関として求められる義務であるといえよう。提供機関による情報の開示については、利用者による選択の利便、説明責任という両面から、開示されるべき情報の種類や程度について早急につめた議論がなされなければならない。

提供機関に関わってもう一つの課題が存在する。それは、サービスの内容、質についての評価ということである。利用者に提供機関の選択を認めることのもう一つのねらいは、利用者による選択の多寡をインセンティブにして提供機関の提供するサービスの質の向上をはかるということにある。たしかに、利用者の選択の結果が明らかにされればそこに競争原理が作用し、提供機関がより多くの利用者の獲得を目指してサービスの質的向上をはかるということは十分考えられることである。

しかし、福祉サービスの利用者は市場における一般の消費者とは異なり、提供されているサービスに関する情報のいかんによって選択を一時的に先送りしたり、利用を断念したりするというわけにはいかない。いま、すぐに、福祉サービスの利用が必要な人びとが大部分である。そうであれば、利用者にとっての選択の余地、自由度はそれほど広いとはいえない。結果的には、利用者の選択が提供機関にとってのインセンティブに転化する可能性はそれほど高くはないということになろう。

むしろ、監督官庁による業務監査の結果を開示すること、あるいはサービス内容の第三者機関による評価を行い、その結果を開示するとともに、それを委託費や介護報酬費の支払いに反映させる方向を追求するほうがより効果的かつ効率的であろう。第三者機関による評価を実施するにあたって、評価委員会に利用者の代表を加えることも考慮に値することである。

実際問題として考えれば、利用者個々に提供機関ごとのサービスの質の違いを考慮した選択を求めたとしても必ずしも多くのことは期待できないであろう。利用者による選択といっても、医療機関の場合も同様であるが、結局は専門的な判断というよりは風聞による選択にならざるをえないからである。もとより、風聞による選択にもそれなりの効用は認めなければならない。しかし、基本的には、提供機関個々によるサービスの質的向上を実現するには、専門的な第三者機関による評価とその結果を開示することを前提に、利用者によるサービスの利用過程を的確に支援するためのシステムと利用をめぐる需給調整技術を確立することが不可欠の要件となろう。

4 利用者の権利擁護システム

最後に、利用者の権利擁護の考え方とシステムについてとりあげる。先にも言及したように八〇年代このかたいくつかの地域でオンブズマン制度、知的障害者の権利擁護制度が創設され、最近では成年後見法制定の必要性も議論されている。また、昨今では社会福祉の構造改革に関する議論においても「自己決定能力の低下した人びと」にたいする権利擁護に関する検討がなされている。

利用者の権利擁護ないし保障の制度が設けられ、利用者の利益が確保されようとしていることはもとより歓迎すべきことであるが、これと関連して、以下二点にわたって論点を提起しておきたい。第一点は、利用者とは誰かという問題である。第二点は、構造改革の前提となっている利用者像に関する問題である。

第一点の利用者とは誰かという問題はある意味では自明のことに属する。われわれも、ここまでそのことについては特に限定を与えず、利用者ということばを社会福祉を利用している人びと、さらには利用を希望している人びとや利用を必要としている人びとを総括的に指し示す言葉としてゆるやかにもちいてきた。しかし、利用者ということばには、実は①児童、高齢者、障害者などの福祉サービスの直接的な利用者と、②児童の保護者や高齢者・障害者を介護している人びとのように福祉サービスのいわば間接的な利用者とが含まれている。

たとえば、利用者による選択がなされるといっても、一般的にいえば、一定の年齢以下の子どもは選択能力（権利能力）をもつとは認められず、選択は保護者が行うことになろう。高齢者や障害児についても、直接的利用者の自己決定能力が低位にある場合には、選択の当事者は介護者ということになろう。このようなグループの場合には、福祉サービス選択権の行使といっても、その選択が福祉サービスの直接的な利用者（当事者）にとっての利益になっているかどうかという視点を介在させなければ、選択利用方式についての最終的な評価は困難であろう。

高齢者や障害者が選択の当事者になっている場合についても、それらの人びとの選択の能力（自己決定能力）によって真に必要かつ的確な選択が行われているかどうかを問題にする余地は十分に存在する。利用者の選択による競争を質的向上のインセンティブにするという一般的な期待とはかなり遠い状況というべきであろう。

いずれにしても、選択（自己決定）利用方式を前提に利用者の権利を擁護するという場合、その擁護のあり方は誰が利用者なのか、その実態に則してシステムのあり方が問われなければならない。選択の当事者が保護者や介護者である場合には、その選択によって直接的利用者にとって最適かつ効果的なサービスや施設が提供されているかどうかについての第三者機関によるチェックが不可欠の要件となろう。選択の当事者が直接的な利用者である場合には、選択の手続きや過程そのものに当事者による選択が最適かつ効果的なものになるよう専門的に支援するシステムを組み込むとともに、その結果をチェックする成年後見制度やオンブズマン制度などの第三者的な権利擁護のシステムを確立することが必要となる。

第二の論点は、第一の論点ともかかわるのであるが、契約利用方式の前提にある利用者像は、第一義的には選択と申請（自己決定）の能力を十分に備え、自己の自由意思と責任において契約の当事者になりうる人びととしてイメージされているということである。その前提のうえに、自己決定能力が低位な人びとについては、その状況に応じて成年後見制度などによる権利擁護の手立てを講じればよいという考え方がとられているということである。たしかに、市民社会における契約の当事者は自己決定と自己責任において事柄を判断し、責任を負う市民である。しかし、この場合の市民は一般化され、抽象化された市民であり、市場における具体的な消費者のすべてがそのような市民像と重なりあうというわけではない。商品の供給者と比較して、商品に関する専門的知識も判断能力も低位な通常の市民（消費者）に自己決定（選択）の結果について全面的に責任を負わせるのは妥当ではない。そこに、消費者保護という施策も必要となってくる。

これにたいして福祉サービスの消費者は、当初から保護者や介護者の選択によってそれを利用する人びとであったり、当事者としての選択（自己決定）能力の低位な人びとである。契約方式による利用者権の確立を主張する言説は、選択（自己決定）能力のある人びとも低位な人びとも一様に、契約の当事者、すなわち自由な意思と自己決定能力をもつ契約の一方の主体として位置づけようとするものといってよい。しかし、そのような契約の主体は、経済市場においては成り立ちえても、社会福祉の提供と利用の調整の場である「社会市場」においては部分的にしか成り立ちえない。社会市場で考慮の基準となるのは、商品交換の主体として想定されている普遍的一般的市民としての属性ではない。むしろ、そこでは生活を維持するうえで福祉サービスの利用を必要とする具体的かつ個別的な生活者としての市民個々のもっている属性こそが考慮されなければならないのである。

重複を承知でいえば、契約利用方式の導入によって措置（行政処分）方式の欠陥や弊害とされるものを取り除き、利用者の権利を重視するという意図はそれなりに積極的に評価するにしても、そのとき前提にされるべきことは、福祉サービスについても介護サービスについても、直接的な利用の主体と契約の主体とは必ずしも一致せず、利用の主体は福祉サービスや施設の選択を保護者、介護者、後見人などに委ねざるをえない人びとである場合の方が多いという事実である。福祉サービスや介護サービスの供給＝利用システムは、利用すべきサービスや施設についてみずから選択し、申請する能力に乏しい人びとが第一義的な利用者であるという事実を前提として組み立てられ、運営されなければならないということである。

加えて、提供組織の多元化が一層促進され、営利事業者に受託事業や保険適用事業の範囲を超えて直接的に福祉サービス一般の提供業者としての参入が容認されるということになれば、その場合には利用者の人権擁護システムは最終的には利用者の生命や資産の公的な保全を含むものでなければならないであろう。営利事業者の設置する居住型施設を利用している利用者が、経営不振や倒産による事業の縮小、経営権の移転、破産に直面した場合、市場原理からいえばそのような事態への対応は利用者の自己責任に委ねるほかはないということになろう。しかし、現実の問題としては契約段階で資産を遣い果たしている利用者や新たな契約先を求めることに失敗した利用者、引き取り能力のある家族や親族のいない利用者は、すぐにも路頭に迷うことになりかねないであろう。

実際、そうした事例には事欠かない。そうした場合、公的に対処する人権擁護システムが準備されていなければ、資産にも自己決定能力にも乏しい利用者は文字通り生死にかかわるような事態に直面させられることになる。措置方式を契約利用方式に改めるにあたっては、契約利用方式の利点や効用を追求すると同時に、他方においては最終的な受け皿となるような公共的な安全網（セーフティネット）の存在が不可欠の要件となろう。それがあってはじめて、利用者は契約方式に身を委ねることができるのである。

二一世紀に向かう転換期において社会福祉学が取り組まなければならない論点は以上のほかにも数多く存在する。しかし、それを網羅することがここでの課題ではない。ここでは導入的な議論にとどめ、個別的な課題についての巨細にわたる検討は以下の各章を構成する論稿に委ねることにしたい。

注

(1) このような観点から八〇年代以降の福祉改革を捉える行政学研究者を代表するものとして、新藤宗幸の『社会福祉行政と官僚制』(岩波書店、一九九六年)がある。その言説のすべてを受け入れるかどうかは別にして、本書には興味深い指摘が含まれている。

(2) 木村忠二郎『社会福祉事業法の解説』時事通信社、一九五一年、三四ページ。

(3) 松下の議論については、松下圭一『政策型思考と政治』(東京大学出版会、一九九一年)を参照されたい。

(4) Hadley, R. & S. Hatch, *Social Welfare and the Failure of the State*, George Allen & Unwin, pp.87 ~ 101.

(5) 丸尾直美「福祉供給方式と財源」、隅谷三喜男・丸尾直美編著『福祉サービスと財政』、中央法規出版、一九八七年、二六ページ。

第2章 社会福祉研究の課題

多くの先人を含め、社会福祉に関わる人びとは、一度ならず社会福祉とは何か、すなわちその基本的な性格、理念、目標、範囲、制度の体系、援助活動の種類や方法など、社会福祉の全体像を過不足のない簡潔な言葉で表現し、記述したいという願望を抱いたことがあるはずである。この、社会福祉とは何かという疑問は、社会福祉について研究し、理解しようとする人びとにとってはむろんのこと、社会福祉の施策・制度を実際に策定し、運営しようとする人びとにとっても、また社会福祉の利用者と向き合い、その自立を支援する活動に携わっている人びとにとっても、つねに関心の的となり、解答を迫られる課題である。いわば、それは社会福祉にかかわる人びとが最初に直面させられる課題であり、そして最後まで疑問を抱き続けることになる疑問である。

第1節 社会福祉の概念

この社会福祉とは何かという、社会福祉の研究にとってアルファにしてオメガである課題に接近するにあたって、われわれはまずいくつかの先行研究にみられる特徴的な社会福祉の概念規定を紹介し、その特徴について考察してみよう。そして、そのうえで、これからわれわれが社会福祉の研究を進めるうえで取り組むべき課題がどのようなものであるのか、そのことを明らかにし、そこからわれわれ独自の概念の設定を模索するという手順を踏むことにしよう。

1 社会福祉概念の探究

まず、戦後も比較的早い時期に提起され、当時におけるわが国の社会福祉理解を代表していると思われる概念規定をとりあげる。それは、一九五〇年にパリで開催された国際社会福祉会議の要請にもとづき、日本社会事業協会の社会事業研究所によってとりまとめられた社会事業の概念規定である。ちなみに、ここでいう社会事業は、こんにちの時点において理論的に考えれば、当然社会福祉とは別種の、歴史的には社会福祉に先行する特有の施策制度の概念として取り扱われるべきものである。しかし、ここでは、わが国における社会福祉研究の歴史的背景と経緯を尊重し、原著者が社会事業という場合には、その用語法に準拠して議論を進めることにしたい。なお、以下の行論においては煩を避けるために一般的によく知られている理論家の言説についてあえて注を付することをせずに議論を進めることにしたい。

さて、社会事業研究所による社会事業の規定はつぎのようなものである。

社会事業とは、正常な一般生活の水準より脱落背離し、またはそのおそれのある不特定の個人または家族に対し、その回復保全を目的として、国家・地方公共団体あるいは私人が、社会保険・公衆衛生・教育などの社会的増進のための一般政策とならんでそれを補い、あるいはそれに代わって個別的・集団的に保護助長などの処遇を行う社会的・組織的活動である。

この社会事業の概念規定が構想された一九五〇年といえば、一九四五年以来のいわゆる戦後福祉改革を通じてわが国の社会福祉が再出発し、その再編・整備と近代化が同時的に追求された時期である。すなわち、戦後社会福祉史の時期区分でいえば、それは戦後福祉改革の時代にあたっている。この社会事業の概念規定に含まれている「正常な一般生活の水準」「脱落背離」「社会的増進のための一般政策とならんでそれを補い、あるいはそれに代わって」「個別的・集団的に保護助長」という一連の言葉づかいは、まさに戦後の混乱を背景とする施策制度の再編・整備と近代化の時代の社会事業に関する議論の特徴をそのまま反映するものといってよいであろう。そうしたなかでも、この概念規定が社会事業を「社会的増進のための一般政策とならんでそれを補い、あるいはそれに代わって」行われる活動――つまり、補充的、代替的な性格をもつ社会的・組織的活動として理解しようとしていることに留意しておきたい。

さて、社会事業研究所が社会事業の概念規定を提起した一九五〇年は、同時に、戦後総理府に設置された社会保障制度審議会がその後の社会保障の歴史のなかで「五〇年勧告」として知られることになる「社会保障制度に関する勧告」を提出した年でもあった。社会保障制度審議会は、この勧告のなかで今後のわが国における貧困や窮乏にたいする施策の重点を四六年に制定された生活保護法（旧生活保護法）による国家扶助（公的扶助）から社会保険に移行させるべきであると勧告しているが、そのこととの関連において社会福祉の概念をつぎのように規定している。

社会福祉とは、国家扶助の適用をうけている者、身体障害者、児童その他援護育成を要する者が自立してその能力を発揮できるよう必要な生活指導、更生補導その他の援護育成を行うことをいう。

この規定は、総理府に設置された社会保障制度審議会による概念規定である。しかし、戦後改革期の社会福祉にたいする社会政策や社会保障の専門家たちによる理解がどのようなものであったか、それを知ることは、社会福祉の源流を尋ねるというわれわれの課題にとって極めて示唆的である。

この概念規定の特徴は、国家扶助、すなわちわが国におけるこの制度の具体的な名称でいえば生活保護と社会福祉とが区分されていること、そして社会福祉の対象が「国家扶助の適用をうけている者、身体障害者、児童その他援護育成を要する者」として把握されていること、またその機能が「自立」した生活に「必要な生活指導、更生補導その他の援護育成」として認識されていることにある。実は、このような社会福祉の捉えかた、なかでも生活保護と社会福祉とを明確に区別する議論は、勧告提出当時の五〇年代というよりもむしろ七〇年代以降において現実的妥当性をもつことになるのであるが、そのことについては後にあらためて言及することになろう。

つぎに、五〇年代から七〇年代にかけて、わが国の社会福祉研究の発展に多大な功績と影響を残したことで知られる幾人かの代表的な社会福祉学の研究者たちによる概念規定をとりあげてみたい。ここで紹介する概念規定は、それぞれ、孝橋正一、竹内愛二、岡村重夫、一番ヶ瀬康子によるものである。

まず、孝橋正一による社会事業の概念規定をとりあげる。孝橋は一九五〇年代から六〇年代初頭を中心に、マルクス主義的な社会科学の立場から社会事業の研究を推進し、わが国の社会福祉研究に強い影響を及ぼしたことで広く知られている。孝橋による独自の社会事業理解の体系は、こんにち社会福祉研究の領域では一般に「政策論」、あるいは社会福祉にたいする政策論的アプローチと呼称されているものの源流である。

孝橋正一の社会事業の規定はつぎの通りである。

> 社会事業とは、資本主義制度の構造的必然の所産である社会的問題にむけられた合目的・補充的な公・私の社会的方策施設の総称であって、その本質の現象的表現は、労働者＝国民大衆における社会的必要の欠乏（社会的障害）状態に対応する精神的・物質的な救済、保護及び福祉の増進を、一定の社会的手段を通じて、組織的に行うところに存する。

孝橋の社会事業理解におけるキー概念は、「資本主義制度の構造的必然の所産」「社会的問題」「合目的・補充的な公・私の社会的方策施設」「社会的必要の欠乏」などである。孝橋は、社会事業をもって資本主義社会に特有の社会的方策施設であると考え、それは資本主義社会が必然的にうみだす社会問題のうち社会的問題に対応するものとして捉えている。

すなわち、社会問題の基本的な部分を構成するものは労働問題であるが、これに対応するのは社会政策である。社会事業はそのような労働問題から関係的に派生する社会的問題に対応する方策施設であり、社会政策にたいしてこれを補完しあるいは代替するという関係にある。

こうした社会事業理解をとる孝橋が社会事業にたいする「政策論」ないし政策論的アプローチを代表したとすれば、社会事業の「技術論」、あるいは社会事業にたいする技術論的アプローチを代表したのは竹内愛二である。孝橋と竹内は社会科学の方法論という基本的なレベルにおいてその立場を異にし、両者は厳しく対立した。

竹内の社会福祉研究者としての経歴は戦前に遡ることができる。竹内の研究関心は、社会福祉における施策や制度という位相よりも、援助活動のあり方やそこで必要とされる知識や技術という位相に向けられていた。そのため、竹内による社会事業の概念規定は、これまでみてきた社会事業の概念規定とはその趣を異にしている。すなわち、竹内は社会事業をつぎのように規定する。

> 個別・集団・組織社会事業とは個人・集団・地域社会が有する社会（関係）的要求を、その他の種々なる要求との関連によって自ら発見し、かつ充足するために能力・方法・社会的施設などあらゆる資源を自ら開発せんとするを、専門職業者としての個別・集団・組織社会事業者がその属する施設・団体の職員として側面から援助する過程をいう。

この規定から明らかなように、竹内の社会事業理解の特徴は、社会事業を専門職業者である「専門社会事業者がその属する施設・団体の職員として側面から援助する過程」として捉えることに尽きているといえよう。竹内の関心は社会事業の施策や制度としての側面に向けられているわけではない。竹内の関心は、むしろ社会事業が専門職業の一つであることを理論的、実証的に明らかにすることに向けられていたのである。その意味では、孝橋と竹内の関心は、はじめから交錯させられようがなかったといってよい。

その点、研究史的にみて同世代に属する社会福祉研究者のなかで竹内の社会事業理解に近いのは、岡村重夫の社会福祉理解である。つぎの規定にみるように、岡村の社会福祉についての理解は、もちいられている用語は異なっているが、社会福祉における援助のありように主要な関心を向けているという意味で、竹内による社会事業の理解に強い親和性を認めることができる。

岡村重夫は社会福祉を以下のように規定する。

社会福祉は、全国民が生活者としての主体的社会関係の全体的統一性を保持しながら生活上の要求を充足できるように、生活関連施策を利用、改善するように援助するとともに、生活関連の各制度の関係者に個人の社会関係の全体性を理解させて、施策の変更、新設を援助する固有の共同的行為と制度であるということができる。

このような岡村の社会福祉理解の特徴は、何よりもそれが社会福祉の「固有の視点」の探求を軸に展開されていることに求められる。岡村の構築した独特の社会福祉の理論がしばしば「固有論」とよばれる所以である。この概念規定のなかから岡村社会福祉研究のキー概念を探れば、「生活者」、そしてその「主体的社会関係の全体的統一性」「生活上の要求」ということになろう。

岡村の「固有論」的アプローチにおいては、生活者としての個人と社会制度との関係をどう捉えるかが基本であり、援助の方法やその内容もそのことを中心に論じられることになる。岡村は、孝橋のように社会福祉の制度がどのような歴史的、社会経済的な背景のなかで形成され、いかなる機能を期待されているかということにはあまり関心を示さない。

つぎに、一番ヶ瀬康子は、研究史上の世代としてみれば、ここまでの孝橋、竹内、岡村とは区別される、いわば戦後社会福祉研究の第二世代にあたる。一番ヶ瀬は、一九六〇年代後半以降こんにちにいたるまで、保育問題をはじめとして薬害その他の被災者の問題、さらには近年における福祉文化の問題を含め、社会福祉の原理論的な、また実証的な研究に幅広く活躍してきた研究者であり、人権と生活者の視点、さらには生活問題論を基軸とするその見解は、社会福祉の「運動論」あるいは「新政策論」的アプローチとしてよく知られている。その一番ヶ瀬は、社会福祉の概念をつぎのように規定している。

社会福祉とは国家独占資本主義期において、労働者階級を中核とした国民無産大衆の生活問題（現代的貧困）に対する「生活権」保障としてあらわれた政策のひとつであり、他の諸政策とりわけ社会保障（狭義）と関連しながら、個別的にまた対面集団における貨幣・現物・サービスの分配を実施あるいは促進する組織的処置であるといえよう。

一番ヶ瀬康子の概念規定における特徴は、「国家独占資本主義」「生活問題」「生活権」「個別的」「対面集団」「貨幣・現物・サービスの分配」などのキー概念に求めることができる。一番ヶ瀬は、しばしば孝橋の政策論的社会事業研究の後継者とみなされる。しかし、たとえば、孝橋が社会事業を資本主義一般に結びつけて理解しようとしたのにたいし、一番ヶ瀬は社会福祉を国家独占資本主義と関連づけている。社会福祉の対象についても、孝橋の社会的問題にたいして生活問題という新たな概念を提起している。さらに重要なことは、社会福祉を国民の生活権保障を意図した政策として捉えていることである。また、孝橋の社会事業規定の「一定の社会的手段」にあたる部分が、「貨幣・現物・サービスの分配」としてより具体的に捉えられている。

さて、ここまで孝橋正一、竹内愛二、岡村重夫、一番ヶ瀬康子の社会事業ないし社会福祉に関する概念規定を垣間みてきたが、戦後の社会福祉研究に寄与した研究者がこれで尽きるわけではない。著名な研究者に限定しても、竹中勝男、木田徹郎、吉田久一、嶋田啓一郎などをあげることができる。これらの研究者もまた社会福祉の概念をめぐってそれぞれの議論を展開している。ここでは、政策論、技術論、固有論、運動論という戦後における代表的な社会福祉の研究方法を提起した研究者に限定し、その所説を検討の素材として選択したものである。

2　社会福祉研究の論点

以上、戦後の社会福祉研究を代表する概念規定をみてきたところであるが、すでに明らかなように、先行研究にみられる社会福祉についての概念規定は多様であり、それぞれの規定によって視点の設定のしかたもまた焦点の絞りかたも異なっていた。しかし、そこには、社会福祉をどのように捉えるのかという、その一点に凝縮させたかたちで、それぞれの機関や研究者の社会福祉についての考えかたのエッセンスが展開されていた。

つぎに、各機関や研究者による概念規定のなかで何が論じられ、何が明らかにされようとしているのか、そのことを社会福祉研究の基本的な論点として整理するとともに、さらにそこに概念規定のなかで言及されていないが、社会福祉の全体像を理解するうえで解明を必要とされる課題を追加しておきたい。

すなわち、社会福祉の現状を前提に、その全体像を理解するうえで解明が必要と考えられる論点の概略は、およそ以下のようなものである。

(1)　社会福祉とは何か、すなわちその基本的な性格、存立の根拠、そこに包摂されている理念や目的を明らかにすること

社会福祉研究にとってもっとも重要かつ基本的な論点である。「不特定の個人または家族に対し、その回復保全を目的」(社会事業研究所)とする、「合目的・補充的な公・私の社会的方策施設」(孝橋正一)、「生活権保障」(一番ヶ瀬康子)などの表現はいずれも、この論点に関わっている。

(2) 社会福祉が歴史的社会的にどのようにして形成され、発展してきたかを明らかにすること

社会福祉は最初から現在のかたちで存在したわけではない。社会福祉は、長い時間と一定の必然性をもって、歴史的社会的に形成されたものである。社会事業を資本主義一般と結びつけて理解しようとする孝橋正一の見解や社会福祉を国家独占資本主義と結びつけようとする一番ヶ瀬康子の見解は、いずれもこの論点に関わっている。

(3) 社会福祉を構成する施策・制度やそのもとで展開されている援助活動の基本的な特性を明らかにすること

概念規定に含まれている「不特定の個人や家族に対し、その回復保全を目的とする個別的・集団的な保護助長」(社会事業研究所)、「援護育成を要する者にたいする自立のための生活指導、更生補導その他の援護育成」(社会保障制度審議会)、「精神的・物質的な救済、保護及び福祉の増進」(孝橋正一)、「全国民が生活者としてその主体的社会関係の全体的統一性を保持しつつ生活上の要求を充足できるよう、生活関連施策を利用、改善するように援助する」(岡村重夫)、あるいは「生活問題に対処するためになされる貨幣・現物・サービスの分配やその促進」(一番ヶ瀬康子)という表現はいずれも、この論点、すなわち社会福祉を構成する施策・制度やそのもとで展開されている援助活動の特性に関わっている。

これら(1)、(2)、(3)は社会福祉のもっとも基本的な性格や特性に関わる論点である。さきにみてきた社会福祉の概念規定は、いずれもこれらの論点を中心に記述されている。しかしながら、社会福祉に関する解明の道程はそれで終わるわけではない。むしろ、社会福祉の全体像を解明し、その成果を日常的な実践活動にいかしていくためには、より具体的なレベルにおいて社会福祉を多面的に分析し、理論化することが必要である。

(1)、(2)、(3)が社会福祉の原理論的な解明に関わる論点であるとすれば、以下の(4)〜(15)にわたる論点は社会福祉の現状分

析に関わるものといってよい。

(4) こんにちのわが国の社会福祉がどのような施策と制度から構成されているのかを明らかにすること

社会福祉の中心部分にあるのは、社会福祉事業あるいは福祉サービスとよばれるものであるが、社会福祉の全体像を理解するにはその全体がどのように構成されているか、いかなる体系をもっているかが明らかにされなければならない。社会福祉に関わる施策制度の体系をとらえる方法としては、一般的には、国の社会福祉関連の法令や都道府県・市町村の条例等が基準になっていることが多い。そのことは、近年社会福祉の多元化が進行しているとはいえ、わが国の社会福祉の大枠が法令や条例を根拠に構成されていることからすれば、自然の成り行きともいえよう。しかし、対象(利用者)の属性、援助の手段別形態、利用形態、援助技法などによる分類や体系化も十分可能である。たとえば、一番ヶ瀬は、対象の属性――利用者の労働力の形態――を軸にして施策制度の体系化を試みている。

(5) 社会福祉を実施運営する組織、機関、施設にはどのようなものがあるのかを明らかにすること

社会福祉は大きく施策制度を設計し、策定するレベル(政策システム)、それらの施策制度を運営管理するレベル(運営システム)、施策制度の具体化されたものとしての援助を展開するレベル(援助システム)に分類することができる。このうち、運営システムはさらに、事業実施システムを中心に、政策運用システム、援助提供システムから構成されている。

社会福祉の事業実施システムは、一定の権限のもとに、社会福祉事業ないし福祉サービスを実施、運営管理するシステムであるが、社会福祉の全体像に接近するには、それを構成する組織、機関について明らかにされなければならない。ま

た、具体的に援助を提供している機関や施設等について、その種類や機能が明らかにされなければならない。

(6) 社会福祉の援助が具体的にはどのような形態と内容において提供されているのかを明らかにすること

社会福祉の援助は伝統的には居住型施設において提供されてきたが、近年においては居宅ないし在宅によるサービスの提供が中心である。施設サービスから在宅サービスへの転換ともいわれる。しかし、今後とも施設サービスが不要になることは考えられず、施設サービスと在宅サービスを統合する地域社会ベースのサービスの提供のありようが解明されなければならない。

また、社会福祉の援助には伝統的にレジデンシャルワークとソーシャルワークを区分する傾向がみられる。施設サービスか在宅サービスかという分類は援助の場ないし枠組みに着目した議論であるとすれば、レジデンシャルワークかソーシャルワークかという分類は援助の技術的な側面に着目した議論である。レジデンシャルワークは生活の場における援助、あるいは生活そのものの援助的展開を意味する。ソーシャルワークは、援助の場や枠組みから相対的に自立した援助の技術ないし方法である。

このように、社会福祉における援助はさまざまな場や枠組みのなかで、さまざまな技術なり方法なりを活用して展開されるが、社会福祉の最終的な課題は利用者にたいする援助の提供である。援助の形態や内容に関する解明は社会福祉研究の中心的な課題である。

(7) 人びとが社会福祉を利用するにはどのような手続きが必要とされるのかを明らかにすること

社会福祉の利用を実現するには、援助提供に権限をもつ機関(事業実施機関)とのあいだに一定の手続きが必要とされる。従来、社会福祉の利用は事業実施機関による職権の行使を意味する措置とよばれる手続きが中心であったが、近年その手続きは多様化してきている。現在の利用手続きは、①審査申請方式、②措置相談方式、③行政との契約方式、④支援費申請方式、⑤保険給付申請方式、⑥任意契約方式、⑦随時利用方式に分類することが可能であるが、それぞれの方式の特質、利点と限界についての解明が必要とされる。

(8) 社会福祉はどのような知識、技術、資格をもった人びとによって担われているのかを明らかにすること

社会福祉の中心的部分は、一定の知識や技術をもった専門職業者によって担われている。それらの人びとは一般にソーシャルワーカーとよばれるが、関連する法令によって制度上の名称や資格は別に定められている。社会福祉主事、児童福祉司、保育士、児童指導員、生活指導員、民生委員・児童委員などがそうである。専門職としての国家資格も存在し、社会福祉士、精神保健福祉士、介護福祉士がそれにあたる。ただし、社会福祉の担い手はこのような専門職業者ばかりではない。社会福祉の施策制度と援助活動が円滑に推進されるためには、ボランティアや近隣社会の住民などが果たす役割も重要である。

社会福祉の専門的な担い手については、その養成教育のありようも重要な研究課題である。社会福祉専門職につながる教育は、大学院、大学、短大、専門学校、養成施設、講習会など、多様な機関や組織によって行われている。社会福祉専門職を養成するためのカリキュラムやテキストのあり方、実習教育のあり方などについての議論が必要とされる。

(9) 社会福祉の援助活動において活用される専門的な知識や技術の内容について明らかにすること

社会福祉の援助活動についての知識や技術は、一般にケースワーク、グループワーク、コミュニティワーク、ソーシャ

ルワークリサーチ、ソーシャルアクション、ソーシャルアドミニストレーション、あるいはケアマネージメントなどに関する議論として展開されている。これらの技術を総称する名称がソーシャルワークであるが、利用者の施設居住を前提とするレジデンシャルワークについても専門的な知識や技術が必要とされる。

ソーシャルワーク、なかでもケースワーク、グループワーク、コミュニティワークの研究については長い伝統があり、かなりの知識が蓄積されている。社会福祉の援助に関わる知識や技術についての研究のもつ重要性は、それが、さきにみたように、政策制度研究とともに社会福祉研究を二分する領域として取り扱われてきた経緯をみればおのずと明らかであろう。

⑽ 社会福祉の利用にともなう費用負担の方法と額はどの程度なのか、またその妥当性について明らかにすること

社会福祉の利用は費用を必要としないという言説がなされることがあるが、これは明らかに誤りである。社会福祉の利用にはもともと受益者負担主義が適用されており、費用の負担が求められる。ただし、社会福祉の利用には受益者負担主義とともに応能負担主義が適用されるため、貧困者や低所得者を中心とする利用者の実際の費用負担は免除されるか負担が求められることがあってもその額は軽微であった。

これにたいして、近年、利用者の所得水準の向上と一般階層化に対応して従来の応能負担主義を応益負担主義に転換すべきであるという議論がなされてきた。保険料の拠出と一定の利用者負担をともなう介護保険制度の導入はそのような議論の具体化といえるが、あらためて社会福祉の利用に関わる費用負担のありようが問われなければならない。

⑾ 社会福祉の財源はどこでどのようにして調達されているのか、公的部門、民間部門を通じて明らかにすること

社会福祉の公的部門が租税によって支えられていることはいうまでもないが、国及び自治体の財政のなかでどの程度の支出がなされているのか、経年的に明らかにされる必要がある。財政支出のなかでの優先順位がどのように設定されているのか、なかでも社会福祉の基礎的な単位となることが期待されている市町村における社会福祉支出の実態とその背景にある考え方の解明は社会福祉の今後の動向を知るうえで重要な課題となる。民間の非営利セクターの場合、寄付金の出所、共同募金や助成団体による資金助成の実態やありようについての解明が求められる。また、営利セクターの場合には、福祉サービスや介護サービスによる収益の実態やその処理のしかたが明らかにされる必要がある。

⑿ 人びとの社会福祉に関わる権利を保障し、人びとによる社会福祉の利用を支援する制度や活動にはどのようなものがあるかを明らかにすること

近年、社会福祉における利用者民主主義の発展とともに、成年後見制度、福祉サービス利用援助事業、苦情解決制度などの充実が求められるようになっている。いずれの制度についてもいまだ緒についたばかりという状況であるが、今後その実施状況や効用についての解明が求められる。

⒀ 社会福祉に関わる施策の方向やその内容に影響力をもつ社会行動にはどのようなものがあるのか、その類型や特徴を分析し、その意義を明らかにすること

歴史的な経緯が示すところによれば、社会福祉の発展には社会的問題あるいは生活問題の解決・緩和あるいは失われた損失の補償を求めるような社会行動の成立や拡大が重要な契機となっている。そのような社会行動は、住民運動や市民運

動、社会福祉運動あるいはソーシャルアクションとよばれるが、その背景、経過、効用などについて明らかにされなければならない。

⒁ 社会福祉と関連する諸施策、ならびに社会福祉とそれらの諸施策との関連について明らかにすること

社会福祉には関連する多数の施策が存在する。たとえば、年金保険、失業保険などの所得保障、保健医療、教育、更生保護、住宅政策、都市計画などがそうである。社会福祉がその所期の目的を達成するには、これらの関連する諸施策との連携や統合化が必要とされる。個々の関連施策と社会福祉との関連について解明するとともに、連携や統合化の方策についての解明が必要とされる。

⒂ 社会福祉の施策・制度や援助活動の国や社会による違いやその背景と理由を明らかにすること

社会福祉は歴史的社会的所産であるといわれるが国によって、また同じ国でも地域の違いによって、その内容は異なってくる。同じヨーロッパであってもイギリスとフランス、ドイツ、さらにはスウェーデンでは社会福祉のありようが異なっている。イギリスとアメリカでは同じアングロサクソンの伝統をもつとはいえ、社会福祉のありようはかなり違っている。東北アジアとよばれる地域でも韓国と日本の社会福祉は異なっている。同じイギリスでも、イングランドとスコットランドでは社会福祉の制度は異なっており、アメリカでは州による違いが相当に大きい。

こうした違いはそれぞれに意味のあることであって、それがよって来る背景や理由を明らかにすることは重要な意味をもっている。国や地域による違いは、それ自体として重要であるが、その背景や理由を解明することは最終的には社会福祉とは何かを明らかにすることに通じている。

社会福祉の全体像を過不足なく把握するには、このほかにも解明すべき事項なり事象があろうかと考えられるが、(1)から⒂に及ぶ論点についてある程度の議論が蓄積されればそれなりに意味のある成果を達成することが可能であろう。

3　社会福祉概念の暫定的規定

さて、ここで、これまで行ってきた戦後の社会福祉研究を代表してきた組織や研究者による社会福祉の概念規定に関する議論と社会福祉を理解するうえで解明が必要と考えられる論点の整理を前提に、われわれ自身の社会福祉の概念に関する規定を掲げておきたい。すなわち、われわれの社会福祉に関する理解はつぎの通りである。

社会福祉とは、現代社会において、人びとの自立生活を支援し、その自己実現と社会参加を促進するとともに、社会的統合を高めることを目標に展開される一定の歴史的社会的な施策の体系であり、その内容をなすものは人びとの生活上の一定の困難や障害、すなわち福祉ニーズを充足、あるいは軽減緩和し、自立生活の維持、自立生活力の育成ならびに自立生活の援護をはかり、またそのために必要とされる社会資源を開発することを課題として国・自治体ならびに民間の組織によって設置運営される各種の制度とそのもとにおいて展開されている援助活動の総体であるといえよう。

もとより、この社会福祉の規定は暫定的なものであるが、そうはいってもこのような社会福祉に関する規定について理解を求めようとすれば、おのずと「現代社会」「自立生活」「支援」「自己実現」「社会参加」「社会的統合」「福祉ニーズ」「自立生活の維持」「自立生活力の育成」「自立生活の援護」「社会資源の開発」などのキー概念についての敷衍が求められる。しかし、そのことは十分に承知したうえで、ここではその作業は以下の行論や本書を構成する他の章における議論に委ね、議論の先を急ぐことにしたい。

第2節　社会福祉研究の系譜

欧米における社会福祉の研究は救貧法を中心に一九世紀の後半に始まるといってよい。わが国における社会福祉の研究は明治の中葉から欧米の制度や議論の紹介というかたちをとりながら発展してきた。以後、欧米においてもわが国においても多くの研究が蓄積されてきたが、ここでは欧米のそれを含めて社会福祉の発展（展開）の過程について論じた言説と戦後のわが国における社会福祉の理論研究の一端に触れ、社会福祉研究の発展の過程を垣間みておきたい。

1　社会福祉の発展段階論

まず、社会福祉の歴史的な発展ないし展開の過程や社会的な性格について理解を深める手掛かりとして、三組の概念モデルについて検討し、さらに現代における社会福祉の基盤となっている福祉国家（政策）の動向について考察する。

(1)　ウィレンスキーとルボーの発展段階論

第一の概念モデルはH・L・ウィレンスキー（H. L. Wilensky）とC・N・ルボー（C. N. Lebeaux）によって提起されたモデルである。ウィレンスキーとルボーは、社会福祉の分析を試みるに際して、レジデュアル（残余的）な社会福祉とインスティテューショナル（制度的）な社会福祉という概念モデルを設定した。人びとの生活は通常、家族と市場という自然的な資料獲得の水路を通じて営まれている。しかしながら、その過程は常に平坦、平穏無事というわけにはいかない。家族はしばしば家族員の失業、傷病、障害、老齢などによって生活に必要なだけの所得や家事サービスを確保することが困難になる。市場は一定のリズムのもとに経済の波動に見舞われ、失業の増大、生活資料の欠乏や物価の高騰がもたらされるようなこともまれではない。

レジデュアルな社会福祉（残余的社会福祉）とは、そのような緊急事態において活性化し、家族や市場が通常の機能に復帰したときには縮小し、社会の背景のなかに後退してしまう、そのような社会福祉である。これにたいしてインスティテューショナルな社会福祉（制度的社会福祉）とは、産業化の進展にともなう家族の構造的・機能的変化、市場の硬直化、失業と不況の慢性化、物価の恒常的上昇など、家族や市場そのものの質的な変化を前提に、一定の規模をもって社会のなかに常駐するようになり、社会の第一線の機能として制度化されることになった社会福祉のことである。

このようなウィレンスキーとルボーの概念モデルは、もともとは一九五〇年代のアメリカにおける社会福祉の現状分析を試みるための概念装置として構想されたものである。しかしながら、そのこととは別に、レジデュアルな社会福祉とインスティテューショナルな社会福祉という概念モデルは、こんにちにおいてなお、社会福祉の歴史的な発展の過程やその現代社会における位置づけ、さらにはその社会的な構造や機能を分析し、理解するために援用しうる概念装置としてその有効性を失っていない。ただし、ウィレンスキーとルボーの概念モデルは、発展段階に関する理論というよりも、レジデュアルな社会福祉とインスティテューショナルな社会福祉それぞれについての理念型という色彩が強い。しかも、現実の社会福祉の発展はレジデュアルな社会福祉からインスティテューショナルな社会福祉に一足飛びに移行するわけではない。実際には、その間に多様な移行段階が存在することに留意しておかなければならない。

(2) ティトマスの発展段階論

第二の概念モデルは、イギリスのティトマス（R. S. Titmuss）によって設定されたモデルである。ティトマスは、イギリスにいう社会政策の分析を試みるにあたって、残余的福祉モデル、産業的業績達成モデル、制度的再分配モデル、という概念モデルを設定した。これらの類型のうち、残余的福祉モデルはウィレンスキーとルボーのいうレジデュアルな社会福祉にそのまま重なりあっている。具体的には、イギリスの救貧法や慈善事業がこれに該当する。つぎの産業的業績達成モデルと制度的再分配モデルは、ウィレンスキーとルボーのインスティテューショナルな社会福祉に照応する関係にある。

産業的業績達成モデルと制度的再分配モデルは、それらが社会のなかに制度化され、構造化されているという意味では同列に扱うことができる。しかしながら、制度化の趣旨や政策思想という視点に立てば、両者の位置関係は同列ではない。産業的業績達成モデルに該当するのは、たとえば、高齢者に所得保障を提供するにあたってそれをそれぞれの高齢者が国家、社会、企業などにおいて達成した業績の程度に応じて配分しようとする制度である。その典型は、官吏や軍人にたいする恩給、社会的・文化的功労者にたいする年金、企業による功労者年金などである。産業的業績達成モデルの根底にあるものは明らかに資本主義に底流するメリットシステムの思想である。そこには、高齢者の生活の実態についての関心や社会的な平等や公正についての配慮はほとんど介在していない。

これにたいして、制度的再分配モデルは、第一次的分配にともなう社会的富の不平等を社会的平等や社会的公正の見地から再分配し、その均等化、平準化をはかろうとする制度を意味している。制度的再分配モデルは、社会的統合を志向するモデルであり、「資源の支配のなかに最分配のシステムを組み込」んだモデルである。実際、第二次世界大戦後の福祉国家成立期以降一九七〇年代までのイギリスの社会政策は、社会福祉を含めて、そのいずれもが多かれ少なかれこのような意味での制度的再分配を志向する制度として発展させられてきたといってよい。

(3) 資本主義の展開と社会福祉

第三の発展段階論として、わが国では一九六〇年代後半を中心に、社会福祉の発展の過程を資本主義(社会)の発展の過程に結びつけて論じる研究が登場している。この種の発展段階論は幾人かの研究者によって試みられているが、ここで

表 2-1　生活問題の発達段階

<table>
<tr><th colspan="3">社会体制</th><th>主要な対象者</th><th>対象者自体の反発</th><th>対象者の意識，思想</th><th>方法</th></tr>
<tr><td colspan="3">古代奴隷制，中世農奴制
（自給自足経済，身分制）</td><td>共同体脱落者</td><td>（あきらめ）</td><td>善行の手段</td><td>慈善</td></tr>
<tr><td rowspan="4">近代資本体制（商品経済、民主制）</td><td colspan="2">初期資本主義
（原始的蓄積段階）</td><td>共同体解体のもとで生じた窮民の浮浪化</td><td>（消極的反抗）</td><td>危険視
惰民視</td><td>救貧法</td></tr>
<tr><td colspan="2">盛期資本主義
（産業資本主義段階）</td><td>労働者の貧窮</td><td>相互扶助活動</td><td>劣等視
自助の促進</td><td>最低の救貧法
慈善組織化</td></tr>
<tr><td rowspan="2">末期資本主義（独占資本主義段階）</td><td>前期
（金融独占期）</td><td>労働者階級の貧困</td><td>社会運動</td><td>環境への注目
社会連帯主義</td><td>社会改良活動
社会事業</td></tr>
<tr><td>後期
（国家独占期）</td><td>国民諸階層の生活不安</td><td>権利闘争としての国民運動</td><td>福祉国家</td><td>社会保障
社会福祉事業
専門技術</td></tr>
</table>

（一番ヶ瀬康子『社会福祉事業概論』誠信書房，1964，p.91）

はそのなかから一番ヶ瀬康子の研究をとりあげておきたい。**表2-1**がそうである。

　このような一番ヶ瀬の研究に類する研究は、一定の時期やその特徴を表現する用語に多少の違いはあるものの、いずれも資本主義（社会）の発展をその生成期、発展期、没落（爛熟）期前期（金融資本主義期）、没落期後期（国家独占資本主義期）に分類し、生成期と発展期に慈善事業と救貧法、没落期前期に社会事業、没落期後期に社会福祉をそれぞれ対応させるという構成がとられている。生成期に慈恵事業・救貧法が対応させられ、発展期の慈善事業・救貧法と区別されていることもある。

　資本主義の発展と社会福祉の発展ないし展開を対応させるという方法は社会福祉の歴史を大枠として理解するうえではかなり有効である。しかし、その半面、社会福祉の発展ないし展開を資本主義の発展の道筋に押し込めるという決定論的な隘路に陥りやすい。さらに、この研究方法のもっとも重要な課題は、資本主義没落期後期（国家独占資本主義期）以降の資本主義と社会福祉の展開をどのように捉え、結びつけるかという問題である。具体的にいえば、福祉国家批判が始まる一九七〇年代後半以降をどのように捉えるかという問題である。資本主義の発展と社会福祉の発展ないし展開を対応させる研究方法には、そこまでの射程は組み込まれていない。あるいは、資本主義および社会福祉が発展段階論の予想を超える展開を示したというべきであろうか。

(4) ポスト福祉国家の地平

議論が先行しすぎたかもしれない。社会福祉という領域を通じて戦後五〇年を回顧するとすれば、われわれは、第二次世界大戦以後、冷戦構造のなかで福祉国家の理念とそれを具現化する一連の政策体系が成立し、一九七〇年代の後半に至るまでその発展が期待されてきたという事実に言及しなければならない。

福祉国家の理念と政策は、第二次世界大戦直後のイギリスにおいて、一九世紀の最後の四半世紀から二〇世紀の初頭、第一次世界大戦前夜に至る社会改良の伝統を継承しつつ、一九四二年のベヴァリッジ報告を具体化するかたちで誕生した。その限りでは、福祉国家はまぎれもなくイギリスを母国とする特有の理念であり政策の体系である。しかし、その理念と政策は、東西両陣営、社会主義陣営と資本主義陣営間の緊張がたかまるなかで、冷戦構造を外枠として、短期間のうちに先進資本主義諸国のあいだに浸透していった。

福祉国家とは何か。これを明確に規定することには困難がつきまとうが、一般的、最大公約数的にいえば、それは、経済的には資本主義、政治的には民主主義を基盤とし、完全雇用施策、公教育施策、住宅保障施策その他の関連する諸施策を整備し、所得保障、医療保健保障、福祉サービス保障をその構成内容とする生活保障システムの構築を国政の基幹的な施策として位置づけ、広く国民にたいして基本的な諸権利を保障し、社会的な平等と公正の実現をはかろうとする施策体系さらには国家体制として理解することができる。

わが国を含めて、先進資本主義諸国は、個々にみれば理念の内実や政策の形態に少なからぬ違いがみられたとはいえ、戦後一貫して、一様に福祉国家の形成を国政における最重要の課題として位置づけ、その実現を目指してきた。そして、このような努力は国民生活の安定と社会的緊張の緩和をもたらすなど、一定の成果をもたらすことになった。

しかしながら、福祉国家の理念と政策が先進資本主義諸国の政策体系のなかでプライオリティを維持しえたのは資本主義のケインズ主義的な繁栄がその頂点に達した一九六〇年代までのことであった。七〇年代初頭のオイルショック以後、景気の低迷が長期化するなかで、福祉国家の理念と政策は新自由主義者や新保守主義者たちによる強い批判に直面させられることになった。さらに、八〇年代後半から九〇年代初頭にかけて冷戦構造が終焉を迎えるなかで、福祉国家はそれを外側から規定し、支えてきた枠組みを喪失することになった。

こうして、福祉国家はその誕生から五〇年を経過するなかで、その理念はゆらぎ、すでに初期の熱意は放棄されつつある。しかし、福祉国家は、その前史的な過程を含めて、二〇世紀百年間の歴史を通じて人類が手にした偉大な資産である。これを過去の遺物として葬り去ることではない。福祉国家の歴史と現実に学びながら、その理念を二一世紀に発展的に継承する道を探っていかなければならない。

2　戦後日本の社会福祉理論

戦後に限定しても、わが国では、これまで数多くの論者が、それぞれの視座、視点、枠組によりながら、社会福祉に関する理論研究を展開してきている。そのような研究の系譜は、孝橋正一をもって嚆矢とする「政策」論、竹内愛二を中心とする「技術」論、岡村重夫による「固有」論、一番ヶ瀬康子、真田是、高島進らによる「運動」論（あるいは「新政策」論）、三浦文夫に始まる「経営」論などとして類型化することが可能である。ここでもそのような戦後社会福祉研究の追体験を試みることにしよう。

(1)　政策論の形成

戦後いち早く、後日政策論的研究とよばれる特有の視座、視点、方法によって社会福祉研究の再生と発展に先鞭をつけたのは、孝橋正一であった。孝橋は経済学をもって、その社会福祉（孝橋の用語法によれば社会事業であるが、以下ここでは社会福祉に統一する）研究の基礎科学とする。すなわち、孝橋の社会福祉研究の基底に横たわり、その前提となっているのは資本主義社会の構造と運動についてのマルクス主義経済学の知識である。

孝橋は、戦前期に執筆された大河内一男の社会政策論の立場からする社会事業理論を批判し、克服するかたちで、独自の社会福祉研究を展開しようと試みた。孝橋の社会福祉研究の特徴は、まずなによりも、孝橋が社会福祉の社会的施策制度としての位置を社会政策との関係において措定し、その基本的な性格、すなわち社会福祉の本質を解明しようとしたところにある。孝橋の立場は、その限りでいえば、孝橋がその出発点において批判の対象とした大河内とその軌を一にしているのである。

孝橋によれば、資本主義社会はその特徴的な組成のゆえに多様な社会的問題をうむが、それらの社会的諸問題のうちもっとも基本的で根源的なものは労働問題であり、それが狭義にいう社会問題である。社会政策が対応しているのは、この意味での社会問題である。社会福祉は、そのような社会問題から関係的・派生的に形成されてくる社会的問題に対応する方策施設である。社会福祉は、社会政策の理論的ならびに実際的な限界のゆえに、登場の余地が与えられる特有の方策施設である。

したがって、孝橋によれば、社会福祉の本質は社会政策を補完・代替するところに求められなければならない。このような孝橋の社会福祉研究の方法は、いわば社会福祉を社会政策という鏡に反映させ、そこに写し出された鏡映像を抽出し、整序する、というかたちで体系化をはかるという手法によるものであった。すなわち、孝橋の社会福祉研究の基本的な方法は、社会福祉の本質を、社会政策を媒介項としながら、資本主義社会におけるもっとも基本的な社会関係である資本――賃労働関係、すなわち資本主義的生産関係に結びつけて分析し、解明しようとするものであり、そのことが孝橋の社会福祉論のもっとも基本的な特徴となっていた。

(2) 技術論と固有論

戦後社会福祉研究の第二の系譜、すなわち社会福祉技術論は、孝橋によって再三批判の対象とされた竹内愛二の専門社会事業論である。竹内は、戦前のアメリカにおいてソーシャルワークの研究にふれるところから社会福祉研究者としての経歴を形成しはじめている。竹内は、援助者と被援助者とのあいだに取り結ばれる特有の人間関係を基盤に展開される援助関係と、そのような関係を醸成し、方向づけ、展開する過程に関与する専門職としてのソーシャルワーカーによって活用される専門的援助技術の体系を基軸に、社会福祉を理解しようとした。竹内が展開した専門社会事業論は社会福祉における援助技術の理論であり、その基底にあるものは心理学的・社会学的な人間関係論であった。竹内にとっては、社会福祉の本質は人間関係論を基盤とする援助技術のうちに存在していた。

一九五〇年代から六〇年代中頃までのわが国の社会福祉研究を特徴づけていたものは、これまでみてきたような政策論と技術論の分立と鋭い拮抗という構図であった。政策論と技術論の論争は二者択一論的、相互排除論的な議論として推移した。政策論も技術論もともに、みずからの視座と枠組に依拠して一元論的に社会福祉の全体像を描き出そうとしたのである。

そうしたなかで独自の見解を提起し、その後の社会福祉研究に重要な影響力を及ぼしてきたのは、岡村重夫の固有論である。岡村は、社会的諸制度と生活者とのあいだに切り結ばれる社会関係の主体的な側面を照射するという視座こそが、社会福祉をもって固有の社会制度とみなしうる唯一の根拠であり、同時に社会福祉学が既成の諸科学にたいしてみずからの固有性を主張しうる唯一の論拠であると主張した。岡村によれば、社会的諸制度は本来人びとの基本的ニーズを充足するために創出されてきたものである。しかし、一度それが成立してしまえば、既成の社会的諸制度によってすべての人びとの基本的ニーズがひとしなみに過不足なく充足されうるというものではない。既成の社会制度は、制度と個人との関係、すなわち社会関係のなかでニーズ充足の前提として個々の生活者にたいして一定の役割行動をとることを要請するが、それぞれ個別的な生活条件をもつ生活者は常にその要請に対応しうるわけではない。岡村によれば、社会福祉固有の機能は、そうした社会関係の主体的側面に焦点を絞り込み、社会的諸制度がその成立の過程において捨象してきた個々の生活者の基本的ニーズのもつ個別性や多様性を充足させるように、社会的諸制度と生活者のあいだを調整・媒介し、あるいは社会的諸制度の改善を求めるところに認められる。

政策論の立場からいえば、このような岡村の固有論は、社会福祉を資本主義社会の歴史的かつ基本的な社会関係――資本家と労働者との関係――に結びつけて論じるという視点を欠き、到底社会福祉の本質理解に到達しうるものではない。しかし、岡村の固有論は、一九六〇年代以降、先行する技術論の系譜を吸収しつつ、その支持基盤を広げ、こんにちにおいてもなお重要な影響力の源泉であり続けている。

(3) 運動論への展開

一九六〇年代後半から七〇年代にかけて、わが国の社会福祉が水平的・同心円的に拡大していくなかで、やがて運動論とよばれることになる一連の新しい研究の手法が展開されていった。この系譜を構成する中心的な論者は、一番ヶ瀬康子、真田是、高島進などである。一番ヶ瀬、真田、高島らの社会福祉研究は、それぞれに濃淡の違いはあるものの、そのいずれもが、①社会福祉を国家独占期の資本主義社会における国家の政策として位置づけ、②六〇年代以降における社会福祉の対象の拡大と質の変化を認め、③社会福祉を国民の権利を保障するための施策として把握するとともに、④社会福祉の政策形成やその運用の過程における社会福祉運動の意義を重視し、⑤社会福祉の援助過程を担う社会福祉労働の重要性を強調するという共通点を有している。

この新しい波の旗手であった一番ヶ瀬は、先行する政策論の蓄積を継承しつつ、特有の生活問題論を軸芯にしながら、社会福祉理解に独自の境地を開拓した。一番ヶ瀬は、政策論にいう社会的問題を生活問題として捉え直し、それを規定する固有の条件と論理を解明することを通じて、社会福祉の相対的な独自性、固有性を主張しようとした。さらに、一番ヶ瀬は、社会福祉政策の形成と運用の過程における社会福祉運動の意義を幅広く承認するとともに、社会権的生存権保障の視点を導入して社会福祉政策に積極的な意義を付与するなど独自の展開を試みているが、やがてその見解は六〇年代後半から七〇年代にかけて理論、実際の両面に幅広い影響力をもつことになった。

真田の社会福祉理解の最大の特徴はその三元構造論にある。真田によれば、社会福祉のありようは、「対象としての社会問題」、「社会問題からの脱出もしくは解決を求める運動」、「以上の二つに影響されながら支配権力が支配階級の立場から打ち出す政策」という三通りの要素の質と量、それら相互の関連によって規定される。これら三通りの要素のなかで最終的に規定力をもつものは政策、すなわち資本主義国家の、さらに遡及すれば資本総体の意図を体現する政策である。しかしながら、その一方において、社会問題の対象化の範囲や施策の方向・内容は運動による規定を免れえない。むしろ、社会福祉の歴史的な展開の過程は、対象化の範囲や施策の内容が運動の力量や質によってかなりの程度まで方向づけられ、規定されてきたことを物語っている。つぎに真田が重視する社会福祉労働は、政策と援助過程を媒介する環であり、同時に政策を批判し変革する触媒として機能する。真田がこのように社会福祉運動や社会福祉労働を重視するのは、孝橋らの政策論が決定論的な色彩の濃い体系になっていることへの異議申立てを意味していた。

高島による社会福祉理解の特徴はその三段階発展論にみられる。高島によれば、社会福祉の第一の段階は救貧法と慈善事業の時代である。第二の段階は社会事業の時代である。そして、第三の段階が社会福祉の時代である。このような社会福祉の段階的な発展は、資本主義のもたらす貧困・生活問題と階級闘争の発展に応じて歴史的・法則的にうみだされてきたものである。高島の社会福祉理解においては、社会福祉運動の位置づけは一層強化されている。高島によれば社会福祉運動は畢竟するところ階級闘争にほかならない。それは、対象としての貧困・生活問題とならんで、社会福祉のありようを規定するもっとも基本的な要因の一つである。

（4）経営論の提起

このような政策論や運動論に拮抗するかたちで三浦文夫による経営論が顕著な影響力をもちはじめたのは、一九七〇年代の後半以降のことであった。経営論の最初の契機は、社会福祉研究をさきにみたような政策論と技術論の不毛な相剋から解放することにあった。三浦は、従来の政策か技術か、制度か処遇かという二者択一論的な議論のあり方を批判するとともに、政策（制度）はその論理に適合的な方法によって、技術（処遇）もまたその論理に適合的な方法によって、それぞれ別個に研究される必要があると提案した。

経営論の第一の課題は、政策論や運動論の中核にある政策概念を相対化するということであった。政策という概念は、政策論や運動論のなかでは、社会福祉に関わって資本主義国家ないし総資本の導入する一定の方針であり、その具体化としての方策手段の体系を意味していた。その内容についていえば、政策は、資本主義社会に不可避的な歪みや弊害を是正・緩和し、資本主義体制の維持存続をはかることを目的に、国家ないし総資本によってなされる追加的もしくは人為的な経済過程への介入を意味していた。

三浦は、このような意味での政策概念を排除するとともに、政策概念それ自体を相対化させた。すなわち、政策は、国や総資本の専有物ではない。地方自治体も政策をもち、民間の団体や組織も自立した団体や組織として独自の政策をもっている。都道府県や市区町村、社会福祉協議会、民間施設は、国家意思の単なる執行機関ではない。それぞれが政策の主人公でなければならない。こうして、経営論においては、政策は所与の目標を達成することを目的として設定される一定の方針、さらにはその具体化としての方策施設の体系という意味においてもちいられるようになり、この用語法は徐々に一般化していった。

経営論の第二の課題は、社会福祉の研究を社会福祉本質論という抽象的でメタフィジカルな水準から具体的でプラクティカルな水準に引き下げることにあった。三浦は、社会福祉研究の焦点を、社会福祉政策に伏在する国家や総資本の政策意図の研究から、政策の具体的な形成と運用の過程についての実際的な研究に移行させることを提案したのである。また、三浦は、社会福祉政策の運用過程についての研究を現状分析の範囲にとどめず、将来展望までを含めた研究として展開しようと考えた。三浦の経営論には、社会福祉政策の運用過程の分析とともに、将来の社会福祉を規定する政策のあり方についての研究が含まれている。ここにいう政策はもはや政策論や運動論にいう政策と同一のものではない。すでに三浦のいう政策は、ほとんど計画という用語によって置き換えることのできるようなものに転化させられている。三浦は、政策概念を相対化しただけでなく、同時にそれを技術化したのである。こうして、三浦の社会福祉供給システム論を基軸とする経営論の理論的な基盤と枠組が形成されていった。

3　戦後社会福祉研究の評価

これまでみてきたように、わが国の戦後における社会福祉研究は幾つかの理論を形成してきているが、これを時系列的にみれば、それぞれの理論が登場し、発展するにはそれなりの必然性が認められる。そうした観点から、戦後の社会福祉研究について若干の評価を試みることにしたい。

(1)　社会福祉の被規定性

戦後のわが国における社会福祉研究を大きく方向づけた理論の一つは、明らかに孝橋正一の社会福祉政策論であった。そして、孝橋の政策論の最大の特徴は、社会福祉を資本主義社会の基本的な社会関係である資本—賃労働関係に結びつけ、その存立の経済合理性、すなわち合目的性を論証することにあった。このような孝橋の政策論は、社会福祉の研究を社会科学的な研究の領域として位置づけることに一応の成功を収めている。しかしながら、そこには一定の限界が含まれていた。孝橋の限界は、第一には、社会福祉の社会的経済的被規定性を過度に強調したことである。第二に、そのこととも関連するが、孝橋が社会福祉をもっぱら社会政策との関係において、しかも社会政策を補完代替する存在として位置づけようとしたことである。

孝橋の政策論は社会福祉を資本主義社会における国家の政策として位置づけ、社会福祉の研究を孝橋のいわゆる社会福祉の愛情論的理解や行政論的理解から解き放つことに貢献している。それまでの社会福祉研究のすべてが社会福祉事業家の社会福祉に携わる動機について論じたり、社会福祉に関わる行政の解説に終始していたわけではない。社会福祉を資本主義と結びつける言説自体にしても孝橋に始まるわけでない。すでに昭和初期にマルクス主義的な社会事業論が提起されているし、何よりも孝橋が批判の対象とした大河内一男の社会事業論が存在する。その意味では、孝橋の貢献は社会福祉を資本主義の論理と結びつけたというよりもその結びつきを理論的に精緻化したことにある。

周知のように、孝橋は、社会福祉と資本主義社会とを関連づけるにあたって基本的な社会問題としての労働問題とそれにたいする資本主義国家の政策としての社会政策を媒介項として設定している。社会福祉は、労働問題から関係的派生的にうみだされる社会的問題に対応する政策であるが、それが登場せざるをえないのは資本主義社会において社会政策が容易に成立しえず、また社会政策が成立しえたとしてもそれによって労働問題が全面的に解消されることにはならないからである。こうして、社会福祉は社会政策の代替物ないし補充物として登場することになる。

このような孝橋の社会福祉理解の前提に大河内の「社会政策の以前と以後に存在する」という社会事業論が存在することは、あらためて指摘するまでもない。ここでの孝橋の貢献は、大河内が社会政策の対象を経済秩序内的存在としての労働者（厳密には労働力）、社会事業の対象を経済秩序外的存在としての生活者として二分して把握したのにたいして、社会政策の対象を社会問題（労働問題）の担い手としての労働者、社会事業の対象をその労働問題から派生する社会的問題の担い手としての労働者国民大衆として連続する存在として把握したことにあるといってよい。大河内の社会事業論はいわば社会政策論の余禄であるが、それにたいして孝橋の社会福祉論は社会福祉それ自体を正面から捉えようとしている。そのことについては孝橋は十分に評価されてよいし、その業績は政策論的社会福祉論の源流として位置づけるにふさわしいものであったといえよう。

しかしながら、孝橋の功績はその限界でもあった。孝橋の社会福祉の把握は、①資本主義社会の基本的社会関係としての資本—賃労働関係が必然的に労働問題を形成し、②やがて資本主義の維持存続をはかる政策としての社会政策が登場する、しかし、③その社会政策も労働問題の全面的な解決をもたらすことができず、④社会的問題とそれに対応する社会福祉を成立させるが、⑤その社会福祉の基本的な性格は社会政策を代替し補充するところに求められる、という方法手順によって行われている。そのことを前提に、そして論理を極度に単純化してしまえば、孝橋の社会福祉は、社会政策が存在しなければ存立しえず、さらには資本主義社会の基本的な社会関係である資本—賃労働関係がなければ存立しえない、ということになろう。しかし、社会福祉は、その前駆形態としては資本主義社会以前にも存在しているし、社会福祉は社会政策にたいしてのみ代替したり補充したりする関係にあるわけではない。

孝橋は、社会福祉を資本主義社会を前提に、そのもっとも基本的な社会関係によって規定される存在として、また労働問題という資本主義社会のもっとも基本的な社会問題とそれへの政策的対応である社会政策のありようによって規定される存在として把握する社会科学的な方法を提起し、それなりの説得力をもつことができた。しかしながら、そのような孝橋の社会福祉理解は、社会福祉をそれ自体として存立する存在、すなわち自存的な存在として把握するという側面において説得力を欠いていた。社会福祉はたしかに資本主義的な社会関係によって、また社会政策によって規定される存在、すなわち被規定的な存在である。しかし、それは同時に、それ自体として存立する自存的存在である。そのことを考慮することなしに社会福祉の全体像を把握することは不可能である。

(2) 社会福祉の主体化

少し別の観点から社会福祉の被規定性に関わる議論を続けたい。政策論にはさらに重要な限界が内包されていた。政策論の理論的意図とは別に、それが社会福祉を資本主義社会の基本的な社会関係である生産関係の構造的な矛盾に由来する社会問題の一部としての社会的問題に対応し、資本主義体制の維持存続をはかるための方策施設として描き出そうとするかぎりにおいて、その論理を単純に逆転させれば、社会福祉の充実を求めそれに邁進することは資本主義体制の維持存続に積極的に与し、これに加担する行為であると考えられた。実際、一九六〇年代の後半から七〇年代の初頭にかけて、そうした政策論の論理を単純に逆転させた社会福祉解体論が提起された。社会福祉解体論の論理は、社会福祉の対象となる社会問題は資本主義社会がうみだす社会問題であり、社会福祉に携わり解決・緩和に寄与することは資本主義社会のもつ問題性を温存させることになる。むしろ、社会福祉を解体し、資本主義社会の自壊を促進する方が問題の完全な解決につながる、というものであった。

一番ヶ瀬康子を始めとする社会福祉の運動論的研究には、そうした形式論理的で一面的な社会福祉理解にたいして社会福祉を擁護し、積極的な意義を強調するべくして登場してきたという側面があった。それは、政策論的社会福祉理解のもつ決定論的な枠組みを克服し、社会福祉とその理論を主体化しようとする試みであった。社会福祉の運動論的な理解にしたがえば、社会福祉は基本的には資本主義国家による政策であり、社会福祉が資本主義社会を前提とする限り、そのような性格を克服することは不可能である。社会福祉は資本の論理による支配を免れることはできない。

しかしながら、社会福祉運動論の論理によれば、社会福祉の政策は資本の利害のみによって形成され、方向づけられるわけではない。議会の立法過程における野党の影響力や院外における社会運動の圧力を高めることによって、部分的にであれ社会福祉政策を修正させることができる。すなわち、社会福祉運動論は、社会福祉運動を発展させ、資本の論理に対抗しうるような論理と圧力行動を展開することができれば、社会福祉の政策を修正させ、そこに国民の要求を反映させることが可能であると主張した。

実際、社会福祉運動論は、一九六〇年代の後半から七〇年代の初頭にかけての高度経済成長によるパイ（税収）の拡大という経済的状況と、保革伯仲・革新自治体の拡大という政治的状況のなかで、社会福祉運動を指導し、社会福祉の政策形成の過程に大きな影響力をもつことになった。後には批判の対象になったとはいえ、一九六〇年代の後半から七〇年代初頭における革新自治体による社会福祉単独事業の拡大や児童手当制度や老人医療費支給制度（老人医療の無料化）にみられるような、一部社会福祉単独事業の国施策化は、国民のあいだに社会福祉を自分たちの施策として受けとめ、影響力を行使しようとする素地を形成することに大きく貢献したといってよい。理論的なレベルの問題としていえば、このような経験を反映しながら、社会福祉政策論のもつ被規定性が希薄化され、その分、社会福祉の主体化が促進されたのである。

社会福祉運動の重視と同様の意図と効用は、運動論的社会福祉論における社会福祉労働の位置づけにも認められる。運動論、なかでも真田の社会福祉理論においては、社会福祉労働は政策と運動を接合する環の位置に存在する。政策論の文脈でいえば、社会福祉それ自体は政策主体の資本主義体制の維持存続という政策意図を実現するための方策手段であり、社会福祉の利用者がそれによって享受しうる効果は第二義的なものである。

しかしながら、社会福祉政策の意図はそのままのかたちで実現されるとは限らない。社会福祉政策の意図は、その実現過程を担う社会福祉労働によって媒介されることなしには具体化されえない。そして、そのような社会福祉労働の担い手である社会福祉従事者は労働者としての性格をもっている。公的社会福祉の領域における社会福祉従事者は公務労働者である。民間社会福祉の領域における社会福祉従事者は、一般の賃金労働者なかでも零細企業に働く低賃金労働者としての性格をあわせもっている。運動論は、そのような社会福祉労働者の意識を改革し、社会変革の主体として形成することを通じて社会福祉政策の資本の論理による被規定性を克服しようとしたといってよい。ここでも、社会福祉の主体化が意図されていたのである。

社会福祉政策論と社会福祉運動論との相違は、政策論が社会福祉の資本主義的な論理による被規定性を強調したのにたいし、運動論は社会福祉運動の発展をはかり、かつ政策と運動を接合する環としての位置にある社会福祉労働の担い手を変革の主体として形成することを通じて、社会福祉の資本主義的な政策としての意図（いわゆる社会制御的・社会統合的機能）を希薄化させ、利用者の自立生活の支援という社会福祉の積極的な機能（福祉的機能ないし即時的機能）の拡大をはかるという契機を内包させていたことにある。

(3) 社会福祉経営論の効用と限界

さて、一九七〇年代後半以後、なかでも八〇年代に強い影響力を発揮したのは三浦文夫を中心とする社会福祉経営論である。あらためてその効用と限界について論じておかなければならない。

経営論の効用の第一は、わが国における社会福祉の研究を不毛というほかないような展開になりつつあった本質論争の軛から解放したことである。三浦は、すでにみたように、あれかこれかの二者択一論的な議論ではなく、社会福祉を相互に別々の論理をもって展開する政策過程と技術過程という二通りの要素から構成される一つの総体として把握することを提起した。効用の第二は、社会福祉研究における政策の概念を相対化・技術化させ、そのことによって政策論の守備範囲を拡大させたことである。効用の第三は、社会福祉研究の焦点を従来の抽象的でメタフィジカルな政策論や技術論の議論から具体的でプラクティカルな政策形成や運用過程についての議論に大幅に移行させたことである。

一九五〇年代後半の社会福祉本質論争の時代には、社会福祉の実体が質量ともに限られていたこともあり、その議論は現実から遊離したものになりがちであった。それに比較すれば、七〇年代に発展した経営論には現実的な基盤があった。そうであればこその経営論の成功ともいえるであろう。効用の第四は、社会福祉概念の拡大である。三浦は政策概念を相対化・技術化させたが、そのことはとりもなおさず社会福祉を国家の政策としてのみ把握するという枠組みの放棄を意味していた。政策概念の相対化・技術化は、社会福祉概念の拡大に道を開くものであった。

効用と限界は時として表裏の関係にある。経営論もその例外ではありえない。経営論の限界の第一は、三浦が一度分離した政策過程に関する研究の成果と技術過程に関する研究の成果を一つの総体として再統合するという発想と、そのための枠組が準備されていないということにある。経営論の第二の限界は、それが社会福祉の問題をその外部環境である総体社会の動向と関連づけながら分析するという視座を軽視ないし忌避する傾向にあるという事実のうちにある。経営論の効用は、ある意味では運動論の意図した社会福祉の主体化をさらに推進したということも可能である。経営論は、社会福祉が自存的存在であることを認め、社会福祉をそれに固有の論理をもつ独自の方策施設と活動の体系として把握しようとしたといってよい。運動論は社会福祉運動や社会福祉労働という概念を導入することを通じて社会福祉の主体化をはかった。それにたいして、経営論は社会福祉の政策そのものを計画という概念に置き換えることを通じて社会福祉の主体化を一層推進したといってよいであろう。そして、逆にその分だけ、社会福祉政策の被規定性にたいする関心が希薄化したのである。

経営論の第三の、そして最大の限界は、社会福祉の範囲に関わる議論にある。経営論は明らかに社会福祉概念の拡散・流動化現象を助長した。社会福祉概念の同心円的拡大は社会福祉概念の求心力を弱体化させてきた。なかでも、シルバービジネスやチャイルドビジネスなどの福祉産業を不用意に社会福祉の範疇に取り込むことは社会福祉概念の雲散霧消すら招きかねないであろう。経営論の効用を認めたうえで、改めて社会福祉の本質、あるいはその基本的な性格について、考えてみなければならない。

第3節　社会福祉の基本的機能

社会福祉はしばしば歴史的な産物であるといわれる。その歴史を近代市民社会に限定するとしても、イギリスの場合を例にとれば、すでに五百年近い歳月を経験している。その間、社会福祉は、時代や社会によってその形態や内容を変えてきたとはいえ、基本的には二つの機能を果たしてきた。すなわち、社会的機能と福祉的機能である。

1 社会福祉の社会的機能：社会制御と社会統合

社会福祉の社会的機能は、社会福祉が社会に対してもつ機能である。それは、社会の側が社会福祉にたいして期待する機能といってもよいであろう。

実際、社会福祉の長い歴史のなかで、しばしば社会は、その利用者のためというよりは社会の側の必要を満たすために、社会福祉を方策施設として設け、活用してきた。そこにおいては、社会福祉はいわば統治、治世の手段＝道具的な存在として位置づけられてきたのである。社会福祉の社会的機能はすなわち社会福祉のもつ「政治的手段＝道具としての機能」である。そして、そのような意味での社会福祉の社会的機能は、さらに社会制御的機能と社会統合的機能に分類することが可能である。

まず、社会福祉のもつ社会的機能のうち、社会制御的機能について具体例をあげておこう。近代社会は、その発展の過程において、①社会的秩序の維持、②近代的賃金労働者の陶冶、③労働者階級の宥和、④健全な兵力と労働力の育成、⑤国民にたいする購買力の散布、⑥社会体制の維持等々多様な政治的社会的な課題を達成するために社会福祉を設け、活用してきた。いずれの場合も、社会福祉は社会を一定の方向に方向づけ、あるいはその時々の社会が必要とする要素や手段を手に入れるための方策として政治的に位置づけられ、そのようなものとして機能することが期待されてきた。

これにたいして、第二次世界大戦以後になると、現代社会は、社会としての求心力を強化し、その統合性を高めるための手段として社会福祉を積極的に評価し、その施策を拡大させてきた。すなわち、社会福祉のもつ社会統合的な機能の追求である。

周知のように、第二次世界大戦以後、先進資本主義諸国は一様に福祉国家の建設を基本的な政策理念として位置づける。福祉国家の建設には、社会主義的な理念の実現が資本主義体制のもとにおいても可能であるということを、一方においては社会主義体制をとる国家にたいして、他方においては国内の社会主義勢力にたいして、示すという意図が込められていたが、資本主義諸国はそうすることによって階級的な対立を緩和克服し、国家としての、また社会としての統合性を高めようとしたのである。

冷戦構造という外枠的な枠組みを前提に、資本主義（自由主義）体制を維持するというねらいと連動させられていたとはいえ、そこでは社会福祉のもつ社会統合的な機能が意図的に追求され、活用されてきたといってよいであろう。

2　社会福祉の福祉的機能：自立生活の支援と社会生活への統合

以上は社会福祉の社会的機能であるが、つぎに社会福祉の本来的機能あるいは即自的機能、すなわち社会福祉の福祉的機能について言及する。社会福祉の福祉的機能という表現は形容の重畳のようにみえるが、意味するところは社会福祉が本来的にもっている機能あるいは社会福祉に本来的に期待されている機能という意味である。社会福祉を社会福祉たらしめている機能といえばよいであろうか。社会福祉の本来的あるいは即自的機能としての福祉的機能である。

表現の違いを別にすれば、社会福祉の本来的あるいは福祉的機能について最初に本格的な議論を展開したのは岡村重夫である。岡村は「社会福祉の一般的機能」について分析を試み、その内容を、①評価的機能、②調整的機能、③送致的機能、④開発的機能、⑤保護的機能として整理している。これらの機能はいずれも、岡村のいう「社会関係の主体的な側面」にうまれてくる生活困難を解決するために動員される機能であり、ここで個別に紹介することはしないが、個々の機能の意味内容はきわめて明確である。しかしながら、岡村の「社会福祉の一般的」機能についての議論は、施策制度という側面を含めた社会福祉そのものの機能というよりは、社会福祉の援助過程において発揮されるあるいは活用される機能に焦点が絞られている。政策的な文脈や意味関連も含めて社会福祉の全体に関わらせながら社会福祉の機能を把握するという観点からいえば、岡村の社会福祉の機能に関する議論は、内容的にみてかなり限定的である。

社会福祉の施策制度としての文脈や意味関連を重視するという観点からいえば、三浦文夫の議論が参考になる。三浦は、社会福祉の政策目的を「要援護者の自立の確保と、社会的統合を高めること」であると規定している。この三浦の議論は直接的には社会福祉の政策目的について論じたものであり、社会福祉の機能について論じたものではない。しかしながら、社会福祉の政策目的に関して議論しようとすれば、そこでは社会福祉の機能に関する議論が前提にならざるをえない。三浦は、社会福祉の機能を、①要保護者の自立を確保すること、②社会的統合を高めること、として捉えているといってよいであろう。これら二通りの機能のうち前者、自立の確保はわれわれのいう社会福祉の福祉的機能として把握することができる。後者については、要保護者の「社会への統合」なのか「社会の統合」なのか必ずしも明確ではない。「社会の統合」というニュアンスが高いように思えるが、そうだとすれば「社会的統合」はわれわれのいう社会的機能に該当することになる。「社会への統合」という意味であれば、福祉的機能であろう。

ここでは、このような岡村や三浦の言説にも留意しながら、社会福祉の福祉的機能をまず一般的に、「さまざまな理由にもとづいて自立生活を維持しえない状況にある人びとにたいしてその自立生活を支援し、同時にそれらの人びとの社会への参加と社会的包摂を促進すること」として規定することから始めたい。すなわち、社会福祉の福祉的機能の第一は、自立生活を維持することが困難な状況にある人びとにたいしてその自立生活を支援することである。社会福祉の福祉的機能の第二は、それらの人びとの社会への参加と社会的包摂を促進することである。

通常の場合、人びとの生活は、一定の水準と内容をもちながら自立（律）的に維持・再生産されている。しかしながら、現代社会に特有の生活構造、生活様式、生活の単位となる家族の構成や健康状態、生活の基盤となる所得の程度などに制約され、人びとの自立生活は容易に妨げられ、損なわれる。そこに生活を家族や第三者に依存する状態がうまれてくる。この依存状態は、別の視点からいえば、生命と生活の維持・再生産に必要な生活ニーズの充足が独力では十全になされえない状態である。そして、家族や市場などの通常の要求充足の水路を通じて充足されえない生活ニーズは生活支援ニーズを形成し、その一部は福祉ニーズとして認識される。こうして、社会福祉の本来的な機能としての自立生活支援活動を必要とする状況がうみだされる。

社会福祉のもつ第一の福祉的機能である自立生活支援活動は、大別すれば二通りの形態をもっている。第一の形態は、福祉ニーズをもつ人びとの自立生活を促進するための支援活動である。児童、傷病者、障害者などに働きかけ、それらの人びとが自立生活の基盤となる身体的、精神的、社会的さらには経済的な諸能力を、みずからの主体的な努力のなかで獲得し、回復させ、あるいは開発し、向上させる過程を側面的に援助し、促進することがその内容となる。児童にたいする保育や養護、傷病者にたいする医療の提供、障害者にたいする医療や職業訓練の提供などは、この意味での自立生活支援である。

第二の形態は、福祉ニーズをもつ人びとの自立生活を支えるための支援活動である。一部の障害者や高齢者などのように、独力で自立生活を維持することができず、また将来的にも自立能力の獲得を期待することのでき難い人びとにとっては、達成されるべき自立生活とは、自立自助的な、すなわちすべての事柄を自己自身の力で処理することができるという意味での自立生活ではない。独力で自立生活を維持することができず、また将来的にも自立能力の獲得を期待することのでき難い人びとにとっての自立生活とは、生活の一部については社会制度にたいする依存を前提とするような自立生活、すなわち所得保障による購買力の提供や福祉サービスの利用を前提として維持される自立生活、いわば自立のための依存を前提とする生活である。

社会福祉の利用者の大部分にとって、社会福祉による支援を必要としない状態になることをもって自立の達成とみるような自立観――自助的自立観――を機械的に適用することは非現実的である。繰り返しになるが、これらの人びとにとっての自立生活とは依存を前提とする生活の自立である。障害者や高齢者などの地域社会のなかでの、在宅による自立生活は所得の給付や在宅福祉サービスの利用、それへの依存を前提とする自立のあり方が容認されて初めて実現されうるものである。

社会福祉のもつ第二の福祉的機能である福祉ニーズをもつ人びとの社会への参加と包摂の促進は、社会福祉利用者の社会にたいする参加と包摂を支援し、そのための環境の整備に努めることである。すなわち、社会福祉的な支援を必要とする人びととのインテグレーション（統合化）とノーマライゼーション（常態化）、さらにはソーシャルインクルージョン（社会的包摂）を実現するということである。かつて社会福祉の利用を必要とする人びとは社会から孤立し、差別され、隔離されることが多かった。社会福祉施設に生活する人びとについては特にそうであり、彼らは都市の郊外に建設された施設のなかで、職員を除けば、児童だけ、障害者だけ、高齢者だけという特殊な社会を構成し、そのなかで生活してきた。

ノーマライゼーションとは児童や障害者や高齢者をそのような特殊な社会から解放し、年齢、性別、能力、容貌、信念など、多様な差異をもった人間がともに生活する普通の、平常な社会生活の実現のなかに統合するということであり、インテグレーションはそのための働きかけとその過程を意味している。ノーマライゼーションのなかには、社会福祉の利用者にたいする直接的な自立生活の支援とともに、都市の物理的環境の改善、住宅の改造、社会的な偏見の除去などの生活環境条件を改善する努力が含まれている。

このようなインテグレーションやノーマライゼーションの理念はもともとは欧米の障害者教育や障害者福祉の領域で発展させられたものであるが、八〇年代以降わが国にも広く紹介されるようになり、こんにちでは障害者福祉のみならず、社会福祉全体の理念として定着しつつある。社会的包摂、すなわちソーシャルインクルージョンは、インテグレーションやノーマライゼーションをさらに発展させ、社会から分離され排除（エクスクルージョン）されやすい人びとを社会の一員として包摂し、その自立生活を支援することを意味している。

参考文献

一番ヶ瀬康子『社会福祉とはなにか』労働旬報社、一九九四年
岡村重夫『社会福祉原論』全国社会福祉協議会、一九八三年
三浦文夫『増補改訂社会福祉政策研究』全国社会福祉協議会、一九九五年

第3章 社会福祉研究の枠組み

第1節 社会福祉分析の座標軸

社会福祉は社会的、歴史的所産であるといわれる。そのことは、社会科学的な視座から社会福祉に関心をもつものであれば、誰しもが等しく認めるところである。しかし、社会福祉をうみだす場としての社会、あるいは社会福祉の展開する場としての社会についての議論は、必ずしも十分になされてきたとはいえない。歴史的ということの意味に関してもそうである。

社会福祉を論じるにあたって、まずわれわれがしなければならないことは、社会福祉にとっての社会とは何かということ、すなわち「社会福祉にとっての社会像」を考察することである。

1 現代社会と社会福祉

われわれは、このような問題への関心のもとに社会福祉の先行諸研究を吟味し、それらがどのような社会像のもとに社会福祉に関する議論を展開しているかを明らかにしようと試みてきた。たとえば、孝橋正一、一番ヶ瀬康子、真田是などのいわゆる政策論の系譜に属する社会福祉論の前提にある社会は、まぎれもなく資本主義社会である。また、小川政亮、

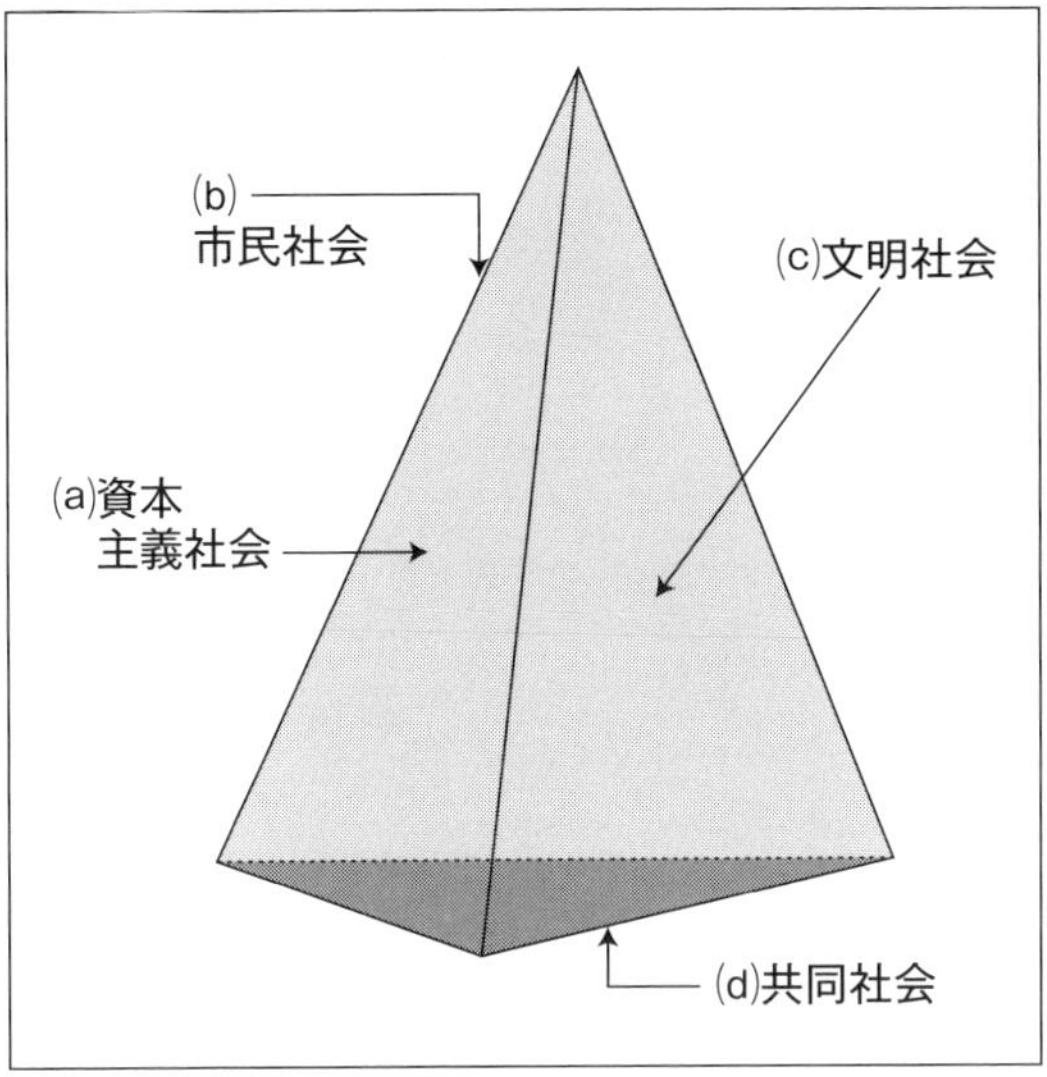

図 3-1　総体社会の基礎構造　　古川孝順　作成

佐藤進などの社会福祉を権利保障の方策として論じる議論の前提にあるものは、市民社会であろう。そして、岡村重夫はその社会福祉論の基底に共同社会の存在を想定し、そこにおける相互支援や相互扶助を社会福祉の原初的な形態として措定していた。さらに、近年の研究において一番ヶ瀬康子は社会福祉と文化の関係について強調しているが、そこでは社会の文化的側面、いわば文明社会のありようが問題にされている。

こうして、われわれは、先行する社会福祉に関する諸議論のなかから、明示的もしくは黙示的に、社会福祉の前提ないしその舞台装置として措定されている社会像として、経済システムとしての資本主義社会、政治システムとしての市民社会、社会システムとしての共同社会、そして文化システムとしての文明社会の四通りの社会を抽出することができる。いま四通りの社会といったが、もとよりそれらは字義通りに、相互に独立した四種類の社会ではない。それら四通りの社会は、同じひとつの社会、すなわち現代社会のもつ四通りの側面ないし位相にほかならない。われわれがそこで生活し、社会福祉がそこにおいて生成し展開している社会、すなわち現代社会は、資本主義社会、市民社会、文明社会、共同社会という、四通りの側面ないし位相をもつ社会、いわば「四相構造社会」として把握することができる（**図3－1**）。

一般的に、社会福祉が歴史的社会的所産であるというとき、社会福祉をうみだし、同時にその展開の場となる社会は、一定の歴史的な経過のなかで形成されてきた四相構造社会としての現代社会にほかならない。これまでわが国においては、社会福祉は資本主義社会や市民社会との関連において論じられることが多かった。しかし、現代、さらには近未来における社会福祉の特質、そのありようを探ろうとすれば、われわれは、われわれのいう四相構造社会のそれぞれの位相に留意し、現代社会と社会福祉との関係を多元的かつ総合的に把握するという視点と方法が重要になってくる。

すでに言及しておいたように、四相構造社会という場合の「四相」は「四通りの位相から構成されている」という意味であって「四層」ではない。歴史的社会としての近代社会は一般に資本主義社会とよばれる。近代社会がそのように呼称されるのは、近代社会がその基底の部分において資本主義的な市場の原理と生産関係による規定をうけているとみなされているからである。たしかに、マルクス経済学的な観点からいえば、近代社会の四通りの位相のうちもっとも強い規定力をもつのは、その資本主義社会としての位相であるとされる。しかし、現実的には、近代社会のそれ以外の位相、市民社会としての位相や文明社会としての位相、共同社会としての位相が資本主義社会としての位相に全面的に吸収され、あるいはそれによって完全に規定されているわけではない。

近代社会のもつ四通りの位相は、それぞれに固有の原理によって運動しつつ、しかも相互に規定しあうという関係にある。それぞれの位相のもつ規定力の強弱、そして規定の方向や内容は、近代から現代へという歴史的な時間の推移とともに、またヨーロッパ社会、アメリカ社会、そして日本社会というように、社会の違いによって異なっている。

ここでは、そのことを踏まえながら、社会福祉を多元的に分析し、総合的に把握するための前提として、近代そして現代社会の形成の過程とそのありようについて概括的に整理しておきたい。

2　現代社会の歴史的展開

さて、現代社会、すなわちわれわれのいう四相構造社会は、世界史的には中世封建社会の崩壊とともに生成しはじめ、一八世紀末から一九世紀の中葉にかけて発展期を迎え、やがて一九世紀末から二〇世紀の中葉にかけて一定の成熟を経験しつつ、こんにちに及んでいる歴史的社会としての現代社会である。そのような現代社会が、その生成、発展、成熟の過程を通じて、なかでも発展期から成熟期にかけて、いかなる歴史的な変化、展開を経験してきたのか、以下四通りの位相のそれぞれについて、垣間みるとしよう。

(1)　資本主義社会

まず、資本主義社会としての位相である。その生成、発展の時期から成熟期さらには現代にかけての資本主義の変化は、自由主義的資本主義から保護介入主義（ケインズ主義）的資本主義さらには新保守主義的資本主義への移行として定式化することができる。

資本主義は、その生成期においては、家父長主義的な保護施策を必要とした。しかしながら、産業革命を通じて確立し、発展期を迎えた資本主義は、一転して、経済市場における自由で競争的な利潤追求行動を確保することを最大の課題とした。資本主義は、産業資本を機軸とする自由な利潤追求活動の保証、すなわち自由放任（レッセフェール）主義こそが、経済の、ひいては社会全体の、調和的な発展をもたらすものと確信し、経済過程に影響を及ぼすように思われるあらゆる要素を排除しようと試みた。

しかし、そのような、一面において粗野ではあるが、活力に満ち溢れていた発展期の資本主義も、やがて一九世紀の後半を迎え、不況や失業の拡大、国際摩擦などさまざまな難局に直面させられるようになり、それが過去において排除しようとしてきた要素の一つ、すなわち政府による政策的介入に依存せざるをえなくなる。

資本主義に恒久的な発展を約束していたはずの経済市場における自由と競争を基盤とする経済活動は、一九世紀末には、その信奉者たちの期待とは裏腹に、寡占や独占の発展をもたらした。資本主義は、自由競争を維持するために、かつてそれが発展期において排除してきた政府による政策的な介入を不可欠とする状況に立ち至ったのである。政策的な介入は、一方において寡占や独占を排除しつつ、他方において慢性的な不況と構造化する失業問題を克服するために必要とされた。さらに、戦間期の世界恐慌とニューディール政策の経験を経て第二次世界大戦以降になると、政府の金融や財政を通じた経済過程への直接的な介入、すなわち管理通貨制度を機軸とする景気調整策が資本主義の維持存続にとって必要不可欠の手段とみなされるに至った。政府による直接的な政策的介入は労働市場についても必要であった。資本主義は、それに不可避的な労資間の紛争を処理し、本来的にみずからの支配の及びえない特有の商品としての労働力を一定の質と量において確保し、支配するために、政府の政策的な介入を必要としたのである。

こうして、自由な経済市場における自由放任主義的な競争の確保を最大の価値として追求してきたはずの資本主義は、政府による多様な政策的介入、すなわち労資間、産業間、企業間、国際間における利害の調整や景気刺激策などの積極的な展開を前提とする、換言すれば、政策的介入による市場や生産過程の組織化や計画化を前提とする資本主義に変質した。そして、実際、政府による介入を前提とする資本主義は一九六〇年代の世界的な経済的好況をもたらすことになった。

しかし、政府による介入を前提とする経済運営は六〇年代を頂点とし、資本主義は一九七〇年代のオイルショックとスタグフレーションによって再び長期にわたる不況を経験することになる。八〇年代以降、新自由主義や新保守主義の興隆とともに政府による資本主義の組織化、計画化は批判の対象となり、再び自由化、脱規制化、民営化が求められることになった。さらに、八〇年代末から九〇年代初頭にかけての社会主義体制の崩落と冷戦構造の終焉とともに、自由と競争を基盤とする市場経済への期待は一層高まり、先進資本主義諸国においては規制緩和や民営化を促進する経済的構造改革が推進されつつある。

(2) 市民社会

市民社会という位相における近代から現代にかけての変化は、個人の自由や平等を強調する市民権的基本権の時代から社会的な公平や平等を強調する社会権的基本権の時代への展開としてこれを定式化することが可能である。

近代社会の発展期を市民社会という位相において捉えれば、それは市民権的基本権、すなわち市民の財産権、自由権そして平等権を最大限に尊重し、確保することが求められた時代であった。国家や社会による市民生活への介入は、国防、治安、防災、防疫、税制など最小限の共同事務に抑制されなければならず、私的領域にたいする公権力の介入は極力排除されねばならなかった。

発展期の市民社会においては、市民個々の生活の成否はおしなべて個人の才覚や努力のいかんによって決定されるものとみなされ、したがって成功の報酬はいうまでもなく、失敗の責任もまた、個々の市民にのみ帰属するものとみなされた。失業者や貧困者の零落した生活は、勤勉、努力、節約、節制など市民生活の基本的な価値を遵守することを怠ったことにたいする当然の報いとみなされた。発展期の市民社会は、形式的抽象的には自由や平等を尊重する社会であったが、実質的現実的にはいわば自助的かつ自律的な市民を中心とする強者の論理によって支配されていたのである。

実際、現実の市民社会において財産権をはじめとする市民権的基本権の恩恵を享受しえたのは、家産や家業に恵まれたほんの一握りの市民であった。他の大多数の市民は、市民権的基本権の尊重という名目とは裏腹に、実際には低賃金、不安定就労、苦汗的労働、失業、無業、傷病、老齢などによる困窮を強いられ、生活自己責任原則（自助原則）のもとで困窮に甘んじることを要求されたのである。しかも、そうした人びとの数は、一九世紀中頃以降の産業革命とそれにともなう産業構造や社会構造の変化に応じて確実に増大していった。社会権的基本権の観念とそれを保障するための多様な社会改良政策の導入は、そのような状況を改善するために、市民権的基本権の形式的抽象的な適用による弊害を除去し、労働者をはじめとする社会的不利益者集団を、形式的のみならず、実質的にも市民社会の主体としての市民の隊列のなかに組み込もうとする試みであった。

市民社会の成熟を促進するうえで重要な意味をもったのは、ほかならぬ労働者階級の成長であった。二〇世紀、なかでも第一次世界大戦以降になると、先進諸国においては、イギリスを先例に、労働者を中心とする社会的不利益集団は、選挙権を獲得拡大し、革命に期待せず、議会を通じてみずからの利益を追求する道を選択し、支配階級もまたその選択を受け入れることになった。こうして、市民社会は、発展期から成熟期に移行する過程において、自由主義の形式的抽象的な適用による弊害を徐々に改め、多数決原理のもとに、市民的自由や平等のみならず、社会的な公正や平等の実現を追求する民主主義を定着させることになる。しかし、そのような傾向も一九七〇年代をもって頂点を迎える。

資本主義経済の長期的な低迷と社会主義体制の危機が顕在化する八〇年代さらに冷戦構造が終焉した九〇年代以降、新自由主義や新保守主義が影響力をもつようになると、新しい状況が展開しはじめる。一方において、社会の関心が労働者を中心とする社会的不利益者の権利を超え、児童、障害者、高齢者、少数民族などの社会的マイノリティの社会権的な権利そしてそれまで軽視されがちであった個人の自由や選択という市民権的な権利に及ぶようになった。しかし同時に、他方において、それまでの社会権的基本権への関心がむしろ批判の対象となり、逆に個人の自由や競争に関わる市民権的な基本権、なかでもその義務的な側面が強調されるようになった。

市民社会の生成期、発展期を通じて確立された市民権的基本権とその成熟期に新たに獲得された社会権的基本権とをどのように調和させ、より豊かで、安定した市民生活を創出するのか、市民社会は新しい課題に直面させられている。

(3) 文明社会

いつの時代のどのような社会であれ、そこには独特の文化や文明があり、それがその社会を特徴づけてきた。社会のもつ文化や文明に言及せずしてあれこれの社会を分析し、その特徴を描き出すことはできない。一般に、文化とは、人間が長い歴史のなかで自然に働きかけて形成してきた物心両面における所産の総体であり、人間生活の形成と内容に関わる科学、宗教、芸術、人間観や価値観、生活意識や生活習慣、生産と消費にかかわる手段や技術などの総体として理解される。多くの場合、文明は、このように捉えられる文化のうち、生活意識や生活習慣、生産と消費にかかわる手段や技術をさしている。

ここでいう文明社会とは、近代社会をこのような相互に関連する多様な要素から構成された文化の集積として捉えるという意味であるが、同時により高次の文化を追求し、それを実現しようとしてきた社会として捉えるという意味である。

社会福祉との関連において、こうした意味での文明社会の発展を捉え、その意義を明らかにすることは必ずしも容易ではないが、市民革命以後の、さらにいえば産業革命以後の近代社会が何よりもその産業技術の発展、近代化を追求してきたこと、そしてそのことが社会のあらゆる側面において、自助、勤勉、効率、能力、進化などの価値を重視し、強調し、浸透させてきたことに留意しておかなければならない。そのような価値の重視が一九世紀半ばの道徳主義的貧困観とそれにもとづく救貧政策をうみだし、また一九世紀末から二〇世紀初頭における国民的効率論、社会淘汰説、優生思想とそれにもとづく優生政策や障害者隔離政策をうみだしてきたのである。

もとより、この一九世紀から二〇世紀に至る世紀転換期は、人間の尊厳、社会的公平、社会的平等、社会的な権利などを強調する社会改良主義、進歩主義、革新主義の発展した時代であり、そのような思想を基盤としてこんにちの社会福祉の前身となる社会事業が成立した時代である。そのことの重要性は指摘するまでもないことである。

その後、社会福祉は、世界恐慌とニューディール政策、第二次世界大戦と国家総動員体制の経験を踏まえながら発展することになるが、その背後にはつねに自助、勤勉、効率、能力、進化などの近代主義的な価値と人間の尊厳、社会的公平、社会的平等、社会的な権利などの社会的な価値との相剋が存在した。これら二通りの価値は時代と社会によって前景となったり後景となったりしながら、近代社会における人びとの人間観、生活意識や生活習慣を方向づけ、社会福祉のありようを規定してきた。

さらに、こんにちにおける社会福祉、さらには近未来における社会福祉のありようを考察するうえで重要なことは、八〇年代にはじまる社会主義体制の崩壊と冷戦構造の終焉にともない、一方においては多元主義の傾向がうまれ、他方にはかつての近代主義的な価値の再生、再評価がみられるという事実である。冷戦構造の終焉による資本主義体制と社会主義体制のイデオロギー的対立の解消は、冷戦構造のなかに閉じ込められてきた人種、民族、宗教などにかかわる深刻な対立の表面化という事態をもたらすことになった。また、冷戦構造の終焉とそれに先行するかたちで表面化していたケインズ主義的な経済運営の破綻にともなった、一九世紀の自由主義に回帰するような新保守主義あるいは新自由主義が影響力を強め、自助、勤勉、効率、能力、進化などの近代主義的な価値があらためて強調されることになった。

(4) 共同社会

共同社会の側面は、中世封建社会から近代社会へ発展する過程において、伝統志向的社会から利益志向的社会へ、さらに協同志向的社会へと変化してきた。

共同社会の変化の第一の局面は、伝統主義から利益主義への変化である。この変化は近代社会の生成期から発展期への展開過程に照応している。この過程は、伝統志向的社会にとっては、拒否され、浸食され、解体される過程であった。自給自足の経済を基盤とする共同体と共同体のあいだに発生した商品経済は、やがて共同体の内部に入り込み、血縁や地縁、身分的関係を紐帯とする伝統主義的な人間関係を商品の販売者と購買者という抽象的な人間関係に置き換え、伝統志向的社会を蚕食しはじめる。

近代社会の生成期、発展期における資本主義の発展は、商品経済の一層の拡大をもたらし、それまでの自給自足的な農業、手工業、商業の発展の基盤となっていた伝統志向的社会組織は、利潤達成動機の充足を唯一の紐帯とする人為的な利益主義的社会組織に急速に置き換えられる。近代社会の生成期から発展期にかけて、中世封建社会の権力的身分的な支配服従関係や家父長主義原理の遺産を継承する伝統主義的な共同社会は、資本主義社会や市民社会の発展を抑制するものとみなされ、批判と解体の対象とされたのである。

こうして、近代社会の発展期においては、近代社会のなかで共同社会的な要素の占める比重は著しく縮小することになった。しかし、やがて近代社会が発展期から成熟期に移行する時期になると、共同社会的な要素の占める比重は再び拡大することになる。ただし、ここで拡大しはじめるのは、伝統主義的社会組織の要素や利益主義的社会組織の要素ではない。成熟期の初期において重要な意味をもつのは、新しい協同主義的社会組織である。歴史的にそれを象徴したのは、一方においては労働組合であり、他方においては生活協同組合である。友愛組合その他の共済組織の発展もまた同様に協同主義的社会組織の拡大を物語っている。

こうした新しい社会組織の発展によって特徴づけられる協同主義的社会の性格は、それが血縁、地縁、あるいは出自や身分などの伝統主義的な紐帯を前提にしていないという意味では、利益主義的社会に近い。しかしながら、これらの新しい社会組織は、それらが利益の追求を第一義的な目的とせず、構成員の生活の関係性や共同性、そしてそれらを維持し、強化発展させる協同主義的な行動を重視するという意味においては、伝統主義的社会に近い。協同主義的社会は、いわば、伝統主義的社会を利益主義的社会を媒介として換骨奪胎し、新たに生活の協同性を軸芯として意図的人為的に再構成したものとみなすことができる。

成熟期以降の近代社会において再び拡大し、その発展の方向に重要な意味をもつようになったのは、このような意味での協同主義的社会であった。社会保障や社会福祉の施策と制度さらには福祉国家の施策や制度は、いわばこのような協同主義的社会組織の理念を具現化するものであったといえよう。

つぎに、一九七〇年代後半以降、福祉国家が批判の対象となり、国家や政府による規制や介入、事業の運営管理等を排除する傾向が強まるなかで民間非営利組織（NPO：Non Profit Organization）の存在と発展が注目される。民間非営利組織は、それが人為的な結合体であるという意味において伝統主義的社会組織と異なり、営利の追求を行動原理としていないという意味において利益主義的社会組織と異なっている。

こうした民間非営利組織は、福祉国家批判以後、現代社会における新しい協同主義的組織として社会的な関心を呼び、社会福祉の領域においても新たな社会福祉の供給主体として期待されている。二一世紀の社会は、国家や政府という枠組みを必要最小限度のものにおしとどめ、市場原理に一定の歯止めをかけるとともに、市民の自発性、協同性、非営利性を行動原理とする協同主義的社会組織を機軸として展開することになろう。

さて、ここまで、近代社会を構成する四通りの位相である資本主義社会、市民社会、文明社会、共同社会について、それぞれの位相の内部にみられる変化の方向と内容について検討してきた。それぞれの位相における変化は、資本主義社会においては自由主義的資本主義から保護介入主義的資本主義、さらには新保守主義的資本主義へ、近代市民社会においては自由主義から民主主義へ、文明社会については近代主義から価値多元主義へ、そして共同社会については伝統主義的社会から利益主義的社会、さらには協同主義的社会への変化として、定式化された。これらの変化は、資本主義社会、近代市民社会、文明社会、共同社会という四通りの位相の内部における変化であると同時に、それぞれの位相が一定のしかたで相互に規定し合うなかからうみだされてきた変化であった。

社会福祉の形成と内容、その性格や展開の過程は、このような四相構造社会による規定のもとにおかれてきた。しかし、そのことを指摘しただけでは、社会福祉に関する議論としては不十分である。四相構造社会を構成するそれぞれの位相は、社会福祉をその外側から規定する要因、すなわち社会福祉のいわば外部環境的条件である。

第2節　社会福祉固有の視座

社会福祉は、これまでみてきたような現代社会のなかで成立し、展開している。その限りでは、社会福祉は現代社会のもつそれぞれの位相による規定をうけている。また、逆に社会福祉のありようが現代社会のそれぞれの位相に影響を及ぼしている。

1 現代社会と社会福祉の規定関係

社会福祉がこんにちにおけるような、政府による、社会的、公共的な性格をもつ方策施設と活動としての発展をなしとげうるためには、経済システムや政治システムとの接点をもつことが必要であった。たとえば、こんにちの社会福祉は、失業者、貧困者、高齢者、障害者、母子、児童などを援助することを通じて、健康かつ良質な労働力を育成確保し、国民に購買力を賦与し、階級や階層のあいだの緊張や摩擦を回避し、ひいては資本主義の体制的秩序の維持に寄与するなど、経済システム、すなわち資本主義社会の維持、発展に貢献してきている。経済システムとの関連でいえば、社会福祉は、このような機能をもつことによってはじめて、その存在の経済的な合理性が承認され、経済的な正統性を獲得しえたのである。

同様に、社会福祉は、その存在の政治的な合理性が承認され、政治的な正統性にたいする保障を確保するためには、政治システムとのあいだに接点をもつことが必要であった。こんにちの社会福祉は、政治システムとのかかわりでいえば、近代市民社会の根幹である市民権的、自由権的基本権に限界のあることが認識され、社会権的基本権、なかでも失業者、貧困者、高齢者、障害者、母子、児童などに社会権的生存権を保障することの必要性が承認されることによってはじめて、政府による公的な方策施設として発展する契機をつかむことができたのである。逆にいえば、現代社会の政治システムは、社会福祉、すなわち失業者、貧困者、高齢者、障害者、母子、児童などの社会的弱者にたいする援助を政府による公的な方策施設および活動として位置づけ、発展させることを通じて、その統治の機構としての正統性を主張しているのである。

このように、社会福祉と経済システムや政治システムとのあいだには緊密な関わりが認められる。文化システムや社会システムとのあいだにも同様の規定関係が存在する。たとえば、社会福祉は、生活意識の一部である老親扶養にたいする意識のありようによって規定され、逆に社会福祉のありようが老親意識を規定する。また、社会システムを構成する家族の規模や構造は社会福祉のありようを規定し、逆に社会福祉のありようが家族の規模や構造を規定する。

2 起点としての生活システム

このように社会福祉と社会の関係は規定し、規定される関係にあるが、論理的にはこの関係はすでに社会福祉が成立し、存在することが前提となっている。

たしかに、社会福祉は社会のもつ経済システム、政治システム、文化システム、社会システムと相互に規定しあう関係において成立し、展開している。しかし、その起点はどこか。社会福祉は、経済システム、政治システム、文化システム、社会システムという位相のどこかから直接的に出現するものではない。そこで、われわれは、社会福祉の直接的な起点として、経済システム、政治システム、文化システム、社会システムとは別に、生活システムとよぶシステムを設定する。

生活は、それをもっとも一般的に規定すれば、人びとがその生命と活力を維持・再生産しようとする営みであり、そこには人びと自身の生命と活力の維持・再生産とつぎの世代を産み育てるという生命と活力の世代的な維持・再生産が含まれている。人びとは、そのような生活を維持するために外界、自然的環境――地理的・物理的諸条件――や社会的環境――経済システム、政治システム、文化システム、そして社会システム――と接点をもち、代謝関係を取り結ばなければならないが、そこに形成されるのが生活システムである。そして、生活システムを起動し、方向づけているもの、それは人びとの生命と活力の保全と自己実現にたいする希求であり、またその基盤となっているものは人びとの存在に不可避的な他者との関係性と共同性である。

社会福祉の起点となるのは、このような意味における生活システム、もう少し厳密にいえば、生活維持システムである。これにたいして、行論を先取りすれば、社会福祉は生活支援システムの一つである。すなわち、狭義の生活維持システムは人びとがその生命と活力を維持再生産する過程において形成される特有のシステムであり、生活支援システムは何らかの事情によりそのような生活維持システムが適切に機能しえなくなったときに形成され、人びとの生命と活力の維持再生産を社会的に支援するために利用される特有のシステムである。広義の生活システムは、そのような生活維持システムと生活支援システムの総体を意味している。

3 生活システムと総体社会

生活システムは、一定の構造と機能をもっている。生活維持システムの内容は、一方において生活システムの主体としての生活者のもつ年齢、性別、身体的・精神的状況、家族の規模や構造、居住する地域社会の特性などの個別的な諸条件によって規定される。同時に、他方において、それは個々の生活者によってそれぞれの生活世界を構成する要素として認識され、そのなかに組み込まれている経済システム、政治システム、文化システム、そして社会システムのありようによって規定されている。

生活システムは、いわば人びとの生活を規定する主体的諸条件と環境的諸条件とが相互に接触し、規定しあい、生活のありようを定め、方向づける場であり、またその過程である。生活者は一方においてそのような生活システムを媒介として総体社会の規定を受けるが、逆に他方において社会総体に主体的にはたらきかける。

図3-2は、そのような生活システムと総体社会との関係を示している。生活システムの主体としての生活者は、その生活の源泉を取得するために、労働力の所有者でありかつ販売者として、あるいは市場にたいする商品の供給者として、

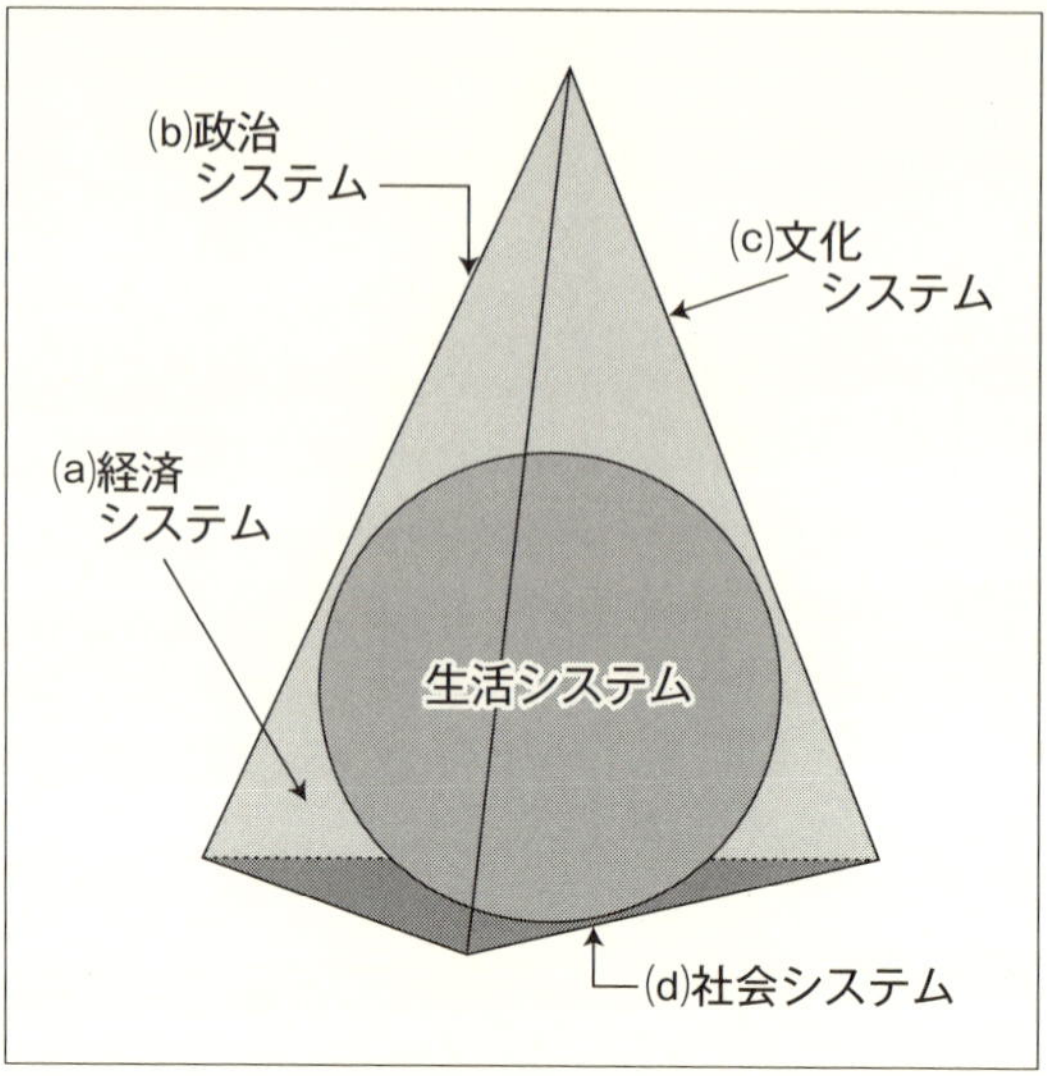

図 3-2　総体社会と生活システム　　古川孝順　作成

また生産手段や生活資料の購買者（消費者）として、経済システムと接点をもつことになる。生活者が政治システムと接点をもつのは、生活者が市民権的な、あるいは社会権的な、諸権利の主体として登場してきたときである。生活者が文化システムと接点をもつのは、生活者がその成長の過程において世代的に継承されてきた文化を内面に摂取するときであり、また新しい文化の創造者として文化システムに新たな発展を付け加えるときである。生活者が社会システムと接点をもつのは、生活者が家族の一員として、そして地域社会の一員として、生命をえたときである。生活者は、社会システムの一員としてうまれ、それを構成し、それを世代的に継承するつぎの世代を産み育てることを通じて社会システムと接点をもつのである。

このように、生活システムの主体としての生活者は、その生活を営む過程において総体社会を構成するそれぞれの位相、経済システム、政治システム、文化システム、社会システムと接点をもつことになる。そのことを前提に、三通りのことに留意しておきたい。

まず、第一の留意点は、生活者と総体社会のそれぞれの位相との関係が相互規定的であるということである。すでに一部示唆してきたように、生活者は、そしてその生活のありようは、それぞれの時代と社会のもつ経済システム、政治システム、文化システム、社会システムによる規定をうける。いかなる生活者といえども、この規定を逃れることはできない。しかし、同時に、生活者は、一人の生活者として生涯を生きる過程において、それぞれの程度と内容において経済システム、政治システム、文化システム、社会システムに働きかけ、影響力を及ぼすことになる。端的にいえば、生活者は、歴史のなかにうまれ、歴史をつくるのである。

第二の留意点は、その場合、総体社会のもつそれぞれの位相と生活者との接点は、個別的であり、その限りにおいて分節的だということである。たとえば、経済システムは、労働力を含めて、商品の所有者として、また生活資料その他の商品の購買者として、生活者と接点をもつのであり、生活者という存在をその全体において把握し、支配しうるものではない。ここでも、政治システムが生活者と接点をもつのは、生活者が諸権利の主体であるという限りにおいてのことである。政治システムとの接点は、生活者の側からいえば多様な側面をもつ生活の一部であるにすぎない。文化システムや社会システムについても同様に指摘が可能であり、経済システム、政治システム、文化システム、社会システムというれの位相をとってみても、生活者という存在をその全体像において把握し、掌握しうるものではないのである。

第三の留意点は、逆に、生活者の側に視座を移していえば、生活者は経済システム、政治システム、文化システム、社会システムという総体社会のすべての位相と接点をもつということである。しかも、生活者は、それぞれの位相との関係に矛盾が生じたり、葛藤が生じたりしないように、生活者それぞれの自己責任において各位相との関係を調整し、それを維持することが求められているということである。生活者は、総体社会のもつ経済システム、政治システム、文化システム、社会システムという位相による規定を免れえないという状況のなかで、生活システムの主体として自立的かつ自律的であることが期待されるのである。

4　生活システムの構成

つぎに、そのような生活システムを構成する要素として、生活システムの主体としての生活者、生活システムのサブシステム、社会的生活環境、自然的生活環境、そして生活世界について考察することにしたい。

(1) 生活者

われわれがここに生活者というのは、生活システムの主体としてみずからの生命と活力を維持・再生産するために、自然と関わり、社会と関わり、その影響をうけつつ、逆に自然と社会に働きかける存在である。生活者は、経済システムとの関連においては生産者、労働者、消費者として接点をもち、政治的システムとの関連においては選挙権を行使する市民であり、また被統治者あるいは受益者として接点をもつ。文化システムとの関連においては文化の継承者であり、また創造者である。社会システムとの関連でいえば、その構成員としてうまれ、継承者を産み育む存在である。しかも、生活者は、このような個々の接点のなかに埋没し支配されることなく、全的な生活の主体として、主体的、自立的に自己の生活を組織し、展開しようとする、総体社会システムの主人公として行動する人間である。

このような生活者の生活は、総体社会のなかでも社会システムとしての共同社会を基盤としつつ、個人、家族、あるいは近隣社会を単位として展開される。生活者は、人類史上の一定の時代と社会を背景に、一組の夫婦を親として生命をうけ、その夫婦を中心に形成される家族の一員として成長し、教育をうけ、一定の時期に職業をもち、やがて出自の家族から独立して結婚し、子どもを産み育み、やがて年齢を重ね、その生涯を終える。しばしば、生活者は、その過程において、障害、傷病、失業、離婚、家計維持者の喪失などの生命や活力の維持再生産を脅かすようなリスクを経験する。生活支援システムとしての社会福祉は、そのようなリスクによってもたらされる生活の障害や困難に関わっている。

従来、社会福祉の研究においては、生活者は何よりも労働力（労働能力）の所有者として把握されてきた。生活者が労働力の所有者であることに間違いはない。また、社会福祉が関わる大多数の生活者の生活がそのような労働力の価格としての賃金によって維持されていることも確かである。しかし、生活者の労働能力は、かれのもつ多様な能力（活力）のうちでも、モノを生産するという目的のために充当される能力（活力）である。生活者は、生理的、人格的、社会的などの多様な生活ニーズと多様な能力（活力）をもち、それゆえにその生活は、生活者の多様な生活ニーズを充足し、その生命と多様な能力を維持再生産する営みとして把握されなければならない。

生活者のもつ生活ニーズの一部分は、生理的ニーズにみられるように、生活者のうちなる自然（ヒューマンネイチャー）に関わっており、別の一部分は経済、政治、文化、社会という総体社会のシステムに関わっている。

(2) 生活システムのサブシステム

生活者は、その成長の過程において、それぞれに固有の生命・身体システム、人格・行動システム、生活関係・社会関係システムをつくりあげる。

生活者は、性別をはじめ、気質、体質、体型、容貌などに関わる遺伝的な要素をそれぞれの濃淡において親から継承しつつ、成長過程における自然的社会的生活環境との代謝関係を通じて、それぞれに個性的な生命・身体システムを形成する。生活者の生涯は、基底の部分においてその生活者のもつ生命・身体システムの内容によって規定されているといって決して過言ではない。ジェンダーは現代においても職業選択をはじめとして生活者の生活様式や生活意識を規定し、一部の運動選手にみられるように優れた骨格や筋肉は高い所得や社会的名声に結びつきやすい。逆に、病弱、心身の機能や形態に関わる損傷などは生活上の障害や困難に結びつくことが多い。さらに、近年では生活者が自分自身の生命・身体システムについてもつ意識が生活に大きな影響を与えることが指摘されている。

生活者は、その成長の過程において親によるしつけや社会的生活環境との接触による社会化の過程を経験するなかで、それぞれに固有の人格（パーソナリティ）を発達させるとともに、特有の行動の様式、すなわち人格・行動システムを形成する。生活者のもつ人格・行動システムは、生命・身体システムと自然的社会的生活環境によって規定される。人格・行動システムは、まず何よりも、生命・身体システムと調和し、それに奉仕するものでなければならない。人格・行動システムは、自然的社会的生活環境と接触し、その規定をうけながら、この目的を達成しようとする。同時に、人格・行動システムは、生命・身体システムのありようを規定するとともに、自然的社会的生活環境に働きかけ、それを変革しようとする。そして、このような人格・行動システムの一部分は外部化され、それぞれの社会と時代を特徴づける文化として、人びとのあいだに共有されることになる。

生活関係・社会関係システムは、生活者が生活を営む過程において他者や外部環境とのあいだに形成するシステムである。生活関係は、生活者が配偶者、子、親、きょうだい、親族、仲間などとのあいだに取り結ぶ緊密な関係である。この生活関係は多かれ少なかれ情緒的な色彩をもつ紐帯、相互作用のシステムであるが、それにとどまらない。夫婦、親子間の生活保持、扶養、保護、援助は、この生活関係が基盤となっている。それゆえに、この生活関係の喪失や障害はすぐさま生活保持、扶養、保護、援助の喪失や障害をもたらすことになる。社会関係は、生活者が生活関係の外側において、あるいはそれを超えて総体社会システム、すなわち経済システム、政治システム、文化システム、社会システムとのあいだに形成する関係、そして相互作用のシステムである。生活者と経済システムとの関係の不調、失業、低賃金、過酷な労働条件などは、ただちに生活者の生活システムに影響を及ぼし、その内容を方向づける。政治システムとの関係の不調は、たとえば政治的差別、抑圧、排斥などを通じて生活システムに影響を及ぼし、文化システムとの関係の不調は、情報の欠落や格差、差別、非行、犯罪などを通じて生活システムに影響を及ぼすことになる。社会システムとの関係の不調は、たとえば独居、孤立、排斥、差別などを通じて生活システムに影響を及ぼすことになる。

生活者のよって立つ生活システムを十全に理解するためには、生命・身体システム、人格・行動システム、生活関係・社会関係システムという、そのサブシステムのそれぞれについての分析を深めなければならない。これら三通りのサブシステムのうち、社会福祉にとってもっとも重要な意味をもつのは、もとより生活関係・社会関係システムである。

(3) 自然的生活環境

すでに指摘しておいたように、生活者はその存在自体が一つの自然（ヒューマンネイチャー）であり、その生命・身体システムの維持存続は外なる自然との代謝関係が不可欠の要件となる。そのような外なる自然のうち、直接的に生活者の生活に関わる部分を抽出し、自然的生活環境として把握することにしたい。

簡略にいえば、ここでいう自然的生活環境とは、大気、水、河川、海、平野、森林、山岳、気候などの自然的環境の一部分である。従来、このような自然的環境世界は、大気汚染、水質汚濁、樹木の過剰伐採による砂漠化の進展、河川、海、土地への有害物質の沈澱などの、いわゆる公害問題と結びつけてとりあげられることが多かった。こんにちでは、その公害問題や近年話題になることの多い地球温暖化問題などを契機に、自然の温存、自然と人間との共存、自然的資源と経済開発との調和や均衡の必要性が強調されている。われわれは、生活システムのもっとも根源的、根底的な部分に自然的な環境基盤が広がり、その自然的な環境基盤によって生活システムが規定されている事実に留意を喚起しておかなければならない。

人びとの生活は、風土という概念にも象徴されるように、その拠点としている土地、地域の自然的な環境基盤を構成する諸条件による強い規定のもと営まれている。都市化や人口の流動化が進み、自然や土地との結びつきが希薄化している現代社会においても、人びとの生活は根源的基底的には自然的環境基盤のなかで営まれている。この事実は、これからの社会福祉を展望するうえで一層重要な意味をもつことになろう。

(4) 社会的生活環境

社会的生活環境は、生活者の生命を維持・再生産し、健康を保持し、主体的で自立的な生活の質を維持・向上させるために、社会的に整備され、共同での利用に供されている方策、施設、設備の総体である。それは、現代社会のもつ経済システム、政治システム、文化システム、社会システムの一部分であり、あるいはそれらがうみだした一定の社会的施策・制度のうち、人びとの生活に直接的に接点をもつ部分である。そこには宮本憲一のいわゆる社会的共同消費手段も重要な一部分として含まれている。

宮本は、社会的共同消費手段をつぎのように類型化している。(1)

①労働者の都市における集団生活様式が一般化したために必要とされるようになった共同消費手段——共同住宅、エネルギー施設（ガス、電気）、上水道、清掃施設、下水道。
②労働力の保全のための手段。労働者の健康の保全という日常的保全、および失業者の保護のための施設と施策——病院、保健所、衛生設備、失業救済事業、職業訓練事業。
③労働力の資質や技術の向上の基礎をつくる手段——教育（幼児教育、普通教育、高等教育）、科学・技術研究。
④労働者が個人的消費を行うために共同利用する交通・通信手段——街路、鉄道の一部、電信・電話施設の一部。
⑤労働力の価値の上昇にともなって発達した共同利用の大衆文化・娯楽施設——図書館、音楽堂、劇場、公園、緑地帯、体育館、運動場。

もとより、このような宮本の社会的共同消費手段の類型を、われわれのいう社会的生活環境の類型としてそのまま援用するには若干の難点が存在する。まず、宮本が労働者としている部分を生活者に読み替えなければならない。労働力としている部分にも留意が必要である。生活者のなかには、経済システムによって労働力として期待され難い、あるいは労働力市場への参入が認められていない、高齢者、障害者、傷病者、母子、児童などが含まれているからである。社会的生活環境はかれらにも利用され、かつ有用なものとして整備されていなければならないのである。そして、さらに重要なことに、宮本の社会的共同消費手段のリストに失業者保護施策は含まれているが、社会保障や社会福祉は含まれていない。社会保障や社会福祉を労働者やその家族にとって不可欠の社会的共同消費手段として追加しておきたい。

宮本による社会的共同消費手段に関する議論の直接的な関心は、労働者やその労働力の維持・向上・保全、そしてそのことのために必要とされる諸条件の解明にある。そのような関心からすれば、高齢者、障害者、傷病者、母子、児童などの労働力範疇の外側にいる人びとの問題や社会保障や社会福祉の問題は視野に入り難い。しかし、ここでの関心からいえば、生活者が経済システムとの接点においてとる労働者という役割は、生活者のもつ多様な社会的役割のひとつであり、労働力もまたかれのもつ多様な能力のひとつであるにすぎない。われわれは、宮本の社会的共同消費手段に関する議論を援用しつつ、しかし生活者のための社会的生活環境基盤という観点から、その内容を理解したい。

(5) 生活世界

これまでの行論において再三言及してきたように、人びとの生活は、経済システム、政治システム、文化システム、そして社会システムという四通りの位相をもつ現代社会のなかで営まれている。いま少し生活の実態に近いところでいえば、人びとの生活は、社会的共同消費手段をその一部分として含む社会的生活環境社会、そして総体社会それ自体の基底にあり、人びとの生活と直接的に関わりをもっている自然的生活環境とのあいだに代謝的な相互作用を繰り返しながら営まれている。

しかし、ここで留意しておかなければならないことは、人びとが総体社会のもつ四通りの位相、そして社会的生活環境や自然的生活環境と接点をもち、代謝関係を取り結ぶといっても、人びとがそうするのは客観的な実在としての経済システム、政治システム、文化システム、社会システム、社会的生活環境や自然的生活環境ではないということである。人びとが接点をもち、代謝関係を取り結ぶのは人びとにとって意味のある、あるいは意味のあるものとして認識されたかぎりでのシステムや環境である。

人びとは客観的な総体社会のシステムのなかにそれぞれに固有の意味をもつ生活、すなわち生活世界を構成し、そのなかにおいて固有のしかたで生活を営んでいる。万人にとって客観的なものと映る経済システム、政治システム、文化システム、社会システム、社会的生活環境や自然的生活環境もそのような生活世界に摂取され、組み込まれることによって個々人にとって固有の意味をもつものとして存在しているのである。

社会福祉、なかでも社会福祉の援助にとって重要なことは、このような個々人にとって固有な意味をもつ生活世界を可能な限り適切に読み解くことである。そのことがなされなければ、十分な社会福祉の援助は展開されえないのである。

5　生活支援システムとしての社会福祉

人びとの生活は、このような生活システム、厳密には生活維持システムが適切に機能することによってはじめて適切に維持されるものであり、その不調は直ちに生活の維持・展開に危機をもたらすことになる。この生活維持システムに生じた危機は通常生活問題や福祉ニーズとして認識されることになるが、それに対処するシステムとして構築されるのがわれわれのいう生活支援システムないし生活保障システムにほかならない。

ここにいう生活支援システムは、広義には労働政策、雇用政策、公衆衛生、住宅政策、公教育、更生保護などの諸施策を含む概念である。狭義には、所得保障、保健医療サービス、社会福祉から構成され、それらが中核的な部分を構成する。

生活支援システムは、生活維持システムに生じた危機的な状況に対応するための施策制度、そしてそのもとに展開される社会的援助活動の体系として社会的に構築されるが、その総体社会のなかにおける位置づけ、性格はあくまでも二次的、人工的（アーティフィシャル）なものである。その限りでは、それに本来的なシステムとして総体社会を構成する経済システム、政治システム、文化システム、社会システムとは明確に区別される。しかしながら、こんにちそれが現代社会に必要不可欠の、第一線の施策制度として組み込まれ、重要な機能を果していることはあらためて指摘するまでもないことであろう。

第3節　社会福祉の範囲

現代社会における生活支援システムとしての社会福祉は多様な機能を果しており、その存在と意義は広く認められている。しかし、社会福祉の範囲やその周辺に存在する関連施策との異同や位置関係を明確にすることは必ずしも容易なことではない。

社会福祉は、歴史的にみれば、慈善事業、感化救済事業、社会事業など異なった名称でよばれる先駆形態をもち、また、社会保障、社会保険、社会手当、さらには保健、医療、労働、教育、司法などの密接に関連する領域をもっている。しかも、公的扶助とともに社会福祉の一部門を構成する福祉サービスは、法律による社会福祉を中核的な部分としながらも、その周辺部分では任意の会員制互助組織や生活協同組合等の民間非営利組織による事業を取り込むなど、絶えず同心円的、外縁的に拡大し続けているからである。

1　社会福祉と社会保障

ここでは、社会福祉とその周辺領域との関係を三通りに整理しておきたい。

まず、最も重要な意味をもつ社会福祉と社会保障との関係をどのようにとらえるかについて検討する。社会福祉と社会保障との関係をどのようにとらえるかについては従来から多様な見解が掲示されてきた。第一の類型は、社会保障と社会福祉のそれぞれの歴史的な沿革や機能ならびに財源調達システムの違いを重視した理解の仕方である。この類型においては、社会保障と社会福祉とは相互に関連してはいるが、しかしそれぞれが別のカテゴリーを構成するものとして位置づけられている。

これにたいして、第二の類型は、社会保障を上位概念として位置づける。ここでは、社会福祉は公的扶助と福祉サービスに分離され、社会保険、社会手当とともに社会保障を構成する制度の一部分として位置づけられている。この場合、社会福祉は福祉サービスと同義的に理解されることになる。

これら第一の類型や第二の類型とは多少異なった観点をとる分類方法についてもふれておこう。すなわち、第三の類型は社会サービス（あるいは、ソーシャルポリシー）を上位概念として位置づけ、それを構成する要素として所得保障、保健医療サービス、福祉サービス、さらには教育、住宅保障、雇用、更生保護などをあげるところに特徴がみられる。イギリスやアメリカにみられる類型である。第一の類型や第二の類型がそれぞれの施策制度のもつ沿革や機能、あるいは財源調達システムの違いに着目しているのにたいして、この第三の類型においては施策制度のもつ機能的側面における特性が類型化の基準とされている。この類型は、それを構成する施策制度相互の機能の違い、すなわち利用者のもつニーズと個々の施策に期待される機能との対応関係の違いや施策相互間の連携・調整に関わる諸問題等を検討するうえで便利である。

2　社会事業とソーシャルワーク

つぎに、社会福祉と類縁的関係にある社会事業とソーシャルワークについて言及しておきたい。社会事業という言葉が歴史的な文脈のなかでもちいられる場合、それは社会福祉の先駆形態としての施策制度とそのもとで展開される援助活動の総体を意味している。この意味での社会事業はおおむね大正期の後半において成立し、第二次世界大戦後における社会福祉の登場とともに、その社会的施策制度としての役割を終えた。

ソーシャルワークはもっぱらアメリカにおいてもちいられているが、歴史的な文脈においていえば、わが国でいう社会事業と同義である。ソーシャルワークは二〇世紀初頭のアメリカにおいては社会的な施策制度とそのもとで展開される援助活動を包摂する概念としてもちいられた。しかし、この意味でのソーシャルワークは第二次世界大戦後には社会福祉に取って代わられ、現在においては、もっぱら社会福祉の援助過程を担う専門的な知識と技術の体系を意味する概念としてもちいられている。

わが国では、一時期、その意味でのソーシャルワークの訳語として専門社会事業がもちいられたことがあるが、こんにちでは社会福祉援助技術があてられている。

3　公的扶助と福祉サービス

こんにちでは、社会福祉を公的扶助と福祉サービスという二つの部門をもつ施策制度として理解するのが通説である。ここでいう公的扶助は、最終的には国の責任において、租税をその財源として実施される最低生活水準保障のための施策であり、わが国でいう生活保護制度がこれにあたる。これにたいして、福祉サービスは、自立生活力の育成、自立生活の援護、社会資源の開発をその機能とする。より具体的には、保育、養護、介護などとよばれる社会福祉従事者による人的サービスを中心に、生活機器等の物品の提供や貸与、各種の生活施設や通所施設、利用施設、さらには老人大学等にみられるようなシステム的サービス、生活福祉資金等の資金貸与、公営住宅の優先的入居、高齢者や障害者にたいする税の減免措置等の社会的便益の提供から構成される一連の施策制度とそのもとで提供される援助活動を意味している。

わが国における歴史的な経緯を前提にしていえば、明治初期から第二次世界大戦以後、一九五〇年代までは、社会福祉はもっぱら公的扶助を中心として行われた。第二次世界大戦以後になると児童福祉や身体障害者福祉が成立するが、その実態は生活保護であった。わが国において福祉サービスの拡大がみられるのは、六〇年代前半における知的障害者福祉、老人福祉、母子及び寡婦福祉の成立を契機に、六〇年代後半以降の高度経済成長期以降のことである。国の予算をみれば、一九七三年にわが国では公的扶助と福祉サービスの予算がほぼ同額になり、それ以後福祉サービス予算の顕著な拡大がみられた。

わが国では、この時期以後、公的扶助と福祉サービスは独自の論理による展開を示すようになったといわれる。たとえば、福祉サービスにおける普遍主義化の傾向である。しかし、わが国に限らず、公的扶助と福祉サービスを相互に独立した別の施策制度として扱うことには疑問が残る。わが国の生活保護は保護施設による生活保護の実施を認めており、福祉サービスのうち乳児院、児童養護施設、障害児施設、身体障害者施設や知的障害者施設の一部、養護老人ホームなどには最低生活保障的な機能が含まれているからである。

4 社会福祉事業の範囲

社会福祉の具体的な制度である社会福祉事業の範囲を明確化する方法についてはいくつかの試みがある。第一の方法は、社会福祉事業とは何かということを抽象的に規定し、そこから演繹的に社会福祉事業の範囲を確定するという方法である。第二の方法は、社会福祉事業とよびうるものを列挙し、それ以外のものと区別をするという方法である。第一の方法は社会福祉の理論的な研究においてしばしばもちいられている方法であり、第二の方法は制限列挙主義ともよばれるもので、戦前の社会事業法以来、戦後の社会福祉事業法（二〇〇〇年に社会福祉法に改正改称）もこの方法によっている。第一、第二の方法とも長短があり、これでよいというものではない。こんにちのように、社会福祉が流動化している状況のなかではなおのことである。その点、第三の方法は両者の中間的な性格をもち、社会福祉事業を構成する要件としていくつかの基準を設定し、それによって社会福祉事業の範囲を明らかにしようとする方法である。以下、この第三の方法によりながら社会福祉事業の範囲について検討する。

この第三の方法をとる研究としてしばしば紹介されるのは、ウィレンスキー（H. L. Wilensky）とルボー（C. N. Lebeaux）がその共著である『産業社会と社会福祉』のなかで展開している議論である。[2] ウィレンスキーとルボーは、社会福祉事業の範囲を設定する基準として以下の五点をあげている。①フォーマルな組織として機能していること、②社会的な資金によって運営されており、社会にたいして責任を負っていること、③利益の追求が事業活動の主要な動機になっていないこと、④人びとのニーズが統合的にとらえられていること、そして、⑤人びとの消費的ニーズの充足を直接の課題にしていることである。

この社会福祉事業の基準をこんにちのわが国の状況に適用するには若干の補正と追加が必要であろう。基準①は、フォーマルな組織として機能していることを社会福祉の要件としているが、こんにちでは、インフォーマルあるいはサブフォーマルな組織や活動の重要性が強調されている。まず、このことを含める方向での補正が必要となる。基準②については、かつての社会福祉事業が要援護の状態にある人びと（ニーディ）に働きかけたのにたいして、こんにちの社会福祉事業は要援護の状態にある人びとの担っているニーズに個別的に働きかけるようになってきており、そのことについての配慮が必要であろう。

ウィレンスキーとルボーの基準に追加すべきと考えられるのは、社会福祉事業が財やサービスの再分配機構としての機能をもっているという事実である。これを基準⑥とする。公的扶助（生活保護）が財（所得）の再分配機能をもつことは容易に理解されようが、社会福祉事業（福祉サービス）についても市場原理のもとでは十分に確保され得ないサービスの協同原理による再分配の機構としてこれを理解することが可能であろう。

以上の六つの基準のうち、最も重要な意味をもつのは、②の「社会的な資金によって運営されていること」、③の「営利の追求が事業の主要な動機になっていないこと」、そして、⑥の「財やサービスの再分配機構としての機能をもっていること」である。

近年の社会福祉事業における提供主体の多様化は指摘するまでもないが、その特徴の一つは民間非営利組織の参入である。そして、民間非営利組織による福祉サービスは有料ないし有償であることが多い。しかし、民間非営利組織の活動を支える資金は、明らかに利潤の配当を期待した個人による出資ではない。組織自体が会員制であることが多く、運営の財源は原則として会員による維持会費とサービスを利用した会員による一定の利用料であり、もし利益が発生したとしても、それが配当を目的として蓄積されたり、利殖目的のために別の事業に投資されるということはないであろう。つまり、福祉サービスの提供や活動によって収益が得られたとしても、それはその組織と活動を維持するという目的のために消費されるといってよい。このような財政のありよう、さらに場合によっては公費による助成や委託が追加されるという事実を考慮にいれれば、民間非営利組織は、ウィレンスキーとルボーのいう②ならびに③の基準を充足しているといってよい。したがって、民間非営利組織による福祉サービスの提供は、前述の①から⑥の基準に照らして、社会福祉の範囲に含まれるといってよいであろう。

多元化のもう一つの特徴であるシルバービジネスやチャイルドビジネスのような民間営利組織による福祉サービスの提供についてはどうか。シルバービジネスやチャイルドビジネスの場合、その経営は経営者や投資家による出資と利用者のサービス利用料の負担によって賄われており、前述の基準②「社会的な資金によって運営されていること」に抵触する。基準③「営利の追求が事業の主要な動機になっていないこと」についても同様の指摘が可能であろう。民間営利組織においても、経営の理念としてしばしば公益性の確保や社会公共への貢献ということが謳われている。しかし、それが営利事業である限り、民間営利組織が利潤を見込まずにシルバービジネスやチャイルドビジネスの経営にあたるということは考え難い。

市場メカニズムによる経営を行い、そのメリットを追求することを否定してしまえば、シルバービジネスやチャイルドビジネスはそれらが存立する理由のほとんどを喪失することになる。シルバービジネスやチャイルドビジネスの自己否定である。さらに、シルバービジネスやチャイルドビジネスはわれわれが追加した基準の⑥「財やサービスの再分配機構としての機能をもっていること」にも抵触する。むしろ、シルバービジネスやチャイルドビジネスは生活に関わる財やサービスの市場原理による第一次的な分配に関与しているというべきであろう。

こうしたことからすれば、少なくとも理論的には、民間営利組織による生活関連サービスの提供と社会福祉とは区別されなければならない。両者は制度的には次元を異にする領域に属しているからである。しかし、現実には民間営利組織は事業委託や指定事業者としての認可を通じて社会福祉事業に深く関わっている。

5　社会福祉事業の基準

以上の議論を前提に、われわれはここで新たに、あれこれの多様な主体によって提供されるサービスが、社会福祉事業とみなしうるかどうかを判断するための基準として、①福祉ニーズ対応性、②公益性、③規範性、④非営利性、⑤組織性、⑥継続性、⑦安定性、⑧透明性という、八通りの要件を設定することにしたい。このうち、①から④までは、社会福祉の内実に関わる基準（内実的基準）であり、⑤から⑧までは、社会福祉の外形に関わる基準（外形的基準）である。また、これら八つの要件のうち、①から③、⑤までは、順序は違っていてもおおむねウィレンスキーとルボーの基準に対応している。②と⑥、⑦、⑧は、われわれが新たに追加したものである。

①の福祉ニーズ対応性は、ある施策や事業ないし活動が社会福祉といいうるためには、それらが福祉ニーズの充足、軽減緩和に貢献するものでなければならない、ということである。あえて指摘するまでもないことであるが、福祉ニーズに対応しない施策や事業・活動は、それらがいかに他の要件を充足していたとしても社会福祉事業とはいえない。

②の公益性は、広く世の中に益すること、社会公共に裨益することを意味する。公益性については国家社会に貢献すること、あるいは国家社会の利益を擁護することという用例もみられるが、ここでは、私益を超えて公共の福祉や安寧、社会の発展に寄与することという意味である。社会福祉は、その発展の過程において社会的な名声や地位を獲得する手段と

して慈善事業を行う例や授産や小口の生活資金の提供を通じて私的利益を追求するなどの例とそれらのもたらす弊害をしばしば経験してきている。それだけに、社会福祉事業には公益性の重要性が強調される。

③の規範性は、人格の尊厳や人権を擁護しようとする人権意識、それを実現しようとする使命感（ミッション）である。その達成に人びとの行動を方向づけ、自己を律する自己規制力といいかえてもよい。国や地方公共団体による場合を含めて、社会福祉事業の経営には一定の人権意識、使命感、自己規制力が求められる。そのことは、社会福祉事業の経営者が世俗的な関心をもつことを一概に否定するものではない。しかし、使命感や自己規制力がなければ身体的にも社会的にも抵抗力や発言力の弱い社会福祉の利用者たちの人格の尊厳や人権を維持し、虐待や搾取を退けるような事業の経営を維持することは不可能であろう。

④の非営利性は、営利の追求を第一義的な課題としないという意味である。非営利性は利用者による利用料（料金）の負担、利用料にたいする利益の加算、人的サービス（職員による労働）に対応する労賃の支払いなどを否定するものではない。また、それがリーズナブルな範囲のものであれば、利用料の負担は利用者にとってもプラスになるという指摘には一考に値する側面が含まれている。その意味では、非営利性にはＮＰＯ（Non Profit Organization）という表現よりも、むしろＮＦＰＯ（Not For Profit Organization）という表現が妥当であるとする指摘も理由のないことではない。重要なことは、社会福祉事業を利益追求の手段としないということである。利益追求が社会福祉事業の第一義的な課題となれば、そのしわ寄せが利用者や従事者に向かうことは経験則に照らして否定し難いであろう。

⑤の組織性、⑥の継続性、⑦の安定性はいずれも、提供されるサービスが利用者が安心して利用しうるものになっているかどうかということに関わっている。社会福祉事業が継続して安定的に経営されるかどうかは、それが提供するサービスにみずからの生命と生活の維持・再生産を全面的に依存する利用者にとっては、文字通り死活問題になりかねないからである。恣意的な社会福祉事業からの撤退や不安定な経営は厳に回避されなければならないのである。

また、⑧の透明性は、より一般的には、近年社会のあらゆる領域において求められている情報公開原則の適用であるが、社会的に弱い立場になりやすい高齢者、障害者、子どもなどを対象とし、それだけに公益性、規範性、安定性をもつべき社会福祉には、特段にその充足が要請される要件である。この透明性という要件は、社会福祉事業の運営について要請されるとともに、それが提供するサービスの内容についても要請されるものである。

このような八通りの要件の充足を基準に社会福祉事業の範囲を設定するという観点からみた場合、近年における社会福祉事業の動向はどのような意味をもつことになるのであろうか。社会福祉事業法制定の当時からおよそ七〇年代頃までの社会福祉事業は、多少の濃淡の違いはあってもここでいう八つの要件を充足するものであったとみなしてよいであろう。しかしながら、すでにその一部についてみてきたように、八〇年代以降、第二種社会福祉事業を中心に多元化の傾向が拡大するとともに、明らかに、②公益性、③規範性、④非営利性、⑥継続性、⑦安定性、⑧透明性について、なかでも④非営利性という要件に強く抵触するような事態がうみだされてきている。そうしたなかで、端的にいえば、営利の追求を主要な動機とする企業等を経営主体として提供される福祉サービス類似のサービスのすべてを、理論的にも実践的にも、社会福祉事業の範疇に含めうるかどうかという課題が提起されてきているのである。

第4節　社会福祉のシステム構成

さて、社会福祉それ自体をひとつのシステムとしてとらえたとき、それはどのようなサブシステムから構成されているであろうか。

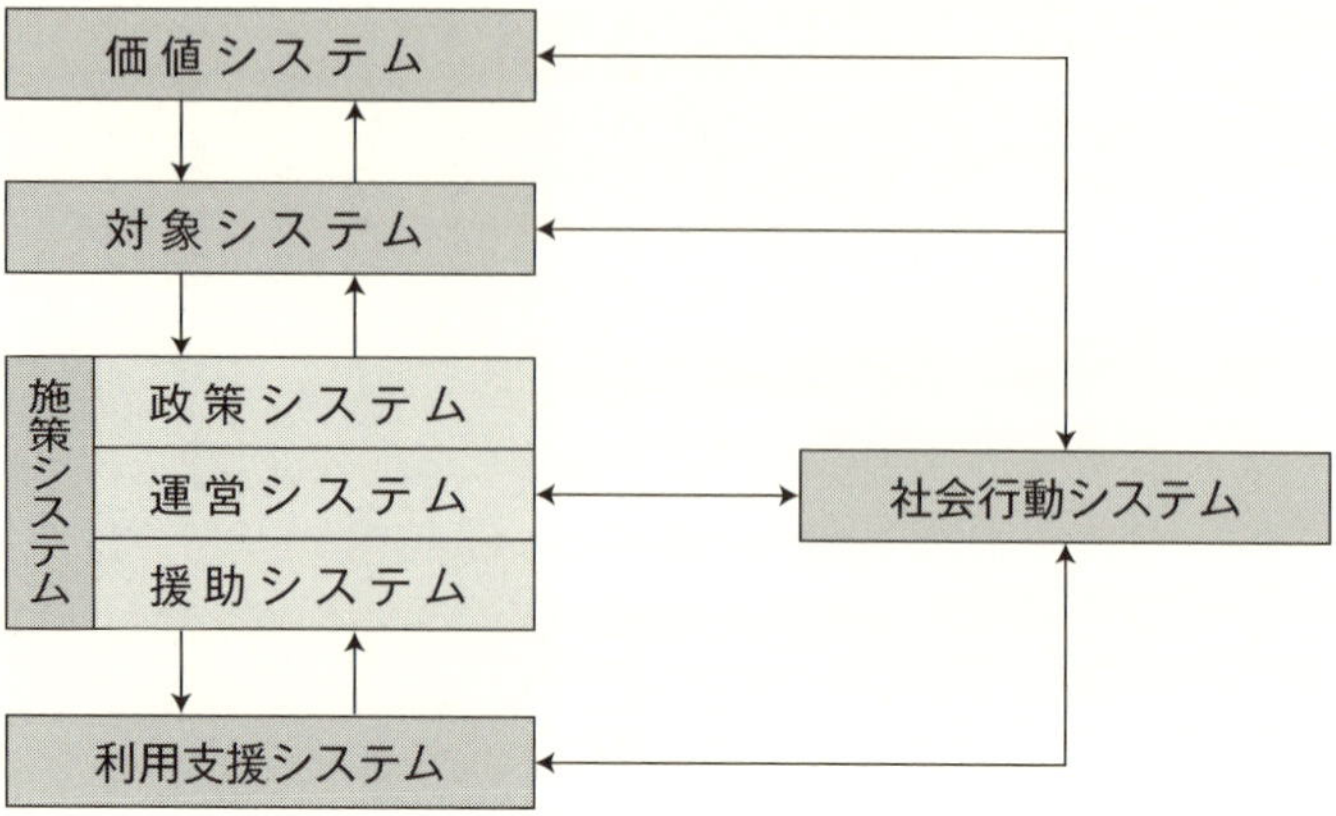

図 3-3　社会福祉総体のシステム構成　　古川孝順　作成

1　社会福祉の総体システム

従来わが国の社会福祉研究においては、社会福祉をその①対象、②主体、③方法という三通りの要素に分割して議論するという分析方法がとられてきた。これは、われわれの用語に置き直せば、社会福祉を①対象システム、②主体システム、③方法システムというサブシステムから構成されたものとして把握しようとする試みであったといってよい。

この場合、対象とは社会福祉の働きかけるその客体を、主体とは社会福祉を創設・運営する、あるいは具体的な援助活動を担う組織・機関・施設や人びとを、方法とは社会福祉の主体がその客体に働きかけるときに用いる手段や技術・知識の体系を意味している。このような分割の方法は極めて簡潔であり、その限りにおいてわかりやすい。

しかしながら社会福祉の内部に踏み込んで細部にわたる議論をしようとすれば、この三分法は、分析の枠組みとして大枠的に過ぎ、有効性に乏しいといわなければならない。そこで、この①対象、②主体、③方法という分割の方法を基本的には継承しながら、そこに必要な限りでの補正を加えたものが**図3－3**である。

ここでは社会福祉の総体を、社会福祉という社会的施策の働きかける客体としての①対象システム、施策としての社会福祉がその客体に働きかけるに当たって設定している②価値システム、社会福祉の本体部分としての③施策システム、そしてその施策システムと社会福祉の利用者とを媒介するものとしての④利用支援システムに分割して把握するという方法がとられている。このような分析の方法をとるのは、最初に社会福祉のそれぞれの下位システムについて分析し、その次の段階としてそれぞれの下位システム相互の依存関係や規定関係を明らかにするとともに、最終的にはそれらの分析の結果を社会福祉の全体像として再構成する手がかりを得るためである。

2 社会福祉の構成要素

社会的施策としての社会福祉の本体部分、それが施策システムである。施策システムの内部構成についてはすでに**図3－3**においてその大枠が示されている。それについての説明を含めて、ここでもう少し詳しくみておきたい。**図3－4**は、社会福祉の総体システムから施策システムだけを抽出し、その内部構造を示したものである。

図3－4では、施策システムが政策システム、運営システム、援助システムに分割された上で、さらに運営システムが、①政策運用システム、②制度運営システム、③援助提供システムに分割されている。また、他方において、社会福祉を構成する要素として、ⓐ権限、ⓑ情報、ⓒ要員、ⓓ財源、という四通りの要素が設定されるとともに、施策システムのそれぞれのレベルとこれら四通りの要素が交錯するところに、新たに、㋐供給システム、㋑情報システム、㋒職員システム、そして㋓財政システムという四通りの下位システムが設定されている。

新しく事業を行うに当たってその不可欠の要素として、あるいは事業の成否を左右する要素として、しばしば「ヒト、モノ、カネ」という表現が用いられる。この表現はすこぶる簡潔かつ直截で、まさに事柄の核心をとらえたものといわなければならない。社会福祉もまたひとつの事業であれば、当然同じ論理が成立する。

社会福祉の要素である「権限、情報、要員、財源」は、「ヒト、モノ、カネ」のモノの部分を社会福祉の実情に適合す

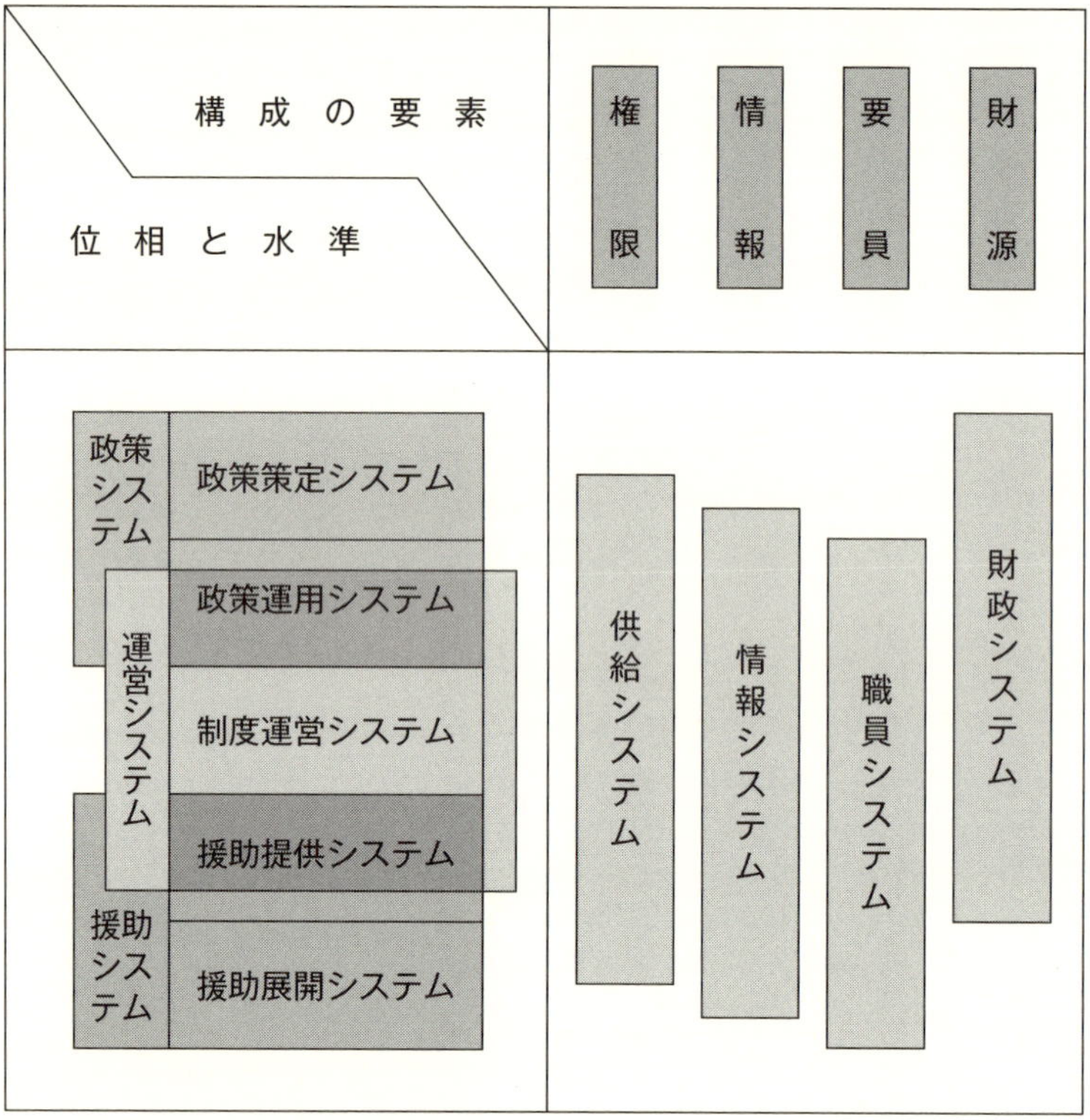

図 3-4　施策システムの内部構成　　古川孝順　作成

るようにとらえ直すとともに、より理論的な議論に耐え得るような表現に改めたものである。社会福祉で「モノ」という表現の仕方をした場合、まず想定されるのは施設や設備等の営造物——国や地方自治体が公共の利用のために設置する物的施設——のことであろう。社会福祉のハードウエアとでもよべばよいであろうか。しかし、そのような、ハードウエアだけが「モノ」ではない。より重要なのは、そのような「モノ」を含んで成り立っている制度であり、その制度は権限のネットワーク化された姿にほかならない。

社会福祉における機関、施設、設備等の重要性はいうまでもない。しかし、重要なのは機関、施設、設備それ自体ではない。むしろそれらを企画設計し、設置し、運営する権限がどこに、どのように配分されているかということである。社会福祉の諸制度を理解していく方法の一つは、誰によって、誰にたいして、いかなる権限が与えられているのか、その権限が誰によって行使され、誰によってチェックされているのかということ、すなわち社会福祉を権限のネットワークとその行使の過程として読み解いていくという方法である。その重要性は、社会福祉に関連する法律が基本的には権限の種類とその配分ならびに行使の仕方についての規定として構成されている事実をみれば容易に理解され得るであろう。すなわち、社会福祉にかかわる機関、施設、設備等はいずれも法律という形態において社会的に承認された権限に基づいて設置されている。また、誰がそのような機関、施設、設備等を利用し得るかということも、一定の権限に基づいて決定されているのである。このようにいえば、権限を社会福祉を構成する要素として論じることが可能なのは国や地方自治体による公的福祉セクターに限定されるという印象を与えるかもしれない。しかし、もとより同様のことは民間福祉セクターについても、さらには民間営利セクターについても指摘することが可能である。そのような領域においても、誰かが一定の規程によって賦与された権限に基づいてサービスを提供しているからである。

次に「情報」であるが、「情報」は「モノ」であるとともに「ヒト」にもかかわっている。新しい制度を設けようとすれば、それが対応しようとしている対象（客体）、すなわち生活問題あるいは福祉ニーズについての情報が必要であるし、類似の制度の効用や欠陥についての情報、動員し得る専門職員や財源についての情報が必要となる。従来、これらの情報は独立した要素として扱われてこなかったが、現代はまさに情報の時代である。情報の必要性と重要性は社会福祉においても十分に認識される必要がある。

要員及び財源についてはは多言を要しないであろう。要員とは社会福祉を支える職員であり、通常、社会福祉従事者とよばれる人びとである。社会福祉従事者は多様な職種によって構成されているが、その中核的な部分は社会福祉専門職によって構成されている。社会福祉にとって要員という要素は特に重要な意味をもつが、それは社会福祉、なかでも福祉サービスは最終的には社会福祉従事者による労働というかたちをとって、あるいは社会福祉従事者による労働を通じて、実現される一定の人的サービスにほかならないからである。

社会福祉の財源はこれまで基本的には租税によって充当されてきた。しかし、新しい福祉サービスの制度として二〇〇

○年四月から実施されている公的介護保険制度は財源調達方式として社会保険方式が採用されている。国民に保険料の負担を求める公的介護保険制度は明らかに社会福祉の財源調達方式に新しい展開をもちこむものである。福祉サービスの財源調達方式を租税方式によるかそれとも社会保険方式によるかという問題は、今後とも重要な論点のひとつになろう。民間社会福祉の財源に関しては、措置委託費、共同募金や寄付、助成金等の問題が重要な論点である。また、福祉サービスの利用にかかわる費用負担についての議論も必要になってこよう。

第5節 対象把握の方法

最後に、社会福祉分析の方法に関する議論を締めくくるにあたって、社会福祉の対象をどのように捉えるかという問題に論及しておきたい。社会福祉の対象をどのように捉えるかという問題は、社会福祉の主体と方法に関する議論を組み立てる出発点となるからである。社会福祉の対象をどのように捉えるかによって誰が社会福祉の主体になるべきかが定まり、いかなる問題解決の方法が採用されるべきかが定まってくるからである。

1 属性論――人間の類型とその状態

社会福祉の対象について論じることとは、社会福祉利用者をめぐるつぎのような疑問にたいして回答を与えようと試みることである。

まず、①社会福祉の利用者はどのような人びとなのか。②それらの人びとはいかなる状態におかれた人びとなのか、換言すれば彼らはいかなる資格において社会福祉を利用し、あるいは利用しようとしているのか。③社会福祉利用者のおかれている状態、あるいは彼らが担っている状態はいかなる特性、性格をもっているのか。そして、④そのような状態はどのような背景や経緯のもとにうみだされてきているのであろうか。

社会福祉の対象あるいは客体を示すもっとも簡便な方法は、児童、障害者、高齢者というように、利用者を一定の属性を共有する人びとから構成される範疇として記述することである。この方法は直截であり、間違ってはいない。しかし、それだけでは、対象論としてはほとんどなにも語っていないに等しい。児童、障害者、高齢者などが社会福祉の対象であることは事実である。けれども、児童、障害者、高齢者などが社会福祉の対象であるといっただけでは、それらの人びとが何故に社会福祉の対象となるかについては、まだ何事も語っていないからである。さらにいえば、児童、障害者、高齢者といっても、現実には彼らのすべてが社会福祉の利用者、すなわちその実態的な対象になっているわけではない。これらの事実はどのように説明されればよいのか。

こうした疑問を克服する方法として、たとえば障害者について、その障害を医学的な基準によってさらに分類し、それによって対象を細かく規定するということも、しばしば試みられてきた。しかしながら、そのような試みも、何故にそのように分類された障害者が社会福祉の対象になるかを、明らかにしたことにはならないのである。

そこで、これとは別の対象理解、対象把握の方法が必要となる。社会福祉の対象を「一定の状態」として把握するという方法である。すなわち、社会福祉の利用を必要とするような状態、その特性や形成の過程が解明されうるならば、無前提的に児童、障害者、高齢者などとして記述されてきた社会福祉の利用者たちは、次にはそのような「一定の状態」にある人びとという限定のもとに、社会福祉利用の有資格者とみなされることになろう。そして、そこでいう「一定の状態」、これこそが取りも直さずわが国の社会福祉対象論の系譜のなかで、「社会的問題」「生活問題」、あるいは「福祉ニーズ」とよばれてきたものにほかならない。

2　社会的問題と生活問題

(1)　社会的問題の理論

わが国においても明治三〇年代前後、一九世紀末から二〇世紀にかけての世紀転換期には、スラム居住者や下層労働者の労働や生活の実態に社会的な関心が払われるようになり、一八九九（明治三二）年には、わが国における社会調査の嚆矢といわれる横山源之助の『日本之下層社会』が出版されている。さらに、一九〇三（明治三六）年には農商務省による調査の報告『職工事情』が公刊され、以後第二次世界大戦前夜に至るまで国や府県、市によるものを含め、数多くの労働者調査、農村調査、貧困調査が実施された。しかしながら、これらの社会調査の多くは、その調査対象の一部分に社会福祉の対象になる人びとが含まれているということはあっても、社会福祉の対象やその把握方法に焦点を絞ったものではなかった。

第二次世界大戦以後、社会福祉の対象に関する議論は新しい時代を迎える。まず、戦後の新しい政治的、社会的な状況のなかで労働者調査や生活調査が活発に展開されるようになった。なかでも、貧困調査を継承する生活調査の発展は社会福祉対象の科学的な把握と理解に貢献することになった。

同時に、その一方において、理論的な側面においても社会福祉の対象が論じられはじめた。なかでも、戦後における社会科学的な社会福祉研究に先鞭をつけた孝橋正一は、社会政策の対象と比較考量することを通じて社会福祉（社会事業）の対象を措定しようと試みた。[(3)] 孝橋によれば、資本主義社会は、資本家と労働者とのあいだに取り結ばれ、資本主義経済の機軸となる特有の生産関係のゆえに、多様な社会的諸問題をうみだすことにならざるをえない。そのような社会的諸問題のうちその中心に位置するものは、資本家と労働者という資本主義社会の機軸的な関係を前提に、そこから直接的にうみだされてくる労働問題である。厳密には、これが社会問題である。

る。社会問題は社会にとっての「基本的・本質的な課題」であり、社会的問題は社会にとっての「関係的・派生的な課題」である。そして、社会問題には社会政策が対応し、社会的問題には社会福祉が対応する。孝橋は、社会福祉を労働問題から関係的・派生的に生起してくる社会的問題に対応する施策として把握しようとしたのである。

このような孝橋の議論は、戦前に大河内一男が社会政策の対象を労働者（経済秩序内的存在）とし、社会福祉（社会事業）の対象を被救恤的窮民（経済秩序外的存在）として把握したことを意識したものである。大河内が社会政策の対象と社会福祉の対象との違いを対象となる人びとの社会的・経済的位置という属性の違いに求めようとしたのにたいして、孝橋はその違いを人びとの担う「一定の状態」＝問題状況の違いに求めようとしたのである。そのかぎりにおいて、孝橋は、社会福祉の対象に関する議論に一定の前進をもたらしたといってよいであろう。[4]

しかしながら、このような孝橋の議論は、社会福祉の対象＝社会的問題を労働問題を媒介させて労資関係という資本主義社会の機軸的な関係に結びつけて理解することを中心的な課題とするものであり、社会的問題それ自体の内容に関わる議論は必ずしも十分に行われていない。たとえば、孝橋は、社会的問題の現象的な形態として、無知、怠惰、飲酒、疾病、自殺、麻薬、売春、浮浪などをあげているが、実はそのような諸問題の内実や形成過程については労働問題から「関係的・派生的」に生起するという以上には論じていないのである。

(2) 生活問題論への展開

孝橋の社会的問題論は、社会福祉が伝統的に対応してきた問題状況を、生産関係を中心とする資本主義社会の社会関係のあり方に結びつけ、一般化することを通じて、その基本的な性格を明らかにしようとする試みであった。それにたいして、そのような問題状況の一般的、基本的な性格を重視しつつ、いわばその特殊性、固有性を追求しようとしたのが一番ヶ瀬康子による生活問題論の試みである。[5]

一番ヶ瀬の生活労働論も資本主義社会における労働者たちの生活とそこにおける問題状況としての生活問題が、彼らの唯一の資産としての労働力の販売によって得られる賃金を基盤とし、労働時間その他の労働諸条件による規定を受ける事実から出発する。その限りにおいて、一番ヶ瀬の生活問題論は孝橋の社会的問題論に似通っている。しかしながら、生活問題は社会的問題の単なる別称ではない。一番ヶ瀬は、労働問題を労働力の消費過程における問題とみなし、生活問題を労働力の再生産過程の問題として把握することによって、労働問題と生活問題の関係について孝橋とは異なった整理のしかたを試みている。

孝橋正一の場合、労働問題とそこから「関係的・派生的」に生起する社会的問題との関係が、両者同一の次元に存在しながら、内容的には前者が後者のあり方を規定するという位置関係にあるものとして把握されている。これにたいして、一番ヶ瀬の場合は、同様に労働力の販売による生活の維持という契機を機軸としながらも、そこに労働力の消費過程と再生産過程という局面の違いを設定し、労働問題を労働力の消費過程に対応させ、生活問題を労働力の再生産過程に対応させるというかたちで、両者の位置と内容の違いをより明瞭に、立体的なかたちで再整理している。

一番ヶ瀬がその生活問題を労働問題から明瞭に区別しようとするいま一つの理由は、生活問題が労働問題による規制をうけながらも、それが一方において労働者の自然的・本能的欲求に関わりをもち、他方において資本主義社会に特有の生活原理としての生活自助原則による規制をうけているという事実にある。労働問題という側面から労働者の生活を論じようとすれば、生活の主体としての労働者はあくまでも労働力という商品の担い手として捉えられ、事柄はすべて労働力の品質、その価格としての賃金、あるいはその消費過程を支配する諸条件などに収斂する問題として把握されざるをえない。しかしながら、労働者やその扶養する家族は、年齢、性別、健康状態、社会的な地位や役割を異にし、それぞれに固有な地域特性や文化をもつ地域社会に居住し、多様な生活の様式や意識をもちながら自立的に生活を営んでいる。生活問題は、労働問題による規定をうけつつも、このような複雑な背景に関わりながら生起してくる生活上の困難であり、また障害である。

資本主義社会において、人びとの生活と生活問題が生活自助原則による規定をうけるということについては二通りの意味がある。まず、生活自助原則は、資本主義社会においては、個人であれ家族であれ、人びとの生活は第三者や社会、さらには国家の制約から開放された、私的領域を構成するということに関わっている。つぎに、そのことと表裏の関係において、生活自助原則は、人びとは自分自身の、あるいはその扶養する家族の生活について、原理的には、最初の、そして最終的な責任をもつことが求められるという事実に関わっている。人びとは、生活自助原則のもとにおいて、それなりの仕方で、自分自身とその家族について、自立的に生活を切り盛りし、それを維持する努力を払うことが求められるのである。

こうして、人びとの生活は、主体性と自立性、そして自己責任性を前提にするものとなり、そこに一定の自律性が形成されてくる。人びとの生活には、それなりの多様性、個別性とともに、一定の生活の水準、様式、意識を維持していこうとする自律的な傾向性がうまれてくる。生活問題は、このような生活構造のあり方を前提とするものであり、そこに労働問題とはその範囲や深度において著しく異なる多様性、個別性がうみだされてくる。生活問題が労働問題の規定力に牽引される傾向の強い社会的問題と明確に区別される最大の理由は、ここにある。

(3) 生活問題の類型

このように、生活問題を労働問題から相対的に分離させ、その多様性や個別性を重視する一番ヶ瀬は、その一方において労働力の態様を基準に生活問題の類型化を試み、さらにそれを社会福祉の分野と結びつけ、体系化するという試みに発展させている。**表3－1**は一番ヶ瀬のそのような試み（一番ヶ瀬試案）を、ここでの議論に必要な範囲で抜粋し、再構成したものである。

表3－1にみられるように、一番ヶ瀬はその「試案」のなかで、貧窮者問題＝労働力再生産の破壊、児童問題＝未来の労働力、婦人問題＝市場価格の安い労働力、老人問題＝衰退した労働力、疾病問題＝一時的な欠損労働力、身体障害問題

表 3-1　社会福祉の対象とその性格

	対象の類型	対象の性格		対応する社会福祉事業
原初的な問題	貧窮者	生活困窮者	労働力再生産の破壊	生活保護事業
		低所得者		経済保護事業
分化した問題	児　童	未来の労働力		児童福祉事業
	婦　人	市場価格の安い労働力		婦人保護事業 母子福祉事業
	老　人	衰退した労働力		老人福祉事業
	疾　病	一時的な欠損労働力		医療社会事業
	身体障害	永続的な欠損労働力		身体障害者福祉事業
	精神薄弱	永続的な欠損労働力		精神薄弱者福祉事業
	非　行	社会的不適応労働力		更生保護事業

（一番ヶ瀬康子の社会福祉事業体系〈一番ヶ瀬試案〉より作成。一番ヶ瀬康子『社会福祉事業概論』誠信書房，1964，p.113）

＝永続的な欠損労働力、精神薄弱問題＝永続的な欠損労働力、非行問題＝社会的不適応労働力として、伝統的に社会福祉の対象とされてきた人びととその担う生活問題を、それらの人びとのもつ労働力の態様を基準にしながら類型化している。この生活問題の類型化は、孝橋の対象論には存在しない優れた試みであり、これを基準とする社会福祉分野の体系化も従来の法体系や行政区分による体系化を超えた成功を収めている。

しかしながら、この一番ヶ瀬「試案」が世に問われたとき、高齢者や障害者などの当事者を中心に、少なからぬ批判が寄せられた。それらは、たとえば、高齢者が「衰退した」労働力とされ、あるいは障害者が「永続的な欠損」労働力として記述されていることへの批判であった。もとより、このような反発や批判は、当事者による批判という範囲にとどまらず、理論的にみてそれなりに理由のあるものであった。ただ、そのことにふれる以前に一言しておかなくてはならない。

一番ヶ瀬の労働力の態様に関する認識は、貧窮者、児童、女性、高齢者、あるいは障害者などが労働市場においていかなる存在として遇されることになるのかという問題についての認識としては、十分に的確なものであった。また、社会福祉の政策――少なくとも一九六〇年代当時の政策――が、その政策対象を把握する方法についての分析、すなわち政策主体による対象認識のあり方に関する分析としても、適切なものであったといってよいのである。しかしながら、そのこととは別に、貧窮者、児童、女性、高齢者、障害者などの担う生活問題のすべての側面を彼らの労働力の態様というその一点に収斂させ、結びつけることによって過不足なく把握しうるものであろうか。先ほどの批判はそのことに関わっていた。

生活問題の類型をその担い手の労働力の態様を基準にして論じるという一番ヶ瀬の方法にたいする批判は、副田義也によって寄せられている。副田は生活問題の担い手である児童、高齢者、非行少年などについて、その労働力の態様という観点からみれば、かれらがそれぞれ「未来の労働力」「衰退した労働力」「社会的不適応労働力」であるという一番ヶ瀬の規定を承認する。しかし、同時に、副田は、児童、高齢者、非行少年がそれぞれ「未来の労働力」「衰退した労働力」「社会的不適応労働力」であるという規定から出発して彼らを担い手とする個別の生活問題、すなわち児童問題、高齢者問題、非行問題の全体像を十全に説明し尽くすことは困難であるという。[6]

このような副田の批判は妥当なものであった。一番ヶ瀬の強調する生活問題の特質、すなわちその多様性や個別性を適切に把握するためには、労働力の態様を機軸にしながらも、さらに多様性や個別性を把握するための新しい概念装置が必要であった。副田は、生活構造を導入するとともに、そこに生活水準、生活関係、生活時間、生活空間という契機を導入することによって、ひいては生活問題をより全体的、具体的に把握しようと試みている。[7]

3　福祉ニーズの理論

さて、ここまでの議論はいずれも社会福祉の対象を、対象となるべき「一定の状態」、すなわち問題状況の形成の過程や内容をその担い手のもつ社会経済的、政治的、文化的、自然的などの諸条件に留意しつつ把握しようとするものであった。これにたいして、わが国の社会福祉対象論にはいまひとつの系譜が存在する。その社会経済的な形成の過程よりも対象となる状態像の実態的、具体的な把握を重要視する福祉ニーズ論がそれである。

(1) 社会生活の基本的欲求

福祉ニーズ論にもいくつかの所説がみられる。まず、社会福祉の対象に関しても独自の議論を展開している岡村重夫の所説について検討する。

岡村は、社会福祉の対象を把握する場合にも、社会福祉固有の視点を強調する。岡村の議論は、「人間の基本的欲求」と「社会生活の基本的欲求」とを区別するところから出発する。人びとの生活は、空気、水、食料、種の保存、社会関係、自己実現などの諸欲求を充足することによって維持されるが、それらの心理学や社会心理学によって記述されている欲求は「人間の基本的欲求」ではあっても「社会生活の基本的欲求」ではない。社会福祉が対応する「社会生活の基本的欲求」は、「人間の基本的欲求」の一定の部分を個々の欲求と基本的社会制度との対応関係という文脈において捉え直したものである。

岡村によれば、「社会生活とは個人が社会制度との交渉関連によって、はじめて可能なものであるから」、人びとの社会生活の起点となる欲求は単なる「人間の基本的欲求」ではなく、社会制度との関連において把握され直した欲求でなければならない。岡村は、このような手続きを前提に、最終的には以下のような七通りの欲求を「社会生活の基本的欲求」として措定している。すなわち、①経済的安定、②職業的安定、③家族的安定、④保健・医療の保障、⑤教育の保障、⑥社会参加ないし社会的協同の機会、⑦文化・欲求の機会、がそうである。

ただし、このような「社会生活の基本的欲求」がそのまま社会福祉の対象になるわけではない。そのような諸欲求が人びとと社会制度とのあいだに取り結ばれた社会関係のなかで十分に充足されえないとき、そうした状況のなかで社会関係の主体的な側面において形成されてくる困難、これが岡村のいう社会福祉の対象である。岡村は、そのような生活困難を、その原因に着目しつつ、①社会関係の不調和、②社会関係の欠損、③社会制度の欠陥、に分類している。[(8)]

このような岡村の対象論には、先にみてきた社会問題論を前提とする社会的問題論や生活問題論を社会関係の客体的側面を取り扱うものとして退け、議論を社会関係のいわゆる主体的側面に限定するという難点が含まれている。また、議論の端緒となる欲求の分類や性格に関する議論も必ずしも安定したものとはいい難い。しかしながら、「人間の基本的欲求」と「社会生活の基本的欲求」とを区別する視点の導入など、そこには対象論の再構築を試みるにあたって示唆的な部分も含まれている。

(2) 政策科学的福祉ニーズ論

次に、社会福祉の対象論を福祉ニーズ論というかたちで展開する系譜のなかから三浦文夫の所説をとりあげる。[9] 三浦がニーズという用語によって社会福祉の対象や政策課題を論じる理由は、先行する社会的問題や生活問題という用語が、社会福祉の対象や政策課題を総体的に論じる場合には適しているとしても、政策科学的な手法によって社会福祉の運営——三浦の用語でいえば経営——の過程を具体的に論じるにはいまひとつ馴染みにくいからである。より端的にいえば、社会的問題や生活問題という概念は、その内容が抽象的かつ多義的で、社会福祉を利用する人びとの具体的、個別的な状態を把握するには適していないということである。

三浦のニーズ論は、社会的問題や生活問題に関する議論についてのこのような認識を前提にするが、その内容はかなり重層的である。まず、三浦は、社会的ニーズあるいは社会福祉的ニーズ（以下、ここでは福祉ニーズに統一する）についての議論を始めるにあたって、一部の福祉ニーズ論にみられるような心理学的あるいは社会心理学的な基本的欲求（ニーズ）の分類やそのリストについて論じるよりは、むしろそうしたニーズのなかに共通する要素、すなわち要援護性という要素を抽出し、その要援護性をもって福祉ニーズとみなすという方法を採用している。このような認識手続きの必要性を、三浦は、経済学が商品をその使用価値ではなく交換価値に着目し、その対象として措定していることを例にあげて説明する。多少敷衍すれば、経済学にいう商品は個々の使用価値をもつモノそれ自体ではない。その所有者がそれを販売しようという意思をもち、購買者の出現を予想してそれを市場に投入するとき、そのモノははじめて商品となる。同様に、心理学あるいは社会心理学にいう基本的欲求（ニーズ）はそのままでは福祉ニーズとはなりえず、そのうちに含まれる不充足、要援護性という状態が社会的にみて一定の対応、すなわち社会福祉的な対応を必要とする状態にあると認められるときにはじめて、それは福祉ニーズとなる。

さらに三浦は、いうところの要援護性についてつぎのように論じている。すなわち、福祉ニーズとは、「ある種の状態が、一定の目標なり、基準からみて乖離の状態にあり、そしてその状態の回復・改善等を行う必要があると社会的に認められたもの」である。そして、三浦は、この規定の前段にいう「ある種の状態が、一定の目標なり、基準からみて乖離の状態」にあるものを「依存状態」あるいは「広義の福祉ニーズ」とよび、後段の規定に関わって、そのような依存状態のうち「回復・改善等を行う必要があると社会的に認められたもの」を要援護性あるいは「狭義の福祉ニーズ」とよんでいるのである。

他方、三浦は福祉ニーズの類型について論じ、そのなかで市場的ニーズと非市場的ニーズ、貨幣的ニーズと非貨幣的ニーズ、潜在的（客観的）ニーズと顕在的（主観的）ニーズの異同に言及している。また、三浦は福祉ニーズの測定方法についても論じ、その基準として、①理論的基準、②政策目標との関わりで外在的に設定される基準、③専門家による判定、④横断的比較法、⑤時系列比較法、⑥統計的比較法、⑦ナショナル・ミニマム、をあげている。

さて、このような三浦の福祉ニーズ論についてはさまざまに批判がある。ここでは、そのうちの二点について検討しておきたい。第一の批判は、三浦が福祉ニーズを貨幣的ニーズと非貨幣的ニーズに分類したことである。三浦への批判はこの一点に収斂させられた感がある。三浦のもともとの意図は、福祉ニーズをニーズ「充足の形態・方法との関連」で分類しようとするところにあった。前者は「現金給付によって充足可能な」ニーズをいい、後者は「現物給付で対応する」ニーズを意味すると簡潔に説明されている。このかぎりでは、貨幣的ニーズと非貨幣的ニーズという分類は多様にありうる分類方法の一つであるにすぎない。

しかしながら、三浦が両者を「貨幣的ニーズから非貨幣的ニーズへ」というかたちで接続し、政策科学的なテーゼとしての意味を賦与したときから、この二つの概念は異なった受けとめ方をされ始めた。貨幣的ニーズは「貨幣にたいするニーズ」、すなわち「生活保護（公的扶助）にたいするニーズ」を意味し、非貨幣的ニーズは「非貨幣的なもの＝現物にたいするニーズ」、すなわち「福祉サービスにたいするニーズ」を意味するものとして実態論的に理解され始めたのである。時代はまさに生活保護がその規模を縮小し、福祉サービスの拡大が提唱されつつあった時期であり、このテーゼはさまざまの反発や批判を招くことになった。

第二の批判は、三浦が社会的問題や生活問題という先行する社会問題論的な接近方法を退けたことである。このことについても批判が多い。社会問題論的な接近方法を退けた理由について、三浦は、社会的問題論や生活問題論は「どちらかというと問題発生の原因なり条件の追求とか、問題のもつ社会・経済的インプリケーションの解釈等に重点がおかれがち」であると述べている。ただし、念のためにいえば、三浦はその一方において、依存性あるいは広義の福祉ニーズについて、それが個人、集団あるいは地域社会の社会福祉対象の態様、当該社会の経済的、社会的構成あるいは状態、デモグラッフィックな要因、地理的、物理的な環境的またはエコロジカルな要因、さらには文化的要因等に規定されると指摘し、原因論にも関心を示している。しかしながら、三浦はその規定のメカニズムやその実態についての独自の分析を試みているわけではない。現状では、三浦の福祉ニーズ論は「問題発生の原因なり条件の追求」を欠落させた福祉ニーズ論にとどまっている。

4　対象論の再構成

ここで、以上の考察を前提に、いわば原因論中心の対象論の系譜、すなわち社会的問題論や生活問題論と、状態論中心の対象論の系譜、すなわち福祉ニーズ論とをどのように結合するかという問題に移ることにしよう。

もとより、原因論中心の対象論にも福祉ニーズ論に接点をもちうるような状態論が含まれていないわけではない。孝橋は、社会的問題をあるときには「社会的必要の欠乏（社会的障害）状態」と言い換え、いうところの「社会的必要」（ソーシャル・ニーズ）について「人間が社会生活を営むために必要な精神的・肉体的ならびに物質的な生活諸手段に対する需要の総称」であると注解している。一番ヶ瀬はときには福祉ニーズという用語も交えながら、児童、障害者、高齢者、女性などのおかれた「状態」について精力的な分析を試みている。

しかしながら、孝橋にせよ、一番ヶ瀬にせよ、その所説は状態についての理論としては十分ではない。十分でないということの意味は、社会的問題論も生活問題論も、たとえば社会福祉の援助を必要としている高齢者の社会的必要の欠乏や生活上の困難について、その内容やその程度を評価し、適切な援助計画（ケア・プラン）を立案し、その効果を測定するためのチェックリストやスケールとして活用しうるほど具体的には展開されていないということである。この点に関しては、福祉ニーズ論に一日の長があるといわざるをえないであろう。いうなれば、社会的問題論や生活問題論は総論的にすぎ、政策分析には効果的であっても、事業実施や実戦活動の水準では有効性に乏しいということである。原因論にたいする関心に乏しい福祉ニーズ論は逆に政策分析にたいして有効性に乏しい。両者は相補的な関係において結合されなければならないのである。

さて、社会福祉の対象をめぐる原因論と状態論を結合するにあたってとりあえず前提となることは、つぎの諸点である。まず第一には、その基盤となる社会を、岡村のように一般的・抽象的な社会としてではなく、資本主義社会、近代市民社会、共同社会という多元的な構造をもつ社会として把握し、福祉ニーズを論じるにあたってもそのような社会との接点を重視するということである。第二には、労働問題とは基本的に区別された意味での生活問題の枠組を前提にするということである。ただし、このことは労働問題の規定力が生活問題に及ぶことを否定するものではない。生活問題を労働問題の規定をうける側面を持ちながらもそれ独自の構造と論理をもつ問題として把握するということである。そして、第三には、生活問題の議論を生活ニーズから出発させ、生活問題の内容を福祉ニーズとして把握するということである。その場合、重要な意味をもつのは、ほかならぬ生活ニーズが福祉ニーズに転化する過程とその社会的メカニズムに関する議論である。

5　福祉ニーズとその対象化

このように、社会福祉の利用は、人びとが社会的な支援を必要とするような「一定の状態」におかれる、あるいは「一定の状態」を担うことによって可能となるが、その「一定の状態」と社会福祉とを結びつけるためには、理論的にはさらにいくつかのクリアされるべき問題が残されている。

まず、ここでいう「一定の状態」とは、生活ニーズのうち家族や市場を水路とする通常のニーズ充足の方法によっては充足がなされていないニーズ、あるいはそのおそれのあるニーズである。それは不充足の状態にある生活ニーズであるが、そのような生活ニーズのうち、社会的な施策制度による充足が期待されているニーズ、それが社会的生活ニーズである。社会的生活ニーズは、家族や市場を水路とする通常のニーズ充足の方法によっては充足されえない生活ニーズのうち、一定の社会的施策による解決や改善が期待しうるニーズである。不充足生活ニーズが存在していても、社会的な施策制度による解決や改善が期待できなければ、それはどこまでいっても社会的生活ニーズにはなりえない。

不充足生活ニーズは、ただそこに存在しているというだけでただちに社会的生活ニーズに転化するというものではない。何よりも、不充足生活ニーズは、それぞれの社会において望ましい、あるいは容認されうるものとみなされている価値や基準に照らして、それとは相容れない、矛盾する状態、すなわち何らかの解消、緩和、解決を必要とする問題状況として認識されなければならない。このようにして社会的に問題状況として認知された不充足生活ニーズ、それが社会的生活ニーズである。

ここで問題となるのは、それぞれの社会の容認する価値や基準に照らして相容れない、矛盾する状態にあるという場合、「社会の容認する価値や基準」とはなにか、ということである。一般的にいえば、それはそれぞれの社会の多数によって承認されている価値や基準ということであろう。しかしながら、周知のように、社会の支持は少数であっても実現されるべき高次の価値が存在する。「社会の容認する価値や基準」の内容は時代や社会によって変動する。その限りでは、社会的生活ニーズとみなされるものの内容は固定不変のものとみなされるべきではない。

つぎに問題となるのは、社会的生活ニーズの存在や生成に関して、具体的に誰がそのことを認識し、解決や改善にむけて行動する主体となるのかということである。解決や改善の主体は、より直接的には社会福祉の運営管理や事業実施に関わる地方自治体や民間の機関・組織であり、最終的には政策主体としての国家である。そして、これらそれぞれのレベルの主体によって用意される判断の基準は、政治的、経済的、社会的、さらには文化的などのさまざまな要因に規定されるのが常であり、必ずしも社会的生活ニーズを担う人びと、すなわち当事者や関係者たちの期待と一致するわけではない。ここに、それぞれの主体による社会的生活ニーズ把握の方法、政策の形成、運営管理そして事業実施の過程にはたらきかける多様な社会行動の存在が重要性をもつことになる。

さて、このような社会的生活ニーズのうち、社会福祉という施策制度によって解決や改善が期待されるニーズ、それが福祉ニーズである。所得保障という施策制度による解決や改善が期待される社会的生活ニーズが所得保障ニーズである。医療保健サービスによる解決や改善が期待される社会的生活ニーズが医療保健ニーズである。これら福祉ニーズ、所得保障ニーズ、医療保健ニーズは、それを充足する手段である各種のサービスと対応させられたニーズという意味でサービスニーズとよぶことができる。

このようなサービスニーズとしての福祉ニーズが具体的な社会福祉の援助と結合するためには、さらにそれが社会福祉の制度ごとに設定されている援助提供の基準――利用者の側からいえば利用の基準――に適合する状態として認定されなければならない。いわゆる「対象化」とよばれる過程が必要とされるのである。たとえば、生活保護を受給するには利用者（申請者）の生活状態――福祉ニーズ――が保護基準に適合していなければならない。同様に、保育所を利用するには、子どもが保育所入所基準にいう保育に欠ける状態になければならない。特別養護老人ホームを利用するには、利用者の心身の状態が特別養護老人ホームの利用を必要とする要介護度にあることが認定されなければならないのである。

以上の議論から明らかなように、社会福祉の利用に関わるニーズの範囲は、一般的に、「生活一ーズ」「不充足生活ニーズ」「社会的生活ニーズ」「福祉ニーズ」「認定された福祉ニーズ」の順序に限定的なものとなる。

注

(1) 宮本憲一『社会資本論』有斐閣、一九六七年、二二三〜二三六ページ。
(2) H・L・ウィレンスキー、C・N・ルボー、四方寿雄監訳『産業社会と社会福祉（上巻）』岩崎学術出版社、一九七一年、一五四ページ。
(3) 孝橋正一『全訂社会事業の基本問題』ミネルヴァ書房、一九六二年、三一〜三八ページ。
(4) 大河内一男『増補社会政策の基本問題』日本評論社、一九六八年、二七一〜二七二ページ。
(5) 一番ヶ瀬康子『社会福祉事業概論』誠信書房、一九六四年、一一二〜一一四ページ。
(6) 副田義也「生活問題の成立・類型・構成」、湯沢雅彦ほか編『社会学セミナー3家族・福祉・教育』有斐閣、一九七二年、一四三ページ。
(7) 副田義也「生活構造の基礎理論」、青井和雄・松原治郎・副田義也『生活構造の理論』有斐閣、一九七一年、五六ページ。
(8) 岡村重夫『社会福祉原論』全国社会福祉協議会、一九八三年、一〇四〜一一三ページ。
(9) 三浦文夫『増補版社会福祉政策研究』全国社会福祉協議会、一九八七年、五六〜七四ページ。

第4章 欧米社会福祉の展開

社会福祉は世界史的には第一次世界大戦と第二次世界大戦の戦間期に萌芽的に成立し、第二次世界大戦以後にその全面的な展開の時期を迎えることになるが、そこにいたる過程においていくつかの前史的な発展の段階を経験する。社会福祉は、資本主義社会の発展に対応しながら、資本主義成立期（重商主義期）の慈善事業、資本主義発展期（自由主義期）の感化救済、資本主義成熟期前期（帝国主義期）の社会事業という前史的な段階を経て資本主義成熟期後期（国家独占資本主義期）に成立したものである。

しかも、このような社会福祉の段階的発展の過程は、必ずしも直線的な制度の拡大や処遇方法の改善の積み重ねの歴史ではなかった。こんにちの社会福祉は資本主義成立期における救貧施策や慈善事業の直系の後継者ではない。資本主義成立期を特徴づける重商主義政策のもとで成立した慈恵的家父長主義的救貧施策や慈善事業は、資本主義の発展期を支配した経済的自由主義・自由放任主義のもとでその徹底的な洗礼をうけ、家父長主義的、人道主義的な要素を縮減させられる。そして、そのうえで、資本主義成熟期前期における体制的危機の拡大と社会改良的風土のなかで、自由主義的な救貧政策としての感化救済事業は、再び愛他主義的、人道主義的な、あるいは「社会」原理的な要素を拡大させ、社会福祉の直接的な前史としての社会事業に転化する。

第1節　資本主義成立期の慈恵主義的慈善事業——貧民の就労と救済

1　初期救貧法の形成

世界でもっとも早い時期に、もっとも組織的な慈善事業を発展させたのは、中世封建ヨーロッパの周辺部に位置して、いちはやく近代市民社会を誕生させ、典型的に資本主義経済を発展させたイギリスであった。けれども、その初期の施策のありようは、慈善事業とはいうものの、実質的には貧民を過酷に処罰し、抑制するという性格のものであった。

(1)　中世社会の救貧制度

老齢や疾病、障害などのために働く能力を喪失した窮民（インディジェント）という意味での貧民は中世封建社会にも存在したし、中世封建社会に特有の生活保障システムがこれに対応していた。中世封建社会の生活保障システムの特徴は、それが身分的権力的な支配＝服従の構造と表裏一体の関係にあったことにみられる。中世封建社会における生活保障システムの一つには、水平的な村落共同体内部における相互扶助活動とその外延的拡大としての教会の宗教的救済活動であり、窮民の救済問題は主としてこの水準において処理された。いま一つの生活保障システムは垂直的な身分権力関係を前提にするもので、領民は外敵の襲来や飢饉、天災などによる生命の危機に際して封建領主の保護を期待することができた。村落共同体内部の相互扶助であれ、封建領主による保護であれ、いずれにも愛他主義の発現という側面が認められる。けれども、これらのシステムは必ずしも個々の窮民や領民の救済を即自的な課題として動員されるというものではなかった。それらはいずれも、本質的には生産者集団の維持と再生産を確保し、ひいては中世封建社会それじたいの維持存続をはかろうとする意識的あるいは無意識的な装置であった。中世封建社会の大多数をしめた農奴や職人などの従属的な地位におかれた領民は、彼らが身分的権力的な支配の構造に服従するかぎりにおいて、労働能力の喪失や飢饉や天災による生命の不安からまぬかれることができたのである。

(2) 絶対王政下の貧民問題

けれども、中世封建社会から近代市民社会への移行は、一方において多くの人びとを身分的権力的支配の機構から解放したが、同時に彼らは中世封建的な生活保障システムからも解放されることになった。やや具体的な水準でいえば、移行期の権力である絶対王政の成立過程において封建領主間に繰り広げられた権力闘争による封建家臣団の解体、第一次囲い込み運動による農民と生産手段としての土地の分離、国教会の成立にともなう修道院の解体、インフレによる商人や職人の没落などをつうじて、多数の人びとが生活の手段を奪われ、路頭に投げ出されてしまったのである。

これらの人びとは生活の手段を求めて各地を放浪し、一部は都市に流入することになったが、しかしそこで就業できた者の数はわずかであった。大多数は職をえられないままに浮浪し、やがて乞食生活に転落していった。これらの浮浪者や乞食は単身者ばかりではなく家族もちもあり、一部の者は追いはぎや強盗をはたらいた。都市の側からみれば、浮浪者や乞食は、その外部から流入してきたよそ者であり、しかも危険きわまりない、厄介な存在であった。浮浪者は住民の財産や身体に危害をもたらしかねないという理由で恐れられただけでなく、中世以来ヨーロッパ社会を再三にわたって不安に陥れた疫病を媒介する者として恐れられた。都市の住民にとって、浮浪者や乞食の存在はまさに「法と秩序の問題」(G・W・オクスレー)であった。

(3) 初期救貧法の成立

イギリス最初の救貧法といわれる一五三一年救貧法は、このような状況のなかで成立した。この救貧法は、老齢者や無能者などの労働不能貧民には調査登録のうえで乞食の鑑札を発行した。しかし、労働可能な浮浪者や乞食については、捕らえて鞭を打ったのち、出生地もしくは最近三か年以上居住していた場所に強制的に送還し、就労させることにした。労働可能な乞食に金品を与える者も処罰の対象となった。以後、救貧法は短期間のあいだに再三改正されるが、その主要な関心は労働可能貧民対策、なかでも彼らにたいする懲罰の強化に向けられた。

けれども、十六世紀も中葉を過ぎる頃から救貧政策の転換がみられはじめる。浮浪者や乞食に懲罰を与え、出身地やそれにかわる場所に追放するという方策には明らかに限界があった。追放されたところで、浮浪者や乞食はそこで生活の糧をえることは不可能であった。浮浪や乞食は繰り返されざるをえない。こうして、救貧政策の関心は、従来の罰則の強化から浮浪者や乞食の強制的就労とそれによる社会秩序の維持に転換し、それとともに救貧行財政の整備や救貧方法の改善が試みられるようになる。

(4) エリザベス救貧法

一六〇一年には、このような一五三一年救貧法にはじまる救貧政策の発展を集約するかたちでエリザベス救貧法が制定された。エリザベス救貧法は教区をもって救貧行政の単位とし、それぞれの教区に二〜四人の貧民監督委員を任命して救貧行政についての命令権と救貧税の課税権を与えた。救貧行政の財源には、教区住民のうち納税能力をもつものに年々査定して徴収される救貧税があてられた。救貧の方法は貧民の属性によって三通りに分類された。労働可能貧民には教区によって労働の道具や原材料が与えられ、就労が強制された。就労を拒否するものは懲収監（House of Correction）に収容されたうえで、強制的に就労させられた。労働不能貧民には居宅のまま救済が与えられ、施設収容が必要な場合には慈善事業に委託された。孤児や棄児、窮乏のため親の扶養を期待しえない児童は、教区徒弟制度によって男児は二四歳まで、女児は二一歳もしくは結婚するまで徒弟契約のもとにおかれた。

(5) 初期救貧法の性格

こうして、イギリスは、中世封建社会から近代市民社会への移行の過程において特殊歴史的にうみだされてきた貧民(浮浪者・乞食)問題に対処するための施策として、全国的な規模をもつ救済制度を成立させた。この制度の主要な関心は、労働可能貧民を中心に貧民を処罰し、就労させることにあった。労働不能貧民の救済に特徴的にみられるように、救貧法には愛他主義の発現といってよい側面が含まれてはいた。けれども、救済は副次的な関心にとどまっていた。一五三一年法からエリザベス救貧法にいたる初期救貧法の主要な関心はむしろ絶対王政下の社会的秩序の維持にあり、労働不能貧民の救済も労働可能貧民にたいする就労の強制もいずれも、貧民を抑圧し、定住を促進させるための手段であった。まさしく、それは「抑圧の機構のなかでの貧民の救済」(S・ウェッブ)というべきものであった。

しばしば、初期救貧法は、すでに貧民対策を国家的事業として位置づけていたと主張される。たしかに、救貧法は国家法であり、その意味では国家的事業といってよい側面をもっている。けれども、それによって救貧事業が直接的に国家の責任において実施されるようになったわけではない。救貧法は、全国的に適用されるべき救済制度の枠組を提示した。しかし、救貧事業の直接的な実施責任は全面的に地方行政組織としての教区に委ねられていた。救貧法の制定は必ずしも救済にたいする国家責任の承認を意味するものではなかったのである。

2 市民革命後の救貧政策

(1) 定住法の制定

さて、その救貧法を成立させた絶対王政は一七世紀の中葉には歴史的な使命を終え、市民革命をつうじて立憲君主制をとる近代国家が成立する。それとともに、救貧政策もまた議会を拠り処に近代市民社会に大きな影響力をもつにいたった中産階級の利害によって方向づけられるようになった。富裕な商人、地主、借地農経営者、織物製造業者などを中心とする中産階級は、市民革命によってうみだされた社会的混乱とそれにともなう救貧行政の弛緩によって膨張した救貧税を産業の発展を妨げる負担とみなし、これを極力回避しようと試みたのである。

そのための第一の手段は、一六六二年にはじまる定住法の制定であった。この法律のねらいは、一定の水準を下回る収入しか見込めず、将来的に救済の対象に転落する可能性のある人びとの教区間の移動を制限することにあった。一六六二年法の制定によって、治安判事は、四〇日以内に貧民監督委員の訴えがあれば、将来救済の対象になるおそれのある移住者を、それまで居住していた教区に強制的に送還することができるようになった。このような定住法の規定はその後も少しずつ強化され、ついには貧困者は救済が必要になればその経費を負担するという、それまで居住していた教区の発行した保証書を所有していなければ受け入れてもらえなくなった。定住法は、救貧税の負担をできるだけ少なくしようとする中産階級の利害を直接的に反映するものであった。これによって人びとが教区をこえて移住することはひどく困難になった。定住法は中産階級の救済費負担を回避するのに役立った。けれども、やがて産業革命の時代を迎え、より広い範囲で労働者の移動が求められるようになると、定住法は経済の発展を阻害し、かえって中産階級の利害を損なうものとして批判をうけるようになり、一八世紀末には緩和された。

(2) 求援抑制効果と労役場テスト

第二の方策は、さらに積極的な性格をもっていた。中産階級の人びとは、貧民の移住を制限しただけでなく、ようやく発展しはじめていたマニュファクチャーに貧民を雇用し、救済費の自弁を求めるとともに、国富の増大に寄与させようと考えた。マシュウ・ヘイルやジョサイア・チャイルドは、貧民の雇用はより長期的な展望をもった救済策であり、労働と規律によって貧民を国家の有用な構成員にすべきであると提言した。こうした救済思想は「貧民の有利な雇用」論（S・ウェッブ）とよばれ、多くの賛同者を獲得した。なかには、トーマス・ファーミンやジョン・ケアリーのように実際に労役場マニュファクチャーを建設して貧民に雇用と就労の機会を提供し、一時的には成功を収めるものもあらわれてきた。けれども、こうした人びとの実験は、いずれも結局は失敗に終わった。ダニエル・デフォーの指摘をまつまでもなく、貧民の有利な雇用論にはあきらかに使用価値生産と商品価値生産との混同があり、労役場マニュファクチャーの失敗は予定されていたものであった。

だが、重要なことはそのことではない。労役場マニュファクチャーの実験は求援抑制効果の発見という予期されざる成果をもたらした。貧民の労役場への収容と長時間の激しい労働の強要は、しだいに貧民のあいだに救済を忌避する風潮をうみだしていった。こうして一七二二年には労役場の求援抑制効果をより一般的に追求する制度として労役場テスト法が制定されることになった。一七二二年法は教区に労役場を設置することを認め、以後救貧法による救済はこの労役場への収容に限定されることになった。救貧法による救済はそれまでの院外救済主義から院内救済主義に大きく転換した。さらに、一七二二年法は民間人による労役場の経営請負を容認した。このため、労役場はやがて一八世紀なかばにはあらゆる種類の貧民を一律に収容し、就労させる総合混合労役場となり、「恐怖の家」とよばれて貧民に恐れられる存在となった。労役場制度は貧民にたいする窮乏のテストであり、救済費節減という中産階級の利益に端的に適合する救済制度であった。

3　資本主義成立期の貧民政策

イギリスにおける初期救貧政策の歴史は、絶対王政下の浮浪者や乞食にたいする懲罰と就労の強制にはじまり、産業革命前夜の労役場による求援抑制策に終わった。市民革命以前の救貧政策は、労働不能貧民や貧窮児童にたいする愛他主義的な要素の発展を包摂していたとはいえ、その基本的な課題は浮浪者や乞食の社会的統合による旧社会秩序の維持にあった。市民革命以後になると、近代市民社会の指導的勢力としての中産階級は、基本的にはエリザベス救貧法の家父長主義的愛他主義の伝統をうけつぎながら、可能なかぎり求援を抑制し、救済費の負担を回避しようと試みた。同時に、中産階級は、エリザベス救貧法に労役場マニュファクチャーによる貧民の雇用（収容と就労）という要素を追加し、貧民に労働の習慣と規律を強要しつつ、彼らを新しい社会経済的秩序のなかに組み込もうと試みたのである。

第2節　資本主義発展期の自由主義的慈善事業――救済の抑制と奨励

1　新救貧法の成立

(1)　救貧法の「人道主義」化

イギリスに産業資本の確立をもたらした産業革命の時代は、また第二次囲い込み運動をともなう農業革命の時代でもあった。一八世紀の最後の三分の一から一九世紀の初頭にかけて、南部の農業地帯では大土地所有制度が発展し、農業の資本主義化が進行した。土地を喪失した小規模土地所有者の多くはそのまま滞留し、農村部に過剰人口が蓄積されていった。定住法による貧民の移住が制限されていたこともあり、イギリス南部には失業と低賃金が蔓延し、貧民の不安と不満の鬱積がみられた。他方、大陸ではフランス革命からナポレオン戦争にかけて政情の不安が持続し、その影響が懸念される事態にあった。

こうした背景のなかで、一八世紀末には救貧政策が一時的に緩和され救貧法の「人道主義」化とよばれる状況がうみだされた。一七八六年のギルバート法によって労役場の請負制度が廃止され、院外救済が復活させられるとともに、労役場は労働不能者のための保護施設になった。また、教区は労働の能力と意欲のある失業者に職場を斡旋し、求職中はいうまでもなく、賃金が生活費に不足する場合にはその分を補足する手当（賃金補助）制度を創設した。この賃金補助制度は、一七九五年のスピーナムランド制度によって精緻化され、翌年にはウイリアム＝ヤング法によって法的に追認されることになった。

院外救済の復活と賃金補助制度による救貧法の「人道主義」化は、救済費支出の急激な膨張を招き、社会的な不満が高まった。救済費膨張の非難は、もともと農業労働者にたいして生活費にみあう賃金を支払おうとしない大地主や農業資本家にこそ向けられるべきであった。けれども、徐々に社会的な勢力を獲得しつつあった新興中産階級は、貧民に理不尽な批難をあびせかけ、救貧税負担の憤懣をはらそうとした。

(2) マルサスの救貧法批判

このような新興中産階級の救貧法にたいする不満を代弁し、その救貧法批判に哲学的な根拠を提供したのは、ほかならぬ『人口論』（一七九八年）の著者として名高いロバート・マルサスその人であった。マルサスは人口とそれを支える食糧の増加率には決定的な差異が認められると主張し、そのことを根拠として伝統的な教区を中心とする救貧法の廃止を求めた。マルサスによれば、窮乏は人口と食糧の増加率の差異にもとづく自然法則的な所産であり、一定量の貧民の存在は避けられないものであった。しかも、貧民は一般に早婚と多子の傾向にあり、彼らを救済することは窮乏の解決どころかその拡大を招く愚行であった。マルサスにとって窮乏を解消する唯一合理的な方策は食糧の増産であり、貧民は辱め、飢餓の不安によって自助の習慣を身につけさせられるべき存在であった。

(3) 近代的工場制度の成立と規制

一八世紀後半における技術革新を発端とする産業革命は産業革命である以上に、空前の社会革命であり、また政治や文化の革命であった。近代市民社会の政治的契機は市民革命に求められるが、その確立は産業革命による資本主義経済の自立によってもたらされた。けれども、産業革命の過程はさまざまの社会経済的、政治文化的な混乱と圧れきをうみだした。なかでも、初期の工場制度のもとにおける労働者の労働と生活はまさに悲惨の極みにあった。

工場制度のもとでの最初の労働者は成人男子ではなく、もっぱら児童の労働が利用された。それは、低賃金による雇用ということにくわえて、自営者的な労働の習慣をうけついできた成人男子は新しい工場制度の要求する労働の習慣になじみにくかった。また、機械化が筋力や熟練の必要性を低下させ、児童でも十分に労働者として利用することができた。けれども、その見返りは高価なものについた。四～五歳の頃から働きはじめる児童は、生理的な限界に近い労働時間や劣悪な労働環境のために、一四～一五歳までには事故や病気のために労働を継続することは不可能な状態に陥り、教育をうける機会も剝奪されるという事態が一般化した。

このために、一八〇二年法を嚆矢とする工場法の制定によって、児童労働の保護と規制が試みられはじめた。産業資本家の多くは、産業の発展による児童労働の自然的解消と労働契約の自由を主張し、国家による労働市場の規制に強い抵抗を示した。けれども、一八三〇年代にはいってなお、先進的な工場においても児童労働が広く利用されていた。労働契約の自由についても、児童はまだ自由な行為者として契約の当事者にはなりえず、労働契約の実態は児童の親と工場経営者との間にとりかわされた児童の賃貸契約にすぎなかった。

こうして、一八三三年にはようやく実質的な効果をもつ工場法が成立し、入職年齢の制限、最長労働時間の規制、夜業の禁止、教育条項の導入が実施された。それとともに、さしもの児童労働もしだいに収束に向かい、児童にかわる低賃金労働力として婦人労働が登場する。けれども、婦人労働の利用も結局は一時的な便法にすぎず、成人男子の労働力を工場制度のもとにくみこむことなしには資本主義の確立は期待しえなかった。

(4) 救貧法の自由主義的改正

一八三四年の新救貧法の成立は、このような新興中産階級の利害と深く結びついていた。一九世紀の初頭、農村地帯においても、低賃金と農業機械の導入にたいする農業労働者の不満が強まり、労役場の打壊しや農業機械の破壊が続出するなかで、救貧税の負担を回避しようとする新興中産階級は、労働可能貧民を救済するスピーナムランド制度（賃金補助制度）の弊害を一層、声高に主張するようになった。こうした新興中産階級の利害は、一八三二年の選挙法の改正によって議会に反映されるところになり、同年、救貧法のあり方を調査研究するために救貧法委員会が設置された。この委員会は、全国に副委員を派遣して救済制度の実態を調査したが、しかしそこで収集された資料は、予め設定されていた賃金補助制度の廃止という委員会の目的を裏付けるものに限られていた。

救貧法委員会は、設置二年後の一八三四年に、救貧法をめぐる混乱の原因を貧窮（インディジェンス）と貧困（ポバティ）との混同に求め、労役場制度の復活、分類収容の推進、救貧行政の整備、劣等処遇原則の導入などを勧告する報告書を提出した。勧告は直ちに法案に練り直され、ここに分類収容の導入を除いて勧告のほとんどを採用する一八三四年救貧法が成立することになった。

新救貧法の骨子は、つぎのように要約することができる。第一に、新救貧法は全国的に均一の救貧行政を実施するために、中央行政機関としての救貧法委員会を設置するとともに、教区連合ごとに貧民救済委員会を設置し、救貧行政の末端地方機関とした。第二に、新救貧法は窮乏のテストとしての労役場制度を復活させ、労働可能貧民にたいする院外救済を厳しく制限した。労役場は再び総合混合労役場に復帰し、「救貧法のバスチーユ」とよばれる状況がうみだされた。第三に、そのこととかかわって労役場には劣等処遇の原則が適用され、求援抑制効果をあげるため労役場の生活はつねに自活している最底辺の労働者の生活の水準以下に設定されることになった。

こうして新救貧法は、資本主義経済の自立にともなう自由放任主義的な風潮のなかで徹底した求援抑制政策として成立し、「人道主義」化以来の救貧の概念を否定的、懲罰的なものにつくりかえた。以後、窮乏化は一種の犯罪とすらみなされるようになり、労働可能貧民は低賃金労働者として工場制度のもとに送りこまれていくのである。

2　民間における救済事業の発展

(1)　友愛組合の発展と奨励

このように、資本主義の発展期においては、救貧法による公的な救済は徹底的に抑制された。けれども、同時にこの時期には民間における自発的な愛他主義的活動が奨励され、友愛組合、生活協同組合、慈善事業などの著しい発展がみられた。友愛組合は、すでに一七世紀の中葉以降、労働者や農民の自発的な相互扶助（共済）組織として発展しはじめていた。これにたいして、政府は一七九三年にローズ法を制定し、友愛組合に法的承認を与えるとともに登録を要求した。この法律によって友愛組合は老齢、疾病、病弱、寡婦および遺児について給付をおこなうことがみとめられるようになったが、法制定のねらいは友愛組合の保護と奨励をつうじて公的救済費の節減を図ることにあった。一九世紀になると政府はさらに積極的に友愛組合に介入し、登録のみならず、年次報告書の提出や疾病・死亡統計の提出を求め、紛争処理の方式を規定するなど、その奨励に努めた。友愛組合の発展にはめざましいものがみられた。一八七五年現在、組合加入者は推定で四〇〇万人に達した。けれども、友愛組合の加入者は労働者のなかでも大英帝国の繁栄の余禄に与かった人びとであり、生活に追われ拠出もままならない多数の下層労働者にとって、友愛組合による相互扶助は画餅に等しいものであった。

(2)　生活協同組合運動の誕生

友愛組合とならんで、労働者たちは、資本主義的市場経済に抵抗する自己防衛的相互扶助の組織として協同組合を発展させた。協同組合活動の淵源は、卓越した工場の経営者・管理者でありながら率先して工場法の制定や労働者やその子弟の社会教育に終始強い関心をよせたロバート・オーエンの協同の思想と実践活動に求められる。しかし、協同組合活動のあり方を実質的に方向づけ、その後の発展に基礎を与えたのは、一八四四年の「ロッチデール公正先駆者組合」の創設であった。協同組合の理念は、「協同でみずからが商人となり、製造業者になる」ことをつうじてみずからの生活状態を改善すること、つまり協同によって生活の再生産を確保することにあり、一九世紀の後半以降めざましい発展がみられた。けれども、協同組合活動に参加する機会もまた比較的余裕のある労働者に限られる傾向にあった。

(3) 慈善事業の発展と弊害

友愛組合や協同組合が水平的な関係における愛他主義の発現形態であるとすれば、一九世紀の中葉に夥しい数の慈善機関や団体の創設をみた慈善事業は垂直的な関係における愛他主義の発現であった。慈善事業はいうまでもなく本来は教会や個人、団体などによって宗教的な動機や目的を達成するためになされる活動ないし事業であり、この時期にも親族による援助や友愛組合、協同組合活動などによる相互扶助を期待しえない最下層の市民、日々の生活にことかく労働者、浮浪者、乞食やその家族を対象にカソリック、プロテスタント、ユダヤ教徒などによる慈善事業が活発に展開された。

けれども、一九世紀の中葉から後半にいたる時期の慈善事業の興隆を特徴づけたのは産業革命とその後の産業資本主義の発展のなかで大きな富と社会的な地位を獲得することになった新興中産階級を担い手とする世俗的な慈善事業であった。新興中産階級は、みずからの獲得した社会的な地位にともなう義務として、社会にたいしてみずからの富と地位を象徴する活動として、あるいは過酷な自由競争の犠牲者にたいする罪障感を軽減するために慈善事業を実施した。新興中産階級の一部には「慈しみ深き貴婦人たち」とよばれ、慈善事業を娯楽として楽しむ人びとも含まれていた。

このような慈善事業は、宗教的な色彩の濃いそれを含めて、互いに競い合い、無原則的に救済活動を実施した。そのため、本来的に救済活動を実施する側の動機と関心、方法によって展開し、救済を受ける側にたいする影響や結果を考慮することが疎かになるという慈善事業の限界が露呈し、濫救や漏救の弊害がみられるようになり、慈善事業による救済や救貧法による救済をあてにして生活する職業的乞食すらうまれてきた。

慈善事業の興隆は未曾有の弊害をもたらした。状況を改善するため、一八六九年に二通りの措置が講じられた。一つは、救済者名簿を交換し濫救や漏救の弊害を除去することを目的に慈善機関・団体が組織化され「慈善組織化・乞食生活抑制協会」（翌年「慈善組織協会」に改称）が設立されたことである。そして、いま一つの措置は、救貧法による救済を現に貧窮状態にあるものの救済に限定し、慈善事業による救済は貧窮の予防のためにこそ活用されるべきものであり、公的救済の受給者には与えられるべきではないとしたゴウシェン覚書（首都における貧民救済に関する覚書）が公布され、慈善事業と救貧法の役割分担が明確化されたことであった。こうして、資本主義の発展期において友愛組合や慈善事業を第一義的な救済制度とし、救貧法を第二義的な救済制度として位置づける自由主義的救済体制のあり方が確立されるのである。

3　資本主義発展期の救貧政策

やがて資本主義の確立をもたらすことになる産業革命の始期、南部農村地帯における過剰人口の滞留とフランス革命以後の大陸の政情の不安を背景に救貧法の「人道主義」化が推進された。それは、地主階級の家父長主義的愛他主義の偉大な発現であったといってよい。けれども、それはかえって政策的反動をもたらす引き金となり、新興中産階級による極度に抑制的な新救貧法の制定に道を開き、愛他主義はその極限にまで圧縮されることになった。

新救貧法の制定はまさしく救貧政策における経済的自由主義の勝利というにふさわしいものであった。新しい救貧政策によって、失業者や貧民には自立（self-independence）と自助（self-help）の生活が要請され、救貧法による救済は極力制限された。このような救貧政策は貧困の原因を性格の欠陥や能力の欠落にもとめ、救済受給者を健全な市民生活の脱落者とみなす道徳主義的ないし自由主義的な貧困観をつくりあげることになった。けれども、同時に、この時期には救済費の負担を回避するため相互扶助組織や慈善事業などの自発的救済組織の拡大が奨励された。一方における公的救済の引き締めと他方における自発的あるいは民間的救済活動の奨励がこの時期の救貧政策を特徴づけていた。

第3節　帝国主義と社会事業――貧困の予防と保護

1　社会改良主義の発展

(1)　拡大する失業と貧困

産業革命をつうじて確立した資本主義経済はイギリスを世界の工場の地位におしあげ、やがて「大英帝国に日の沈むときなし」といわれるようなビクトリア王朝の繁栄がもたらされた。産業革命のなかで上昇気流に乗った新興中産階級はすでに富と社会的地位と名声を獲得し、労働者階級の上層部もまた繁栄のわけまえにあずかり労働貴族化していった。一方、スラムや労働街の底辺には低賃金と失業によってその日の生活にもことかく人びとの群れがあり、一八七三年の大不況以後になると著しい失業の慢性化・構造化、そして貧困の大衆化が進み、社会不安が蔓延していった。

世紀転換期のイギリスを特徴づけた夥しい失業や貧困、その結果ともいえる不衛生、密住、売春、犯罪、児童虐待などの社会的な諸問題の規模や原因になみなみならぬ関心をよせ、社会的事実をもって社会的対応の必要を説いた人びとがいた。チャールズ・ブースは、首都ロンドンにおいて実施した貧困調査の結果を一八八九年から一九〇二年にかけて『ロンドン民衆の生活と労働』(一七巻)として刊行し、ロンドンに居住する人口のうち三〇・七%が貧困線以下の生活状態にあることを明らかにした。また、ブースの調査に刺激をえたシーボーム・ラウントリーは地方都市ヨークでさらに精緻な調査を実施し、一九〇一年に『貧困――都市生活の研究』を著した。ラウントリー調査によれば、ヨークの市民で第一次貧困線および第二次貧困線以下の生活状況にあるものは合計二七・八四%に達していた。これらの数字は、当時のロンドンにおいて救貧施設や病院などの居住人口およそ一・四%と比較するまでもなく、社会的な反響をよぶに相応しいものであった。そして、貧困の原因についてのブースやラウントリーの分析結果は、社会にたいしてさらに大きなインパクトを与えるものであった。世紀転換期の貧困はかつてそうみなされていたように性格や能力の欠陥などの個人的原因によるものではなく、貧困人口のほとんどが低賃金、小額所得、不定期の就労、失業など個人の外にある社会的諸要因によって貧困状態に陥っていた。貧困が社会的にうまれているとすれば社会的な対応が必要であった。

ブースやラウントリーはもともと慈善事業の活動家であり、その意味では伝統的な道徳的貧困観の影響のもとにあった。けれども、ブースやラウントリーは、貧困原因をめぐる議論に関与し、貧困者の生活と日常的に接触する経験をつうじて、みずからの当初の予測に相反する結論にたどりつくことになった。それだけに、ブースやラウントリーの貧困調査やその結果にもとづく社会活動は世紀転換期のイギリス社会にはかりしれない影響を与え、自由＝社会改良を支える大きな推進力となった。

(2) 労働者保護施策の展開

構造的な失業や低賃金、大衆的窮乏にたいするより一般的な対応は労働者保護施策である。一九世紀の最後の二〇年から世紀の転換期にかけて、一八八三年の社会民主連盟の結成、翌一八八四年のフェビアン協会の設立などにみられる社会主義運動の復活、一八八九年のドック労働者の大ストライキに象徴されるような新労働組合運動による労働者の大衆的組織化の進展、さらには八九年の独立労働党の結成、一九〇六年の労働党の結成などを背景に、イギリスでは一八六七年の第二次選挙法の改正、一八七一年の労働組合法、一九〇六年の労働争議法、一九〇九年の最低賃金法の制定などをつうじて労働者の政治的経済的保護施策の進展がみられた。これら一連の施策は旧来の救貧政策とは明確に一線を画されるべき施策であった。伝統的な救貧政策は、失業者に対応する場合にも彼らを近代的賃金労働者として位置づけるのではなく、あくまでも貧民の一形態、さらにいえば健全な市民生活から逸脱した市民（脱落市民）として対応した。これにたいして、労働者保護施策は彼らを労働者としての位置づけにおいて把握し、その個別的ならびに総体としての資本家にたいする競争力の強化をつうじて、彼らの資本主義社会における地位の向上と生活の安定を助長することを意図した施策であった。それは、近代市民社会における市民権的基本権の限界を補完し、克服する社会権的基本権の承認を意味するものであった。

(3) 失業者対策の転換

救貧政策とは区別された固有の施策としての失業労働者対策は、慢性的失業対策として一時的に地方自治体が小規模な公共事業を実施することを認めた一八八六年のチェンバレン通達にはじまる。より組織的な失業労働者対策は一九〇五年のことであり、公共事業、公費移民、職業紹介所の設置などを内容とする失業労働者法が制定された。これらの措置のうち職業紹介の制度は後に独立して一九〇九年の職業紹介所法に引きつがれることになった。職業紹介制度の背後にある失業理論は、強制的失業の存在を前提にしていたとはいえ、失業発生の契機を求職側求人側それぞれの情報の不足ないし欠落として把握し、求職求人情報の交換による失業の解消を予定していた。このような失業理論は熟練労働者水準における求職や求人活動には効果をあげたが、しかし失業者のほとんどをしめる不熟練労働者の失業問題の解決には無力であった。

(4) 児童保護施策の発展

世紀転換期における基本的で主要な社会問題は失業と貧困の問題であった。けれども、そのあらわれ方は年令やそれにともなう社会的な地位によって一様ではなかった。なかでも、貧困階層の児童をめぐる営利的託児業への委託や職場や親による虐待の問題、欠食、栄養不足、不健康、疾病、そしてそれらの結果としての体位低下の問題や老齢者の貧困や疾病の問題は、社会問題のなかでも特別の意味をもつ問題領域として広く社会的な関心をよび、伝統的な救貧法の外部に一連の独自の施策を発展させることになった。

児童にたいする固有の施策としては、一八七〇年代以降、一八七二年幼児生命保護法、一八八九年児童虐待防止法が制定され、さらに一九〇八年には先行する児童関係立法を集大成し、かつ少年審判制度の導入を含む児童保護法が制定され、児童憲章とよばれた。また、一九〇四年に大衆的な貧困による青少年の体位の低下を危惧して体位低下に関する各省合同委員会が設置されたことが一九〇六年の学校給食法、一九〇七年の学校保健法の制定をもたらした。そのほか、一九〇二年の助産婦法の制定やそれに前後する訪問保健婦の設置も妊産婦乳幼児保健サービスの里程標としての意味をもっていた。

2　防貧政策と救貧政策

(1)　無拠出老齢年金制度の誕生

一九世紀末イギリスの高齢者は、世界ではじめて退職後の生活と健康の維持という特有の老齢者問題を経験することになった。この時期、有業者にしめる農業者の人口はすでに一〇％ほどに減少し、雇用者社会が到来していた。生産年齢をすぎ労働市場から引退した老齢者の生活は、貯蓄や家族による扶養、あるいは親族による援助などの自助努力に頼るか、さもなければ友愛組合や慈善事業などの自発的救済制度や救貧法に依存するほかはない状態にあった。けれども、老齢者の家族はほとんど例外なく労働者であって扶養の余裕をもたず、友愛組合は新規加入者の不足と高齢組合員の増加にともなう支出過大のために財政難に陥っていた。慈善事業や救貧法はその道徳主義的な貧困観や徹底した求援抑制によって敬遠され、老齢者は慈善事業や救貧法とは別に、第三の救済制度としての年金制度の創設を要求した。

一八九三年には早くも老齢貧民に関する王立委員会が設置されるなど老齢貧困者の願望は直ぐにも実現しそうにみえたが、しかし気運は容易に熟さなかった。老齢年金制度がようやく成立したのは一九〇八年のことであり、その間一八九九年には老齢年金制度推進組織労働者全国委員会が設立され、退職後の生活維持問題が現役労働者を含む労働者全体の問題として認識される契機となった。一九〇八年老齢年金法は、七〇歳以上のイギリス人で二〇年以上イギリス国内に居住するものにたいして、定額の年金を支給した。年金の受給には資力調査がともない、一定の所得の制限が存在した。けれども、年金制度は資産調査をともなう救貧法とは基本的に異なり、選挙権など市民的権利の停止をともなわず、権利としての年金とよばれた。当初、この制度はできるだけ早く、広く、焦眉の老齢者問題に対処する必要があったため無拠出の制度として設立されたが、一九二五年には拠出制の寡婦・遺児・老齢年金制度に改められた。

(2) 救貧法の彌縫的改革

一九〇四年から翌〇五年にかけての不況は大量の失業者をうみだした。一九〇五年の失業労働者法も期待された効果をもちえず、救貧法の全面的な再検討が必要となり、同年、王立救貧法委員会が設置された。一九世紀の末には、医療給付の受給者については投票権を認め、院外給付の受給者の一定額以下の友愛組合給付の受給を容認するなど、救貧法にも改革のきざしがみられはじめていた。また、労役場においても児童、障害者、病人などの分類収容が実現しつつあった。しかし、新救貧法以来の基本的な枠組や求援抑制的救済思想は容易に改善されえず、救貧法は世紀転換期の慢性的＝構造的失業と大衆的貧困という新たな課題をまえに、救済制度としての能力を喪失しているように思われた。救貧法の全面的な改革が必要であった。

王立救貧法委員会は長期にわたる審議の結果として、多数派報告および少数派報告として知られる二組の報告書を提出した。二組の報告書は、救貧法に改革が必要であるということでは見解を同じくしていた。しかし、改革の方向と内容については大きな隔たりがみられた。救貧法関係者や慈善組織協会関係者を中心とする多数派報告は、救貧法の公的扶助への名称変更、労役場による求援抑制の緩和、院外救済の追認などの改革を提案したものの、他方においては道徳主義的貧困観に固執し、私的扶助（慈善事業）と公的扶助の統合と前者の後者にたいする優位を確保する救済組織の設立を提案した。これにたいして、フェビアン社会主義の強い影響のもとにあった少数派報告は、救貧法の全面的な廃止と一般的施策による貧困の予防、残余的な救貧法機能（労働不能者対策）の教育委員会、保健委員会、年金委員会などへの配分、労働可能者にたいする職業紹介所の設置、交代労働制や労働時間短縮制の導入、労働組合による任意的失業保険の導入などを提案した。二組の報告は、しかしいずれも採用されなかった。多数派報告の提案はあまりに微温的、道徳主義的であり、国民的最低限の実現を求める少数派の報告はあまりにも急進的であった。政府は救貧法の改革を断念し、別の方策を選択した。

こうして、伝統的な救貧法を世紀転換期の構造的、大衆的な貧困に対応することのできる救済制度として全面的に改革するという試みはついに実現しなかった。以後、一九一一年には救済規制令によってケースペーパー（ケース記録）が採用され、一三年には救貧法施設令にもとづいて労役場や受給貧民という用語の廃止や施設内処遇の改善が行われた。これらの改革も個々には重要な意味をもった。しかし、二〇世紀初頭における救済制度改革の潮流のなかでは、それは周辺的部分的なものであった。

(3) 健康保険と失業保険の成立

政府が伝統的な救貧法のかわりに導入した新たな救済制度は社会保険であった。一九一一年の国民保険法によって二種類の社会保険制度が創設された。

国民保険法の第一部は健康保険であった。疾病は、一方において所得の中断や喪失をもたらし、他方において受診による支出の増大をもたらすという二重の意味において、賃金労働者たちの生活を脅かした。このため、一九世紀の後半になると友愛組合や労働組合が医療関連の給付を実施するようになり、簡易保険会社もこれに参入した。新しい健康保険制度は一六歳以上六九歳までの筋肉労働者と年収一六〇ポンド未満の一般労働者を強制的に被保険者として加入させ、法定給付として疾病給付、廃疾給付、医療給付、サナトリューム給付、出産給付を実施した。財源には、雇主（使用者）、雇用者、国庫の一定の比率による拠出があてられた。医療関連給付に先鞭をつけ、健康保険の導入に批判的であった友愛組合、労働組合、簡易保険会社は、制度の成立とともに認可組合（保険者）として保険業務を継続することが認められた。

国民保険法の第二部は失業保険であった。失業にともなう所得の中断に対応する失業保険は、建設業、土木事業、機械工業、造船業、車輌製造業、製鉄業、製材業に従業する労働者を強制的に加入させ、失業の発生後一週間の待機ののち、一二か月以内の一五週間について失業手当を支給した。財源は、健康保険と同様に、雇主（使用者）、雇用者、国庫の一定の比率による拠出であった。失業保険は労働者の失業から再就職するまでの一時的な所得保障制度として創設された。したがって、失業手当の給付期間は短期的であり、受給者は職業紹介所にたいする登録が義務づけられ、雇用への早期の復帰が促進された。

社会保険はいくつかの側面において救貧法とは基本的にその性格を異にしていた。第一に、救貧法は貧困にたいする抑制的、事後救済的な施策であり、社会保険は予防的、積極的な救済策＝防貧（prevention of destitution）策であった。第二に、救貧法が市民の一部を市民的な生活水準や生活様式から脱落したもの（零落市民）として救済するのにたいして、社会保険は労働者という特有の社会経済的な位置にある市民を、その労働者としての資格において対象とした。第三に、救貧法による救済は職権主義にもとづき、社会保険の給付は申請主義にもとづいて開始された。第四に、扶助原理をとる救貧法は救済の財源を租税に依存したが、保険原理をとる社会保険は加入者（被保険者）の拠出を要求した。第五に、政府（社会）による片務的、一方向的な給付である救貧法が市民社会的生活原理＝自助（生活自己責任）原則に正面から抵触するのにたいし、労働者の相互扶助組織としての性格をもつ社会保険は市民社会的生活原理にたいしてより適合的であった。

新しく導入された社会保険は、政府の側からみても、疾病や失業の危険に脅かされながら、しかし救貧法による求援抑制的処遇を忌避しようとする労働者の側からみても、十分に許容しうるものであった。こうして、長期にわたってイギリスにおける救済制度を代表してきた救貧法は、しだいにその地位を社会保険に譲り、むしろ社会保険を補完する制度として位置づけられる運命をたどることになる。

(4) 慈善事業の限界とセツルメントの展開

公的救済の抑制と友愛組合や慈善事業などの民間救済組織の発展が自由主義期の救済制度を特徴づけたとすれば、帝国主義期の特徴は民間救済組織の比重が低下し、逆に救貧法の外側に発展した諸制度を中心に公的救済の比重が拡大したことにある。世紀転換期の構造的な失業や大衆的な貧困問題は友愛組合や慈善事業の力量に余るものであり、より社会的な、政府による救済政策にその席を譲らざるをえなかった。けれども、帝国主義期においても民間救済組織の存在やその意義が解消してしまったわけではない。

友愛組合は組合員の老化と新規会員の欠乏にともなう財政状況の悪化によって救済活動能力が低下し、やがて無拠出制老齢年金や失業保険が整備されていくにつれ、それらの新制度にその金銭給付機能を委譲していった。しかし、医療関連給付の領域においては、友愛組合は健康保険制度による認可団体として過去の経験を活用する途が残された。

慈善組織協会もまた、慈善事業の組織化という近代化への契機を内包して成立し、慈善事業を中心にする地域の組織化、友愛訪問活動を通じた社会的援助技術の開発、ケース記録の導入と管理などにすぐれた実績をあげてきたにもかかわらず、その道徳主義的貧困観と私的救済優先主義に大きく災いされた。結果的に、慈善組織協会は救済制度改革の潮流にのることができず、新設の老齢年金、健康保険や失業保険、さらにはしだいに居宅保護の範囲を拡大する救貧法に金銭給付の機能を譲り渡していった。それと同時に、慈善組織協会は、その発展の過程において蓄積してきた地域社会の組織化や調査に関する経験や友愛訪問を基盤とするケースワークの技術を活用し、個人や家族を対象とする相談援助活動の専門的機関として発展していくことになる。一九四六年には最終的に、その名称も家庭福祉協会に改められた。

さらに、この時期の民間救済活動として重要な意味をもったものに、一八八四年のトインビー・ホールの設立にはじまるセツルメント運動がある。サムエル・バーネットを中心に組織されたこの運動は、スラムに住み込み、貧困者やその生活に直接的に接触する経験を通じて失業、貧困、密住、不衛生などの社会問題への理解を深めるとともに、その解決に貢献することを目的に活動を展開した。この、慈善事業とは異なった問題関心から社会問題に接近しようとするセツルメント運動は、多くの知識人や大学生をひきつけ、スラムに住み込んだセツラーのなかからすぐれた社会改良家が輩出した。

3　ドイツとアメリカにおける発展

(1)　社会主義運動の弾圧と社会保険

一八七〇年代から一九一〇年代には、ドイツとアメリカを舞台に、イギリスを含めて、世界各国の社会福祉の展開に直接、間接に影響を及ぼすことになる制度や技術の発展がみられた。

社会の近代化、資本主義化においてイギリスに大きく遅れをとっていたドイツは、一挙にうえからの資本主義化を強行し、その結果重化学工業を中心にドイツ経済には著しい発展がみられた。しかし、経済の発展はドイツ国民に恩恵をもたらすどころか、かえって労働者や農民に苦汗的な労働や低賃金を強要し、激しい労働組合運動や社会主義運動を巻きおこした。これにたいして、ドイツ政府は、一方において一八七八年に社会主義鎮圧法を制定して社会主義運動の弾圧をはかり、他方において八三年に健康保険法を、さらに八九年には老齢廃疾年金保険法を制定して労働者階級の宥和を試みようとした。いわゆる「ムチとアメ」の政策である。

こうして、世界で最初の社会保険制度は後発資本主義国ドイツで誕生した。イギリスの健康保険の創設に深く関わったロイド・ジョージや失業保険の創設に深く関与したウインストン・チャーチルは、いちはやくドイツを訪問し、国家の関与する健康保険と年金保険の制度に強い感銘をうけ、その経験が一九一一年の国民保険法につながった。ただし、失業保険の創設では、イギリスが世界で最初の国となった。

(2) 革新主義とソーシャル・ワークの発展

アメリカはイギリスともドイツとも異なった救済制度のあり方を発展させた。植民地の時代からアメリカにもエリザベス救貧法にならった救貧法が制定され、やがてそれは州単位の救貧法に発展した。しかし、アメリカでは公的救済はイギリス以上に抑制的で、それだけ慈善事業をはじめとする民間救済組織の役割にたいする期待が大きかった。一八七七年のバッファローにおける慈善組織協会を嚆矢として各地の都市に慈善組織協会が設立され、物的救済よりも友愛訪問に力点をおいた活動が展開された。ヨーロッパの社会的政治的混乱、失業や貧困を避けて新天地に移住した人びとは、アメリカ社会の基本的な健全性を前提に、失業、貧困、犯罪、不潔などにたいする個人の責任を追求した。失業者や貧困者は能力的、道徳的に欠陥をもつ零落した市民であり、友愛訪問員の道徳的影響力によって健全な市民生活の水準に「引き上げられるべき」存在とみなされた。

世紀転換期はアメリカにおいても社会改良の時代であった。革新主義とよばれる社会的政治的雰囲気のなかで、救済制度にも転機が訪れた。各州に、伝統的な救貧法とは系列を異にする公的扶助の発展がみられ、要扶養児童扶助、老齢者扶助、視覚障害者扶助制度が創設された。このような新しい公的扶助制度の設立に大きな役割を果たしたのは一八八六年のネイバーフッド・ギルドにはじまるセツルメント運動であった。大都市のスラム地域を主要な活動の場としたセツルメント運動は、個人の性格や能力の問題よりも環境改善や救済制度の改革に精力を傾注した。個人の責任と救貧法の腐敗を重視する慈善組織協会は、このようなセツルメント運動の方針に懐疑的であり、要扶養児童扶助制度の導入をめぐって一時的には両者が激しく対立するという場面もみられた。しかし、アメリカにおいても救済制度改革の潮流は公的救済責任の拡大にむかっていた。しだいに道徳主義的な貧困観や救済観も影響力をうすれさせ、慈善組織協会の関心は友愛訪問の蓄積を個人と家族に関する社会的援助技術として精練し、それをもとに専門的な相談援助機関としてその活動を展開することにむけられた。個人と社会環境との相互関係を重視する社会的援助の技術としてのケースワークの体系化を意図したメアリ・リッチモンドの業績『社会診断』（一九一七年）は、そのような慈善組織協会の方向転換のなかからうみだされてきたものであり、一九一九年には全国慈善組織協会連盟（一九一一年設立）もアメリカ家族ソーシャル・ワーク組織連盟に改称された。

4 帝国主義と社会改良

イギリスだけでなく、基本的にはドイツにおいてもアメリカにおいても、世紀転換期は帝国主義の時代であり、同時に社会改良の時代であった。より厳密にいえば、帝国主義はその国外政策としての膨張主義政策を推進し、同時にその国内政策として社会改良政策を展開した。膨張主義と社会改良は帝国主義のコインの表裏の関係にあり、相互にお互いを必要とした。国内的にはすでに飽和状態に達しつつあった資本主義経済の拡大再生産を継続し、資本主義体制の維持存続をはかるためには、膨張主義政策による海外市場への進出は不可避であり、逆にそのためには国内的には社会改良政策によって社会政治的秩序の安定をはかるとともに、活力にあふれ、勤勉で、大胆な民族を涵養することが不可欠の要件であった。帝国主義者は同時に社会改良家でなければならなかった。

こうして、一八七〇年代から一九一〇年代にかけて、なかでも一九〇六年から第一次世界大戦にかけて、イギリスの救済制度は大きな転換を経験した。第一に、貧困の原因を個人に求める自由主義的ないし道徳主義的貧困観が克服され、貧困が社会的な問題として認識されるようになった。第二に、そのことにともなって救済にたいする公的責任の観念が再び拡大し、友愛組合や慈善事業などの民間救済組織の役割は著しく縮小した。第三に、救貧法の改革は微温的なものにとどまり、むしろ救貧法の外部に老齢年金、健康保険、失業保険、保健サービス、児童保護などの新しい施策が発展した。第四に、なかでも労働者をその労働者としての資格において救済の対象とする防貧的施策としての社会保険が設立されたことの意味は大きく、脱落市民対策としての救貧法は救済制度の中核としての位置をうしない、以後社会保険を補完する制度として機能することになった。第五に、しかしながら、救貧法の居宅保護の承認、労役場制度の改革、ケース記録の導入などの処遇方法の改善がみられた。第六に、慈善事業は地域組織化や友愛訪問の経験を通じて科学的な社会的援助の技術を発展させ、相談援助事業に活路をみいだした。

われわれは、このような救済制度の転換のうち、思想的には貧困観の転換、公的責任思想の拡大、制度的には健康保険と失業保険を除く諸制度の発展、救貧法における処遇方法の改善、社会的援助技術の発展という変化の総体のなかに、社会事業の成立をみることができる。帝国主義期の救済制度としての社会事業は、自由主義期の感化救済事業をうけつぎながら、それを換骨奪胎し、新しい制度を追加して成立した。社会事業はもはや自由主義時代の、求援抑制的、懲罰的な救済制度ではなかった。しかし、社会事業はなお貧困階層にたいする施策の範囲にとどまっており、その意味において社会福祉の前史として位置づけられる。

第4節　福祉国家体制と社会福祉――社会と国民の統合

イギリスが世界ではじめて福祉国家あるいは福祉国家体制を築きあげたのは第二次世界大戦後のことであった。しかし、いうまでもなく、福祉国家は一夜にしてなったわけではない。すでに、戦間期において、第二次世界大戦以後の資本主義諸国における福祉国家の形成を準備するようないくつかの状況がうまれていた。

1　戦間期の社会改革

(1)　社会主義体制の誕生と労働者保護

第一次世界大戦の末期、その後の世界情勢を一変させるような事態がうまれた。ロシアとドイツに社会主義革命がおこり、ロシアではロマノフ王朝の崩壊とともに社会主義体制が成立した。ドイツでは革命は成功しなかったものの、帝政の崩壊、ワイマール共和国の誕生をもたらした。このような社会主義勢力の興隆、なかでもロシアにおける社会主義体制の成立は、資本主義体制をとる国々に深刻な影響をもたらすことになった。この時期以降、資本主義は社会主義にたいして守勢にまわり、体制維持のためには、国際的にも国内的にも、労働組合運動や社会主義運動の要求に積極的に対応し、その一部については資本主義体制にとりこみ、体制内化しようとするような政策の顕在化がみられる。

国際的には、崩壊した国際秩序の再編成を企図する一九一九年のベルサイユ講和条約のなかで、国際連盟とともに国際労働機関を設置することが合意された。加盟各国の政府、労働者、使用者を代表する人びとによって構成される国際労働機関の設置には、一面において社会主義主導による労働者の国際的な組織化に対抗し、その体制化を図るというねらいがこめられていた。国際労働機関は、国際条約の締結や勧告を通じて、各国における労働者保護の拡大を働きかけた。

資本主義諸国は、国内の労働組合運動や社会主義運動の興隆に対処するため、それぞれの方法と内容をもつ労働者保護施策を創設し、拡大していった。多くの場合、労働者の保護施策は労働運動や社会主義運動にたいする抑制的な施策と抱き合わせで導入された。それでも、この時期に、資本主義諸国において団結権、団体交渉権、ストライキ権などの労働者の基本的権利や労働条件の改善がはかられたことの意味は重要である。

この時期には、さらに重要な発展がみられた。それは、一九一九年に制定されたドイツのワイマール憲法第一五一条に世界で初めて生存権という観念が登場してきたことである。労働者の基本的権利の承認や労働条件の改善などの労働者保護の拡大は、労働者階級の生活状況の改善をもたらすことになった。しかし、それは、基本的には労働者の資本家（使用者）側にたいする競争力の強化を媒介にするものであり、したがって現役の労働者以外の児童、母子、高齢者、障害者などの生活状況の改善には、間接的波及的にはともかく、直接的には貢献しにくかった。これにたいして、生存権は、国家を通じて、「すべての人に、人たるに値する生存を保障することを目ざす」権利であった。もとより、生存権は児童、母子、高齢者、障害者などのためだけの権利ではない。それは、労働者保護施策の進展を背景にすると同時に、労働者の基本的権利の前提、あるいは権原ともいうべき権利であった。そのような生存権の承認は、労働者保護の範囲を越えた、国民一般を対象とする生活保障システムの展開に大きく道を開くものであった。

(2) アメリカ社会保障法の成立

国家が、国民の生活に直接的に介入し、最低限維持の責任を引き受けるという思想は、一九三五年にニューディール政策の一環としてアメリカ社会保障法が成立したことによってより明確に、具体的なかたちで確認されることになった。アメリカは、資本主義の母国であるイギリス以上に自由放任主義的な傾向が強く、とくに失業や貧困については個人の責任が重視され、公的な対応が必要になってからも救済や保護の責任は地方公共団体および州の範囲にとどめられてきた。けれども、一九二九年秋の株式市場の暴落にはじまる大不況は状況を一変させた。労働者のほぼ四分の一が失業し、銀行はもとより地方公共団体も破産するという状況のなかで、アメリカの資本主義経済は、その自律性を喪失し、連邦政府（国家）の経済過程にたいする直接的な介入によってようやく崩壊を免れた。

国家的規模をもつ失業や貧困に対処するには地方公共団体や州の権限と財政力では不十分であった。ここでも、連邦政府の介入と責任が求められた。連邦政府は、一方においてＣＷＡ、ＷＰＡなどの連邦政府直轄の雇用政策を展開すると同時に、一九三五年に年金保険（連邦直轄）と失業保険（州営）という二種類の社会保険、老齢者扶助、要扶養児童扶助、視覚障害者扶助という三種類の公的扶助（連邦補助金をともなう州営）、若干の児童福祉サービスおよび乳幼児母子保健サービスからなる社会保障法が制定された。

大不況という未曾有の体制的危機のなかで創設された社会保障制度には、失業者や貧困者の保護救済によって労働者や農民、黒人などのマイノリティ・グループの不安や不満を軽減緩和し、かれらを体制内化することが期待された。また、それと同時に、社会保障制度には、失業手当や扶助の給付という水路によって国家資金を支出し、経済過程に刺激を与え、景気の回復に貢献するという期待が込められていた。後者の側面は、後にいわゆるビルトインスタビライザーとよばれるようになる機能の一端を意味しており、生活保障システムにたいする新たな期待としてこの時期にはじめて登場してきたものである。

(3) 社会保険と公的扶助の交錯

アメリカにはじまる大不況は、戦勝国でありながら戦後の不況と復員軍人による大量失業に悩むイギリスにも大きな影響を与え、戦間期における社会保険制度と救貧法体制の再編成を促進し、第二次世界大戦後における福祉国家体制の誕生を準備した。

健康保険は一九一九年以後、被保険者の所得の上限が引き上げられ、三九年には労働者の大多数を包括した。ただし、被扶養者への給付の拡大は戦間期には実現せず、戦後にもちこされた。年金保険は、一九二五年の寡婦・遺児・老齢年金法の成立によって拠出制年金に移行した。六十五歳に達した被保険者およびその寡婦にたいして基礎年金が支給され、母親のない被保険者の遺児にも一四歳まで年金が支給された。拠出制年金への移行は部分的には費用の増大によるものであるが、同時に拠出制そのものが受給者の自尊心を維持する効用をもつと主張された。

失業保険は、その根幹に関わる改変を経験した。失業保険は一九二〇年の改正で実質的に全労働者を適用範囲に包括した。さらに、一九二一年には被扶養者にも給付が拡大されただけでなく、復員軍人の失業に対処するかたちで無契約給付と延長給付という特例給付が導入された。延長給付はやがて過渡的給付とよばれるようになり、失業保険基金を財源としつつ、一九二九年の地方自治法にもとづいて救貧法を管轄するようになった地方自治体の公的扶助委員会によって運用されることになった。しかし、過渡的給付の費用負担は失業保険の財政にとって大きな負担となり、このため三一年の国民経済法によって過渡的給付は過渡的手当とよばれるようになり、世帯単位の資産調査が導入されるとともに、国庫を財源とするように改正された。さらに、三四年には失業法が制定され、失業保険の財政改革が実施されるとともに、過渡的手当は失業扶助として公的扶助委員会ではなく失業扶助庁によって運用されることに改められた。

他方、戦間期の物価上昇のため年金だけでは生活することのできない老齢者は、公的扶助委員会による救済をうけてきた。しかし、一九四〇年には国庫を財源とする補足年金制度が導入され、失業扶助庁にかわって新設された扶助庁がこれを運用することになった。こうして、一九二九年以来救貧法の運用にあたってきた公的扶助委員会は、失業扶助受給者と老齢年金受給者を手放すことによって、その業務を再び労役場による救済を含む伝統的な救貧法による救済の範囲に縮小することになった。

2 福祉国家の誕生

(1) ベヴァリッジ報告

第二次世界大戦の戦火が激しさを増すなかで、一九四一年七月、チャーチル戦時連立内閣によって、ベヴァリッジ委員会が任命された。この委員会の任務は、直接的には従来の社会保険や公的扶助の展開、とくに相互の関係について検討し、将来のあり方について勧告することであったが、その背後には労働者をはじめとする国民に戦後社会のビジョンを提供し、総力戦への協力を確保するという政策意図が込められていた。

ベヴァリッジ委員会は、翌一九四二年の一一月、ベヴァリッジ報告として広く知られ、イギリス社会のみならず国際的にも大きな影響力をもつことになる報告書『社会保険および関連サービス』を提出した。報告書は、①社会保険と公的扶助制度の抜本的改革、②社会保険を中心とする所得保障制度の設立、③国家と個人の協力による社会保障の実現、を改革の指導原理としながら、ⓐ家族手当制度、ⓑ国民保健サービス、ⓒ完全雇用政策の実現を前提とする新制度の創設を提案した。戦後社会において設立されるべき新制度は、国民のすべてにたいしてナショナルミニマム（国民的最低限）を保障することを課題とし、基軸となる社会保険の運用は均一拠出均一給付の原則によるものとされた。

(2) 福祉国家体制の成立

ベヴァリッジ委員会の勧告は、一九四五年から四八年にかけて労働党内閣によって実施に移された。一九四五年の家族手当法の制定を皮切りに、一九四六年には国民保険（業務災害）法、国民保険法、国民保健サービス法が、そして一九四八年には国民扶助法、児童福祉法が制定された。このうち、家族手当と国民保健サービスは、ベヴァリッジ報告が社会保障の「前提」とした制度であった。家族手当は、賃金と家族の大きさ（ニーズ）との不均等を調整することを目的に、第二子から手当を支給した。国民保健サービスは、不健康・疾病と貧困との悪循環を断ち切るために、被扶養者を含むすべての国民に、国庫負担によって予防、治療からリハビリテーションにいたる包括的医療サービスを提供した。児童福祉は、戦災孤児など要養護児童に里親制度を中心とする社会的養護を提供した。

国民保険は、従来の年金保険、失業保険、健康保険の医療給付にかわる制度で、自営者を含む労働者の全体を普遍的に包括し、疾病（廃疾を含む）、失業、労働災害、老齢、寡婦などにともなう所得の喪失に対応して給付を実施した。社会保険の運用は新設された国民保険省に委ねられた。

国民扶助は、国民保険法にもとづく受給者を含む一六歳以上の生活困窮者にたいして最低限度の所得の給付を実施した。また国民扶助法の第三部は老齢者および心身障害者にたいする福祉サービスについて規定していた。

国民扶助を実施するために国民扶助庁が設置され、一九四〇年に設置されていた扶助庁と公的扶助委員会の業務を引き継いだ。ここに、一五三一年にはじまる救貧法はようやく終焉のときを迎えることになった。

こうして、イギリスにおいては、ベヴァリッジ報告の枠組にしたがい、すべての国民にたいして、国家の責任において「揺り籠から墓場まで」の生活を保障する施策が整えられた。いわゆる福祉国家の成立である。

(3) ベヴァリッジ構想の後退

しかし、ベヴァリッジの理念は福祉国家の成立後いくばくもしない時期に放棄されざるをえなくなった。ベヴァリッジの理念は、最低限原則と普遍主義を組み合わせることによって、具体的には均一拠出均一給付原則を採用することによって、所得のいかんにかかわらず、すべての国民に最低限の所得をナショナルミニマムとして保障するというものであった。けれども、この理念は現実によって貫徹を妨げられる。イギリスの経済が停滞の時期を迎えるとともに、保険給付のみでは最低生活を維持しえない人びとが増加してきた。均一拠出均一給付原則のもとで給付を改善するには拠出の引き上げが必要であった。だが、給付の引き上げは低所得者には逆進的な意味をもち、改善は不十分なものにとどまり、結局ベヴァリッジの構想とは逆に、国民保険ではなく国民扶助によって最低限が維持されるという状況がうまれてきた。

国民保健サービスは、一九五〇年の朝鮮戦争にともなう軍事支出の増加とともに、財政支出の削減という危機的状況に直面することになった。「大砲かバターか」の二者択一を求める論争は、広く世論を喚起した。しかし、結局は事態に抗しきれず、一九五一年および五二年の改正で国民の一部負担制度が導入された。さらに一九六〇年には国民保険法の改正によって比例年金制度が導入され、ベヴァリッジの理念はついに放棄されてしまうのである。

3　福祉国家の発展

(1) 貧困の再発見

それでも、一九六〇年代になると、世界的な高度経済成長のうねりのなかで、貧困問題はすっかり解決されたとする思考がイギリスの社会を支配するようになっていた。けれども、事実はそうではなかった。豊かさのなかに、あいかわらず貧困にあえぐ人びとの生活が隠されていた。一九六五年に「貧困の再発見」の導火線になる『貧困者と極貧者』を刊行したB・エイベルスミスとP・タウンゼントによれば、一九六〇年現在、貧困は全人口の一四・一%、全世帯の一七・四%に達していた。この数字は、二〇世紀初頭の貧困調査のおよそ三〇%という貧困者の比率に比較すれば、その半数であった。イギリスは二分の一世紀のあいだに貧困を半減させることに成功した。だが、一四%という数字は、それだけでなお重要な意味をもっていた。貧困者は二つの範疇によって代表されていた。第一の範疇は老齢者であり、その一部は老齢年金だけでは最低生活の維持が困難であるにもかかわらず、制度にたいする無知や扶助を受給することにたいする屈辱感のゆえに、国民扶助を受給していなかった。第二の範疇は、家族手当だけでは救済されえない、低所得の多子家族の人びとであった。

(2) 社会保険と公的扶助の統合

一九六〇年代の後半には、このような二種類の貧困者に対応する制度の改革が試みられた。まず、一九六六年の補足給付法によって従来の国民扶助が年金受給年齢以上の老齢者にたいする補足年金とそれ以外のものにたいする補足手当からなる補足給付に改められた。この改正にともない国民扶助庁も廃止され、かわって社会保障省のなかに補足給付委員会が設置された。この改正によって、年金受給者については年金手帳と国民扶助手帳が統合され、補足給付の申請も社会保障事務所か自宅か申請者の希望の場所においてできるようになった。銀行預金などの資産の保有限度額も廃止された。これらの措置は、いずれも救貧法から国民扶助にいたるまで受け継がれてきたスティグマを取り除き、老齢者による補足給付の受給を促進するために導入された。ここにおいて、国民扶助は救貧法以来の、単独の、独立した制度としての性格を放棄し、社会保険と公的扶助の統合という年来の課題が実現することになった。

(3) 児童給付および社会手当制度

貧困児童にたいする施策は、家族手当制度の改善が中心となった。制度改善の過程においては、野党の保守党と制度の改善を強く主張する市民団体である貧困児童対策集団とのあいだで「選別主義対普遍主義」論争が展開された。保守党は資産調査を導入し貧困児童のみを集中的に援助することを主張し、貧困児童対策集団は家族手当水準の引き上げ、家族手当にたいする課税の廃止、第一子からの給付を実現し、それと引き換えに所得税における児童扶養控除を廃止することを要求した。これにたいして政府労働党は家族手当と所得税制との調整によって事態の打開をはかり、一九六八年の改正で給付水準が従来のおよそ二倍に引き上げられ、児童扶養控除の引き下げが実施された。これは、家族手当額の引き上げの効果を実質的には低所得階層にのみもたらそうとする措置であった。

けれども、この措置によっても児童の貧困は容易に改善されえず、一九七〇年には保守党政府によって世帯所得補足給付が導入された。この制度は、家族手当の引き上げによっても救済されえない小規模の有子低所得階層の貧困に対処しようとする選別主義的な施策であった。児童の貧困にたいする社会的関心は、最終的には一九七五年の児童給付法の制定によって結実した。この制度改革は、第一子からの手当の支給、手当の非課税化、児童扶養控除の廃止をその内容とした。それは、貧困児童対策集団の主張してきた普遍主義の勝利を意味する改革であった。

さらに、児童給付法制定の前後にはほかにもいくつかの無拠出の社会手当制度が発足した。一九七五年の無拠出障害者年金、七六年の障害者移動手当、障害者介護手当がそうであり、いずれも障害者およびその介護者の生活の改善をめざす措置であった。

(4) 個別的社会サービスの成立

このように、一九六〇年代の中頃からのおよそ一〇年間には大がかりな所得保障制度の改革が実施されたが、この期間には同時平行的に福祉サービスの再編成が推進され、個別的社会サービスの成立がみられた。第二次世界大戦後のイギリスでは、児童、青少年、母子、障害者、老齢者にたいする社会（福祉）サービスの給付は、一九四八年の児童福祉法、一九六九年の児童青少年法によるほか、国民扶助法の第三部、国民保健サービス法の一部として、さらには教育政策や住宅政策の一部として展開されてきた。社会（福祉）サービスはそれが救貧的施策の一部である非所得的・現物給付的な社会サービスとしてはじまったことから明らかなように、当初は貧困・低所得者階層のニーズに対応するという性格が強かった。しかし、やがて戦後のイギリス社会の変化、とくに老人世帯の増加や地域社会の変化とともに、非所得的・現物給付的サービスにたいするニーズはより一般的なものとなった。非所得的・現物給付的社会サービスはしだいに公的扶助（国民扶助）から自立した地位を獲得し、一般階層を含む国民全体を対象にする社会（福祉）サービスとして発展してきた。このような発展は、国民の福祉ニーズの変化に対応するものであったが、その過程においては地方自治体の各部局の供給する社会（福祉）サービス間の対立や重複、官僚主義化の弊害がみられるようになってきた。

こうして、自治体の各種社会（福祉）サービスを供給する部局相互の対立や混乱、官僚主義化の弊害を除去する方策を明らかにするため、一九六五年一二月、地方自治体および関連個別的社会サービスに関するシーボーム委員会が設置された。同委員会は、六八年の八月に報告書を提出し、社会（福祉）サービスが質量ともに不十分で、変動し、発展し続ける福祉ニーズの多様性に対応していないだけでなく、各種社会（福祉）サービス間の調整が十分になされていないことを指摘し、地方自治体にそれまで複数の部局を通じて実施されてきた諸社会（福祉）サービスを包括的に運営管理する単一の部局を設置することを勧告した。

この勧告は一九七〇年の地方自治体社会サービス法として具体化され、一九七一年四月には地方自治体社会サービス局が発足した。この地方自治体社会サービス局によって供給される社会（福祉）サービスは、個別的社会サービスとよばれるようになる。従来の社会（福祉）諸サービスの単なる集合物ではない。それは、つぎのような特質をもっていた。第一に、個別的社会サービスは国民の福祉ニーズにたいして、マス（不特定多数）の次元で対応するのではなく、国民の福祉ニーズに個別的に対応することをめざす社会（福祉）サービスであった。第二に、したがって、個別的社会サービスは、国民の生活にもっとも近接する地位にある地方自治体の水準で、しかも単一の部局によって包括的に、運営管理すべきものと考えられた。福祉ニーズの多様性によりよく対応するには、地方分権的な、地方自治体によるサービスの供給が不可欠であった。第三に、個別的社会サービスは、居住型施設を中心とする施策ではなく、家族と地域社会を中心とする社会（福祉）サービスとして構想されていた。すなわち、個別的社会（福祉）サービスは本来的にコミュニティ・ケア、あるいはコミュニティ・ベイスド・ケアであった。

(5) 戦後アメリカの社会福祉

一九七〇年の地方自治体社会サービス法の成立は、ただ福祉サービスが拡充再編され、地方自治体によって管理されるようになったというだけでなく、福祉サービスが公的扶助の伝統と枠組から分離し、自立の道を歩みはじめたことを意味していた。

福祉サービスにおける同様の変化は、アメリカでも認められた。前述のように、一九三五年の社会保障法によって船出したアメリカの社会保障は、社会保険と公的扶助、なかでも後者を中心とするものであった。その傾向は、第二次世界大戦後にも継承された。一九五〇年には重度障害者扶助が追加され、六一年には従来の要扶養児童扶助が要扶養児童・家族扶助に改められた。さらに六二年からは、失業者の家族も要扶養児童扶助の支給が可能になった。他方、社会保障法のなかでは周辺的な施策としての位置しか与えられていなかった福祉サービスも、一九六二年の社会保障法（サービス）改正を契機に、しだいにその比重を高めてきた。

一九六〇年代以後、アメリカ社会は、高度経済成長やベトナム戦争の影響のもとに大きく変化し、低所得・貧困階層の母子家族だけでなく、障害者、老齢者などの福祉ニーズを顕在化させてきた。新しい、しかも深刻な福祉ニーズの拡大にたいして、アメリカ社会はそれまでの社会保障の枠組や伝統的な福祉サービスのあり方をこえた、思い切った対応を求められた。「偉大な社会」の実現をめざすジョンソン大統領は、一九六四年の経済機会法によって「貧困戦争」の宣戦を布告した。

一九六五年には、その発足以来健康保険を欠落させていた社会保障制度に老齢者健康保険とそれを補完する医療扶助制度が追加された。老齢者健康保険は適用範囲を老齢者に限定するもので、健康保険としてはいかにも不十分なものであったが、それでもアメリカの社会保障にとっては一つの前進であった。七五年には、年金制度の成熟にともなって受給者の減少がみられた、老齢者扶助、視覚障害者扶助、重度障害者扶助が補足的保障所得に統合され、連邦政府によって運営されることになった。

他方、一九六二年のサービス改正以来、ケースワーク的援助を重視してきた要扶養児童・家族扶助の領域では、六七年に就労奨励事業が導入され、職業訓練、保育サービスの整備を通じて、貧困母子家族の自立の助長がはかられることになった。この措置は、伝統的に扶助制度との関係において発展してきていたケースワーク的援助と職業的リハビリテーションとを結合させ、強力に扶助受給家族の自立を助長しようとする措置であった。

けれども、扶助と福祉サービスとを連動させた自立の援助には限界があった。扶助を必要とするものがつねに福祉サービスを必要とするわけではなかった。また、福祉サービスを必要とするものはいつでも扶助を必要とするというわけではなかった。むしろ、扶助と福祉サービスとを明確に分離したうえで、後者については一層の拡充が必要であると考えられた。こうして、一九七四年には社会保障法の改正によって第二〇部（タイトルXX）が追加された。これによって福祉サービスがはじめて社会保障のなかで一つの独立した範疇として認められ、連邦補助金が交付されることになった。

タイトルXXによる福祉サービスの強化は、①伝統的に各種の扶助と結合して実施されてきた福祉サービスを、扶助と分離し、コミュニティの水準で統合的に供給すること、②福祉サービスの最終的な目標を福祉サービス受給者の独立自活におくこと、そして③それを達成する手段として施設ケアよりも地域ケア、さらに居宅ケアを優先すること、をその内容としていた。

第5節　世紀末福祉改革の展開

1　イギリスの福祉改革

イギリスでは一九八〇年代から九〇年代にかけて、サッチャー政権のもとで福祉国家の見直しによる福祉予算の削減や福祉サービスの民営化・私営化が進展するが、その半面において積極的な意味をもつ改革がおこなわれた。

所得保障の側面では、補足給付制度が一九八六年の社会保障法の改正で廃止され、これに代わる制度として所得補助（Income Support）制度と社会基金（Social Fund）制度が設けられた。また、九六年には求職者法が制定され、国民保険の失業手当と失業者に対する所得補助を統合する求職者手当金が設けられた。所得補助は常勤で働いていない世帯のための公的扶助である。社会基金は、貧困世帯の特別なニーズに対応するもので、出産一時金、死亡一時金、地域ケア支援一時金などが含まれる。これらの公的扶助とは別に、社会手当として重度障害者手当金、障害者生活手当金、障害者介護手当金などがある。

福祉サービスの側面では、一九八八年のグリフィス報告をもとに、九〇年に、七〇年の地方自治体社会サービス法（Local Authority Social Service Act）以来の改革といわれる国民保健サービス及びコミュニティケア法（National Health Service and Community Care Act）が制定された。その内容はコミュニティケア改革とも呼ばれるが、①施設ケア・在宅ケアの権限と財源の地方自治体への一元化、②地方自治体の「条件整備主体」への転換とサービス供給主体の多元化、③ニードアセスメントとケアマネジメントの導入、④コミュニティ計画の設定、⑤入所施設に対する監査、⑥苦情処理手続きの導入などが課題となった。九六年にはコミュニティケア（現金給付）法によって現金給付も実現した。

高齢者福祉サービスや障害者福祉サービスは国民保健サービス及びコミュニティケア法に依拠する対応になるが、児童福祉サービスに関しては一九八九年には児童法（Children's Act）が制定され、九一年には児童支援法（Child Support Act）が制定されている。八九年の児童法は新児童法とも呼ばれ、子どもの最善の利益という観点から、「親の権利」という概念に代えて「親の責務」という概念が強調されている。児童支援法はひとり親家庭や崩壊家族の子どもに対応する制度として制定された。

イギリスではなおサッチャー政権以来の福祉国家の見直しが継続されているが、同時に近年における社会の変化やニーズの多様化、高度化、複雑化に対応する改革が実施されている。なかでも、福祉サービスの策定・供給過程に対する利用者（市民）の参加や苦情処理制度その他の利用者の権利擁護を目的とする制度の導入など、今後の発展が期待される部分が含まれている。

2 アメリカの福祉改革

アメリカにおける福祉改革は共和党のレーガン政権以来であるが、民主党のクリントン政権のもとで一層推進されることになった。なかでも、一九九六年の個人責任及び就労機会調整法（Personal Responsibility and Work Opportunity Reconciliation Act）の制定は、二〇世紀末のアメリカ社会福祉の歴史に重要な転換点を画期することになった。この法律は、その名称が端的に示すように、生活の維持に対する個人の責任——生活自助原則——と八〇年代以来のワークフェア——就労の奨励による生活支援——を再確認するものであった。

このような政策は、子どもを抱える貧困なひとり親家族に対する施策に明確な転換をもたらした。貧困母子世帯に対する公的扶助の制度は一九三五年の社会保障法によって設けられた要扶養児童が始まりであるが、六二年には要扶養児童家族扶助（Aid to Families with Dependent Children：AFDC）に改組されている。八八年以後になるとワークフェアが追求されるようになり、母親に就労が求められるようになる。この方向は九六年の貧困家庭一時扶助法（Temporary

Assistance for Needy Families：TANF）によって一層明確化された。制度の名称そのものが改正され、TANFの受給者には受給開始後二年以内に就労することが義務づけられた。また、TANFの受給は生涯を通じて通算五年間以下に限定された。この改正は、一九三五年の社会保障法制定の時期以来の受給条件の引き締めを意味していた。要扶養児童を養育していて一定の所得水準以下の所得を得ている家族という受給資格を充足していても、一定の年限を超えると給付は廃止されてしまうのである。これに加えて、成人に対する所得維持策である補足的保障所得の受給資格も個人責任及び就労機会調整法の制定によって、一般に五〇州、コロンビア特別区、北マリアナ諸島のアメリカ市民に限定されることになった。

児童福祉サービスを含め、高齢者や障害者に対する福祉サービスについては社会保障法のタイトルXXが中心であるが、これとは別に高齢者については六五年に制定されたアメリカ高齢者法（Older Americans Act：OAA）が、障害者については九〇年に制定された障害をもつアメリカ人法（The Americans with Disabilities Act：ADA）がある。

周知のように、社会保障法、アメリカ高齢者法、障害をもつアメリカ人法は連邦法であるが、連邦が直接的に福祉サービスの制度を設け、運営管理するものではない。主要な福祉サービスの制度は州政府や地方政府が設置運営するが、その実際的な提供の過程においては民間さらには私営の機関や団体が関与している。また、それ以外にも、助成団体等による資金を受けて独自の活動を行う民間の非営利組織や当事者組織等が多数存在するだけではない。そのような民間提供組織の比重が高いことがアメリカの福祉サービスの特徴となっている。

九〇年代中頃以来の福祉改革のなかで、連邦政府の州政府に対する補助金が定率補助制度から定額的な包括補助制度に改められたため、州政府や地方政府の財政事情が逼迫するようになり、その影響が民間機関や団体の運営にも及ぶ状況にある。

3　スウェーデンの福祉改革

わが国でノルディック諸国、なかでもスウェーデンの社会福祉が注目されるようになったのは、八〇年代以降、福祉国家の母国イギリスで福祉国家批判と福祉見直しが始まってからのことである。サッチャー政権の登場でイギリスの福祉国家が解体されるようになって以来、わが国では社会民主主義体制をとるスウェーデンの福祉国家がイギリスの福祉国家に代わるモデル的な意味をもって関心を集めるようになったのである。

スウェーデン福祉国家の理念は、①包括・普遍主義と再分配効果の追求、②社会的市民権の保障、③目的としての平等と手段としての平等の追求、④民主主義の基本的価値の尊重、として整理される。スウェーデンの社会政策を構成する主要な法律は一九六二年に制定された国民保険法、八〇年の社会サービス法、九三年の機能障害者援助・サービス法、八二年の保健・医療サービス法である。このうち直接社会福祉に関わるのは社会サービス法と機能障害者援助・サービス法である。社会サービス法は従来の公的扶助法、児童青少年社会養護法、アルコール・薬物乱用者ケア法、保育法を統一して制定された。このようにスウェーデンの社会サービス法はきわめて包括的な法律であるが、障害者については別立てとして機能障害者援助・サービス法で対応することになっている。この法律も包括的で、知的障害者、重度の身体障害者、精神障害者が対象となっている。

社会サービス法の理念は、ケア利用の任意性、自己決定、ノーマライゼーション、継続性、柔軟性、近接性、選択の自由等の概念によって特徴づけられる。また、スウェーデンの社会福祉の特徴としては、分権化、権利保障、オンブズマン制度があげられる。分権化という側面では、スウェーデンの行政機構は一次自治体としてのコミューン、二次自治体としての県コミューン、そして国に分類されるが、社会保険は国の仕事、保健・医療サービスと医療保険は県コミューンの仕事、児童福祉、高齢者福祉、障害者福祉等の個人と家族に対するその他のサービスを含む社会サービスはコミューンの仕事である。権利保障の分野では不服申し立ての権利が重視され、オンブズマン制度では男女雇用機会均等オンブズマン、人種差別禁止オンブズマン、児童オンブズマン、障害者オンブズマン等が設置されている。

このような社会民主主義体制のもとで独自の社会福祉を発展させてきたスウェーデンも財政危機を避けることは不可能であり、八〇年代から九〇年代にかけて社会福祉行政の効率化とサービス提供の多元化を求める改革が追求された。スウェーデンでも分権化が進められるなかでコミューンの裁量権の拡大、国の補助金の一括補助金化が行われ、またコミューンの事務の民営化——事業運営の民間委託——が推進された。このような改革はイギリスやアメリカにおける新保守主義政策と共通する側面をもつが、社会民主主義をとるスウェーデンが危機をどのように乗り越えるか、注意深く見守る必要があろう。

参考文献

石田紀久恵・高澤武司・古川孝順『社会福祉の歴史』（新版）有斐閣、二〇〇一年
小山路男『イギリス救貧法史論』日本評論新社、一九六二年
樫原朗『イギリス社会保障の史的研究Ⅰ～Ⅳ』法律文化社、一九七三～九三年
高島進『社会福祉の歴史』ミネルヴァ書房、一九九五年
M・ブルース著　秋田成就訳『福祉国家への歩み』法政大学出版局、一九八四年
一番ヶ瀬康子『アメリカ社会福祉発達史』光生館、一九六三年

第5章　戦後日本の社会福祉

わが国の社会福祉は、資本主義の生成期にあたる明治維新から一八八〇年代前半までの慈恵救済の時代にはじまり、産業革命期から一九一〇年代までを特徴づける感化救済の時代、そして第一次世界大戦後の一九二〇年頃から第二次世界大戦にかけての社会事業の時代を前史としながら、第二次世界大戦後の戦後改革期にその骨格を形成した。

第1節　戦前日本の社会福祉――慈善事業・感化救済・社会事業

1　普遍と特殊の交錯

わが国は、明治維新以後、「殖産興業」「富国強兵」策をかかげ、なにをおいても先進資本主義国にキャッチアップしようとする政策によって、短期間のうちに、急速に「上からの資本主義化」をなしとげてきた。その結果、わが国は先進諸国による植民地化を経験することなしに自立しえた最後の資本主義国として発展することができたが、国民は市民社会を熟成させる経験をもつ以前に、早い時期から貧困、失業、低賃金、密住、労働災害などの過酷な社会問題に直面させられることになった。わが国における戦前の生活保障のシステムは、根強く残る伝統的、封建的な政治・社会構造、生活構造・生活意識を基底におきながら、政府主導による上からの資本主義化のもたらす近代的な社会問題に対応するというかたちで発展してきた。したがって、わが国の生活保障システムの発展の過程は、基本的にはイギリスにおけると同様の過程を経験しながら、そこに、近代化=資本主義化の時間的な圧縮や跛行、伝統的要素の混在と利用、先進諸国の思想・政策・制度の移入などに影響されて、わが国に特有の展開のしかたになった。

2　慈善事業から社会事業へ

(1)　初期救貧制度の展開

明治維新後の日本資本主義黎明期における救貧政策は、一八七一(明治四)年の棄児養育米給与方、一八七三(明治六)年の三子出産ノ貧困者へ養育料給与方にはじまり、一八七四年(明治七)年にはそれ以後の救貧政策を方向づけることになる恤救規則が制定された。恤救規則は、明治維新以後資本主義生成期の窮乏にたいして、困窮者にたいする基本的根源的な救済責任の所在を村落共同体的な「人民相互の情誼」のうちにもとめることを前提に、廃疾、疾病、老衰、幼弱による、身寄りのない「無告の窮民」に限定して公的な救済を与えるという制限扶助的な施策であった。これらの施策による救済費の支出は微々たるものであり、実質的な救済政策としての意味をもたず、明治政府の仁政を象徴する家父長主義、慈恵的な施策であった。

やがて産業革命を経験し、資本主義の発展期になると貧困、失業の拡大、スラムなどの社会問題に直面し、恤救規則にかわる救貧施策の導入がはかられる。けれども、一八八九(明治二二)年の窮民救助法案、一八九七(明治三〇)年の救貧税法案、一八九八(明治三一)年の窮民法案は、いずれも「人民相互の情誼」を伝統的醇風美俗とする強固な儒教的救済思想や濫救による惰民の助長を危惧する自由主義的貧困観を超克しえなかった。むしろ、事態は逆の方向をとることになった。一九〇〇(明治三三)年に社会防衛の目的と不良青少年にたいする保護的処遇を意図して制定された感化法の普及をめざす感化事業講習会を契機に、救貧政策の課題は「救貧」ではなく、国民の「感化」による「防貧」に転換する。

日露戦争後の恐慌はこの傾向に一層の拍車をかけた。一九〇八（明治四一）年、明治政府は、「済貧恤窮ハ隣保相扶ノ情誼ニ依リ互ニ協救セシメ国費救助ノ濫救矯正方ノ件」にもとづき、貧困者の救済は隣人間の相互扶助によるべきことを改めて強調し、恤救規則以来の制限的抑制的な公的救済制度の一層の引き締めを断行したのである。

(2) 慈善事業の組織化

戦前における公的救済の制限的性格は、民間救済事業に発展の契機を与え、同時にそれに依存する傾向をうみだした。しかも、わが国の場合、民間への依存は単なる依存ではない。わが国では、民間救済事業は天皇制的慈恵＝支配の構造のなかに組み込まれ、さらに公的救済責任の転嫁が重畳された。

このようなわが国の生活保障システムにおける公民（私）関係の原型は、早くも一九〇八（明治四一）年の中央慈善協会の成立過程にみることができる。わが国における慈善組織協会であるとされる中央慈善協会は、英米の慈善組織協会とは大きくその性格を異にしていた。中央慈善協会は、英米の場合とは異なって、民間救済団体の内発的、自発的発意というより、むしろ英米の救済政策や民間救済事業の動向に通じた内務官僚の指導によって、上から組織されていった。

政府による民間救済団体の助成と支配は、公的救済責任の可能な限りでの抑制とその民間への転嫁をもたらした。すでにみたように、日露戦争後の戦後恐慌に直面した明治政府は、一九〇八（明治四一）年以降、公的救済費の大幅な削減を実施したが、それと同時に民間救済事業の奨励と規制を意図する一連の施策を実施した。さきの中央慈善協会の設立もそうした施策の一つであった。翌一九〇九（明治四二）年には、成績優良な私設の慈善施設・団体にたいして国庫による奨励金・助成金が交付された。さらに、大逆事件の判決が下された一九一一（明治四四）年には、「済生勅語」にもとづき、皇室の下賜金をもって半官半民的性格をもつ恩賜財団済生会が設立された。皇室の下賜金や寄付は、その後も引き続き実施され、民間救済事業にたいする公的救済責任の転嫁を糊塗することにおいて、重要な役割を果たした。天皇家は固有の私的な資産を保有していた。けれども、宮廷費は国家財政の主要な支出費目であり、天皇家による慈善事業への下賜金や寄付は国家による間接的な財政支出ともいうべき性格をもっていた。政府は、国民にたいする皇室のカリスマ的威信を利用して民間救済団体に恩恵を与え、逆に本来それが直接的に支出すべき救済費を抑制したのである。

(3) 社会事業の成立

わが国において、一九二〇（大正九年）の内務省社会局の設置、一九二一（大正一〇）年の職業紹介法、一九二二（大正一一）年の健康保険法の成立に続いて、公的扶助義務主義にもとづき、一般国民の窮乏に対応する救護法が制定されたのは、世界的にはすでに国家独占資本主義期にあたる一九二九（昭和四）年のことであった。大正末期の金融恐慌にもとづく失業や貧困の増大、労働運動や社会主義運動の拡大による社会不安に対応して制定された救護法によって、わが国ははじめて欧米の救貧法にあたる救済政策をもつことになった。けれども、救護法の施行は財政状況の逼迫を理由に三年間も延引され、ようやく一九三二（昭和七）年になって、しかも競馬法の改正による財源の確保という、まさに「豆がらをもって豆を煮る」状況のなかで実施されることになった。以後、昭和恐慌をへて戦時体制に移行するなかで、一九三七（昭和一二）年には救護法の特別立法的な位置をしめる母子保護法が制定された。この母子保護法は、直接的には長期にわたる経済的不況のなかで多発した母子心中と母子保護運動に対応する施策として成立した。しかし、同時にそれは、やがてわが国の救済政策が換骨奪胎され、戦時体制の一翼を担う施策として再編成されていく最初の徴候であった。

社会事業の成立した大正デモクラシー期には、一時期民間社会事業の自由な展開を期待しうるような社会的な状況も醸成された。しかし、大正末期の金融恐慌、さらには昭和恐慌から戦時翼賛体制へとわが国の社会経済が混迷の度を深めていくなかで、民間社会事業団体はなお一層国家との結合癒着の関係を強めていった。一九三八（昭和一三）年の社会事業法の制定は、民間社会事業団体にたいする国庫助成の道を開いたとはいえ、それは基本的には国家が民間社会事業を支配し、戦争目的に動員していくための社会統制的装置であった。

3　軍人救済制度

(1)　軍人恩給と軍事扶助

戦前の生活保障システムは、公的年金および公的救済の制度が一般国民を対象とする制度と軍人およびその家族を対象とする制度に二分され、しかも圧倒的に後者を優遇する措置が講じられてきた。

年金制度についていえば、わが国における最初の公的年金制度は一八七六(明治九)年に成立した陸軍恩給令であり、引き続き一八八三(明治一六)年には海軍恩給令が、また翌八四(明治一七)年には官吏恩給令がそれぞれ制定された。一八九〇(明治二三)年には陸軍恩給令と海軍恩給令が軍人恩給法に統合され、同時に官吏恩給法および官吏遺族扶助法が制定された。労働者を対象にする年金制度は、これより遙かに後れ、戦時翼賛体制下の一九四四(昭和一九)年にようやく厚生年金保険法が制定された。

戦前の公的救済制度のうち一般国民を対象とする一般救護は、すでにみたように、恤救規則、救護法、さらに母子保護法にいたる系列として発展した。そして、これとは別に、軍人およびその家族を固有に対象とする軍事扶助制度として、一九〇六(明治三九)年の下士兵卒家族救助令、一九一七(大正六)年の軍事救護法、そして一九三七(昭和一二)年の軍事扶助法にいたる系列が存在した。

公的年金の制度が軍人や官吏などの特定の範疇ごとに分立するという例は世界的には少なくない。また、公的扶助についてもアメリカの範疇扶助の例がある。軍事扶助もそのような範疇扶助の一形態といえなくはない。しかし、ことは制度が分立していたということにとどまらない。軍人年金はいうまでもなく、軍事扶助に限定してもその受給者は、一般救護の受給者にくらべて格段に優遇されていた。

そのことは、軍事扶助法と救護法との簡単な比較を試みただけで、一目瞭然である。まず、軍事扶助法は法の名称じたいが「救護」ではなく「扶助」である。救護には窮民救済の色彩が強く、国家功労者としての軍人やその家族を遇する法令の名称としてふさわしくないと考えられたからである。受給者の資格は、救護法の「生活スルコト能ハサル者」にたいして軍事扶助法は「生活困難ナル者」である。救済の水準も救護法による救護が「ぎりぎりの生命の維持」であるのにたいして、軍事扶助法による扶助は「国家功労者ないしその家族として恥ずかしくない水準の保障」とされていた。救護法の被救護者にとられていた選挙権喪失の措置は、軍事扶助受給者には適用されていなかった。

(2) 傷痍軍人対策

さらに、傷痍軍人については、一九〇六（明治三九）年の廃兵院法から一九三四（昭和九）年の傷兵院法にいたる施設援護サービスおよびリハビリテーション給付制度の発展がみられた。また、傷兵院法にもとづく施設的ケアやリハビリテーションの給付は、戦前のわが国では唯一の、所得保障制度とは分離された社会福祉サービスの制度であった。

第2節 社会福祉の骨格形成——戦後福祉改革から国民皆保険皆年金体制へ

第二次世界大戦後におけるわが国の社会福祉の発展は、一九四五（昭和二〇）年から五九（昭和三四）年にかけての第一期、一九六〇（昭和三五）年から七八（昭和五三）年にかけての第二期、一九七九（昭和五四）年以降の第三期に区分することができる。第一期は、戦後社会福祉の基本的枠組が定礎された時期であり、第二期は社会福祉の急激な拡大およびそのリアクションとしての抑制の時期である。そして、第三期は社会福祉が戦後福祉改革の基本的枠組から脱皮し、新しいあり方を模索しはじめた社会福祉転型の時期である。

1　戦後福祉改革

(1)　GHQの対日福祉政策

戦後改革の別の局面におけると同様に、社会福祉における戦後改革は、対日占領軍総司令部（GHQ）の占領政策とその枠内での自主的改革という間接統治形態のもとで推進された。GHQの対日占領政策は、少なくともその当初においては、わが国の非軍事化と民主化を根幹とするものであり、わが国の社会福祉に関するGHQの政策もまたこの基本的枠組に沿うものであった。

社会福祉に関するGHQの最初の指令は、わが国政府にたいして要救護者の人数、備蓄救済物資の数量や所在等に関する統計や救済法令書の提出を命じた一九四五（昭和二〇）年一〇月六日の覚書「公衆衛生に関する資料提出の件」（SCAPIN98）であった。以後、GHQは、占領初期のおよそ半年間を通じて、直接間接に社会福祉に関わりをもついくつかの指令を交付する。一〇月および一一月には、政府の救済物資配給計画に関連する指令文書が交付された。また、一一月には、軍人恩給制度の廃棄を要求した重要な覚書である「恩給および年金に関する件」（SCAPIN338）が交付された。

戦後福祉改革に直接つながる「救済ならびに福祉計画の件」（SCAPIN404）が交付されたのは、寒気も一段と厳しさをます一二月八日のことであった。一二月三一日、わが国の政府は「救済福祉に関する件」をもってこれに回答した。それにたいして、GHQは翌一九四六（昭和二一）年二月二七日、一定の条件を付して日本政府の回答を受け入れる意向を明らかにした。そのことを示すGHQの文書が、著名な「社会救済」（SCAPIN775）である。

(2) 戦後福祉改革の指導原理

GHQは、この「社会救済」のなかで、わが国政府が「救済福祉に関する件」をもって回答した総合的救済立法の制定に関して、その大枠を承認しながら、具体化の前提として三通りの条件を実現することを要求した。これがいわゆる三原則であり、わが国の戦後福祉改革における指導原理となったものである。

原則の第一は、無差別平等の原則である。無差別平等の原則は、これを一般的に解釈すれば、日本国憲法第一四条（国民の平等性）にいう、近代市民社会に普遍的な平等原理の社会福祉への適用を求めたものとみることができる。たしかに、市民的平等と公正の確保は社会福祉の基本的前提である。けれども、敗戦直後のわが国において、そしてGHQの対日占領政策の一環として無差別平等の原則が強調されるとき、そこには同時に別の意味が込められていた。GHQによる無差別平等原則の提示は、戦前の軍人恩給制度や軍事扶助制度にみられた軍人およびその家族にたいする優遇措置排除の要求を意味していた。

GHQが「単一国家機関」の設置を求めたこともそのこととの関連で理解される必要がある。戦前のわが国の救済制度は一般救護と軍事扶助の併存という二重構造をもち、それぞれ別の、つまり複数の国家機関（部局）によって運営管理されてきた。差別的ないし優先的取扱を排除し、無差別平等の処遇を実現するためには、救済問題に関与する国家機関は単一でなければならなかった。

原則の第二は、公的責任の原則である。公的責任の原則は、わが国に新設されるべき救済制度の財政的裏付けと運営の責任は政府によって担われるべきであり、いかなるものであれ私的機関や準公的機関にこの責任を委譲あるいは委任してはならないとする。第二原則に関わる条項は、救済問題については中央政府（国家）が責任を負うべきことを明示するとともに、同時にその民間への転嫁を禁止することによって、全体として公的責任原則の意義を明確化している。公的責任原則がしばしば国家責任の原則と公私分離の原則に分離して説かれるのは、そのためである。

ＧＨＱに公的責任原則を提示させる直接的な引き金となったのは、「救済福祉に関する件」のなかで、日本政府が「国民ノ生活保障」のために総合的法律を制定するとともに、法令による援護を拡充強化するために新たに「有力ナル民間援護団体」の設立を準備しつつある、とした部分である。新設予定の団体は「既存ノ戦災援護会、海外同胞援護会、軍人援護会等ノ各種援護団体ヲ整理統合スルモノ」とされていた。ＧＨＱの公的責任原則の提示は、明らかに、官民協調＝癒着、救済責任の民間転嫁という戦前以来わが国の救済政策にみられる前近代的な体質と構造を、そっくりそのまま新制度の枠組のなかに継承しようとする日本政府にたいする痛烈な批判を意味していた。

原則の第三は、救済費非制限の原則である。この原則は、困窮者にたいする救済費は最低限度の生活を維持するのに必要でかつ十分なものでなければならず、財政的その他の理由によって制限されてはならないとする。いうまでもなく、戦前のわが国の救済政策には、このような最低生活（費）保障の思想は存在しなかった。たとえば、救護法は一定の基準にしたがって個人や世帯の最低生活費を算定するという手続きをとらず、「一人一日二十五銭以内、一世帯一日一円以内」と定額的にその限度額を定めていた。

すでにＧＨＱは、「社会救済」に先行する「救済ならびに福祉計画の件」（ＳＣＡＰＩＮ４０４）のなかで、生活困窮者にたいする救済は最低生活費の保障でなければならないとする示唆を与えていた。わが国政府も前出「救済福祉に関する件」の冒頭の部分においては最低生活費の保障を標榜していた。しかし、それにもかかわらず、後段では援護費の上限を月額二〇〇円に設定していた。この金額は明らかに当時の最低生活費の実勢を下回るものであった。救済費非制限の原則は、最低生活費保障の責任を、そのときどきの財源や予算によって制限されるべきものではなく、逆にそれらに優先し、それらを支配・指導すべき原則としての位置をもつべきものとしたのである。

(3) 福祉三法体制の成立

敗戦直後の、想像を絶するような大衆的窮乏に対応する生活保障システムは、このようなＧＨＱの対日福祉政策をうけて構築された。その中軸的な施策は、一九四六（昭和二一）年九月に制定された生活保護法であり、さらにそれを補完するかたちで、一九四七（昭和二二）年一二月には児童福祉法が、そして一九四九（昭和二四）年一二月には身体障害者福祉法が制定された。これが、いわゆる福祉三法体制である。ＧＨＱの対日福祉政策は福祉三法のうち、主として生活保護法を通じて具体化された。

生活保護法の第一条は、無差別平等の原則を具体化したものであり、「国が差別的又は優先的な取扱をなすことなく平等に保護」を実施する旨を規定していた。これによって、戦前の制限扶助主義とそれによる差別的ないし優先的取扱は廃止され、わが国にも一般扶助主義にもとづく公的扶助制度が実現した。生活保護法の第一条はまた、公的責任の原則を実現していた。それは「生活の保護を要する状態にある者」の生活を保護することが国の責任であることを明示していた。生活保護法は保護の機関を市町村長としたが、それは市町村長を保護の第一義責任者とするという意味ではない。そこでは、市町村長は「保護という国家事務の委任を受けた国の機関として職務を行う」機関として位置づけられていた。生活保護法は困窮者保護の最終的な責任の所在を国とし、地方公共団体の長を実施機関とする、いわゆる機関委任事務の考えかたを前提にして組み立てられていたのである。このような事務配分の方式は制度の財政にも影響を与え、生活保護に要する費用については国と地方公共団体とが八対二の割合で負担することになった。

公的責任の原則の一部である公私分離の原則は、公的救済責任の民間社会福祉施設・団体にたいする転嫁や公的資金の流用を厳しく規制しようとするものであった。わが国の政府は「救済福祉に関する件」で予定していた「有力ナル民間援護団体」を設置することは断念せざるをえなかった。けれども、民間社会福祉にたいする国庫助成については、政府はＧＨＱと折衝を重ね、一定の条件の範囲で民間社会福祉を「公の支配に属する」事業として解釈するという妥協をとりつけることに成功し、辛うじて民間社会福祉施設の新設、修理などにたいして公の補助金を交付する途が残された。当時の状況では、民間社会福祉施設の協力をえずに、政府機関だけで未曾有の危機に対処することは不可能であった。

生活保護法は、その第一〇条において、「保護は、生活に必要な範囲を超えることができない」と規定する。これは転倒させられたかたちで救済費非制限の原則、すなわち最低生活費保障の原則を受け入れることを表明した規定であった。そこには最低生活費保障を明示することへのある種の躊躇がみうけられる。けれども、一九五〇（昭和二五）年の生活保護法の抜本的改正のおりには、日本国憲法第二五条の生存権保障の規定を受けるかたちで、保障されるべき生活の程度が「健康で文化的な最低限度の生活」であることが積極的に、より明確なかたちで規定されることになった。生活保護法の改正にあたっては、一九四九年に提出された社会保障制度審議会の勧告が重要な意味をもった。社会保障制度審議会は、生活保護制度の改善強化を勧告するにあたって、その原則として、①国の保障する最低生活が「健康で文化的な生活を営ま」せる程度でなければならないこと、②保護請求権ならびに不服申し立て権を確立すること、③欠格条項に該当する者を明確化することをあげ、さらに、ⓐ保護機関、ⓑ保護実施、ⓒ保護の内容、ⓓ保護費の各項目について具体的な実施要領を提示した（社会保障制度審議会「生活保護制度の改善強化に関する件」社会保障研究所『日本社会保障資料』至誠堂、昭和五六年、一六九～一七〇頁）。

生活保護法に引き続いて制定された児童福祉法や身体障害者福祉法においても、GHQの三原則は重要な影響を残している。まず、無差別平等の原則は身体障害者福祉法の制定過程に決定的ともいえる影響を与えた。政府は一般国民の窮乏への対応を急ぐなかで、全国の傷兵院関係施設や軍関係病院に取り残された傷痍軍人にたいする対策に迫られた。しかし、GHQは戦前の傷痍軍人施策がそのままのかたちで戦後に継承されることに強い難色を示した。旧軍人の優先的取扱にあたるというのがその理由であった。このため、身体障害者福祉法の成立は著しく遅延することになった。けれども、身体障害者福祉法は、むしろこのGHQの懸念を契機に、戦前の傷痍軍人施策の枠を克服し、身体障害者一般を対象とする福祉サービス立法として成立することができたのである。

生活保護法のなかで具体化された公的責任の原則は、児童福祉法や身体障害者福祉法においてもそのまま踏襲された。すなわち、児童福祉法や身体障害者福祉法にもとづく福祉サービスの最終的な供給責任は国にあるとされ、それが機関委任事務もしくは団体委任事務として都道府県知事・市町村長あるいは都道府県・市町村に委任された。そのことにともなって、財政的にも福祉サービスの供給に要する費用は原則として国と地方自治体とが八対二の割合で分担することになった。

救済費非制限の原則、つまり最低生活（費）保障の思想は、児童福祉法や身体障害者福祉法にも適用された。児童福祉施設最低基準にいう「最低基準」は「児童の健康にして文化的な生活を保障するに必要な最低限度の基準」の意味であり、そこには最低生活費保障原則の思想が包含されていた。身体障害者更生援護施設の「設備および運営基準」についても、同様に解釈することができる。

(4) 社会福祉事業法の制定

GHQは戦後福祉改革が一応軌道に乗った一九四九（昭和二四）年の一一月二九日、厚生省との合同会議の席上において「社会福祉行政に関する六項目」の提案を行った。この提案は、生活保護法施行以来さまざまの側面において明らかになりつつあった戦後社会福祉の組織および運営に関わる懸案事項を一挙に解決しようとするものであった。一九五一（昭和二六）年三月の社会福祉事業法の制定は、このGHQの六項目提案に対処するための措置であった。

社会福祉事業法は、先行する福祉三法とは性格を異にする。福祉三法が現金や福祉サービスの給付を内容とする給付法であるのにたいして、社会福祉事業法は社会福祉の組織および運営管理に関わる規定を内容とする組織法である。社会福祉事業法は、社会福祉事業の定義・経営主体・経営の準則、社会福祉審議会、福祉事務所、社会福祉主事、社会福祉職員の指導監督および訓練、社会福祉法人、社会福祉協議会などについて規定している。なかでも、民間社会福祉の自主性・主体性の尊重とそれにたいする公的責任転嫁の禁止が明文をもって規定されたことは、公的責任（公私分離）の原則、ひいてはGHQ三原則との関係においてとりわけ重要な意味をもっていた。すなわち、ここにおいてはじめて、三原則のわが国の社会福祉にたいするビルトインが完了した。戦後社会福祉の基本的枠組の整備は、GHQの対日福祉政策の提示をもってはじまり、生活保護法によって骨格の基礎が構築され、社会福祉事業法によって完成をみたのである。

2　救済政策の転換――生活保護から社会保険へ

(1)　社会福祉の逆コース

こうして成立した戦後日本の社会福祉の基礎構造は、以後基本的には、そのまま引き継がれる。その過程にまったく波風が立たなかったというのではない。たとえば、一九五二（昭和二七）年以後数年にわたって戦後福祉改革の根幹に関わるようないくつかの立法措置が講じられた。一九五二（昭和二七）年四月の戦傷病者戦没者遺族等援護法や母子福祉資金の貸付等に関する法律の制定、一九五三（昭和二八）年八月の恩給法改正（軍人恩給の復活）などがそうである。いずれも被占領状態が終結し、わが国が主権を回復したことに対応する措置として実施された。これらの立法措置のなかには、明らかに戦後福祉改革のなかで実現した無差別平等の原則に直接的に抵触する部分が含まれていた。それは、いわば社会福祉における「逆コース」であった。けれども、結果的には、事態は戦後社会福祉の基礎構造に直接的に影響を及ぼすほどの状況にまでは進展しなかった。戦後福祉改革は、かたちのうえでは対日占領政策の一環としてのGHQ三原則の提示という、いわば外圧によってはじまった。だが、三原則の内容は、占領政策の一部という以上に、アメリカ的経験を通じて精練されてきた近代的社会福祉の理念であった。戦後福祉改革は、そのような近代的社会福祉理念の移入とそれによるわが国社会福祉の近代化を意味した。そのことのゆえに、「逆コース」は部分的なものにとどまりえたのである。

(2)　国民皆保険・皆年金体制

さて、一九五〇年代の一〇年間を通じて、わが国の生活保障システムの重心は公的扶助（生活保護）から社会保険に大きく移転された。一九五〇（昭和二五）年一〇月、社会保障制度審議会はわが国の社会保障のあるべき姿を描いた「社会保障制度に関する勧告」を提出した。そのなかで社会保障制度審議会は、社会保障の中心は「自らにしてそれに必要な経費を醵出せしめる」社会保険でなければならないと指摘した。戦後間もなくの生活保障システムは、未曾有の危機的状況に直面して、租税を財源とし、即応性の高い生活保護（国家扶助）が中心にならざるをえなかった。けれども、国民生活が安定化に向かうとともに、生活保護は中心的な生活保障システムとしての地位を社会保険に譲り、それを補完するシステムとして機能することが期待されるようになったのである。

一九五〇年代に入ると、生活保護受給者数の圧縮を意図して生活保護行政の「適正化」が推進され、保護受給者の自立助長策が強化されはじめた。一九五五（昭和三〇）年には、低所得者層の生活保護受給者層への落層を防止する予防的措置として、世帯更生資金貸付制度が創設された。これと時期を同じくして、一方では社会保険制度の整備が急速に推進されていった。まず、職域保険の拡充が進められ、各種共済組合保険が新設された。社会保険の適用をうける国民の範囲はしだいに拡大していった。ついで、一九五八（昭和三三）年には、農業者や商業者、自由業者などを対象にする地域保険制度として新たに国民健康保険法が制定された。翌一九五九（昭和三四）年には新国民年金法が成立し、わが国に職域保険と地域保険を組み合わせた「国民皆保険・皆年金体制」が実現することになった。

(3) 生活保護の改革

他方、一九五〇年代後半には生活保護制度の実質的な改善がみられた。その過程において重要な意味を持ったのが朝日訴訟であった。

戦中から戦後にかけて肺結核のため国立療養所で療養生活を続けてきた原告朝日茂は、長らく音信の途絶えていた実兄の仕送りを収入と認定し、扶助が減額されたことに疑問をもち、当時の生活保護の水準は憲法にいう生存権の規定に違反するとして一九五七（昭和三二）年八月、東京地裁に訴状を提出した。これにたいして、一九六〇（昭和三五）年一〇月、東京地裁は、法的権利説の立場から、憲法の生存権規定に法的規範としての効力を認め、生活保護基準を憲法違反とする判決を下した。しかし、一九六三（昭和三八）年一一月の東京高裁控訴審判決は第一審判決を取り消し、朝日はただちに上告したものの、間もなく死亡するに至った。訴訟は養子の朝日（小林）健二によって継承されたが、一九六四（昭和三九）年二月の最高裁判決は訴訟は上告人の死亡により終了したとするものであった。朝日訴訟は、結果的には原告側の敗訴に終わり、憲法二五条の生存権規定をプログラム規定とみなす政府の立場はこんにちにおいてもそのまま維持されている。しかしながら、第一審判決の翌年には生活保護基準が大幅に引き上げられるなど、朝日訴訟のその後の生活保護行政に与えた影響には計り知れないものがあった。

さて、こうしてわが国の生活保障システムは、一九五〇年代を通じて、事後救済的な生活保護制度を中心とするシステムから防貧的措置としての社会保険を中心とするそれに転換した。つぎの一九六〇年代には、急速に加速する経済成長のなかで、それまで生活保護制度のなかに包摂され、従属していた福祉サービスの相対的な自立と拡大がはじまる。

第3節　社会福祉の拡大と抑制——パイの論理とその破綻

1　福祉サービス法制の拡大

高度成長期から低成長期にかけての社会福祉の展開は、つぎのように要約することができる。第一に、福祉サービスが相対的に公的扶助から分離された。第二に、福祉サービスはしだいにその適用範囲を拡大し、一般化・普遍化の傾向をみせはじめた。第三に、福祉サービスの拡大には地方自治体による単独事業が重要な役割をもち、時期を同じくして福祉サービス供給主体にも多様化がみられはじめた。第四に、しかしながら、高度成長のもとで拡大の一途をたどった福祉サービスは、オイルショックを契機とする「パイの論理」の破綻によって深刻なリアクションを経験し、その増分主義的な拡大にも歯止めがかけられることになった。そして、第五に、このような変化を総括するかたちで、社会福祉の伝統的な施設入所型社会福祉から地域福祉型社会福祉への転型が準備されはじめる。

(1) 高度経済成長と福祉ニーズの拡大

経済の復興から拡大再生産局面への転換、さらに高度経済成長にいたる過程は、社会福祉の対象を著しく変化させた。一九五〇年代までの主要な福祉ニーズは、失業と低賃金に起因する貧困問題であった。一九六〇～七〇年代を特徴づける福祉ニーズは、傷病者、障害者、老人、児童、母子など稼働能力のない、雇用の拡大や賃金の上昇という高度経済成長の恩恵に浴する機会の少ない人びとを担荷者とする新たな生活問題であった。これらの人びとには、経済的援助だけではなく、あるいはそれとは別に、それぞれの福祉ニーズの特質に応じて、疾病・障害・社会的脆弱を克服・緩和・軽減し、日常的な生活機能を補完し、また自立生活能力を育成・回復するための強力な社会的援助が必要とされた。

このような新たな福祉ニーズの登場には、いま一つの背景が存在した。高度経済成長にともなう産業構造や就業構造の変化は、賃金に依存する雇用者の人口を拡大させ、労働力の流動化、人口の都市集積をもたらした。その過程において、家族はしだいに核家族化・小家族化し、同時に村落的な地域共同体の解体が進行した。こうして、伝統的な家族や地域社会に期待されていた自助的・相互扶助的な扶養機能を維持していくことはしだいに困難になり、衰退していった。かつて家族や地域共同体のなかに包摂され、その内部において維持＝扶養されてきた社会的不利益集団の存在とその福祉ニーズの深刻さが社会の表面に顕在化させられてきたのである。

(2) 社会福祉の新しい位置づけ

社会福祉にたいする認識も変化しはじめた。かつて、社会保障制度審議会の一九五〇（昭和二五）年勧告（社会保障制度に関する勧告）は、社会福祉を国家扶助＝公的扶助（生活保護）と区別しながら、「国家扶助の適用をうけている者、身体障害者、児童、その他援護育成を要する者」にたいする自立援護育成策として規定していた。一九六二（昭和三七）

年の「社会保障制度の推進に関する勧告」は、社会福祉と公的扶助、さらにはこれに社会保険をくわえて、三者の関係を一層明確に規定しようと試みた。社会保障制度審議会は、社会福祉を一般所得階層にたいする社会保険、貧困階層にたいする公的扶助と区別し、そのうえでそれを主として低所得階層（ボーダーライン層および不安定所得階層）に対応する防貧対策として位置づけた。これは、社会福祉を公的扶助（生活保護）とは区別されるべき、相対的に固有な制度体系を構成するものとして、より一層明確に位置づけようとするものであった。このような社会保障制度審議会の勧告は、社会福祉を公的扶助と分離し、福祉サービスとして位置づける社会福祉理解の重要な契機になった。

(3) 社会福祉六法体制

このような状況を背景にして、一九六〇年代の前半には、福祉サービスに関わる新しい法制度の創設が相ついだ。一九六〇（昭和三五）年三月には精神薄弱者福祉法（一九九八〈平成一〇〉年に知的障害者福祉法に改正・改称）が、一九六三（昭和三八）年七月には老人福祉法が、そして一九六四（昭和三九）年七月には母子福祉法（一九八一〈昭和五六〉年に母子及び寡婦福祉法に改正・改称）が、それぞれ制定された。ここに、いわゆる福祉六法体制が成立したのである。さらに近接領域では、一九六五（昭和四〇）年に母子保健法が児童福祉法から分離、制定された。また、所得保障の側面では、一九六一（昭和三六）年に児童扶養手当法が制定され、一九六四（昭和三九）年には重度精神薄弱児扶養手当法（一九六六〈昭和四一〉年に特別児童扶養手当等の支給に関する法律に改正・改称）が制定された。

この時期以後、わが国の社会福祉に関する法制度は、こんにちにいたるまで、基本的には変化していない。けれども、その後の福祉ニーズの拡大と質的変化は、戦後二〇年をかけて形成されてきた社会福祉の基本的枠組が予定していた状況をはるかに上回るものであった。

(4) 経済開発を補充する社会開発

一九六〇年代から七〇年代にかけて、わが国においては、過疎過密問題、公害問題、交通災害、少年非行の増大、女性労働の増加にともなう保育ニーズの拡大、そして高齢化の進行にともなう老後生活不安など、さまざまの生活問題がつぎつぎに社会問題化し、福祉ニーズの担荷者は社会保障制度審議会勧告のいう「低所得階層（ボーダーライン層および不安定所得階層）」をこえて「一般所得階層」に属する人びとにまで拡大していった。国民は、市民運動、住民運動、労働運動などさまざまなかたちで社会福祉施策の拡充を要求しはじめた。

これにたいして、一九六〇年代も後半にはいる頃、それまで経済の極大成長を至上命令としてきた国の政策にも、ようやく軌道修正の兆しがみえはじめた。国政の基調は経済発展を社会開発によって補完する方向に微妙に軌道修正され、そのなかで社会福祉は社会開発の重要な一環をなす施策として位置づけられることになった。

2 福祉サービスの発展

(1) 革新自治体の福祉単独事業

けれども、国政の水準における福祉施策の軌道修正は容易には実現しえなかった。むしろ、状況の変化に敏感に、そして積極的に対応したのは地方自治体であった。戦後福祉改革以来、地方自治体は基本的には国の委任をうけ、国の機関として社会福祉に携わるものとされてきた。社会福祉において地方自治体がその独自性を発揮しうる余地は、極度に限られていた。一九六七（昭和四二）年に成立した美濃部都政を嚆矢とする一連の革新自治体による社会福祉単独事業の登場は、そのような国と地方自治体との関係に一石を投じることになった。当初、地方自治体による社会福祉単独事業の多くは国の事業に一定の付加的な施策を追加するいわゆる上乗せ的単独事業であった。しかし、やがて地方自治体は国の施策にはない新しい事業を独自に展開しはじめた。児童手当制度の創設、老人医療や乳幼児医療の無料化は、そのような地方自治体独自の単独事業を代表する施策であった。こうして、わが国の社会福祉は、まず地方政治の水準において、歴史上はじめて政治的なイシューとなった。革新保守を問わず、地方自治体は競うようにして社会福祉単独事業を展開した。

(2) コミュニティ形成と地域福祉の萌芽

このような地方自治体単独事業の展開は、国民が地方自治体、さらには地域社会をみずからの生活の場として捉え、関心をもちはじめたことを意味していた。国民は高度経済成長政策によって解体されつつある地域社会を生活の場として再生すること、すなわちコミュニティの形成をめざして、反公害運動、生活改善運動、自治体改革運動など、さまざまなかたちで市民・住民運動を展開しはじめていた。

一方、政府もまた、そのような国民の地域社会にたいする関心と運動のエネルギーを吸収しようと試みた。一九六九(昭和四四)年、内閣総理大臣の諮問にたいし国民生活審議会は「コミュニティ――生活の場における人間性の回復」を答申した。そこでは、コミュニティは「個人や家庭のみでは達成しえない地域住民のさまざまな要求を展開する場として、取り残された階層を含めて人間性の回復と自己実現をもたらすもの」として把握されていた。そこで意図されていたのは、伝統的な地域的・村落的共同体の再生ではない。コミュニティは、高度成長にともなう産業社会化の過程において解体されてきた伝統的な地域共同体にかわって、意図的、人為的に形成されるべきものとして把握されていた。

社会福祉におけるコミュニティへの関心は、一九六九(昭和四四)年の東京都社会福祉審議会「東京都におけるコミュニティ・ケアの進展について」にはじまる。この答申は、伝統的な入所(収容)施設によるインスティテューショナル・ケアに対置されるべき措置として在宅によるコミュニティ・ケアの導入を提言した。さらに、二年後の一九七一(昭和四六)年には中央社会福祉審議会が「コミュニティの形成と社会福祉」を答申し、一層明確なかたちで伝統的な施設入所型社会福祉からこんにちの地域福祉型社会福祉への転換を促進することとなった。

(3) 福祉国家へのキャッチアップ

地方自治体による社会福祉政策の先取りは、さまざまなかたちで国の施策に影響を及ぼすことになった。国は、すでに地方自治体の単独事業として全国的な規模に発展していた社会福祉施策のうち、その一部を吸い上げ、国の施策として位置づけた。一九七一(昭和四六)年の児童手当制度や一九七三(昭和四八)年の老人医療費支給事業がその例である。また、国は、地方自治体のイニシアティヴを前提にしながら一定の要件を充足する社会福祉単独事業については、一定の補助金を交付しつつ、それを拡充・誘導するという新しい社会福祉行政のありかたを定着させた。

このような地方自治体による社会福祉単独事業の展開やコミュニティ・ケアにたいする関心の増大は、急速に在宅福祉サービス・メニューの拡大をもたらした。けれども、その一方で、障害者、高齢者、就労婦人などの社会福祉ニーズの拡大をまえに、社会福祉施設の立ち遅れは危機的な状況にあった。このため、一九七〇(昭和四五)年には「社会福祉施設緊急整備五か年計画」が策定され、障害者施設や老人ホームを中心に急ピッチで社会福祉施設の増設がはかられることになった。

また、この時期には福祉サービスとともに、所得保障の面においても急速にその拡充がはかられた。一九七〇(昭和四五)年前後から、わが国においても高齢者問題が社会問題化し、老後生活の安定をめざして年金制度の充実がはかられた。すでに一九五九(昭和三四)年の国民年金法によって国民皆年金体制が実現していたとはいえ、老齢年金の支給額は国民生活の実態に照らしてほとんど実質的な価値をもっていなかった。社会福祉施設への入所ではなく、地域における自立生活の維持を前提にした老後生活の保障を実現するには、在宅型の福祉サービスの整備とともに、年金をはじめとする所得保障の充実が不可欠の前提条件であった。

このような所得保障や社会福祉サービスの拡充は、基本的には一九六〇年代後半から七〇年代にかけての福祉ニーズの拡大とその解消・緩和を求める市民運動や住民運動、学生運動や労働運動の高揚、革新自治体の発展、保革伯仲国会などに象徴されるような緊迫した政治＝社会的状況の産物であった。しかしながら、同時に、そこに貿易摩擦にからむ欧米諸外国の経済大国日本＝福祉後進国日本にたいする政治的圧力が陰に陽に関与していた事実にも留意しておかなければならない。

3 低成長期の福祉政策

(1) バラマキ福祉批判とその余波

こうして、一九七〇年代のはじめには、わが国はすでに先進資本主義諸国なみの社会保障・社会福祉の制度を整え、福祉国家とよびうる状況に到達したとする見解もみられるようになっていた。たしかに、社会福祉サービスについてみれば、六五年から七三年にいたる期間に国の財政支出は急速に増加し、およそ九倍に拡大した。もとより、これは一面においてわが国の社会福祉サービスの立ち遅れの大きさを物語るものである。それでも、この間の拡充はかなり実質的なものであった。そうしたなかで迎えた一九七三（昭和四八）年は、「福祉元年」とよばれ、福祉国家政策の一層の発展が約束されたかにみえた。けれども、国民につかのまの夢を与えた「福祉元年」は、その秋口のオイルショックの勃発とともに暗転し、ようやく欧米の水準にキャッチアップしえたかにみえたわが国の社会福祉は一挙に「福祉見直し」の時代を迎えることになった。

かねてから革新自治体を中心とする地方自治体による社会福祉施策の先行的拡大に批判的で、不本意な追随を余儀なくされてきた政府・与党や財界は、オイルショックによる地方財政の硬直化を地方自治体による無原則的な「バラマキ福祉」「先取り福祉」「人気取り福祉」によるものとして激しく批判した。一方、一九七五（昭和五〇）年には、これとは別の角度から、長洲神奈川県知事が「新しい福祉政策のあり方を考える」として従来の社会福祉のありかたについての再検討を提起し、これが「福祉見直し論」として話題を集めた。長洲の提案は、従来住民の要求を背景に個別施策ごとに増分主義的に予算の拡大を求め、新たな制度の新設を求めてきた弊害を除去し、住民の参加をえながらさまざまな要求にもとづく施策を全体として整合性のある合理的な政策体系に組み換え、計画的に実施することを訴えたものであった。けれども、この長洲提案の社会福祉政策の計画化という肝心な部分は無視された。「福祉見直し」のネーミングのみが一人歩きし、激しい社会福祉批判が展開された。

(2) 日本型福祉社会論

こうした社会的状況のなかで、同じ一九七五(昭和五〇)年に、地方制度調査会や財政制度審議会は、もっぱら財政的な側面から社会福祉を批判し、その見直しを要求する答申や報告を提出した。そこにみられるような社会福祉にたいする批判、ひいては福祉国家政策にたいする批判は、わが国だけのものではなかった。オイルショック以後、世界的に低成長、スタグフレーションが進行するなかで、かつてはキャッチアップすべき目標であり、プラスシンボルであった福祉国家は、その母国であるイギリスにおいても、またヨーロッパ大陸や北アメリカにおいても、国民の投資と勤労の意欲を喪失させ、国家財政の硬直をもたらすものとして批判にさらされ、マイナスシンボルに転落してしまった。政府は、このような福祉国家政策の病弊にたいしてわが国のとるべき施策は、イギリスやドイツの先進国病に陥ることなく、独自の方策によって財政の再建を達成し、同時に福祉国家をこえる日本型福祉社会の構築をめざすことであると主張した。

第4節 社会福祉の転型——分権と地域福祉の時代へ

一九八〇年代は行財政改革の時代であり、社会福祉もその強い影響のもとにおかれた。行財政の簡素化・合理化によって財政の再建を意図する政府は、財政主導の福祉改革を提唱し、その実現を迫った。これにたいして、社会福祉の側からは改革の気運を戦後福祉改革以来の社会福祉の再検討の好機に転じようとする内在的福祉改革論が提起され、いわば両者の見解のせめぎあいのなかで、社会福祉の分権化・地域化、供給主体の多様化・民営化、施策の普遍化・総合化などを機軸とする福祉改革が推進されていった。

1 八〇年代福祉改革

(1) 行財政改革と福祉国家批判

一九七三（昭和四八）年のオイルショック以後も、年金、医療、社会福祉サービスを中心に、自然増部分の多い社会保障費の拡大する傾向はなお持続し、政府は国債に依存しながら財源の確保に努めた。けれども、国債依存の財政運用には限界があり、増税を訴えた総選挙にも苦杯をなめた政府は、一転して一九八一（昭和五六）年を「財政再建元年」と名づけ、第二次臨時行政調査会（臨調）を設置し「増税なき財政改革」の実現をめざした。

臨調は、一九七九（昭和五四）年に策定されていた「新経済社会七か年計画」の政策構想を継承し、思い切った行財政改革と日本型福祉社会の建設による財政危機の克服を提言した。臨調の提言は直ちに実施に移された。一九八一（昭和五六）年七月の臨時行政調査会第一次答申をうけて一九八二（昭和五七）年にはゼロ・シーリングが、翌年の一九八三（昭和五八）年にはマイナス・シーリングが設定され、以後、文教費、社会保障・社会福祉費などを中心に、財政支出の大幅な削減と行政機構・事務の簡素化・効率化が断行されることになった。

大幅な、思い切った行財政改革を提案した臨調は、同時に、それを補完するべきイデオロギー的な装置として日本型福祉社会の建設を提唱した。臨調は、西欧型の「高福祉高負担」による「大きな政府」をめざす立場を退け、「個人の自立・自助の精神に立脚した家庭や近隣、職場や地域社会での連帯を基礎としつつ、効率のよい政府が適正な負担の下に福祉の充実」をめざし、「真に救済を必要とする者への福祉の水準は堅持しつつも、国民の自立・自助の活動、自己責任の気風を最大に尊重し、関係行政の縮減、効率化を図る」必要があると主張した。

イギリス、ドイツ、スカンジナビア諸国などにおいて発展してきた福祉国家理念に対置される日本型福祉社会論は、日本的（東洋的ないし儒教的）な親族集団や地域共同体、それらの外延的拡大としての企業組織の活用を前提に、自立・自助、民間活力、そして効率を最大限に重視するような固有の社会組織の実現を求めるものであった。かつて、六〇年代の後半、社会開発の必要性が主張された時期、社会保障や社会福祉は、高度成長にともなう社会変動のなかで生活自己責任の原則を維持することが困難になった家族や地域共同体にたいして、それらを補完するものとして位置づけられていた。それにたいして、臨調に象徴される日本型社会福祉論の論旨は、「簡素な、効率のよい政府」による社会保障や社会福祉の限界をすでに実態的な基盤を喪失してしまった伝統的家族や地域共同体の理念によって補完しようというものであった。

(2) 八〇年代福祉改革の展開

臨調路線による行財政主導の、いわば外在的な福祉改革の断行には、社会保障・社会福祉界のみならず、国民の広い範囲から厳しい批判がよせられた。そのような広範な批判のなかには、臨調路線にたいして強く従来の社会保障・社会福祉の枠組の維持と一層の拡充を要求する見解と財政主導型の改革には抵抗しつつ、しかし高度経済成長の過程を通じて大きく変貌してきた社会福祉のあり方を内側からも再評価し、必要な改革はこの際推進すべきだとする内在的福祉改革論ともいうべき見解が含まれていた。一部に批判がみられたように、内在的福祉改革論の見解には臨調路線に取り込まれる危険がないわけではなかった。しかし、それはそれとして、その後の福祉改革は、全国社会福祉協議会の緊急提言「社会福祉関係予算の編成にあたって」〈一九八五（昭和六〇）年〉や提言「社会福祉改革の基本構想」〈一九八六（昭和六一）年〉にみられるような内在的福祉改革論と臨調行財政改革推進路線との綱引きのなかで展開されることになった。

行財政改革主導の福祉改革が急速な展開をみせはじめたのは、一九八五（昭和六〇）年からのことであった。この年、政府は、国庫補助一括削減法を成立させ、国の負担が二分の一を超える高額補助金については、暫定的に一律一割の削減を実施した。さらに、この年の秋には、内閣に設置された有識者による補助金問題検討委員会による審議の結果を経て、一九八六（昭和六一）年からむこう三年間、生活保護については従来の一〇分の八から一〇分の七に、福祉サービスについては一〇分の八から一〇分の五に、国庫負担の比率を削減することが決定、実施された。さらに、一九八九（平成元）年からは国庫負担の削減が恒久化され、国と地方自治体との負担率は、生活保護については一〇分の七・五対二・五、福祉サービスについては一〇分の五対五に改められた。

国と地方自治体との関係については、一九八六（昭和六一）年暮れ、地方公共団体の執行機関が国の機関として行う事務の整理及び合理化に関する法律が制定された。これとともに、生活保護に関する事務は従来通り機関委任事務として残されたものの、福祉サービスに関する事務は団体（委任）事務に変更された。同時に、従来地方自治体の単独事業にたいする補助金の交付というかたちで実施されてきたショートステイ・サービスやデイ・サービスが地方公共団体の団体（委任）事務として包括されることになった。

こうした福祉改革の構想の策定にあたって重要な役割を演じたのは、中央社会福祉審議会、身体障害者福祉審議会、中央児童福祉審議会から構成された福祉関係三審議会合同企画分科会であった。合同分科会は、一九八九（平成元）年三月には、福祉改革についての最終的な見解をとりまとめ、「今後の社会福祉のあり方について」（意見具申）を提出した。

(3) 社会福祉の分権化と地域化

一九八六（昭和六一）年暮れの改革によって、戦後福祉改革以来の中央と地方の関係は大幅に変革された。生活保護に関する事務は、生活保護の基本的課題は国民の最低生活に関わるナショナルミニマムの確保に求められるとする理由から、機関委任事務として残された。それにたいして福祉サービスについては、地方における福祉ニーズの動向・実態に即応するという観点から、団体（委任）事務に改められた。なお、ただし、福祉サービスについても一定の全国的な行政の統一と水準を維持するため、準則の設定その他の措置を講じることを求める付帯決議がつけられた。

このような社会福祉の分権化については、分権化が費用負担の地方財政への大幅な移転を主要な契機としたものであるだけに、国家責任の回避ないし軽減につながることを危惧する批判的見解がよせられた。しかし同時に、むしろ付帯事項の存在が地方自治体の自由な施策運用を拘束し、分権化の抑制につながるのではないかとする見解もみうけられた。また、社会福祉のうち生活保護のみが機関委任事務として残され、しかもそのような生活保護と福祉サービスが同時に福祉事務所によって運用されることからくる混乱を懸念する見解がみられた。

さらに、分権化についていえば、福祉関係三審議会合同企画分科会の意見具申「今後の社会福祉のあり方について」は市町村を主体とする実施体制への大幅な移管を求めた。機関委任事務の団体（委任）事務化が社会福祉施設への措置権などがほとんど都道府県の水準への移管であることにみられるように、一九八六（昭和六一）年段階の福祉改革では分権化はなお都道府県の水準にとどまっていた。合同企画分科会の意見具申は、そこを一歩踏み込んで市町村への権限の移管を求めたものである。

このような社会福祉の分権化は、一九七〇年代以後の急速な在宅福祉サービスの拡充を前提にし、かつその一層の推進を意図したものであった。初期の段階では、国の在宅福祉サービスは入所施設の代替施策としての色彩が強く、拡充の段階においても在宅福祉サービスにたいする国の姿勢は基本的には地方自治体のイニシアティヴによる社会福祉単独事業に一定の補助金を交付し、全体として地方自治体の社会福祉施策を誘導するというものであった。

これにたいして、一九八六（昭和六一）年の制度改革では、地方自治体（主として市）によって運営されてきた国庫補助金つき社会福祉単独事業のうち、ショートステイ・サービスとデイ・サービスが団体（委任）事務化され、伝統的な入所施設サービスにならぶ社会福祉施策として法制度的に認知された。以後、国は、従来の在宅サービスにくわえて、ホームヘルプ・サービス、ショートステイ・サービス、デイ・サービスを新規施策の中心にすえ、地域福祉サービスの拡充をはかることになる。

(4) 提供組織(デリバリーシステム)の多様化と多元化

社会福祉提供主体の多様化の傾向は、すでに高度成長期のなかばにはじまり、一九七〇年代の社会福祉施設増設期には公設民営方式の社会福祉事業団による社会福祉施設経営が一般化した。事業団方式の初出は六〇年代以前に遡及することができる。しかし、厚生省によるその明確な認知は一九七一(昭和四六)年の通知「社会福祉事業団の設立と運営の基準について」による。以後、「社会福祉施設の効率的経営」が図られる場合という条件付であったとはいえ、地方公共団体の設置した社会福祉施設の事業団への経営委託が公認され、公設民営方式の急速な普及がもたらされることになった。

一九八一(昭和五六)年には武蔵野市福祉公社が開設された。新種の第三セクター方式である。武蔵野市福祉公社は、二通りの意味で、その後の社会福祉提供システムのあり方に影響を及ぼした。まず、第一点は、それが武蔵野市の財政負担と規制を前提にしながら、民間ベースで設置され、運営されたことである。そのことによって、同公社は法律にもとづく公的福祉サービスの枠を越えた独自の事業を展開することができた。第二点は、同公社による生活サービスが利用者の資産の預託を前提とし、その範囲で供給されたことである。この方式は富裕者のための福祉であり、有料福祉であるとして強く批判された。しかし、それは、一面において従来の福祉サービスの適用範囲の外側にいる人びとの生活ニーズの充足に途を開くとともに、新しい福祉ニーズを誘導することにもなった。

このような、社会福祉の枠組にかかわるような制度の創出に前後して、一九七〇年代末以来、有料老人ホームやベビーホテルなど、いわゆる市場型福祉類似サービスを提供する営利事業が増加し、かなりの利用者を吸収した。この種の営利的福祉類似サービス提供事業の新規参入や増加には、部分的には従来の社会福祉施策によって充足されえないまま取り残された社会福祉ニーズに対応するという側面が認められた。けれども、同時にそれらは第三次(サービス)産業の新しい、有望な領域として発展してきたものであった。営利的事業体は、食事・ケアつき高齢者マンションや終日保育、幼児のショートステイ・サービスなど従来の福祉サービスでは期待されえなかった生活サービスを提供すると同時に、その業績主義的経営や放漫経営は有料老人ホームの倒産、ベビーホテルにおける事故死の多発などの深刻な弊害をうみだした。このほか、高度成長期以後、無認可の保育所や作業所（認可を望まないものを含む）、生活協同組合、さらには自助団体など、社会福祉関係法令による規制の外側で事実上の社会福祉サービスを提供する団体や組織の発展がみられた。臨調の行財政改革主導の福祉改革は、このような社会福祉の供給主体の多様化を前提にしながら、社会福祉にたいする公的責任を相対化させ、さらにはその民営化を一挙に進展させようとしたものであった。そして、そのことでは、議論の出発点に違いがあるとはいえ、福祉関係三審議会合同企画委員会の意見具申もまた、結局のところ外在的福祉改革論と大同小異の結論になっている。合同企画委員会の改革案は、シルバービジネスに代表される民間事業者によるサービスを民間福祉サービスの一部分として積極的に位置づけるものであった。

(5) 社会福祉の総合化と普遍化

戦後における社会福祉の展開の過程は、貧困者救済施策として共通の淵源をもつ公的扶助と福祉サービスとが分離し、後者が貧困者対策の枠組からしだいに解放され、自立していく過程であった。戦後まもなくの定礎期に、児童福祉サービス、身体障害者福祉サービスを含めて、実質的には生活保護の一部分として再出発した福祉サービスは、やがてその拡大期に六法体制を確立し、さらに社会福祉施設の緊急整備計画、在宅福祉サービスの拡大を通じてわが国の生活保障システムを構成する主要な柱としてその地歩を獲得した。そして、転型期を迎えるにあたって、福祉サービスには一転して関連施策との連携・総合施策化が求められるようになった。

現代における国民生活の変化、福祉ニーズの一層の多様化と高度化は福祉サービスにたいしてさまざまな領域における連携・総合化を要求している。まず、福祉サービスには、所得保障、なかでも年金制度との関連において、老後保障や障害者の自立生活を維持確保していくうえで車の両輪をなす施策として機能することが期待されている。隣接領域との関係では、伝統的に密接な関係をもってきた教育の領域だけでなく、保健・医療分野との緊密かつ全面的な連携が重要な課題となった。たとえば、一九八五（昭和六〇）年の社会保障制度審議会による建議「老人福祉の在り方について」、およびこれを契機とするいわゆる「中間施設」（老人保健施設）の設置は、保健・医療と福祉サービスとの連携を推進する端緒となった。また、同時に、この建議が、在宅福祉サービスとの関連において、福祉サービスと住宅政策との連携の必要性を指摘していたことも「中間施設」の提案に劣らず、重要な意味をもっていた。

社会福祉サービスと教育、保健・医療、住宅政策などの関連領域との連携は、部分的なものから徐々に拡大し、最近では相互に独立した施策の連携という範囲を越え、一つの総合的なサービスとしての展開が期待されるようになってきている。そこでは、福祉サービスは、伝統的な社会福祉の枠組を越えた社会サービスの一部分として位置づけられていた。

このような福祉サービスのあり方にたいする期待は、福祉サービスが貧困者対策の枠組から完全に離脱し、教育、医療・保健、住宅政策などのいわゆる一般政策と同列の施策として発展しつつあることを示すものといえる。資本主義社会の一定の発展段階において、本来的、第一次的な社会制度にたいして第二次的、ないし残余的な制度として登場してきた福祉サービスは、いまでは限りなく社会の本来的、第一次的制度に近い制度として体制化され、常態化された。そして、そのような福祉サービスの体制化・常態化は、一面において福祉サービスの営利事業化を誘発することにもなったように思われる。「営利的社会福祉サービス」の登場は、福祉サービスの体制化・常態化の最終的な段階であるといえなくはない。けれども、そのように営利事業化した福祉サービスは、歴史的かつ理論的な文脈においてもはや福祉サービスとよぶことはできないであろう。

2　利用者民主主義の模索

(1)　社会福祉関係八法改正

一九九〇（平成二）年六月二二日、「老人福祉法等の一部を改正する法律」が可決成立した。改正の範囲は、老人福祉法、身体障害者福祉法、知的障害者福祉法、児童福祉法、母子及び寡婦福祉法、社会福祉事業法、老人保健法、社会福祉・医療事業団法の福祉関係八法にわたる大掛かりなものになっている。法改正の概要は、おおむね一九八九（平成元）年三月の福祉関係三審議会合同企画分科会による意見具申「今後の社会福祉のあり方について」の提言に沿った内容になっている。

法改正の概要は、①地方公共団体の福祉に関わる事務の再編、②居宅生活支援事業の社会福祉事業（社会福祉サービス）としての位置づけ、③老人福祉計画および老人保健計画の作成、④社会福祉・医療事業団による社会福祉事業助成策の強化、⑤共同募金の配分規制の緩和など、である。以下、関係法令ごとに改正の要点をみておきたい。

A　老人福祉法関係

①市町村は、要介護老人にたいする介護や老人ホームへの入所に関する措置の総合的な実施に努めることになった。②ホームヘルパーなどの老人居宅生活支援事業および老人デイサービスセンターなどの実施、設備の設置などに関し、所要の規定が整備された。③特別養護老人ホーム、養護老人ホームへの入所決定権が都道府県から町村へ委譲された。④市町村は、「市町村老人福祉計画」（老人福祉法にもとづく福祉の措置の実施に関する計画）を作成し、都道府県はその「市町村老人福祉計画」の達成に資するために「都道府県老人福祉計画」を策定することが義務づけられた。⑤有料老人ホームの設置の届出を事後届出から事前届出に改め、厚生大臣または都道府県知事は入所者保護のために必要な所要の措置をとりうることとし、さらに入所者の保護と有料老人ホームの健全な発展に資するために有料老人ホーム協会が設置されることになった。

B　身体障害者福祉法関係

①市町村は、身体障害者がその心身の状況、環境等に応じて、もっとも適切な処遇がうけられるよう、居宅における介護等の措置および身体障害者更生援護施設への入所の総合的な実施に努めることになった。②ホームヘルパーな

どの身体障害者居宅生活支援事業の開始などに関し、所要の規定が整備された。③身体障害者更生援護施設への入所決定権、更生医療および補装具の給付等の権限が都道府県から町村へ委譲された。④身体障害者更生援護施設への入所決定権等が町村に委譲されたことにともない、身体障害者更生相談所の市町村にたいする技術的支援、調整機能が強化され、身体障害者福祉司を身体障害者更生相談所に設置することになった。

C　知的障害者福祉法関係

①知的障害者にたいする福祉の措置として、居宅における介護等の措置、知的障害者が共同生活を営むべき住居において日常生活上の援助を行う措置を追加するなど、所要の規定の整備が行われた。②知的障害者通勤寮および知的障害者福祉ホームが知的障害者援護施設として位置づけられた。③都道府県は、知的障害者またはその保護者相談に応じること、および知的障害者の更生のために必要な援助を行うことを、知的障害者相談員に委託することができるようになった。

D　児童福祉法関係

身体に障害のある児童または知的障害の児童にたいする措置として、居宅における介護等の措置を追加するなど、所要の規定の整備が行われた。

E　母子及び寡婦福祉法関係

母子家庭の母および寡婦にたいし、その居宅において日常生活を営むのに必要な便宜を供与する措置が追加された。

F　社会福祉事業法関係

①第一種社会福祉事業に、新たに、知的障害者福祉ホームまたは知的障害者通勤寮を経営する事業が追加された。②第二種社会福祉事業に、新たに、児童、老人、身体障害者にたいする居宅介護等事業、デイサービス事業ならびに短期入所事業、母子家庭居宅介護等事業、寡婦居宅介護等事業、父子家庭居宅介護等事業、老人デイサービスセン

ターまたは老人短期入所施設を経営する事業、視聴覚障害者情報提供施設を経営する事業、知的障害者居宅介護等事業、知的障害者地域生活援助事業が追加された。③社会福祉事業の「趣旨」を示していた社会福祉事業法第三条が新たにその「理念」を示すものに全面的に改められ、国、地方公共団体、社会福祉法人その他社会福祉事業を経営する者は、福祉サービスを必要とする者が心身ともに健やかに育成され、又は社会、経済、文化その他あらゆる分野の活動に参加する機会を与えられるとともに、その環境、年齢及び心身の状況に応じ、地域において必要な福祉サービスを総合的に提供されるよう、社会福祉事業その他の社会福祉を目的とする事業の広範かつ計画的な実施に努めなければならないとされた。④国、地方公共団体、社会福祉法人その他社会福祉事業を経営する者には、医療、保健、その他関連施策との有機的な連携に努め、地域に則した創意と工夫を行うとともに、地域住民等の理解と協力を得るように努めなければならないとされた。⑤福祉事務所のうち、都道府県の設置する福祉事務所は、福祉各法の措置に関する事務のうち都道府県または都道府県知事の行うものを、市町村の設置する福祉事務所は、福祉各法の措置に関する事務のうち市町村または市町村長の行うものを、それぞれ実施することになった。⑥災害復旧などの場合には、共同募金を重点的に配分することが可能になった。⑦新たに指定都市の区に、地区社会福祉協議会が設置されることになった。⑧市町村社会福祉協議会および地区社会福祉協議会は、社会福祉を目的とする事業を企画し、実施するように努めなければならないとされた。

G　老人保健法関係

①市町村は、「市町村老人保健計画」（老人保健法にもとづく医療等以外の保健事業の実施に関する計画）を作成し、都道府県はその「市町村老人保健計画」の達成に資するために「都道府県老人保健計画」を策定することが義務づけられた。②市町村の「市町村老人保健計画」は「市町村老人福祉計画」と、都道府県の「都道府県老人保健計画」は「都道府県老人福祉計画」と、それぞれ一体のものとして作成されることが義務づけられた。

H　社会福祉・医療事業団法関係

社会福祉・医療事業団に、社会福祉事業従事者の研修、福利厚生その他社会福祉事業の振興上必要と認められる事業を実施する者への資金の助成、ならびに社会福祉事業に関する調査研究、知識の普及および研修をおこなうことを目的に、基金が設けられることになった。

(2) 地域福祉型社会福祉への転換

社会福祉関係八法の改正によって、一九八五(昭和六〇)年頃から急速に推進されてきたわが国の社会福祉制度改革は一つの大きな峠を越えることになったといってよい。

この改革が着実に実施されれば、わが国の社会福祉は、理念的にはほとんどその面目を一新することになる。そのことは、社会福祉事業法第三条の新旧の規定を比較するだけで、理解することができる。旧規定は、社会福祉事業の対象を「援護、育成又は更生の措置を要する者」として限定的に把握していた。さらに、その対象規定に続く「その独立心をそこなうことなく」という条文には前時代的、救貧的な惰民観の潜在すらうかがえる。

これにたいして、新しく改定された社会福祉事業法第三条の規定には、「福祉サービスを必要とする者」というより一般的普遍的な対象認識への転換だけでなく、「参加の機会」「地域における必要な福祉サービスの総合的提供」「社会福祉事業その他の社会福祉を目的とする事業の広範かつ計画的な実施」「医療、保健その他関連施策との有機的な連携」「地域に則した創意と工夫」「地域住民等の理解と協力」など、社会福祉の新しい理念を示す概念がちりばめられている。それらはいずれも、多かれ少なかれ、一九八〇年代を通じてわが国の社会福祉のあり方に影響力をもった諸理念、すなわち普遍主義化(ユニバーサリゼーション)、脱施設化(ディインスティテューショナリズム)、在宅福祉(コミュニティ・ケア)化、統合化(インテグレーション)、常態化(ノーマライゼーション)、分権化(ディセントラリゼーション)、脱規制化(ディレギュレーション)などの諸理念を体現している。福祉関係八法の改正は、福祉改革の時代としての一九八〇年代を総括するものであった。

一九九〇（平成二）年六月の法改正は、八〇年代の福祉改革を総集しただけではない。それは、戦後福祉改革によって定礎された社会福祉の基礎的枠組を大幅に、根底的に変革し、造り変えようとする福祉改革が一応の終結をみたことを意味していた。その意味で、まさに、一九九〇年はわが国の社会福祉の歴史のうえに新しい時代のはじまりを画期するものといって過言ではないのである。

けれども、これまでにもたびたび言及してきたように、一九八〇年代を象徴する福祉改革はさまざまな難問を積み残しながら推進されてきた。それらの難問は、福祉改革を総括する福祉関係八法改正によって解消されるどころか、さらに拡大する可能性が開かれたともいいうるのである。たしかに、社会福祉の分権化・地域化は、社会福祉の供給者のみならず、社会福祉の直接的な利用者や潜在的な利用者である国民の側からみても、理念的には適切かつ望ましい選択である。

第5節　社会福祉基礎構造改革の展開

1　基礎構造改革の概要

(1)　基礎構造改革の時系列的整理

まず、社会福祉基礎構造改革に関わる事象を年次別に整理する。一九九七（平成九）年に児童福祉法が改正され、介護保険法が制定されている。また、社会福祉事業等の在り方に関する検討会「社会福祉の基礎構造改革について（主要な論点）」が提出された。九八（平成一〇）年には、内容的にこの在り方検討会の報告を受け継いだ中央社会福祉審議会社会福祉構造改革委員会が「社会福祉基礎構造改革について（中間まとめ）」と「社会福祉基礎構造改革を進めるにあたって（追加意見）」を公表し、翌九九年になると社会福祉の増進のための関係法律（仮称）制定要綱が策定され、これが二〇〇

○（平成一二）年五月の社会福祉の増進のための社会福祉事業法等の一部を改正する等の法律の制定に結びつき、社会福祉基礎構造改革は一つの区切りを迎える。なお、同年一二月に「社会的な援護を必要とする人々に対する検討会報告書」が提出され、ソーシャルインクルージョンが二一世紀における社会福祉の新しい理念として提起されたことにも触れておく必要があろう。

社会福祉基礎構造改革に関わる事象を年次的にみてきたが、もとより社会福祉基礎構造改革の始点がその名称をもちいた議論が展開され始めた九七（平成九）年だというわけではない。それは、たとえば社会福祉基礎構造改革の重要課題の一つとなった措置制度から利用制度への転換という問題についていえば、実質的には九三（平成五）年に厚生省（現厚生労働省）に設置された「保育問題検討会」の第八回目（同年一〇月）の会合で保育所の利用方式を措置方式から契約方式に変更するという議論が開始された時点といわなければならない。この検討会では措置制度の堅持か契約方式への転換かをめぐる議論の応酬があり、最終的には翌九四（平成六）年一月に両論併記の「保育問題検討会報告書」が提出される。この議論が保育所利用方式の変更を含む九七（平成九）年の児童福祉法改正につながることになる。そして、同年の晩夏「社会福祉事業等の在り方に関する検討会」が設置されることになるが、そこでの利用制度に関する議論は内容的にみれば「保育問題検討会」以来の議論を継承したものといってよい。同様の指摘は介護保険制度についても可能である。介護保険制度導入についての議論は、九四（平成六）年に厚生省（現厚生労働省）に高齢者介護対策本部が設置され、翌九五年に社会保障制度審議会が介護保険の導入を勧告する「社会保障制度の再構築——安心して暮らせる二一世紀の社会を目指して」を公にし、また老人保健福祉審議会が介護保険を核とする「新たな高齢者介護システムの確立について（中間報告）」を提出したことを契機として本格的に始まっている。このような文脈でいえば、社会福祉基礎構造改革に関する議論はすでに九三年に始まっているのである。

(2) 基礎構造改革の概要

社会福祉基礎構造改革を具体化する社会福祉事業法等の改正の趣旨及び内容は、以下の通りである。法改正の趣旨では、社会福祉の一層の増進を図るために、利用者の利益の保護、措置から支援費支給方式への転換、地域福祉の増進を行うことが謳われている。社会福祉事業法等の改正により改められた制度は、社会福祉事業法、身体障害者福祉法、知的障害者福祉法、児童福祉法、社会福祉施設職員等退職手当共済法、民生委員法、生活保護法、公益質屋法の八つの法律に関わっている。このうち公益質屋法は廃止であるから、以下社会福祉事業法、身体障害者福祉法、知的障害者福祉法、児童福祉法、民生委員法に関わる制度改正・新設について簡単に紹介する。

A　社会福祉事業法関係

①名称が社会福祉事業法から社会福祉法に改称された。②社会福祉事業から公益質屋に関する事項が削除され、新たに九つの事業が追加された。③社会福祉法人設立条件ならびに経営基準が緩和されるとともに、情報開示が義務づけられた。④社会福祉施設における苦情解決制度の導入等の改善が行われた。⑤福祉サービス利用支援・サービス内容評価が推進されることになった。⑥地域福祉計画の策定・社会福祉協議会の構成原理や社会福祉協議会設置要件の改変等が行われ、地域福祉の推進が図られることになった。

B　身体障害者福祉法関係

①新規事業として身体障害者相談支援事業、身体障害者生活訓練等事業、手話通訳事業、盲導犬訓練施設を経営する事業が追加された。②市町村による情報提供・利用の調整が導入された。③支援費支給制度が導入された。

C　知的障害者福祉法関係

①新規事業として知的障害者デイサービス事業、知的障害者相談支援事業、知的障害者デイサービスセンターを経

営する事業が追加された。②市町村による情報提供・利用の調整が導入された。③支援費支給制度が導入された。

D　児童福祉法に関する事項

①新規事業として障害児相談支援事業が追加された。②児童委員の役割が強化された。③児童居宅支援費制度が導入された。④助産施設・母子生活支援施設にたいする利用方式が導入された。

E　民生委員法関係

①住民の立場に立つことが理念として明確化された。②民生委員の事業として利用支援情報の提供が追加された。③名誉職規定が廃止され、無給とすることが明記された。

2　社会福祉理念の転換

最後に、社会福祉基礎構造改革の理念や改革の方向について整理し、今後われわれが二一世紀における社会福祉を展望する契機としたい。以下、①自立生活の支援、②利用者民主主義、③サービスの質的向上、④地域福祉型社会福祉、の四点に整理して検討する。

(1)　自立生活の支援

「自立生活の支援」を「中間まとめ」の文言を借用して敷衍すれば、「個人が人としての尊厳をもって、家庭や地域の中で、その人らしい自立した生活が送れるように支える」ということになる。この文言によって示されようとしている理念は、人であれば、誰もがそうありたいと願う生活であろう。自立生活を支援するという理念は、アメリカの障害者たちによる「自立生活運動」の障害のある者も地域社会のなかで自立生活を送りたいという念願が社会福祉の全体に一般化され、社会福祉の普遍的な理念となったとも考えられよう。

このような捉え方はそれなりに説得力をもっているが、しかし「自立生活の支援」という理念の背後に、「国民が自らの生活を自らの責任で営むことが基本」であり、「自らの努力だけでは自立した生活を維持できない場合に社会連帯の考え方に立った支援」を行うという思想のあることに留意しておかなければならない。この思想には、市民社会の生活原理である生活自助原則、つまり「自助と自律の生活」に直接的につながる側面が含まれている。

このような理念転換の背後には、すでにみておいたように、国民の生活にたいする国家の役割についての考え方の原理的な転換が横たわっている。社会福祉に伝統的な保護介入する国家（インタービーイングステイツ）から環境整備国家（イネイブルステイツ）への転換である。社会福祉の新たな理念には、国・自治体は国民の生活に積極的に介入することを避け、国民の自らの責任において維持される自立生活を環境整備、条件整備という観点から側面的に支援するということである。問題は、社会福祉の現実的、潜在的な利用者にとって、そのような支援によって自立がどこまで可能かということである。

(2) 利用者民主主義

ここでいう利用者民主主義とは、利用者の権利――利用者による福祉サービスのメニューやサービス提供施設の選択と決定、利用の申請、認定や決定にたいする不服の申し立てや再審査の請求、苦情の申し立てなどの諸権利――を尊重する社会福祉提供のあり方のことである。総じていえば、伝統的な社会福祉を特徴づけた供給者本位の運営システムを利用者本位のそれに変更することを意味している。

この利用者民主主義は「中間まとめ」では「サービスの利用者と提供者の対等な関係の確立」という表現に集約されている。その骨子は、福祉サービスの利用の方式を伝統的な措置方式から契約方式に変更するということである。契約方式は、社会福祉の供給者と利用者とを対等な関係に置き、利用者の福祉サービス選択権や決定権を尊重する方式として提起された。社会福祉基礎構造改革推進者の論理は、社会福祉の資源が乏しかった敗戦直後の時代はともかく、社会福祉が一般化し、資源も増大したこんにちにおいては、行政処分を意味する措置方式には硬直化の傾向があり、この際、利用者の選択権や自己決定権を尊重することのできる契約方式に転換すべきであるというものであった。これにたいして、措置方式の継続を主張する関係者や研究者は、措置方式は職権主義を前提にしており、福祉サービスの提供と利用にたいする公的責任の保障という意味あいが含まれている、また利用者のなかには高齢者や障害者、児童など十分な自己決定能力をもたず、利用という方式になじまない人びとが多数含まれていると批判した。

社会福祉事業法等の改正のなかでは、契約という用語はもちいないものの、原理的には契約という考え方を採用する「行政との契約」方式や「支援費支給」方式が導入されることになった。同時に、支援費支給方式により難い場合については措置方式を残し、自己決定能力の低下した人びとにたいする福祉サービス利用援助事業など、契約原理を補完する制度も導入されたが、新たな利用方式の効用と限界については制度運用の実態に照らして慎重に検討する必要がある。

(3) サービスの質的向上

「中間まとめ」は、改革の目指すべき方向の第四点として「信頼と納得が得られるサービスの質と効率性の向上」をあげた。確かに、近年にいたるまで社会福祉において「サービスの質」が正面から論じられる例は少なかったといってよい。従来、社会福祉の世界においては、利用者は社会福祉の利用が実現しただけでもよしとすべきであり、サービスの質を問題にすることなど慮外のこととされてきた。提供者はもとより、利用者の立場にある者にとってはなおさらのことである。このような状況を反省し、福祉サービスの質的向上を図るという提案であった。

社会福祉事業法等の改正では、福祉サービスの質的向上を図るために、利用者による福祉サービスの選択申請を前提とする利用方式、提供事業者による競争の促進・情報公開・自己点検評価、第三者評価、苦情解決制度の導入などがある。ここには、利用者による福祉サービスやその提供機関や施設の選択を始め多彩な手法が導入されている。しかし、社会福祉の領域では目新しいものばかりである。最終的な評価は、このような手法が期待通りに福祉サービスの質や効率の向上をもたらすかどうかによって定まってこよう。

(4) 地域福祉型社会福祉

社会福祉基礎構造改革の課題のもっとも重要な意義をもつのは、地域福祉の推進、あるいは地域福祉型社会福祉の推進ということであろう。

実際、改正された社会福祉法の第四条では、地域住民、地域社会、地域福祉、地域福祉計画等々、地域福祉の推進という改革の理念を裏付けるような用語が多数導入され、また社会福祉協議会や共同募金制度がそのような改革の方向を支援する方向に改められ、あるいは整備されている。

地域福祉が市町村を基礎的な単位として展開される社会福祉であるとすれば、市町村政府（行政）と地域社会それぞれの役割と相互の関係、基礎的自治体である市町村、都道府県、さらには国のとるべき役割とその相互の関係、利用者と地域住民との関係、地域組織化・地域福祉推進の主体等々、議論すべき課題は少なくない。

参考文献

池田敬正『日本社会福祉史』法律文化社、一九八六年
右田紀久恵・高澤武司・古川孝順『社会福祉の歴史』（新版）有斐閣、二〇〇一年
T・タタラ著、菅沼隆・古川孝順訳『占領期の福祉改革』筒井書房、一九九七年
横山和彦・田多英範編著『日本社会保障の歴史』学文社、一九九一年
吉田久一『現代社会事業史研究』川島書店、一九九〇年

第6章 社会福祉理論のパラダイム転換

われわれが、拙著『社会福祉学序説(1)』（一九九四年）において、わが国における社会福祉の理論研究は閉塞的、袋小路的状況にあると指摘してから間もなく七年の歳月が経過する。この間、社会福祉に関連して刊行された著書や論文は相当の点数にのぼるものと推測される。しかしながら、残念なことに、それら数ある著書や論文のなかでも、社会福祉の原理論的な研究、すなわち社会福祉の基本的な性格あるいは本質を理論的に分析し、把握しようとする試みは数点にとどまるといわざるをえないであろう。

先行諸理論についての個別研究や学説史的な分析を試みること、その長短を分析し、批判的に論じることはできても、それではそこから一歩を進めそれらの先行諸理論を凌駕するような理論体系の枠組やそれにもとづく分析と総合の成果を提起できるかといえば、事柄はそれほど容易なことではない。実際問題として、先行諸理論に言及した議論もその多くは、独自の理論体系を展開するまでに至らず、問題の所在とそれを克服することの困難さを指摘するにとどまっているように思われる。われわれもまた、前掲の『社会福祉学序説』や後続の『社会福祉のパラダイム転換(2)』（一九九七年）、その他において先行諸理論の再評価を試みるとともに、社会福祉の基本的理論問題について若干の議論を重ねてきたとはいえ、いまだに納得しうる議論を展開する段階に至っていない。

こんにち、第二次世界大戦後の世界社会を規定し、方向づけてきた冷戦構造の終焉、経済的停滞の長期化、新保守主義の浸透がもたらした不確実な転換期的状況のなかで、わが国の社会福祉もまた、理論的にも実践的にも、戦後以来ともいうべき転換期的状況に直面している。そうした状況を前提に、ここで戦後社会福祉の理論研究が一貫して議論の対象としてきた諸問題のうちいくつかの論点についてあらためて考察を加え、新たな理論構築のよすがとしたい。

第1節　理論再構築のスタンスと方法

1　社会福祉の二項対立論的規定

周知のように、戦後のわが国の社会福祉研究を代表する社会福祉の理論体系は、孝橋理論、竹中理論、竹内理論、岡村理論、木田理論、一番ヶ瀬理論、真田理論、高島理論、三浦理論など固有名詞を附してよばれてきた。もとより、これらの理論は、理論としての体系性、整合性、有効性、妥当性、実践性、適用範囲などそれぞれに趣を異にしており、これを一概に論じることは容易なことではない。しかし、これらの先行諸研究はそのいずれもが社会福祉の基本的性格あるいは本質について何らかのかたちで言及しており、新たに社会福祉理論の展開を試みようとすれば、それらを相互に比較考量し、その長短を論じることはまずもって果たされるべき基礎的な作業でなければならない。

かつて、われわれもこれらの先行諸理論についてその内容的な特徴に着目し、政策論、技術論、固有論、運動論、経営論としてこれを類型化するとともに、それぞれの類型の特徴、相互の位置関係、歴史的な系譜関係などについて論じたことがある。政策論に対応するのはいうまでもなく孝橋正一の理論であり、以下、技術論には竹内愛二の、固有論には岡村重夫の、運動論には一番ヶ瀬康子、真田是、高島進の、経営論には三浦文夫の諸理論が、それぞれ対応する。これらの理論類型あるいはそれを構成する個々の社会福祉理論についてここで個別に詳論するだけのゆとりはない。ここではそれぞれの理論類型の相互の位置関係についてのみ確認しておきたい。すなわち、われわれのいう政策論、技術論、固有論、運動論、経営論のうち、政策論と運動論は、相互に批判的な議論を展開するという経緯を含みながらも、広い意味では同一の範疇に属している。運動論は政策論の一つの展開形態としてとらえることもできる。いずれの類型も社会福祉の基本的な性格をその政策という側面に焦点をしぼりながら論じているからである。

これにたいして、技術論と固有論は、そのいずれもが社会福祉の基本的な性格をその技術的ないし機能的な側面に比重をかけて論じているという意味において、同一の範疇に属する。固有論は技術論とは異なる独自の理論展開を示しているものの、広い意味では技術論の発展形態として位置づけることできる。

こうして、戦後のわが国の社会福祉の理論は、大枠でいえば、社会福祉の政策論、技術論、そして経営論という三通りの類型に整理することが可能となる。さらに、このような政策論、技術論、経営論という類型に時代的な要素をからませていえば、戦後のわが国における社会福祉の理論研究は、一九七〇年代までは政策論と技術論の鋭角的な対立と相互批判という構造のなかで展開され、八〇年代以降になるとそれらに代わって経営論の台頭と発展をみるというかたちで展開してきたといってよい。

このようなわが国における社会福祉の理論研究の展開のありよう、なかでもそれが政策論と技術論が相互に拮抗し合い、批判し合うという関係を機軸に推進されてきたという事実は、極めて重要な意味をもっている。政策論と技術論の対立は、単なる関心領域や力点の置きかたの違いという範囲を超えており、基盤となる科学方法論の違いを前面に押しだした相互批判であり、対立であった。そのため、政策論と技術論の対立は相互に抜き差しならない二者択一論的、二項対立(ダイコートミー)論的な性格を帯び、両陣営の論争は熾烈な批判的言説の応酬となった。

さて、ここで、かつて一九七四年に、吉田久一がわが国で最初の社会福祉学説史ともいえる労作『社会事業理論の歴史』のなかで、戦後社会福祉の諸理論を、その科学方法論の違いに留意しつつ、「歴史的社会的な社会科学的規定」と「超歴史的な目的概念的規定」に分類していることを思い起こしておきたい(3)。この分類をさきほどのわれわれの理論類型と結びつければ、「歴史的社会的な社会科学的規定」に対応するのは政策論であり、「超歴史的な目的概念的規定」に対応するのは技術論ということになろう。このような吉田の分類は、戦後以来七〇年代までの社会福祉研究をめぐる理論的状況からいえば、もとよりそれとして十分に理解できるものである。しかし、政策論と技術論の違いをこのように基盤となる科学方法論の違いとして際立たせてしまうと、両者の違いは容易には乗り越えようのない、決定的な懸隔を含むものとして写しだされてこないであろうか。

また、吉田の類型に類似するものとして「マルクス主義的規定」と「機能論的規定」という分類法も存在する。吉田のいう「歴史的社会的な社会科学的規定」と「マルクス主義的規定」は必ずしも同一の内容を意味するものではないようにもみえるが、「歴史的社会的な社会科学的規定」と「超歴史的な目的概念的規定」を仮に「マルクス主義的規定」と「機能論的規定」にそれぞれいいかえてみると、政策論と技術論の懸隔はなお一層決定的なものとして現れてくる。

戦後、社会福祉の理論研究が政策論か技術論かというかたちで二者択一論的、二項対立論的に論じられてきたことは事実であるし、その前提に、吉田が指摘したように、科学方法論上の明確な違いが存在したこともまた事実である。しかし、それにしても、わが国における社会福祉の理論研究は、これまでこの科学方法論の違いという問題に敏感なあまり、かえってステレオタイプ論の罠に陥ってきたのではないか。なかでも「マルクス主義的規定」と「機能論的規定」という分類法がとられるような場合にはそうである。社会福祉の研究者たちは、ややもすると科学的というよりもイデオロギッシュな議論の迷路に落ち込み、政策論と技術論との対立を抜き差しならない二項対立論的な議論として捉え、自縄自縛の状態に陥っていたのではないか。ステレオタイプに惑わされた議論の弊害というべきであろう。

社会福祉の内外に関わる転換期的状況のなかで、われわれはいまや旧来のステレオタイプ論と明確に訣別し、先行する理論研究に学びつつもそれにとらわれることのない新しい視点から政策と技術の問題を再考すべき時期を迎えているように思われる。

2　中間理論と新中間理論

もとより、政策論と技術論との論争はなやかなりし時代にも、科学方法論におけるステレオタイプ論を克服しようとするような試みが存在しなかったわけではない。実際、吉田久一も「歴史的社会的な社会科学的規定」と「超歴史的な目的概念的規定」とのあいだに「中間理論」という範疇を設け、島田啓一郎と木田徹郎の理論をそこに位置づけている。吉田は、島田と木田を比較すると木田にたいして好意的である。吉田は、社会福祉は制度体系と専門行動体系から構成されると論じた木田の理論について、超歴史的性格をもちながらも「合理性」「計画性」「予測性」を重視し、主として内在的課題に焦点をあてたとして評価している。ただし、吉田の「中間理論」にたいする全体としての評価は消極的なものである。島田の理論も木田の理論も理論的整合の点で成功しておらず、類似の試みについてもその「多くは足して二で割る俗論となり、社会事業理論を混乱させている[4]」と吉田の評価ははなはだ手厳しい。

吉田が「中間理論」に手厳しいのは、もとより、吉田自身が社会福祉の歴史性や社会性を重視する「歴史的社会的な社会科学的規定」の立場にたっているからである。吉田が中間理論というのは、前述のように、「歴史的社会的な社会科学的規定」と「超歴史的な目的概念的規定」との中間に位置し、両者の統合を意図する理論という意味である。たしかに、科学方法論を重視する立場に立てば、そのような意味での中間をねらい、理論的に整合性をもつ理論をめざすことの困難さは容易に想像される。吉田の類型を「マルクス主義的規定」と「機能論的規定」という捉えかたに置き換えてみればなおのこと、中間理論にたいする評価は消極的なものにならざるをえない。無理に中間理論をねらうということになれば、結果はできの悪い折衷論、つまりは吉田のいう俗論に陥る危険性は否定できないのである。

しかし、他方、そのようなステレオタイプ論にとらわれているかぎり、政策論と技術論という二者択一論的、二項対立論的な状況を克服する道は開かれようがない。実際、八〇年代以降になると、わが国の社会福祉の理論研究は新たな段階を迎え、政策論と技術論というステレオタイプ論の克服を意図した、あるいはそれまでの科学方法論的な対立や抗争にあまり意を介さない新たな社会福祉理論の展開がみられるようになる。このような新しい理論的な試みの特徴をひとことでいえば、それはこれらの新しい社会福祉理論はいずれもある意味での中間理論だということである。ただし、それらは吉田の「歴史的社会的な社会科学的規定」と「超歴史的な目的概念的規定」との中間をねらうという意味での中間理論ではない。それらは、政策論と技術論の中間をねらうというよりも、研究のターゲットとして政策と技術の中間部分に焦点をあて、そこに新たな研究の領域を設定するという意味での中間理論であった。ここでは、そのような新しいタイプの、従来の科学方法論上の経緯に拘泥しない中間理論を、吉田のいう意味での中間理論と区別し、新中間理論とよぶことにしよう。

この、われわれのいう意味での新中間理論の初出は、前出三浦文夫の『社会福祉経営論序説』[5]（一九八〇年）である。新中間理論としては三浦のほかにも高澤武司の『社会福祉のマクロとミクロの間』[6]（一九八五年）があり、また京極髙宣の『現代福祉学の構図』[7]（一九九〇年）も、この系譜に属するといってよいであろう。これらの新中間理論の特徴は、従来の政策論と技術論の直接的な統合というよりも、社会福祉における政策と技術（あるいは援助）との中間部分に焦点をあて、そこに従来の政策論や技術論を乗り越える契機となるような新しい理論研究の領域と方法を設定しようとするところに認められる。

三浦の経営論の特徴は、一方において伝統的に社会福祉行政とよばれてきた研究領域を民間組織をも含めた社会福祉の供給体制に関する研究に拡大するとともに、他方において社会福祉の理論研究を伝統的な「社会科学的規定」から解放し、政策科学的なあるいは行動科学的な意味での政策論ないし計画論として再構成しようとしたところに求められる。すなわち、三浦の経営論は、政策と技術の中間部分に焦点をあてつつ、そこから政策を捉えなおすという印象が強い。高澤の「マクロとミクロの間」も政策と技術の中間部分、両者の出会う部分に焦点をあてている。高澤は「マクロとミクロの間」に社会福祉の運営管理という領域を見いだし、これによって政策論と技術論を媒介しようとした。他方、京極は、政策と技術の中間部分に焦点を絞り込み、そこに福祉経営学とよぶ新しい研究の領域と方法を設定するとともに、それを、社会福祉の政策的側面に関わる福祉政策学、技術的側面に関わる福祉臨床学とともに、社会福祉学を構成する重要な三本柱の一つとして位置づけている。

このように、新中間理論は、吉田の「歴史的社会的な社会科学的規定」と「超歴史的な目的概念的規定」という整理を前提に範疇化された中間理論とは、明らかにそのありようを異にしている。その意味で新中間理論はかつての吉田のいう「足して二で割る」式の中間理論とは一線を画すものであり、八〇年代以降におけるわが国の社会福祉理論の研究において主要な潮流の一つを構成してきたといって過言ではない。

このような新中間理論の成果は、今後ともわが国における社会福祉の理論研究において重要な意味をもつことになろう。そのこと自体に疑いはない。しかしながら、それでは、その新中間理論において、かつて二者択一論的、二項対立論的な理論状況をうみだすことになった政策と技術との関係、両者の位置づけいかんという懸案の問題が首尾よく解決されたかといえば、実は必ずしもそうではない。新中間理論にも議論すべき余地は多々残されている。

3　多元的統合の理論

しかし、この、政策と技術をどのように接続するのかという、社会福祉研究にとっての基本的、根源的な問題についてはのちに詳論することにしよう。ここではいましばらくのあいだ、社会福祉における理論研究の前提となっている科学方法論上の諸問題について論じておきたい。

吉田のいう「歴史的社会的な社会科学的規定」と「超歴史的な目的概念的規定」、あるいは「マルクス主義的規定」と「機能論的規定」という二者択一論的、二項対立論的な分類法には、明示的にか黙示的にか、対立する二通りの規定のいずれをよしとし、依拠するのか、その選択を迫るというニュアンスが含まれている。換言すれば、いずれの立場をとるにせよ、社会福祉の理論は一元論的に構築されるべきだという主張が含まれているといってよい。

これにたいして、中間理論や新中間理論はいずれもいわば多元論的である。多元論は二者択一論的な論理からいえば折衷論である。そして、そのように捉える立場をとれば、中間理論や新中間理論にたいする評価は消極的なものにならざるをえない。しかしながら、いまや、社会福祉の理論研究にとって重要なことは、かつてのように二者択一論に固執することではない。むしろ、中間理論や新中間理論の多元論的な意図と構成を積極的に評価し、その観点から社会福祉理論の可能性を追求することこそが重要である。繰り返しになるが、そうしなければ政策論と技術論の対立と拮抗という、いわゆる本質論争以来の不毛な閉塞状況から抜けだすことは不可能であろう。

もとより、多元論といってもその内容はさまざまである。そこには、たとえば京極のように、社会福祉学を学際科学や総合科学として位置づける議論が含まれている。社会福祉学を多元論的に構成しようとする立場の一つである。しかし、ここでわれわれが多元論というのは、ただ多様な関連諸科学、たとえば、経済学、法学、政治学、行政学、社会学、文化人類学、心理学、医学、看護学等々の諸科学の方法やその成果に依拠して社会福祉を学際的、総合的に論じればそれで足りるということではない。

われわれは、多様な内容をもつ新中間理論の成果を継承しつつも、社会福祉にたいする多元論的アプローチをつぎのように理解しておきたい。すなわち、われわれのいう多元論の基底にあるもの、それは社会福祉、すなわちその対象となる生活問題（福祉ニーズ）、その担い手であり利用者でもある生活者、そして多様な主体による施策・制度およびその具現化としての援助活動の総体を、一定の歴史的社会的な枠組のなかで、経済、政治、社会、文化、身体、人格などの諸要因による規定をうけながら成立、展開する社会的施策ならびにその機能として把握し、その知見を理論として再構成するというスタンスと方法である。このようなスタンスと方法を機軸にしながら、社会福祉の多様な側面を解明するにあたって、関連する諸科学の方法と成果を援用し、社会福祉理論という一つの体系に統合するということである。いわば多元統合論的アプローチともいうべき立場である。

ちなみに、われわれは、かねがね、社会福祉にたいしてその外部環境（システムとしての総体社会）を構成し、かつ社会福祉のありようを巨細にわたって規定する要素として、経済システム、政治システム、文化システム、社会システムを設定してきている。ここでわれわれのいう経済システムや政治システムは、抽象的な意味での「経済的なるもの」や「政治的なるもの」ではない。具体的には、経済システムは歴史的社会としての資本主義社会を意味し、同様に政治システムは歴史的社会としての市民社会を、文化システムは歴史的社会としての文明社会を、そして社会システムは歴史的社会としての共同社会を意味している。

もとより、これら四通りのシステムと社会福祉との規定関係は決して一様ではない。一般的にいえば、長期的、マクロ的なスパンにおいて捉えたときもっとも基底的に影響力をもつのは、経済システムと社会システムのありようである。自給自足的経済を基盤とする中世的慈善事業と資本主義経済システムを基盤とする近現代社会における社会福祉が区別されるのはそのためである。中期的、メゾ的なスパンで捉えたときに影響力をもつのは、政治システムや文化システムのありようである。個別の社会福祉関係法令の策定過程に関する研究はそのことを示唆している。そして、短期的、ミクロ的なスパンで影響力をもつのは局地的な政治的システムや文化システム、そして社会システムのありようである。そのことは、社会福祉の運営過程や地域福祉の展開過程における政治的行政的な要因、地域社会の人口構造や就業構造、市民の生活様式や生活意識などの影響を想起すれば容易に理解されうることである。

もとより、社会福祉は外部環境によって規定されるだけでなく、その内部環境によっても同様に規定をうけている。ここで内部環境というのは、一つのシステムとしての社会福祉を構成する各要素とそのありようである。社会福祉は、これを一つのシステムとして捉えるとき、価値システム、対象システム、政策システム、運営システム、援助システム、利用支援システムというサブシステムから構成されている。社会福祉のありようは外部環境による規定と同時に、これらのサブシステムのありようによって規定されている。ここでの文脈でいえば、そのなかでも重要な意味をもつのは、政策システム、運営システム、援助システムのありようとその相互関係である。

第2節　政策と技術

さて、つぎに、以上の議論を前提にしながら政策と技術をどのように統合するのかというさきほど先送りした懸案の課題をとりあげることにしよう。

繰り返すまでもないことであるが、政策論と技術論という二者択一論的ないし二項対立論的アプローチの隘路を克服する道筋は、政策か技術かという旧来の本質論争的な議論の設定からは導かれえない。二者択一論の克服は、社会福祉における政策と技術の意味するところを明確化するとともに、両者を結びつけている環とその論理を解明にすることによってのみ可能である。

1　政策と技術を結ぶ環

政策と技術を統合的に把握しようとする作業は、まず政策論を継承する運動論によって試みられている。政策論と運動論にはさまざまに違いがあるが、その重要な一つが運動論が政策の側から技術を包摂し、両者を統合しようとしていることである。たとえば、一番ヶ瀬は、社会福祉が国民の生活権保障要求に対応する施策であることを指摘しつつ、そのような社会福祉を担う社会福祉従事者による実践活動のなかに政策と技術の統合の場と論理を求めようとした。[8] 真田は、その社会福祉を対象、政策主体、社会福祉運動から捉える「三元構造」論を前提に、政策・制度の具体化を担うものとして福祉労働の概念を導入し、技術をそのような福祉労働の一部分、多少厳密にいえば労働力の一部分として位置づけている。[9]

このような運動論の試みは政策と技術の統合的把握を追求する一つの方法として示唆的である。なかでも、真田が政策は福祉労働を通し、媒介として現実に機能し、技術はそのような福祉労働のなかに存在し、機能すると指摘していることのにかかわりのある福祉事業の組織化・実施・運営・連携にかんする管理・技術論とでもいう意味は重要である。[10] ただし、真田の福祉労働論は、後にもみるように、福祉労働における技術の意義を積極的に掬いあげることよりも、むしろ福祉労働の「労働」としての性格や枠組を論じることに比重がかかっており、その分だけ社会福祉における技術の位置づけと評価が消極的なものになっている。

政策と技術をどのように接続するかという課題は、新中間理論にとっても中心的な課題の一つである。たとえば、三浦は、政策と技術の二者択一論を一時的に棚上げにし、政策と技術のそれぞれについて個別に研究を深め、最終的には歴史的な過程のなかで両者を統一的に把握するという方法を提案している。[11] 京極は、福祉経営学による政策と技術の統合を構想している。[12] また、技術論の領域では、白澤政和がケアマネジメントのうちに政策と技術の統合の契機をみいだそうとしている。[13] これらはいずれも、政策と技術の統合的把握という懸案事項にたいする挑戦的な試みとなっている。

しかしながら、京極や白澤の試みはそのいずれをとっても成功しているとは言い難い。社会福祉の経営あるいは運営の組織や過程が政策と技術とが出会う接点ないし場面であるということ、それはその通りである。だが、経営や運営についての議論がそのまま政策と技術の統合的把握という理論的な課題にたいして解答を約束するかといえば、必ずしもそうはいえないであろう。そのことはケアマネジメントによる統合という構想についても同様である。

さて、われわれはかねてから社会福祉運営論を展開するなかで政策の具現化、現実化の過程やその形態、さらには技術との関係などを解明することを目的としてサービス経済論にいう「サービス」の概念を導入してきた。[14] ここでいう「サービス」は、真田の表現を借用していえば「政策と技術を結ぶ環」にあたるものである。そして、その意味するところは「人間労働ないしモノ（財）の有用なはたらき」である。したがって、サービスは「人間労働の有用なはたらき」に相応するものとして、まず真田のいう福祉労働を含んでいる。それのみならず、われわれのいうサービスはより広く、人間労働のほかに「モノ」（財）の有用なはたらきをも含む包括的な概念である。

社会福祉における政策は、それ自体としては有形物ではない。それが運用されるためには政策はまず制度というかたちに置き換えられ、つぎの段階において「サービス」＝「人間労働ないしモノ（財）の有用なはたらき」として現実化（具現化）され、利用者に提供される。政策が行うのは、一定の目的を達成するために、いかなる質と量の権限、情報、要員、財源を動員するかを決定することである。制度はそのようにして決定された権限、要員、情報、財源から構成される一つのシステムであるといえよう。しかし、政策が制度というシステムに変換されたとしても、それだけでは現実的な意味をなさない。もう一度、「サービス」＝「人間労働やモノの有用なはたらき」に変換され、具現化されたうえで利用者の利用に供されなければならない。ここまできてはじめて政策は実際的な意味をもち、効用をもつことができる。こうして政策は、①一定の目的とそれを達成するために動員すべき権限、情報、要員、財源の策定、②それらの要素による制度の構成、③制度の「サービス」＝「人間労働やモノの有用なはたらき」への変換、④その利用者にたいする提供と利用という一連の過程を通じてはじめて具現化されることになる。

ここであらためて、われわれが社会福祉の実現＝具現化の過程を論じるにあたって福祉労働の概念ではなく、サービスの概念をもちいてきた理由について整理しておきたい。われわれがサービス概念を援用してきた理由は、つぎの三通りの目的を達成するには福祉労働の概念では狭すぎるということである。すなわち、第一には、一般に社会福祉サービスあるいは福祉サービスというときのサービスの意味するところやその性格を明確に把握し、規定したいということである。第二には、そのようなサービスの創出（産出）、配分と提供、そして利用に関わる組織と過程をトータルに把握し、その特質を明らかにしたいということである。そして、第三には、以上の二点を踏まえつつ、社会福祉における技術の位置づけやその意味するところを明らかにしたいということ、これである。

一般に、社会福祉サービスあるいは福祉サービスという場合のサービスは社会福祉事業という場合の事業にあたるものと解され、その内容としては社会福祉関係法令に規定されている各種の事業が例示されることが多い。実際的にはこの規定で格別に支障があるわけではない。しかし、サービスが事業を意味するとしても、ただ事業名を羅列するだけではサービスの意義や特徴を明確化したことにはならないであろう。いわんや社会福祉における技術の意義を明らかにすることにはつながりようがない。サービス概念の理論的な考察が必要とされるのはそのためである。

われわれは、こうして社会福祉における「サービス」を「人間労働ないしモノ（財）の有用なはたらき」として規定するものであるが、この規定はサービス経済論に関する野村清や長田浩の研究成果を援用したものである。われわれが最初に依拠したのは野村の研究[15]であるが、その後、長田は野村の研究成果を批判的に継承しつつ、非マルクス的サービス論研究のみならず、マルクス経済学によるサービス論研究を含む、より包括的なサービス論体系の構築を試みている[16]。

長田浩は、サービス論に関する先行研究を、①「サービス＝無形財」説、②「サービス＝活動と便益」説、③「サービス＝財貨の所有権移転以外の取引対象」説、④「サービス＝非財貨生産活動」説、⑤「サービス＝収入と交換される、活動状態の有用労働」説、⑥「サービス＝ある使用価値の有用的働き・作用」説に分類するとともに、それぞれの長短について吟味し、最後の「サービス＝ある使用価値の有用的働き・作用」説がもっとも適切であると結論づけている。さらに、長田はこの「サービス＝ある使用価値の有用的働き・作用」の源泉として人間労働とモノ（財）をあげ、後者を物質的な財、社会的な財、精神的な財に分類している。

われわれは、社会福祉サービスの中核的な部分を生活支援サービスの提供として捉え、その内容を人的サービス、物的サービス、システム的サービスに分類している[17]。われわれが人的サービスというのは人間による労働という意味で、長田のいう人間労働を源泉とするサービス＝有用的働き・作用にあたる。人的サービスは、有用的働き・作用をなしつつある労働という意味でサービス労働といいかえてもよい。また、より一般的な呼称としてはサービス活動とよびかえても差し支えない。物的サービスは、モノによるサービスの意味であり、長田のモノ（財）を源泉とするサービス＝有用的働き・作用にあたる。システム的サービスは以上の人的サービスと物的サービスが複合しているサービスを意味している。より具体的にいえば、人的サービスにあたるのは、専門職従事者による相談、指導、保育、生活指導、介護などの提供を内容とする社会福祉サービスである。物的サービスにあたるのは、日常生活用具などの物財の提供や貸与を内容とする社会福祉サービスである。システム的サービスにあたるのは、たとえば各種の居住型社会福祉施設における生活援護の提供に典型的にみられるような社会福祉サービスである。

2　サービス提供の過程と形態

それでは、このような人間労働やモノを源泉とする有用的働き・作用＝サービスはどのような形態において提供されるのであろうか。

さきに、社会福祉における政策は、一定の目標や目的を達成するために動員することのできる権限、情報、要員、財源の質と量を策定することを意味し、そのような意味での政策はまず制度というかたちに固形化され、つぎにもう一度サービスというかたちに変換され、具現化されることによってはじめて、利用者によるその利用という最終的な局面に到達すると指摘しておいた。その限りでは、社会福祉サービスは、まず政策の目標や目的、そのために動員される権限、情報、要員、財源の質と量によってその内容や形態が規定される。つぎには、社会福祉サービスはさらに、それが具体的に提供され、利用される過程において、①サービスの提供主体、②サービスの源泉、③サービスの対象、④サービスの提供手段、そして⑤サービスの利用主体という五つの要素によって規定される。[18]

(1)　サービスの提供主体

サービスの提供主体とは具体的にサービスを提供する主体であり、一般的にいえば人間労働を行う労働者である。ここでは、社会福祉援助を提供する各種の相談・指導機関やサービスセンター、社会福祉施設、民間非営利組織などに勤務し、援助活動（人間労働）に従事する各種の職員である。社会福祉の領域では各種の機関、施設、団体等を包括して提供主体ということがあるが、ここでいう提供主体はサービスの直接的な提供者である。サービス提供主体を含めて機関、施設、団体等の全体をさす場合には、サービス提供組織とよぶことにしよう。社会福祉サービスはその直接的提供者である社会福祉従事者＝提供主体がいなければ成り立ちえない。

(2) サービスの源泉

サービスの源泉は、人間労働もしくはモノ（物財）である。すでにみたように、モノは物質的な財、社会的な財、精神的な財に区分される。社会福祉の領域でいえば、人間労働はサービスの直接的提供主体である社会福祉従事者による労働（援助活動）そのものである。物質的財にあたるものはたとえば日常生活用具や補装具、社会的財にあたるものは各種の社会福祉施設、精神的財にあたるものは福祉関係の図書、広報紙、パンフレット、ビデオなどである。サービスの提供主体とサービスの源泉はサービスの源泉が人間労働の場合には重なりあうが、サービスの源泉がモノの場合にはそうではない。ここにサービスの提供主体とサービスの源泉が区別される理由がある。

(3) サービスの対象

ここでいうサービスの対象はサービス、すなわち有用的働き・作用がさしむけられるその客体領域である。それはサービスの利用主体とは区別される。ここで重要なのは、サービスそれじたいの効果がどこに現れるかを問題にする視点である。社会福祉の領域で一般に対象というときは、社会福祉にとっての解決すべき課題（生活上の困難や障害）やその担い手、あるいは社会福祉を利用する人びと（利用主体）を意味するが、ここでいう対象は社会福祉が働きかける客体領域である。すなわち、それは、端的にいえば、サービスの効果があらわれる場所を意味し、その限りで利用主体とは区別される。

長田は、サービスの効果が直接サービスの利用主体のうえにあらわれる場合を対人サービスといい、それが利用主体の所有しているあるいは貸与をうけたモノ（賃借物など）にあらわれる場合を対物サービスとよんで両者を区別している。対人サービスは、さらに、そのサービスが心身の回復・維持や発達、能力の開発を目標とし、その効果が直接利用主体にあらわれる直接対人サービスと、同様に心身の回復・維持や発達、能力の開発を目標としつつも、その効果が賃借物などを利用主体がみずから活用することによってあらわれる対人自己サービスとに区別される。また、対物サービスは、そのサービスが物財の回復・維持や物的使用価値の完成を目標とし、その効果が直接物財にあらわれる直接対物サービスと、同様に物財の回復・維持や物的使用価値の完成を目標としつつも、その効果が賃借物などを利用主体がみずから活用することによってあらわれる対物自己サービスとに区別される。

(4) サービスの提供手段

サービスの提供手段は、一般的にいう労働過程を構成する労働力(人間労働)、労働対象、労働手段という三通りの要素に対応させていえば労働手段にあたる。長田は、この提供手段を狭義の提供手段と広義の提供手段の二通りに分類し、理容サービスを例に、前者の狭義の提供手段にあたるものとして電気バリカン、ハサミ、カミソリ、ヘアドライヤーなどを、後者の広義の提供手段にあたるものとして理容館の建物や敷地をあげている。

社会福祉サービスの場合には、居住型の養護サービスや介護サービス、保育サービスなどを別にすれば、相談指導、地域組織化などを内容とする援助活動では長田のいう狭義の提供手段にあたるもの、すなわち物的手段はあまり必要とされない。むしろ、社会福祉サービスの領域において重要なのは、ソーシャルワークやレジデンシャルワークとよばれる技術であるが、長田も、それに先行する野村も、サービスすなわち人間労働における専門的な知識や技術の意義についてはほとんど言及していない。その点についてはのちに詳論する。

(5) サービスの利用主体

サービスの利用主体はサービス対象が人であるかモノであるかにかかわらず、人間である。長田はサービスの利用主体について、①会社・事業所を代表する人間、②労働者としての人間、③生活者としての人間に分類しているが、社会福祉の領域でいえばサービスの利用主体はいうまでもなく生活者としての人間である。われわれのタームでいえば、社会福祉の利用者としての生活者である。ここで、サービスの利用主体を他の要素と同列にサービスの提供過程を構成する要素の一つとすることに疑問をもつ向きもあろうかと考えられる。しかし、サービスの提供にあたって利用主体は単にサービスを享受する受け身的な存在ではない。課題解決への意欲や姿勢、協力など利用主体の積極的な参加があってはじめて、サービスの提供はよりよい効果をあげることができる。

さて、これら五つの要素のほか、サービスの提供にあたって考慮すべき要素としては、提供されるサービスそれ自体、すなわち作用としてのサービスとサービスの有用効果がある。しかし、サービスの作用は提供されるサービスの内容そのものであり、また有用効果はサービス提供の結果であることから、サービスの提供過程を構成する要素には含まれない。[19]

(6) サービス提供過程の類型

つぎに、長田はこのような要素の組み合わせとしてサービス提供過程を六つの類型に整理し、図式化している。[20] ここではそのうちから社会福祉の領域におけるサービスおよびサービス提供のありようを分析し、理解するうえで効果的と思われる四つの類型を紹介しておきたい。

図6－1の類型（Ⅰ）にあてはまるのは、たとえば居住型身体障害者福祉施設の生活指導員が障害者の生活指導を行うという場合である。この例示では、サービスの提供主体は生活指導員、サービスの源泉は生活指導員による人間労働（生活指導活動）、サービス提供の手段は広義には施設の敷地や建造物、設備、狭義にはノートや筆記用具、遊具など、サービス対象は障害者の身体、そして人格や行動、利用主体は障害者である。そして、サービス（作用）の内容は生活指導、有用効果は利用主体である障害者が身辺の自立や社会経済的自立、人格的精神的自立が可能になるということである。

図6－2の類型（Ⅱ）にあてはまるのは、たとえばホームヘルパーによる家事援助サービスである。この場合、サービスの提供主体はホームヘルパー、サービスの源泉はホームヘルパーによる人間労働（ホームヘルプサービス活動）、サービス提供の手段は掃除機、雑巾、バケツなど、サービス対象はホームヘルプサービスの利用者の居住する住宅や居室な

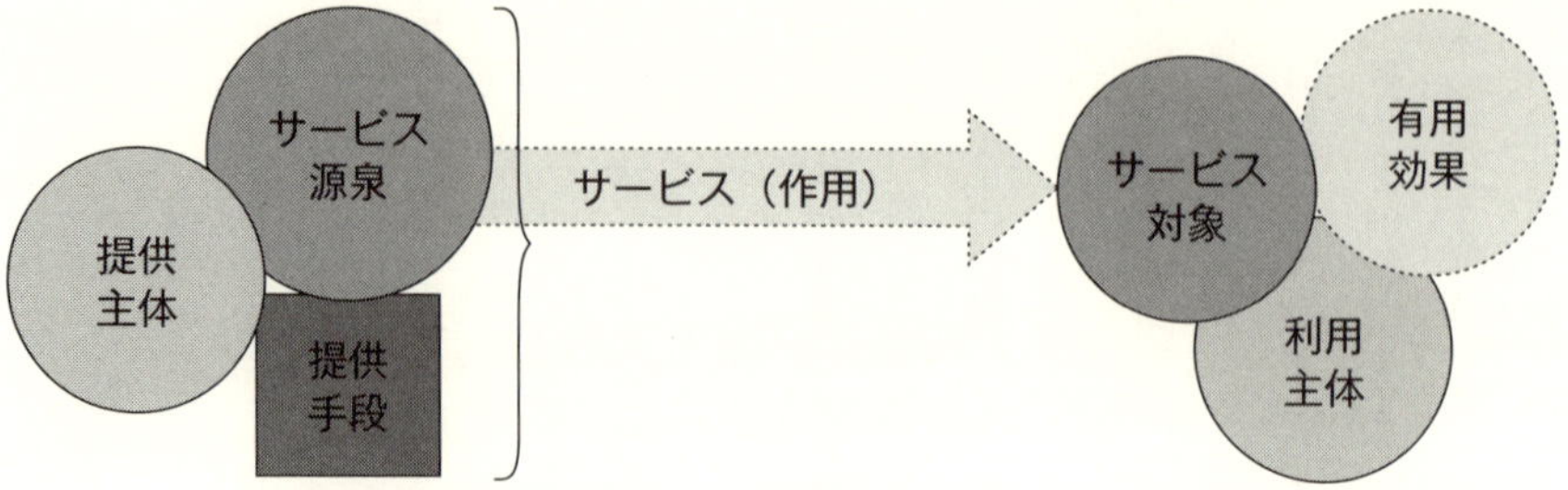

図 6-1　サービス提供過程の類型（I）——対人サービス
（長田浩『サービス経済論体系』新評論，1989 を一部修正）

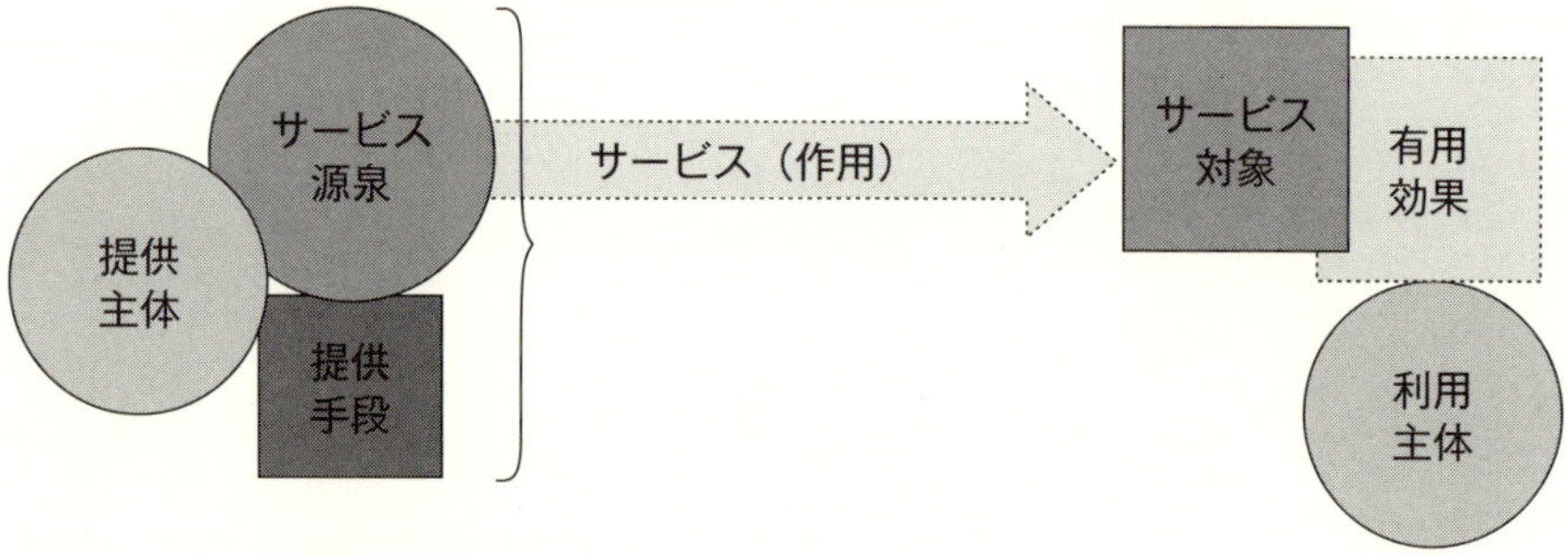

図 6-2　サービス提供過程の類型（II）——対物サービス
（同上）

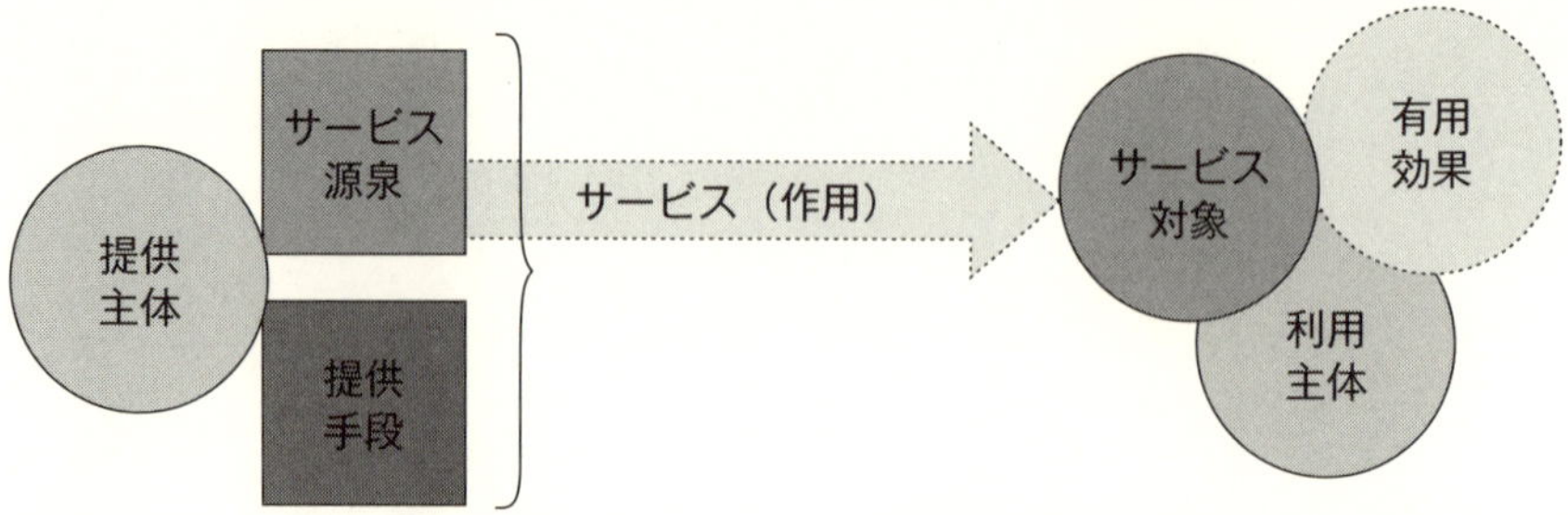

図 6-3　サービス提供過程の類型（III）——サービス源泉が物である対人サービス
（同上）

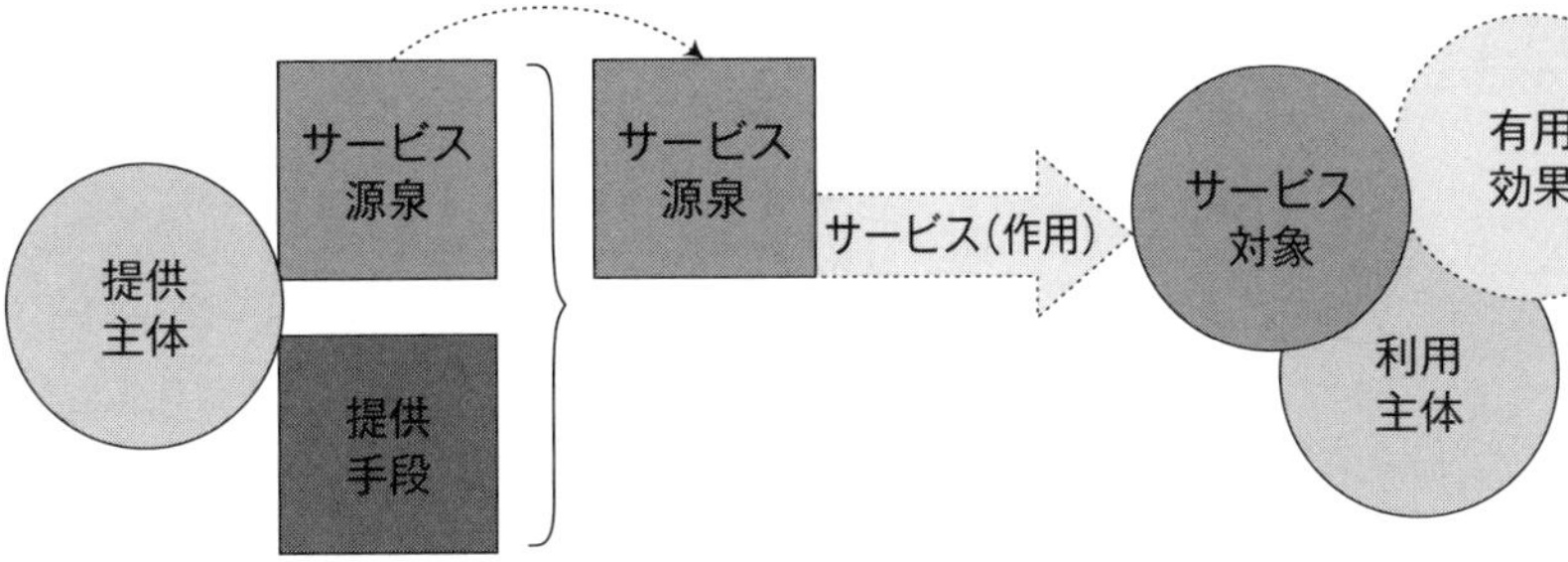

図 6-4　サービス提供過程の類型（Ⅳ）――対人自己サービス
（長田浩『サービス経済論体系』新評論，1989 を一部修正）

ど、利用主体は高齢者や障害者などホームヘルプサービスの利用者である。そして、サービス（作用）の内容は家事援助、有用効果は利用主体である高齢者や障害者がすっきりした気分で支障なく日常の生活がおくれるということである。

図６－３の類型（Ⅲ）は、たとえば高齢者や障害者にたいする移送サービスである。この場合、サービスの提供主体は移送業務担当者、サービスの源泉は物財としての車両、サービス提供の手段は車両整備のための機器・用具、サービスの利用主体と対象は高齢者や障害者とその移動機能、サービス（作用）の内容は移動機能の補強、有用効果は利用者の行動範囲の拡大である。

図６－４の類型（Ⅳ）は、たとえば障害者にたいする車いすの貸与である。この場合、サービスの提供主体は身体障害者福祉司（あるいは担当事務職員）、サービスの源泉は物財としての車いす、サービス提供の手段にあたるものは車いすの調整機器・用具、サービス対象は車いすの利用者（障害者）の身体（移動機能）、利用主体は障害者である。そして、サービス（作用）の内容は移動機能の促進、有用効果は利用主体である障害者の行動範囲の拡大である。

以上、ここでとりあげたのはあくまでも例示であるが、ここにみられるように、サービス経済論によるサービス提供過程分析の手法は社会福祉の領域においても十分に援用が可能である。われわれはその援用によって、社会福祉の政策からサービスの実際的な利用にいたる過程についての分析を一層深めることができる。加えて、サービスの提供主体、源泉、提供手段の識別は、つぎにみるように社会福祉の援助内容やそのために必要とされる知識や技術の意義や位置づけを論じるうえで有効である。また、利用主体、サービス対象、有用効果の識別はサービスアセスメントの議論を深めるうえでも有効であろう。

3　サービスの基本的特徴と技術

さて、われわれはこれまでの考察において、サービス経済論を援用しつつ、社会福祉の政策と技術とを結ぶ環としてサービスという概念を位置づけ、そのようなサービスの提供される過程を分析する枠組を検討してきた。さらに議論を深めるためには、サービス経済論にいうサービスの基本的な特徴とそこにおける技術の位置づけについて検討しておかなければならない。

(1)　サービスの特性

前出の野村はサービス（財）の特質を（A）本質的特性と（B）基本的特性に分類し、前者の（A）本質的特性として（A－1）時間・空間の特定性、（A－2）非自存性の二点を、後者の（B）基本的特性として（B－1）非貯蔵性（貯蔵できない）、（B－2）無形性（固定的な形をなさない）、（B－3）一過性（終わると消えてなくなる）、（B－4）不可逆性（元に戻せない）、（B－5）認識の困難性（把握しにくい）の五点をあげている。長田もまた、このような野村の分類を継承しつつ、そこに若干の変更を加えている。もとより、これら野村や長田による議論はサービス財一般についての議論であるが、そこで論じられていることは、基本的には、社会福祉の提供するサービスについてもそのまま妥当する。われわれは、そのような野村、長田の所説を参照しつつ、社会福祉におけるサービスの特性について考察しておこう。[21]

まず、サービスの（A）本質的特性のうち、（A－1）時間・空間の特定性とは、サービスが時間や空間という条件によって限定されるということである。まず、サービスは時間軸によって限定される。われわれが利用者にたいして一定のサービスが提供され、それが利用されていることを確認するためには、時間の経過ということが重要な契機となる。たとえば、保育サービスについていえば、保育が行われている場面においてわれわれが目にすることができるのは、保育士と幼児の存在だけである。われわれがそこで保育というサービスが提供されているということを確認できるのは、そこに一定の時間が経過し、サービスが提供され、その成果（効果）が幼児の心身の発達にたいして一定の影響を及ぼしているという事実を把握し、確認しえたときである。すなわち、サービスの提供と成果は時間の流れのなかでのみ確認することができるのである。

また、サービスはその提供と利用が同一の空間において行われる。物財の場合には、そのものの生産される場所と消費される場所が異なることは一般的であり、その途中の流通の過程においても物財の存在を確認することができる。しかし、サービスについては、そのようなかたちで提供の場と利用の場を分離することは不可能である。たとえば、ホームヘルプサービスはその提供主体であるホームヘルパーが利用主体である高齢者の居宅を訪問して（空間を同一にして）はじめて実施されうるのである。

（A－2）サービスの非自存性とは、サービスは、物財とは異なり、それ自体としては存在しえないということである。サービスは、さきにみたように、人間労働や物財という源泉からながれでてくる、そのものの有用なはたらき・機能である。したがって、サービスは、それ自体として存在したり、流通したりできるものではない。存在するのは人間労働や物財である。

社会福祉にひきつけていえば、保育や介護というサービスは、それ自体としては存在しえない。存在するのはサービスの源泉としての保育士や介護福祉士の労働であり、サービスの利用主体としての幼児や高齢者である。保育や介護は、そのような保育士や介護福祉士から子どもや高齢者に向けてなされる一定の有用なはたらき・機能の提供として実現される。同様に、車いすの貸与というサービスについても、移動機能の促進というサービスは、それ自体としては存在しえない。存在するのは車いすの提供（貸与）主体とサービスの源泉としての車いすであり、移動機能の促進というサービスは車いすの有用なはたらき・機能として実現され、その利用主体である障害者によって利用される。したがって、社会福祉サービスにおいては提供主体とサービスの源泉、サービスの対象と利用主体の存在やそれらの関係のありようが重要な意味をもつことになる。

つぎに、サービスの（B）基本的特性を構成する、（B－1）無形性、（B－2）一過性、（B－3）非貯蔵性、（B－4）不可逆性、（B－5）認識の困難性は、そのいずれもが非自存性、時間・空間の特定性というサービスの本質的特性から派生するものとして理解される。（B－1）無形性はサービスが人間労働や物財の有用なはたらき・機能であり、有形性をもつ物財そのものとは区別されるということである。（B－2）一過性はサービスの提供と利用が同時的におこなわれるということである。したがって、サービスは（B－3）非貯蔵性という特性をもち、一般的にはあらかじめ生産し、貯蔵しておくという手法をとることはできない。（B－4）不可逆性はサービスは一度提供されてしまえばそれを回収することはできないということである。サービスの提供は同時にその利用であるから、サービスの提供が期待した効果をもちえなかったとしても、サービスの提供がなされる以前の状態を復元することは不可能である。もっとも典型的には医療サービスの場合を考えてみればよい。過誤にもとづく診療はしばしば取り返しのつかない結果をもたらすことになる。同様に、社会福祉におけるサービスもこの特性を強く備えている。最後に、（B－5）認識の困難性とはサービスは以上の特性、なかでも無形性、一過性のゆえに、その提供過程やサービスそれ自体の有効性、妥当性、効率性などが認識されにくいということである。

(2) サービス提供の過程と技術

さて、このような特質をもつサービスにおける技術の意義と位置づけいかんというのがつぎの課題である。すでにみてきたように、サービスの提供過程は、①サービスの提供主体、②サービスの源泉、③サービスの対象、④サービスの提供手段、そして⑤サービスの利用主体という五つの要素から構成されている。技術はこの五つの要素のうちどの要素に帰属するのであろうか。

実は、われわれがここまで援用してきた野村も長田もサービスの創出（生産）における技術の問題については何ら言及していない。野村も長田もサービスの創出と利用（消費）においてサービスの提供主体と利用主体の協力関係が重要な意味をもつことを指摘している。それは、サービスが自存性をもたず、サービスの効用や成否は提供主体と利用主体のありよういかんに依存しているからである。野村は理容師を例にあげ、彼は顧客の協力がえられなければ調髪というサービスをよりよいかたちで提供することは不可能であるという。顧客が子どものように落ちつきなく身体を動かしていては理容師はその腕を振るうことはできない。他方、長田は彼自身もサービス論を社会福祉サービスに適用し、その分析を試みているが、そのなかでサービス提供の過程において提供主体と利用主体のあいだにラポール（親和的な人間関係）の成立していることがサービスの効果を左右する重要な要因になることを指摘している。しかし、長田の議論はそこまでであって、人間関係の形成に関わる技術――よりよいラポールをつくることもその一つである――にまでは及んでいない。これ以上、野村や長田の業績にこの点についての示唆を期待することは不可能である。

ここでさきほどの五つの要素に戻っていえば、技術が関わりをもつと思われる要素は、サービスの提供主体、サービスの源泉、そしてサービスの提供手段である。ごく一般的にいえば、技術ともっとも深い関わりをもつのは社会福祉を担う専門職員ということになろう。しかし、ここでは、専門職員とその労働はサービスの提供主体とサービスの源泉というかたちで区分され、別の要素として位置づけられている。この二つの要素のうち技術がかかわりをもつのは提供主体としての人間そのものというよりは、その機能としての人間的労働そのものであろう。このような枠組を前提としていえば、五つの要素のうち、より直接的に技術と関わりをもつのは、サービスの源泉としての人間労働かサービスの提供手段ということになる。

まず、サービスの提供手段と技術との関係について検討してみよう。長田のいう意味での提供手段は狭義と広義に分類されていた。狭義の提供手段に属するのはサービスの創出に利用される機材器具の類であった。広義の提供手段には建造物や敷地が含まれていた。長田のいう提供手段はいずれも物質的な手段である。このような提供手段の捉えかたをする限り、提供手段という要素と技術が接点をもつ余地は存在しないということになる。しかし、ここでいうサービスの提供手段はもともと広い意味では労働手段である。その観点からみればどうであろうか。

4 社会福祉における技術

さて、われわれはここでようやく社会福祉における技術の意義と位置づけについて論じることになる。先行研究について吟味することからはじめたい。

(1) 社会的技術としての社会福祉の技術

真田は社会福祉における技術の性格を論じるにあたり、技術を一般的に物質的生産に関わる労働手段の体系として捉える所説にも言及しつつ、しかしそれとは区別されるものとして、すなわち社会組織や人間の行動に関わる社会的技術（マンハイム）の一つとして捉えることを提案している[22]。

真田の提案のこの部分――社会福祉における技術を社会的技術として捉える見解――だけを援用していえば、サービスの提供手段という概念を、長田のいう物質的な提供手段のほかに、社会組織や人間の行動に関わる社会的技術を包摂するより広い概念として再構成することもあるいは可能であろう。そのときには、社会福祉における技術は、サービスの提供を支える社会的技術の一つとして、サービスの提供手段のうちに位置づけられることになる。

ただし、社会的技術としての社会福祉の技術は機材や建造物のような物質的なサービス提供の手段とは大きくその性格を異にしている。物質的なサービス提供手段はサービス提供主体の骨格や筋肉の延長として、あるいはそれらを補い、強化する素材としていわば外在的に、道具的・手段的に機能する。これにたいして、社会的技術としての社会福祉の技術は一度サービス提供主体の骨肉のなかに内在化され、そのうえでサービス提供主体の労働能力あるいはその一部としての技能を支え、方向づけるというかたちで機能する。

たしかに、社会的技術といえども、物質的技術と同様に、道具的・手段的にもちいられる。その意味では社会的技術と物質的サービス提供手段とは同列にあるといってよい。しかし、社会的技術は、物質的なサービス提供手段とは違って、いわばサービス提供主体の骨肉のなかに内在化されることなしにはその機能を発揮しえないのである。その点では大きく異なっている。

(2) 人間的技能としての社会福祉の技術

社会福祉における技術は、すぐれて人間労働の一部分であり、いわばそこから抽出されたものである。真田らの見解を援用していえば、技術とはもともと人間の労働能力を意味する技能のうち、一定の範囲で経験的な法則性が認められる部分について体系化が試みられるその過程において、個々のサービス提供主体から分離され、客観化・外在化されたものである。[23]それゆえに、技術はそれが活用されるためには、個々のサービス提供主体のなかに埋め戻され、具体的な場面に適用されうる技能として、再生させられなければならない。社会的技術としての社会福祉の技術は、物質的な提供手段のように完全に外在的な道具や手段として活用されうるものではない。

技術が技能として再生させられる過程においては、サービス提供主体の人格、人間性、知性、さらには思想性の影響はこれを免れえない。[24]ただし、サービス提供主体がすぐれた人格、人間性、知性、思想性の持ち主であれば、それだけですぐれたサービスを提供しうるかといえばそうではない。それらは必要条件ではあるが十分条件ではありえない。また、サービス提供主体のおかれた職場環境や労働条件もサービスの源泉としての人間労働を外側から規制する外形的な要因であり、その意味で重視されるべき条件である。しかし、より基本的、根源的な問題としていえば、社会福祉におけるサービスの源泉である人間労働の内容や質、それを支える技術や知識のありようは、何よりもそれ自体として追求されなければならない課題である。サービスの提供主体とサービスの源泉としての人間労働を区別するいま一つの理由がここにある。

真田は、政策と技術を結ぶ環として福祉労働をおき、そのことによって政策論と技術論の対立を克服しようとしている。その議論は十分に示唆的である。しかし、真田やその理論を継承する人びとの社会福祉の技術にたいする評価は総じていえばかなり消極的である。真田は社会福祉における技術の重要性を認めてはいる。批判されるべきは一部にみられる技術主義や技術に社会福祉の本質をみようとする技術論のありようであって、技術そのものではないという。[25] しかし、それでもなお、議論の全体をみる限り、真田の技術にたいする評価は消極的というほかはない。真田の関心は、技術よりも福祉労働者の人格や人間性、知性、そして思想性に向けられている。別の観点からいえば、彼らが対象としての生活問題やその解決・緩和をめざすサービスを社会批判的な文脈のなかで捉える視点と方法をもっているかどうかに向けられている。[26] たしかに、真田のいう福祉労働者、われわれのいうサービスの提供主体がその任務を遂行するうえで社会批判的な視点と方法をもちえているかどうか、それはわれわれにとっても重要な関心事である。今後、二一世紀の社会福祉を展望するなかで、そうした方向での研究の一層の積み重ねが必要とされている。しかし、それだけでは不十分である。一定の技術の蓄積が不可欠である。より直接的に技術の発展に寄与するような研究の拡大もまた必要とされるのである。

第3節　補充性と固有性

従来から社会福祉の重要な理論的課題として議論され続けてきたいま一つの重要な争点は、社会福祉を関連する社会的施策・制度から区別する、その基本的な性格をどこに求めるかという問題である。この問題に関する代表的な論者とその所説は、①孝橋正一や仲村優一による補充性論、②吉田久一や一番ヶ瀬康子による相対的独自性論、③岡村重夫による固有性論に類型化することが可能であろう。以下、それぞれの類型について考察し、新たな立論の可能性を追求する。

1　補充性論

社会福祉の補充性論は、社会福祉の基本的な性格をそれが関連する単一のあるいは複数の社会的な施策・制度を補充するという側面に求める議論である。戦後日本の社会福祉研究を代表する孝橋正一と仲村優一は、前者は政策論と後者は方法論というようにその関心領域と研究の視点・方法を異にするが、社会福祉の基本的な性格を関連する社会的施策・制度にたいする補充性に求めるという点においては共通している。

(1)　孝橋正一の補充性論

孝橋が社会福祉——孝橋は社会事業というが、ここでは便宜的に社会福祉で統一する——の基本的性格について議論するときつねに念頭にあるのは、社会福祉と社会政策を区別しつつ、いかにして両者の基本的な性格と関連を解明するかということである。[27] 孝橋の社会福祉論は社会政策に関する議論を機軸にし、そこに鏡映させるようなかたちで展開されている。孝橋の社会福祉補充性論はその根拠を独自の対象規定においている。孝橋によれば、資本主義社会は、その一定の発展段階において、それが基盤とする独特の社会関係——資本賃労働関係——のゆえに社会問題を出現させる。そのような歴史的社会的所産としての社会問題のうち基本に位置するもの、それは労働問題であり、そこから関係的派生的に形成される諸問題、これがすなわち社会的問題である。このような社会問題にたいして、資本主義社会は、これまたその一定の発展段階において、社会政策と社会福祉という独特の社会的な施策を出現させる。社会問題の基本にある労働問題に対応する施策、それが社会政策であり、そして社会的問題に対応する施策が社会福祉である。

孝橋のいう社会福祉の補充性は、このような文脈のなかで捉えられる社会政策にたいする補充性である。社会政策が対応する労働問題は資本主義社会におけるもっとも基本的かつ重要な社会問題である。しかし、社会政策による対応は無限

表 6-1　社会福祉の補充性（3つの類型）

社会福祉独自の領域	一般対策の周辺領域	一般対策の領域
A．並立的補充性 （一般対策に対して，社会福祉が独自の領域をもち，相互補完的に並立している場合）	B．補足的補充性 （一般対策をより効果的にするための働きをしているもの）	C．代替的補充性 （一般対策不備のため，社会福祉が代替的役割をはたしている場合）
例　特別養護老人ホームへの入所措置 在宅福祉サービス（たとえば、ホームヘルパーの派遣）	医療・教育・司法等の一般対策 ↑ 例　医療社会事業 就学奨励事業 保護観察事業	所得保障（年金など），医療，教育，雇用，住宅等の一般対策の不備 ↑ 例　福祉年金 生活保護（特に，住宅扶助，教育扶助）

（仲村優一『社会福祉概論〔改訂版〕』誠信書房，1991）

ではない。資本主義社会に特有な施策である社会政策には、おのずとそのことのゆえにうみだされる限界が存在する。社会政策は、そのような必然的な限界性のゆえに、労働問題のすべてを、したがってそこから関係的派生的に形成される社会的問題を解決することは不可能である。ここに、部分的には社会政策を代替し、かつ補充する施策としての社会福祉が登場する理論的な、そして実態的な、根拠が存在する。社会福祉が社会政策にたいする補充性をその基本的な性格とするゆえんである。

(2) 仲村優一の補充性論

仲村優一の社会福祉補充性論の特徴は、それが理論的というよりも歴史的であり、また実態論的、方法論的であるところに認められる。[28] 仲村のいう社会福祉の補充性は、一般対策の手の及ばない領域において、対人的・対面的関係を通して、生活上の障害をもつ利用者に援助の手をさしのべるという、その性格のことをさしている。すなわち、仲村のいう補充性は、一般対策にたいする補充性であり、かつ対人的・対面的関係を通して発揮される補充性である。**表6－1**にみるように、仲村はこのような補充性をさらに、①並立的補充性、②補足的補充性、③代替的補充性の三通りに類型化している。

仲村のいう①並立的補充性は、一般対策と社会福祉が独自の領域をもって相互補完的に並行して機能している場合を、②補足的補充性は一般対策のはたらきをより効果的にするために社会福祉が補足的な役割をしている場合を、③代替的補充性は一般対策の不備のためにとりあえず社会福祉が代替的な役割をはたさざるをえない場合を、それぞれ意味している。より具体的に例示すれば、①並立的補充性に該当する例としては年金制度（一般政策）とホームヘルパー派遣事業との関係をあげることができる。②補足的補充性は医療制度のなかに組み込まれた医療ソーシャルワークにその例をみることができる。③代替的補充性に該当するのは年金制度の不備を補う福祉年金や生活保護である。仲村は、歴史的にみれば、社会事業の時代にはもっぱら代替的補充性が中心となり、こんにちの社会福祉では並立的補充性が中心になっているという。

仲村のいう一般対策は所得保障、医療、教育、住宅、雇用、司法などであるが、社会福祉はこれら一般対策にたいしてそれを補充するものとして形成され、成立する。仲村によれば、これらの一般対策が十分に機能していればとりたてて社会福祉は必要とされない。しかし、現実にはそのような完全な一般対策の体系などというものは存在しえない。そこに、一般対策を補充する社会福祉の存立する根拠が与えられることになる。

(3) 補充性論の起点——大河内社会事業論

孝橋と仲村の議論は、理論的には明確にその基本的な立場を異にしている。しかし、社会福祉の基本的な性格を補充性に求めるということにおいては共通している。ただし、同じく補充性といっても、すでにみたように、両者の背景にある科学方法論の違いを反映して、その内容、意味するところは明らかに異なっている。孝橋のいう補充性は社会政策にたいするそれであるが、仲村の場合には一般対策にたいする補充性である。ここで、そうした違いをもつ両者の議論を同一の範疇として扱うのは、政策論や方法論という両者の専攻領域の違いを超えて、補充性が社会福祉研究の主旋律となっている事実に留意するからである。

まさに、戦後のわが国における社会福祉の研究は、前述した政策か技術かという二項対立的な議論とこの社会福祉の補充性に関する議論の軸を中心に展開されてきたといってよい。前者の軸でいえば孝橋と仲村は対抗する関係にある。しかしながら、後者の軸でいえば、両者は土俵を共有している。そして、その共通の土俵はほかならぬ大河内一男によって戦前一九三八年に展開された社会事業（社会福祉）論である。ここで詳論するゆとりはないが、大河内は社会政策を機軸に据えて社会事業はその以前と以後に活動の領域をもつと指摘した。[29] これがわが国における社会福祉補充性論のはじまりである。

(4) 孝橋補充性論の制約

孝橋の社会福祉補充性論は、戦後間もない時期にこのような大河内の社会事業理論の克服をめざして登場するやいなや大きな影響力をもち、わが国の社会福祉理論史に一時代を画することになった。しかし、それにしても、現時点に立つとき、われわれは、社会福祉は社会政策を補充するという孝橋の理論枠組によってこんにちの社会福祉の全体像を十全なかたちで把握しうるであろうか。

こんにち的な状況を前提にしていえば、何よりも孝橋がその理論的な出発点となっている社会的問題について、はたしてそのすべてを労働問題から説き起こすことが可能であろうか。実態論的にいえば、こんにちの社会福祉が対象としてとらえている諸問題やそれへの対応策はむしろ労働問題や社会政策から遠ざかりつつある。逆にいえば、社会福祉は相対的に独自の対象＝問題とそれに対応する施策をもつ領域としてその姿を鮮明にしてきている。

孝橋の社会福祉補充性論には、理論的な側面においても難点が多い。たとえば、社会政策に理論的・実態的限界があってそこに社会福祉（社会事業）が成立するという理論的言説を受容するとしても、実態的には社会福祉は社会政策がまず成立しその限界が明らかになってはじめて登場してきたというわけではない。慈善事業というその前史的な過程は古代以来の存在である。その事実に留意していえば、社会福祉の基本的性格は、社会政策との関係ということよりも、むしろそのような前史的な過程を含む社会福祉の歴史とそれが果たしてきた社会的な役割や機能のうちに求められてしかるべきであろう。

社会福祉は社会政策を補充するというだけでは、社会政策成立の以後における両者の位置関係に関する記述としては妥当であるとしても、社会政策以前にその起源をもつ社会福祉それ自体の基本的な性格を抽出することに成功したとはいえないのである。

(5) 仲村補充性論の制約

他方、戦後一貫して社会福祉方法論の研究を先導してきた仲村の社会福祉補充性論は、より実践的、実態論的である。社会福祉が補充するのは社会政策だけではない。それを含む一般対策である。その分、社会福祉の実態を把握しやすくなっている。しかしながら、その半面、仲村の補充性論は理論的にみて詰めに課題を残している。

概論書における記述という制約はあるにしても、近代社会が一般的対策のほかにそれを補充する施策としての社会福祉を必要とするという根拠、すなわち社会福祉の存立根拠として、一般対策がそれ自体として完全はありえないと指摘するだけではいかにも不十分である。完全でありえないということが経験的事実であることを認めたうえでなお、そうならざるをえない理由、視点を変えていえば一般対策が社会福祉という補充的な施策を必要とする理由ないしは経緯についての、理論的な説明が必要とされるであろう。また、所得保障、医療、教育、住宅、雇用、司法などというかたちで例示されている一般対策にしても、それら一般対策相互の位置関係、なかでも社会政策の一部を構成する所得保障や雇用とそれ以外の一般政策との違いや関係についても論じる必要があろう。

さらに、仲村のいう補充性の三通りの類型の最初の類型、歴史的にいえば最後の類型について一言しておきたい。仲村はこれに並立的補充性という名辞を与えている。そのことについてはすでに別のところで論じたことがある[30]が、補充という表現は、普通には不足分を補って完全にするという意味に解されている。その点、並立的補充性という表現にはある種の形容矛盾が潜んでいるように思われる。社会福祉の基本的性格を補充性として一貫させようとする理論的姿勢が並立的補充性という概念をうみだしたといってよいであろう。仲村の意を忖度していえば、そこでイメージされているのはむしろ独立した制度間における相互補完的な関係であるかもしれない。しかし、そうだとすれば、それぞれの制度の基本的性格はまずもってそれぞれの制度それ自体、ここでいえば社会福祉それ自体の内側に求められなければならないであろう。

これまでみてきたように、孝橋にしても仲村にしても、補充性はそれぞれの理論体系の中心的な部位におかれている。そして、そこには、戦後日本における社会福祉研究がどのようなコンテキストをもって推進されてきたのか、その状況が色濃く反映されている。しかし、われわれは、こんにちの時点において、社会福祉の基本的な性格を他の施策との関係のうちに求めるという伝統的な方法について、その妥当性、意義と限界を改めて問い直してみなければならない。

2 相対的独自性論

もとより、社会福祉の補充性論、なかでも孝橋の理論的枠組にたいする批判的な議論は早い時期から展開されてきた。ここでは、そのなかから吉田久一と一番ヶ瀬康子の相対的独自性論をとりあげる。吉田や一番ヶ瀬の相対的独自性論とは、端的にいえば、孝橋や仲村のいう社会福祉の補充性を認めながらも、同時にその相対的な独自固有性を強調する立場である。

(1) 吉田久一の相対的独自性論とその制約

吉田の社会福祉論のキータームは相対的独自性と社会的歴史的実践である。吉田は、その膨大な著作を通じて社会福祉を相対的独自的な存在としてとらえるとともに、それを社会的歴史的実践として規定することを強調している。

社会福祉の基本的性格についての吉田の立場は、社会福祉が一般施策にたいして補充性をもつことを認めるが、同時に相対的独自性をもつことを主張する、というものである。吉田は、最新の著作である『日本社会福祉理論史』のなかで、その相対的独自性についてもう少し具体的に、社会福祉は社会政策・教育・保健衛生のように「絶対的」ではないが「相対的」な「独自性」をもっている、と指摘している。[31]

しかし、そこでもちいられている「絶対的」「相対的」「独自性」ということばがどのような意味をもつものなのか必ずしも、はっきりしない。なかでも、社会政策・教育・保健衛生などの一般施策が絶対性をもつとはどのようなことなのか。逆にいえば、社会福祉が絶対性をもたないとはどのようなことなのか、またなぜそうなのか。あるいは、それにもかかわらず社会福祉が相対的独自性をもつというとき、その独自性とはどのようなものであるのか、その根拠はどこにあるのか。

吉田はこうした疑問にたいして必ずしも理論的に詰めたかたちで所説を展開しているわけではない。いきおい膨大な著作の行間を読むことにならざるをえないが、吉田はその同じ著書のなかでめずらしくつぎのように社会福祉の概念規定を試みている。

社会福祉は主として資本主義社会の矛盾から生ずる「生活不安」や、その担い手である「生活者」に、社会が「共同福祉」的思想を以て、問題の克服に、組織的な「政策」や「サービス」を通じて援助し、その「自立」を促す歴史的社会的実践である。[32]

この規定が吉田の相対的独自性論の理解に直接的に役に立つというわけではない。しかし、そこには吉田の基本的な立場と所説を読み解くうえでの重要な手掛かりが含まれている。まず、われわれは、吉田がこの規定のなかで社会福祉を歴史的社会的実践として位置づけていることを再確認しておきたい。吉田は、同じ著書の別の箇所で、社会福祉は歴史的社会的存在であるとともに「実践体」であるともいっている。[33]そうしたことからすれば、吉田が社会福祉は相対的な独自性をもつというとき、その根拠は社会福祉が歴史的社会的実践であるということに求められているといっても過言でないであろう。

社会福祉は社会政策・教育・保健衛生などの絶対的施策を補充するものであるが、ただそれぞれの施策の下僕であるということではない。社会福祉はそれが一つの領域を構成し、歴史的社会的な実践として展開されるというそのことにおいて、相対的な独自性をもつということであろう。しかし、そういっても、社会政策・教育・保健衛生がもつとされる絶対性の意味やそれらの施策に社会福祉による補充が必要となる理由が明らかになるわけではない。

吉田の場合にもその理論的営為の前提に大河内社会事業理論の克服という課題があるといってよいであろうが、吉田の社会福祉は孝橋の場合とは異なり社会政策にたいしてのみ補充性をもつわけではない。ただし、社会政策と併置される教育や保健衛生にたいする補充性の根拠は明確にされていない。

(2) 一番ヶ瀬康子の相対的独自性論とその制約

吉田と同様に社会福祉の基本的な性格をその相対的独自性に求める一番ヶ瀬康子は、こうした論点についてもう一歩踏み込んだ展開を試みている。まず、一番ヶ瀬は、社会政策を広義にとらえる場合には明らかに社会福祉はそのなかに含まれると主張する。一番ヶ瀬は、名指しこそしていないものの、社会政策は経済秩序内における生産的要素たる労働力対策であり、社会福祉は経済秩序外における非生産者対策であるという大河内の社会事業理論を批判しているのである。児童や高齢者という社会福祉の対象は、たしかに現時点では生産の現場に組み込まれていないが、しかし未来の労働力や過去の労働力としてとらえればそのいずれもが経済秩序のなかに包摂されている。そのことからすれば社会政策を労働力対策として限定的にとらえることは適切ではない。さらに、一番ヶ瀬は完全雇用政策、最低賃金制度、所得保障、住宅政策、都市政策などが未発達、未成熟な状況のもとでは生産場面にあるもの、完全な労働力の所有者ですら社会福祉の対象になりうるとして、まずもってそこに社会福祉の代替的機能をみいだしている。[34]

一番ヶ瀬は、このような社会福祉の代替的機能とは別に社会福祉は相対的独自性をもつことを主張し、その根拠としてつぎの諸点をあげている。その第一は、社会福祉の対象者（利用者）のもっている性格である。一番ヶ瀬によれば、その典型は障害者にみられる。生活を支える賃金が労働力の価格として決定されるという資本主義的生活構造のもとにおいては、そのような状況に対応するような何らかの特別の分配政策が導入されなければ、障害者はもとより、その家族の生活の困難は労働者一般のそれ以上のものとならざるをえない。社会福祉は平均的分配政策をさらに補完するという性格をもっているのである。第二に、社会福祉の対象者には、貨幣による分配のほかに、現物やサービス機能の分配が必要となる。

第三に、そのような分配は障害者であれば障害の程度や状況に応じて異なった内容であることが求められ、そのためにこの領域における政策運用にはある種の専門機能（ソーシャルワークなど）による媒介が必要となる。第四に、社会福祉の対象者には多くの場合みずからの生活権保障を要求する組織や社会的能力をもたず、代弁的役割さらに啓発的役割を果たすものが必要となる。そうでなければ、資本の一方的合理性、生産性や採算性という観点から展開される政策から取り残されることになる。

以上のような検討のうえに、一番ヶ瀬は社会福祉の意味するものについて、それは「政策機能としては、他の広義の社会政策の代替的機能および補完的機能であるが、その需要者、対象者にとっては、生活に直接しかも対面的にかかわりをもつところの即時的で実質的な生活権保障である[35]」と規定している。このような一番ヶ瀬の社会福祉の規定は、実態に依拠しつつ、しかも同時に理論的であり、孝橋補充性論のもつ狭隘さを克服するとともに、仲村補充性論や吉田相対的独自性論を理論的に補強することにもなっている。

すなわち、一番ヶ瀬は、社会政策を広義に解することによって社会福祉それ自体を社会政策の一つに位置づけるとともに、そこにいわゆる一般対策の一部を包摂することによって、社会福祉が一般対策にたいしてもっている補充性について理論的に検討する道筋を開くことになっている。そこでは、社会福祉が一般対策にたいして補充性をもって成立する背景や理由がそれなりに明らかにされているのである。また、一番ヶ瀬が政策機能論に偏りがちであった政策論的な社会福祉論のなかに現物やサービスの給付（提供）の過程に関する議論を持ち込み、一般対策の一般的、平均的対応にたいする社会福祉の対面的、個別的、即時的対応というかたちで両者の違いを論じていることにも留意しておかなければならない。

このように、一番ヶ瀬の相対的独自性論は、社会福祉を基本的には資本主義的施策の一つとして位置づけながら、その実態把握に努めるとともに、そこを起点として理論的な展開を試みた議論としてほかにはみられない説得力をもっている。しかし、こんにち的な状況のなかでいえば、一番ヶ瀬の社会福祉理論は、それが形成された時代の社会経済的な背景や理論的志向性を反映し、社会福祉の代替的機能や補充的機能を軸芯に展開されるという時代的な制約のもとにおかれている。

3 固有性論

それでは、より積極的に社会福祉の独自性あるいは固有性を論じることはどのようにして可能であろうか。その点について論じるには、まず岡村重夫の社会福祉固有性論に言及しなければならない。

(1) 岡村重夫の社会福祉固有性論

岡村は、社会福祉の基本的な性格として、それが「社会福祉固有の視点」に貫かれていることを強調している。[36] 岡村は、社会生活を形成する要素として、ⓐ社会生活の基本的要求の主体者たる個人、ⓑ各々の基本的要求に対応する社会制度、ⓒこの両者を結びつける社会関係をあげるが、そのうち「社会福祉固有の視点」が直接的に関わりをもつのは最後の社会関係である。岡村によれば、生活の主体者たる個人はその基本的要求を充足するには個々の要求に対応する社会制度と接触しなければならない。その社会制度は本来的には個々人の基本的要求を充足することを目的に発展したものである。しかし、それは一度成立すると逆に個々人にたいして一定の社会的標準に従うことを要求する。

すなわち、社会制度は、それと接触して基本的要求の充足を図ろうとする個々人にたいして一定の役割行動をとることを要求する。これが社会関係の制度的側面ないし客体的側面である。たとえば、個々人は保健医療制度と接点をもち、医療を受けるというニーズを充足するためには患者としての役割をとることが求められる。教育を受けるためには生徒や学生としての役割をとることが求められる。しかも、その一方において、個々人は社会のなかで生活し、その要求を充足していくためにはつねに複数の社会制度と接点をもたなければならず、それぞれの社会制度の要求する役割を調和的にこなしていかなければならない。これが社会関係の主体的側面とよばれるものである。

個々人のニーズと社会制度とは本来的には一対一の対応関係にあり、個々人は個別の制度にたいして個別に対応すればニーズを充足することができる。しかし、現実には個々の社会制度は相互に無関係にそれぞれに必要とする役割をとることを要求する。その結果、個人それぞれの内部においてしばしば多様な社会制度の要求する役割間に葛藤や混乱がうまれることになる。こうして、個々人がその基本的要求を充足するために社会制度と接触するところに成立する社会関係を機軸に、①社会関係の不調和、②社会関係の欠損、③社会制度の欠陥という社会福祉に固有の対象が形成されることになる。

これが岡村の社会福祉固有の視点とそこから導かれる固有の対象に関する理論の概略であるが、その内容はこれまでとりあげてきた孝橋、仲村、吉田、一番ヶ瀬のどの所説ともその趣を異にしている。しかも、そのような岡村の固有性の理論は、たとえば一般対策がいかなる理由でそれを補充する施策としての社会福祉を必要とするのか、その根拠を説明する論理として少なからず有効性をもっているようにみえる。また、岡村の固有性論は、近年介護サービスその他の領域において活発に議論されているケアマネージメント（ケースマネジメント）の基礎理論としても有効性をもっているといってよい。岡村の社会福祉論は理論的であると同時にすぐれて実践的である。岡村理論にたいする支持が根強い理由の一つであろう。

(2) 岡村固有性論の制約

しかし、そのような岡村固有性論には根源的な限界が存在する。それは岡村固有性論が理論の構成として非社会的であるという事実である。岡村は、個々人の社会生活を中心にその理論を展開し、生活が社会的であることの重要性を繰り返し強調している。しかし、そこで岡村の説く社会はきわめて抽象的な社会である。岡村の理論体系のなかでは現実の社会がもっている歴史性や社会構造性はすっかり捨象されてしまっている。その結果、岡村の理論は時代と社会を超えて普遍的に適用することが可能となる。岡村理論が支持されるいま一つの理由である。

だが、社会と生活に関する理論が時間と空間を超えて適用可能であるということは、逆にいえば、その理論によって時代や社会をビビッドにとらえることの困難さを意味している。岡村の社会福祉論のもつ高度に理論的な体系性とは裏腹に、そこからは歴史のなかで生活し、社会的な貧困や障害に悩む人びとの姿がみえてこないと批判されるのはそのためであろう。岡村固有性論とその成果を活用するには、そこにもう一度、歴史性と社会性を埋め込むための工夫が必要とされる。

4 多面総合的独自性の理論

以上、ここまで、社会福祉の補充性と独自性、固有性という切り口を中心に先行研究の再検討を試みてきたが、最後にそのような先行研究の成果を踏まえながらわれわれ自身の見解についてその一端を明らかにしておきたい。

結論を先取りするかたちで端的にいえば、われわれの立場は、社会福祉の基本的な性格をその固有性に求めるところにある。その際、われわれが重視するのは、あれこれの単一の視点に固執することよりも、その対象、主体、方法に関して多面的、複眼的、総合的な視点から社会福祉の固有性に接近するということである。その意味では、われわれの立場はいわば多面総合的独自性論である。

(1) 自存的実体

第一に、われわれはこの社会福祉の基本的性格いかんという課題に接近するスタンスとして、まず社会福祉をそれ自体として存在する、すなわち自存的実体として把握する視点に立ちたい。もとより、社会福祉は歴史的にも、現時点においても、社会政策をはじめいわゆる一般諸施策との相互規定的な関係のなかで形成され、存在している。その関係の一つに補充、被補充という関係の含まれている事実を認めることにやぶさかではない。しかし、社会福祉は一般施策があってはじめて存在するというものではない。こんにち、社会福祉はますますその規模を拡大し、社会の第一線にある施策・制度として市民権を獲得するようになっている。その事実に照らしていえば、社会福祉の理論的解明は、何よりもそれが自存的な実体であることを再認識することからはじめ、その生成・発展の過程についてもあらためてこんにち的な観点からとらえなおすことが必要であろう。

(2) 生活問題

第二に、社会福祉の基本的性格を固有性としてとらえる根拠の一つとして対象認識の固有性をあげることができる。社会福祉の対象は生活問題であるが、それは抽象化された生活上の問題一般ではない。たしかに、生活問題には、労働問題とは異なり、社会経済的諸条件のみならず、個々人の身体心理的な諸条件や生活の意識や習慣、生活力など個別的な諸条件に規定され、個別かつ多様な形態をもって形成されるという側面があり、そのことが社会福祉の対象としての生活問題を特徴づけている。しかし、生活問題の基本は、それが資本主義的な社会経済的・政治文化的構造と生活構造のなかで形成されるということであり、そのような歴史的社会的被規定性を捨象したところでとらえられる生活や生活問題は一つの抽象であるにすぎない。

社会福祉の対象としての生活問題は、歴史的社会的に形成され、それゆえに社会的な方策手段による解決や緩和が必要かつ有効とみなされる生活上の困難や障害、課題である。このような社会福祉の対象は個別性を強調する観点からしばしば福祉ニーズとしてとらえられるが、その場合も同様である。福祉ニーズは生物学的なあるいは心理学的なニーズそのものではない。それは、歴史的社会的現実としての生活のなかで充足することが求められながら、何らかの社会経済的なあるいは個別的な諸条件のもとでそれが妨げられている生活上の不充足ニーズであり、かつ社会的な方策手段による充足の必要性と有効性が認められているニーズを意味している。

(3) 生活者の視点

第三に、社会福祉の固有性の前提にあるのは、そのような生活問題や福祉ニーズの現実的あるいは潜在的な担い手である個人や家族を生活者としてとらえる視点である。社会に生活する人びとはさまざまな側面をもっている。人びとは社会総体を構成するシステムの一つである経済システムとの関連でいえば経済人であり、政治システムとの関連でいえば政治人、文化システムとの関連でいえば広義の文化の継承や創造にたずさわる人びとという意味での文化人であり、また社会システムとの関係でいえば人と人との結びつきのなかに生きる人びとという意味での社会人である。

こうして社会生活を営む人びとは経済人、政治人、文化人、社会人という多様な側面あるい役割をもつのであるが、それらの側面や役割を統合する位置にあるのが生活システムの主人公としての生活者（生活人）である。社会福祉の固有性は、人びとを多様な社会システムと接点をもつなかで要求される多様な役割行動を統合し、主体的に自己を組織化しつつ生きる生活者、すなわち生活システムの主人公として把握するところからはじまる。こうして、社会福祉の基本的な性格はこのような「生活者の視点」を起点に、生活、生活問題、そしてその背景にある時代と社会を分析し、日常的にそれへの対応策を講じようとするところに求められるのである。

(4) 実践性

第四に、社会福祉の固有性は、社会福祉が生活と生活問題について分析し、記述するにとどまらず、そのような生活問題の解決や緩和に直接的間接的に関与する実践性に求められる。われわれのいう生活システムは生活維持システムと生活保障システムから構成されるが、このうち社会福祉のまなざしは後者の生活保障システムに向けられている。生活維持システムの分析は、より望ましい生活保障システムを構築し、維持しようとする試みの前提として必要とされる。社会福祉は、分析と記述の領域というよりはむしろ計画と行動の領域である。それゆえに、社会福祉の科学は分析的、法則定立的であると同時に、規範的、実践的であることが求められる。

(5) 主体性

第五に、労働政策を中心とする社会政策の主体が労働者、資本家、政府(国家)であるのにたいして、現代における社会福祉の主体は利用者(当事者)、市民、そして市民の自己管理の組織としての政府(基軸としての自治体政府とその後衛としての国政府、そして国際政府機関)である。

伝統的な農村型社会における社会福祉の主体は篤志家、慈善家、そして官治の組織としての政府であった。それにたいして、こんにちの都市型社会における社会福祉の主体は自主的、主体的に多様な活動を展開する市民である。市民による活動には当事者活動、ボランティア活動、民間非営利活動、行政活動への参加・参画、政府の社会福祉政策にたいする支援や批判・抵抗など多様な内容が含まれている。このような市民活動が重要なはたらきをする社会制度は社会福祉をおいてほかには存在しないであろう。なかでも、このような市民活動のなかで、社会福祉援助の提供者とその利用者(当事者)とのあいだにしばしば役割の相互転換が行われることは社会福祉のみにみられる固有の現象であろう。

(6) 対面性

第六に、社会福祉の固有性を構成する特徴の一つに援助の対面性とその独自の視点がある。社会福祉における援助の中心が人間労働を源泉とするサービス＝人間労働の有用なはたらき・機能＝人的サービスであることは前節において言及したとおりである。人的サービスは、現金の提供や物的サービスとは異なり、サービスの提供者と利用者が時間と空間を共有するところで行われる。社会福祉による援助の特徴は、その中心が人的サービスであり、対面的で即時的なサービスであることに求められる。ただし、この特徴は保健医療や教育についても指摘しうる。

したがって、社会福祉の固有性をいうためにはサービスの対面性だけではなく、さらにその視点の固有性を明らかにしなければならない。社会福祉における視点の一般的な固有性は、すでに指摘しておいたように、社会福祉がその対象を歴史的社会的存在としての生活者を担い手とする生活問題としてとらえることにある。ここではさらに、社会福祉が対面的な状況のなかでサービス利用者のどの側面に焦点をしぼって援助を展開しているかということに言及しておきたい。

社会福祉援助の利用者としての生活者は、これを一つのシステムとしてみるとき、生命・身体システム、人格・行動システム、生活関係・社会関係システムという三通りのサブシステムから構成されている。このうち、保健医療が主要には生命・身体システムに対応し、教育が人格・行動システム対応するとすれば、社会福祉が対応するのは生活関係・社会関係システムである。すなわち、社会福祉援助の固有性は、サービスの利用者をその生活関係・社会関係システムという側面に焦点をあてながら、その生活の全体を把握し、援助しようとするところに求められるのである。

(7) 固有性と補充性の統合

最後に、社会福祉は現代社会において市民の自立生活を支援し、その安寧（ウェルビーイング）を促進しようとして多様に展開されている社会サービス、すなわち所得保障、保健医療、教育、雇用政策、住宅政策などのいわゆる一般対策にたいしてL字型構造の位置関係をもつようになっている（**図6－5**）。

まず、社会福祉は、一般対策にたいして、独自の視点、課題、援助の方法をもって並列的な位置関係において自存する施策・制度として存在している。つぎに、社会福祉は一般対策にたいして、これを代替し、あるいは補充するという機能をもって存在している。たとえば、**図6－5**の数字に具体的な制度をあてはめれば、①に該当するのは医療扶助である。以下、②生活扶助、③福祉雇用、④知的障害児通園施設、⑤自立援助ホーム、⑥低所得者住宅、⑦福祉のまちづくり事業などが一例となる。かつては、このような代替的・補充的施策が社会福祉の主要な部分を占めていた。歴史的にみれば、

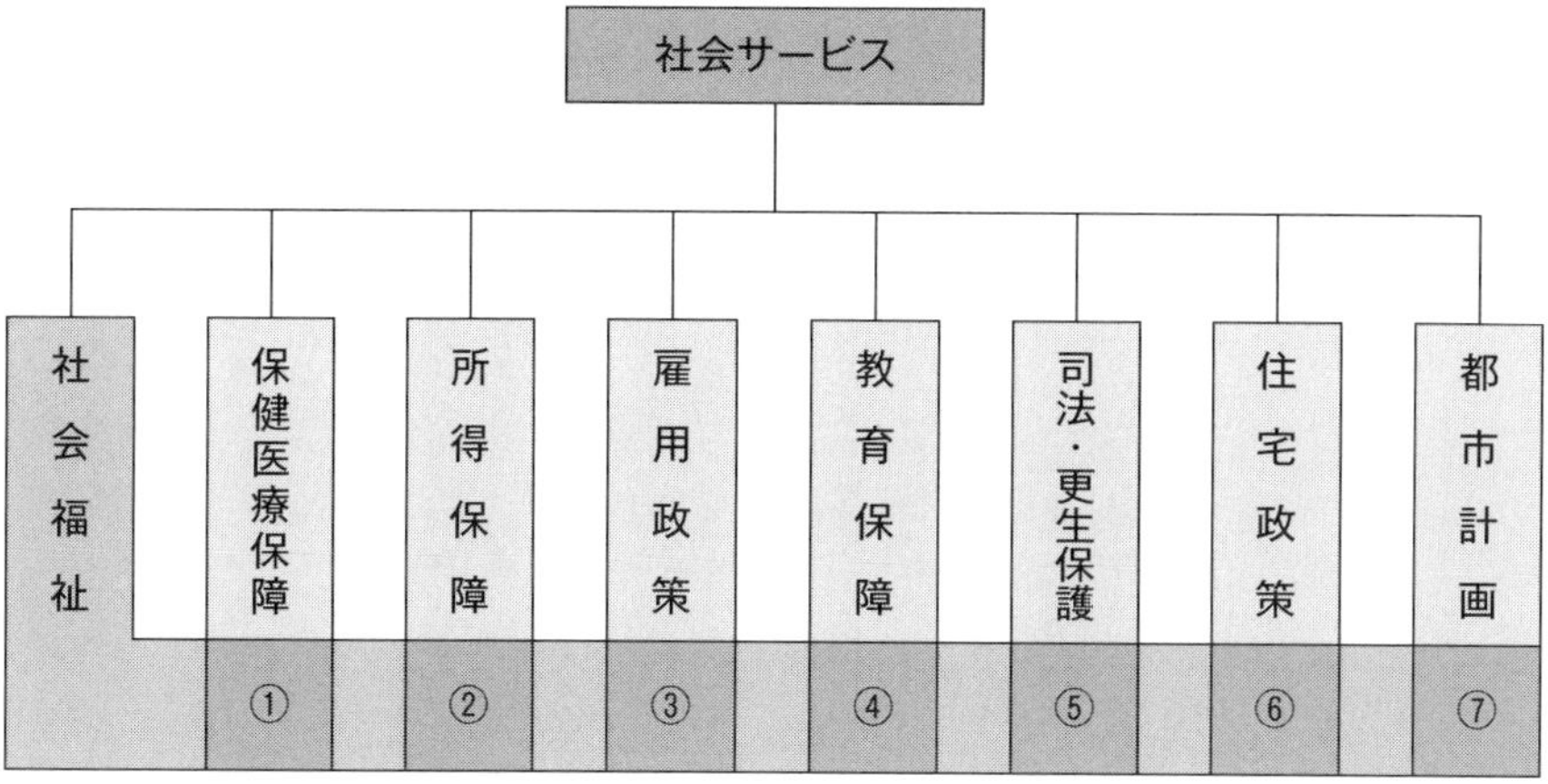

図 6-5　社会福祉のL字型構造　　古川孝順　作成

社会福祉は、一般対策が未発達・未成熟であるという状況のもとでは、代替的・補充的な機能を中心に展開してきたといってよい。しかしながら、近年、一般対策が発達し、成熟してきたこと、またいわゆる施設福祉型から在宅福祉型へという援助方法の転換がなされてきたことによって、社会福祉は独自な制度としての側面を著しく強めてきている。L字型の縦棒の部分が拡大し、横棒の部分が薄くなってきているといえばよいであろうか。また、これと平行して、社会福祉のもつ機能性の内容も一般施策の機能を代替しあるいは補充するということから生活者の視点から一般対策を捉え、その機能を生活者個々の福祉ニーズの充足、生活の自立、さらには自己実現に向けて媒介し、調整するという新しい機能を中心とするものに変化してきている。

このように、こんにちの社会福祉は、多様な領域において固有の視点、対象、課題、主体、そして援助の方法をもって展開されており、それらの特徴の総体において社会福祉はそれを含む社会サービスというより包括的な施策のなかでも独自固有の性格をもつ施策として存立しているのである。

注

(1) 古川孝順『社会福祉学序説』有斐閣、一九九四年。
(2) 古川孝順『社会福祉のパラダイム転換』有斐閣、一九九七年。また、古川孝順『社会福祉改革』(誠信書房、一九九六年)の第6章「社会福祉分析の基礎的枠組」についても参照されたい。
(3) 吉田久一『社会事業理論の歴史』一粒社、一九七四年、二ページ。
(4) 同前、八ページ。
(5) 三浦文夫『社会福祉経営論序説』碩文社、一九八〇年。
(6) 高澤武司『社会福祉のマクロとミクロの間』川島書店、一九八五年。
(7) 京極高宣『現代福祉学の構図』中央法規出版、一九九〇年。
(8) 一番ヶ瀬康子の著述は膨大な数にのぼるが、ここでの課題に照らしていえば、まず参照されるべきは、全5巻からなる著作集の第1巻『社会福祉とはなにか』(労働旬報社、一九九四年)に収録されている論文「社会福祉学序説」(初出は一九七一年)である。
(9) 真田是『現代の社会福祉理論』労働旬報社、一九九四年、第4章。
(10) 同前、第5章。
(11) 三浦、前掲書、第3章。
(12) 京極高宣「社会福祉にとって原論とは何か」(日本社会事業大学『日本社会事業大学研究紀要』第38集、一九九二年、所収)を参照されたい。
(13) 白澤政和『ケースマネジメントの理論と実際』中央法規出版、一九九二年、二三九～二五〇ページ。
(14) 古川孝順・庄司洋子・定藤丈弘『社会福祉論』有斐閣、一九九三年、二六一～二六三ページ。
(15) 野村清『サービス産業の発想と戦略』電通、一九八三年。
(16) 長田浩『サービス経済論体系』新評論、一九八九年、三三一～三三六ページ。
(17) 古川孝順「社会福祉の運営問題」(『新・社会福祉学習双書』編集委員会編『社会福祉概論Ⅱ――社会福祉運営の組織と過程』全国社会福祉協議会、一九九七年、所収)、四四～四五ページ。
(18) この部分については長田の見解を援用している。ただし、最後のサービスの利用主体は、長田の著書では享受主体であるが、社会福祉の用語法にしたがって利用主体に改めている。
(19) 長田、前掲書、五五ページ。
(20) 長田、前掲書、五五～五八ページ。引用紹介した図6-1、6-2、6-3、6-4では享受主体を利用主体に改めている。長田、前掲書、五七ページ。
(21) 以下のサービスの特性の記述については野村、前掲書、六一～七四ページ、および長田、前掲書、八〇～八六ページを参照されたい。

(22) 真田、前掲書、一九七ページ。
(23) 同前、一九八ページ。
(24) 真田は、この点について「社会福祉の事業や活動の成否は、社会福祉の対象者の事業や活動についての信頼の有無とともに、対面する従事者への信頼の有無によって左右される。この信頼関係は、技術的な調整による部分もあるが、従事者の思想性・人格性・知的教養などが大きな意味をもっている」と主張している。真田、前掲書、一九一ページ。
(25) 真田、前掲書、一九〇～一九一ページ。
(26) 同前、一九二ページ。
(27) 社会政策と社会事業の違いと関係を明確にすることはまさに孝橋にとってのライトモチーフであった。以下の記述についてはおもに孝橋正一『全訂社会事業の基本問題』(ミネルヴァ書房、一九六二年)、第4章を参照されたい。
(28) 仲村の補充性論については、仲村優一『社会福祉概論（改訂版）』(誠信書房、一九九一年)、第1章第4節を参照されたい。
(29) 大河内の社会事業論については、大河内一男「わが国における社会事業の現在および将来社会事業と社会政策の関係を中心として」(同『増補社会政策の基本問題』日本評論社、一九五四年、所収)を参照されたい。
(30) 仲村、前掲書、一八ページ。
(31) 吉田久一『日本社会福祉理論史』勁草書房、一九九五年、一三ページ。
(32) 同前、一六～一七ページ。
(33) 同前、一三ページ。
(34) 一番ヶ瀬康子、前掲書、二三五ページ。
(35) 同前、二三六ページ。
(36) 岡村の固有性論については、岡村重夫『社会福祉原論』(全国社会福祉協議会、一九八三年)、第2章を参照されたい。

第7章 社会福祉援助理論のパラダイム転換

こんにち、わが国の社会福祉は、その戦後福祉改革以来の基礎構造のありようについて根源的な改革が求められている。もとより、基礎構造改革は、基本的には社会福祉の理念に関わる改革であり、より直接的、具体的には制度構造に関わる改革である。しかし、そのような理念や制度構造に関わる改革は、それらの領域だけにとどまらない。社会福祉の理念や制度構造に関わる改革は、おのずとそれらを前提的な枠組として展開される援助活動のありようを規定することになる。

二一世紀における社会福祉を展望するにあたり、社会福祉基礎構造改革との関連のなかで、これからの援助活動がどのように展開されることになるのか、その基本的な方向と内容について、社会福祉の理論研究という立場から、序論的に考察してみたいと思う。

第1節 基礎構造改革論の概要

社会福祉基礎構造改革の波動は、一九九七年八月に厚生省社会局長のもとに設置された「社会福祉事業等の在り方に関する検討会」（以下、「在り方検討会」）における議論からはじまった。

同検討会は同九七年一一月二五日にその検討の内容をとりまとめた報告書「社会福祉の基礎構造改革について（主要な

論点）」（以下、「検討会報告」）を提出した。そして、早くもその三日後の一一月二八日には中央社会福祉審議会のなかに社会福祉構造改革分科会（以下、「構造改革分科会」）が設置され、以来一三回の審議を経て翌九八年の六月一七日には「社会福祉の基礎構造改革（中間まとめ）」（以下、「中間報告」）が公にされている。

1 「検討会報告」の骨子

「検討会報告」の骨子は概略以下の通りである。まず、「検討会報告」は、社会福祉の基本理念について、「個人の自己責任による解決に委ねることが適当でない生活上の問題に関し社会連帯の考え方に立った支援を行うことにより個人の自己実現と社会的公正の確保を図ること」である、と規定する。

つぎに、「検討会報告」は改革の方向を、①（社会福祉サービスの利用者と提供者の）対等な関係の確立、②個人の多様な需要への総合的支援、③信頼と納得が得られる質と効率性、④多様な主体による参入促進、⑤住民参加による福祉文化の土壌の形成、⑥事業運営の透明性の確保、の六点に整理している。さらに同「報告」は、検討の課題としてきた主要な事項として、ⓐ社会福祉事業の範囲、区分、規制、助成等、ⓑ措置制度、ⓒサービスの質、ⓓ効率化、ⓔ施設整備、ⓕ社会福祉法人、ⓖ社会福祉協議会、ボランティア団体等、ⓗ共同募金、ⓘ人材養成・確保、ⓙ地域福祉計画、福祉事務所、をあげ、それぞれの事項について検討の結果に言及している。

2 「中間報告」の骨子

構造改革分科会による審議は、基本的にはこのような「検討会報告」の設定した枠組にしたがって行われている。しかし、先行する「検討会報告」と構造改革分科会の「中間報告」を比較すれば、そこにはおのずと共通する部分と相違する部分をみいだすことができる。たとえば、「検討会報告」の「個人の自己実現と社会的公正の確保を図る」という社会福祉の理念は、「中間報告」においては「個人が人としての尊厳をもって、家庭や地域の中で、障害の有無や年齢にかかわらず、その人らしい安心のある生活が送れるよう自立を支援する」というように、より理解しやすいかたちに敷衍されている。

また、改革の方向についても「検討会報告」の⑤と⑥のあいだに新たに「費用の公平かつ公正な負担」が追加され、最終的には七つの方向に再整理されている。

検討事項についても「検討会報告」の議論がさらに深められ、あるいは敷衍され、また新たな視点や内容が追加されている。すなわち、「検討会報告」の設定した主要な検討事項は、まず全体として、Ⓐ社会福祉事業の推進、Ⓑ質と効率の確保、そしてⒸ地域福祉の確立に再整理されている。つぎに、Ⓐの社会福祉事業の推進にかかわる事項として、①社会福祉事業、②サービスの利用、③権利擁護、④施設整備が、Ⓑの質と効率の確保にかかわる事項として、①サービスの質、②効率性、③人材養成・確保が、そしてⒸの地域福祉の確立にかかわる事項として、①地域福祉計画、②福祉事務所等行政実施体制、③社会福祉協議会、④民生委員・児童委員、がとりあげられ、それぞれの事項について審議の結果がとりまとめられている。(1)

3 基礎構造改革と援助活動パラダイム

このような九七年秋以来の在り方検討会や構造改革分科会における議論に二一世紀におけるわが国の社会福祉のありようを基本的なところで規定し、方向づける要素が含まれていることは、あらためて指摘するまでもないことであろう。「検討会報告」「中間報告」を通じて、社会福祉の基礎構造改革をめぐる議論のなかには多数の論点が含まれている。しかしながら、もとより、それらの論点のすべてについて考察し、論評を加えることがここでの課題ではない。さきにも限定しておいたように、ここでの課題は、それらの論点のうちから社会福祉の援助活動のありよう——それを基本的に方向づけている思想、理論の基軸や制度的な枠組み、すなわち援助活動を支える基本的なパラダイムのありよう——に関連する部分をとりあげ、それらに言及しつつ、二一世紀における社会福祉援助のありように関わる諸問題について若干の検討を試みることである。

第2節　サービス提供者と利用者の対等な関係

社会福祉サービスの利用者と提供者とのあいだに対等な関係を確立するという課題は社会福祉基礎構造改革の中心的な論点の一つである。この課題は、直接的には戦後社会福祉の根幹を構成してきた措置（委託）制度の利用契約制度への転換という主張と連結するものである。しかし、それは、利用方式の転換という範囲を超えて援助活動のありようにたいしてその根源のレベルにおいて影響を及ぼすものとならざるをえない。以下、その重要性に鑑み、「中間報告」のなかからこの課題に直接的に言及している部分を抜粋、参照しつつ、そこに含まれる論点について整理することから議論をはじめることにしよう。

1　措置制度の難点

まず、「中間報告」は、措置制度について、同制度のもとでは「……サービスの利用者は行政処分の対象者であるため、その意味でのサービスの利用者と提供者の間の法的な権利義務関係が不明確である。このため、サービスの利用者と提供者の対等な関係が成り立たない」と指摘し、今後の方向として「……利用者と提供者の間の権利義務関係を明確にすることにより、利用者の個人としての尊厳を重視した構造とする必要がある」という。そのうえで、「中間報告」は、そのような課題を克服する具体的な利用の方式として「個人が自らサービスを選択し、それを提供者との契約により利用する制度を基本」とすることを提言する。

さらに、「中間報告」は、選択と契約という利用方式の適用が困難なものについてはその事由に応じた適切な措置が講じられるべきこと、また低所得者にたいする配慮の必要性について言及するとともに、「契約による利用は、利用者の選択を通じて、利用者の満足度を高めるとともに、サービスの向上、事業の効率化にもつながるものと考えられる」としている。

やや煩瑣な引用となったが、「中間報告」の「サービス提供者と利用者の対等な関係の確立」という提言がどのような文脈において語られているのか、そのことはおのずと明らかであろう。すなわち、「中間報告」の趣旨は、従来の措置制度は行政処分であるがゆえに提供者と利用者との関係は不平等なものとならざるをえない、したがって措置制度にかえて当事者間の権利義務関係を内容とする契約利用方式を導入することによって提供者と利用者の関係を対等な関係に転換すべきであるということ、これである。

2 「実施機関—利用者」関係と「事業者—利用者」関係

このような「中間報告」の趣旨には、少なからず難点が含まれている。まず、「中間報告」が改革しようとしているのはサービスの提供に関して意思決定の権限を有する実施機関（現在の制度でいえば措置権を行使する市町村・都道府県）と利用者との関係なのか、あるいはまたサービスを直接的に提供する提供機関（以下、事業者）と利用者との関係なのか、そのことは必ずしも一義的ではない。措置方式は行政処分であり、そこにはさまざまな難点が含まれているという指摘をみれば、一般的には、「中間報告」の趣旨は、措置という行政処分を行う実施機関と利用者の関係が対等な関係になっていない、その意味で適切ではない、と解釈するのが妥当であろう。しかし、「中間報告」のいうところはそうではない。「中間報告」は、措置方式の難点はむしろサービスの事業者と利用者との関係が対等の関係でないことにあるという。たしかに、措置方式のもとでは事業者と利用者とのあいだに直接的な事前の接触、交渉は存在しない。措置の結果として事業者と利用者とのあいだに一定の関係がうまれるのである。その限りでは、事業者と利用者との関係は自律的なものではない。事業者と利用者が直接的に契約することにすれば、両者は対面的な関係において交渉し、相互の権利義務関係を明確にせざるをえないことになる。たしかに、契約利用方式のもとでは事業者と利用者との関係は措置方式のもとにおけるそれとはおのずと違ったものにならざるをえないであろう。

しかしながら、措置制度は、事業者と利用者との関係というよりも、より基本的に、そして直接的には、措置の実施機関と利用者との関係に関わる問題である。その限りでいえば、措置制度の改革は本来は実施機関と利用者との関係の改革として行われなければならない。すなわち、福祉サービスにたいする利用者の権利――申請権や自己決定権――はなによりもその実施機関すなわち行政機関との関係において確立されなければならないのである。その点、「中間報告」においては、実施機関と利用者との関係における問題として捉えられるべきはずのものが、いつの間にか事業者と利用者の関係における問題に置き換えられてしまっている。そういって過言ではない。

もしかりに、福祉サービスの利用が事業者と利用者の契約による利用という方式に変更されるとして、その場合、実施機関と利用者の関係はどのようなものになるのか。「中間報告」はそのことについて明示しているとはいえない。契約利用方式が導入されても、補助金ないし助成金が絡むとすれば、そこに実施機関が関与することは避けられないであろう。そうだとすれば、その関与のしかたはどのようなものとして設定されるのか。たとえば、改革が先行している保育所に関していえば、要保育性を認定する市町村と利用者との関係は「公法上の契約」（行政契約）とされている。介護保険についていえば、保険者としての市町村と被保険者としての利用者との関係は（民事的な契約に近い）「社会保険上の契約」とされている。保育所と介護施設を除く福祉サービスにおいては、実施機関と利用者との関係はどのようなものとして位置づけられることになるのであろうか。

いずれにせよ、措置制度の弊害といわれるものを解消するためには、事業者と利用者との関係のみならず、実施機関と利用者との関係が、さらにいえば実施機関と事業者との関係を含めた実施機関、事業者、利用者という三通りの関係者（主体）からなるトライアングルが均衡をうしなうことのないよう同時的に改革されなければならない。

3 「対等な関係」の確立と援助活動

このように、「中間報告」の措置制度改革論には難点が残されているとはいえ、事業者と利用者との関係を対等なそれに改革するという提案それ自体には、別の観点からみて耳を傾けるべき重要な問題提起が含まれている。すなわち、事業者と利用者の関係を権利義務契約を基軸とする「対等な関係」に改めるという「中間報告」の提案には、社会福祉における援助関係のありようにたいする根源的な問いかけが含まれているからである。

周知のように、歴史的にみると、社会福祉における援助の提供者とその利用者（被救済者）との関係は、欧米においても、わが国においても、多かれ少なかれ垂直的、上下関係的なものとして、あるいは家父長主義的なものとして、はじまっている。たとえば、イギリスの救貧制度における教区（町や村）と貧民、慈善事業における慈善事業家と貧民、慈善組織協会の友愛訪問員と貧困者、そして近代におけるケースワーク成立以降のケースワーカーとクライエントとの関係は、そのいずれをとってみても、人格的能力的にも、社会的経済的にも、また政治的にも決して対等な人間どうしの関係ではなかった。

救貧制度における救済者と被救済者の関係は、慈愛に満ちた地域の有力な地主や商工業者と生活に窮した浮浪者や乞食、窮乏者との関係であり、また慈善事業におけるそれは宗教家や宗教的に啓発された市民と生活に迷う小羊との関係であった。友愛訪問員と被救済者との関係は、基本的には一九世紀の自由主義的、道徳主義的な市民的価値規範の体現者としての友愛訪問員（多くの場合、中産階級の婦人であった）と一般的な市民生活から脱落背離した落層市民との関係であったし、ケースワーカーとクライエントとの関係も人間関係あるいは個人と社会環境との関係やその調整について専門的、科学的な知識や技術をもつケースワーカーとパーソナリティや社会的能力に、また生活習慣に欠陥をもつクライエント（要援護者）との関係であった。

このように社会福祉に伝統的な援助者と利用者との関係は、こんにちにおける実施機関・事業者と利用者との関係にも陰に陽に受け継がれている。その最たるものは援助の実施に関する権限をもつ実施機関と利用者との関係であろう。その意味では、対等な関係に向けての改革が必要とされるのは、まずもって利用者にたいする実施機関の姿勢や手続き規程のありようである。

しかしながら、そのことはそのこととして、ここでは事業者と利用者の関係を外形的に規定する制度のありように関わる問題からさらに一歩を進め、今回の基礎構造改革の問題提起が事業者と利用者の関係を内在的に規定する援助の理論や技術にたいしてもつ意味について言及しておかなければならない。

4　援助理論の再検討

周知のように、しばしば、戦後における社会福祉援助の枠組に関する理論の発展は、医学モデル（医学的疾病モデル）から問題解決モデル、さらには生活モデルへの展開として捉えられる。医学モデルとよばれるものは、われわれなりの理解をすれば、あたかも疾病への対応をその病理的な原因の追求と分類に焦点をしぼり、病因を除去することをもって最良の治療とみなす医学の理論枠を援用する社会福祉援助の方法ということになろうか。ケースワークの基礎理論を精神分析に求める諸理論、なかでもいわゆる診断派のケースワーク論は、その典型であろう。

このような医学モデルによるケースワーク論を、援助提供者と利用者との関係という観点から捉えてみよう。医学モデルにおける援助提供者と利用者との関係は、明らかに医師と患者、専門家と非専門家との関係である。社会福祉が対応しようとしている問題やニーズについての専門的な知識とそれに対処する技術を独占するワーカーとみずからのかかえる生活問題や福祉ニーズについてなすすべをもたないクライエントとの関係であるといってよいであろう。そこにおける関係は、およそ「対等」なものとはいい難い。むしろ、そこに存在するのはワーカーの専門的権威を根拠とする権力的ともいうべき関係である。しかも、しばしばこの専門主義的権力関係を内包する援助関係はそれにとどまらず、ややもすれば外延的に人格的な支配―被支配の関係を含んで成立することになる。

その点、医学モデルにかわって登場してきた問題解決モデルや生活モデルにおいては、援助提供者と利用者の関係は、相対的にみて、より対等なものとして設定されている。問題解決モデルは、生活の過程を問題解決の過程として捉え、〈動機づけ―能力―機会〉という枠組、そしてその総体としてのワーカビリティの概念、すなわちクライエントの機能する力――クライエントがワーカーとの関係のなかで提供される諸サービスその他の社会資源を利用してみずからの問題解決にむけて活用する情緒的、知的、具体的な能力[2]――を重視している。さらに、この問題解決モデルを継承する生活モデルは、周知のように、人間と環境との相互作用やその成長発展する能力を重視する理論を展開してきている。

近年におけるエンパワーメントの概念も、こうした援助理論の発展を継承するものといえよう。利用者のパーソナリティや行動、生活習慣のなかに問題性を発見し、性急にその治療や除去をめざすことをせず、利用者の状況に応じてその問題解決の能力や自己実現の意欲を刺激するというエンパワーメントの観点と方法は、事業者と利用者の間に対等な関係を築き、そのなかで必要な援助を提供するという援助関係のありようを提起する「中間報告」の趣旨にも適合的であるといえよう。ただし、そのエンパワーメントの概念はしばしば単純に利用者にたいする励ましや勇気づけという程度の意味で理解されている。

このような理解ではエンパワーメント概念を援用しても、その意義は薄いであろう。エンパワーメントの概念を導入し、援用するには、少なくとも一方において問題解決モデルに立ち戻り、ワーカビリティ概念の発展の過程やその意義について再検討してみることが重要であろう。また、他方においては、エンパワーメントの概念が、開発途上国援助の領域やスラム地域再開発の領域において、援助提供者の観点からする独善的な援助のありようが十分な成果に結びつかなかったという苦い経験と深く結びついている事実に留意しておかなければならない。

開発途上国やそこに住む人びとにたいする援助は、援助提供者側の観点だけから最新の技術や設備を提供しても必ずしも十分に活用されえない。エンパワーメントの概念は、援助の対象となる開発途上国やスラム地域居住者について、そのそれぞれの時期における知識や技術のレベルに合わせつつ、かれらがかれら自身のもつ知識や技術を高め、問題解決能力の向上を促進するように援助することがもっとも効果的であるという経験と密接に結びついている。そのことにあらためて留意しておきたい。エンパワーメントといってもただ利用者を励まし、勇気づければよいというわけではないのである。

「中間報告」が提起する対等な関係における社会福祉援助の提供を実現するためには、事業者――機関・施設はもとより、そこで働く援助提供者――と利用者とのあいだに利用者を一個の人間として捉え、そこに人格的な対等性を認め、それを維持し、尊重することを前提に、利用者の状況に応じて、その自主的、主体的な問題解決能力を高め、自己実現を支援し続けるという方向で、適切な援助の提供が行われなければならない。二一世紀にむけて、理論的にも実践的にも、そのことを可能にするような援助の枠組、知識と技術の体系が再構築されていかなければならないのである。

第3節　自立生活支援の意義

さて、「中間報告」は、これからの社会福祉の目的は、「……個人が人としての尊厳をもって、家庭や地域の中で、障害の有無や年齢にかかわらず、その人らしい安心のある生活が送れるよう自立を支援すること」である、としていた。このような「中間報告」の社会福祉の捉え方は、近年における社会福祉にかかわる研究が自立、自立生活、依存的自立、自己実現、インフォームドコンセント、インフォームドチョイス、自己選択、自己決定などの諸概念に関する議論を展開してきたことに鑑み、十分にこれを受けいれることができる。

しかしながら、二一世紀における社会福祉のありようとして「中間報告」のいう自立生活の支援という概念についてはこれを受けいれるとしても、それではいわれるところの自立、あるいは自立（的）生活とはいかなるものか、そしてその支援はいかにして可能であろうか。そのことについては、残念ながら、現時点においては、理論と実践いずれの側面をとってみても、十分に明確にされているとはいい難い。

自立生活ならびに自立生活支援についての理論的、実践的な解明は、明らかに二一世紀の社会福祉研究にとって最も重要な課題の一つである。

1　自助的自立と依存的自立

まず、自立生活や自立生活支援の概念について考察するための端緒として、近年における「自立」に関する解釈の変化について取りあげてみよう。周知のように、社会福祉の世界ではここ二十年ほどの間に、自立に関する解釈は大きく変化してきたといってよい。その変化とは、端的にいえば、もっぱら「自助的自立」をその意味内容としてもちいられてきた自立の概念が「依存的自立」を含む方向に転換してきたということである。

(1)　自助的自立

ここでいう自助的自立とは、生活者（生活主体）の自己決定と自己責任にもとづいて確保される生活資源——生活資料とサービス——のみによって、その生命ならびに活力が維持・再生産されている状態のことを意味している。従来、生活保護の領域を中心に社会福祉の世界において自立自助という概念がもちいられる場合、そこに込められている意味の中核にあるのは、このわれわれのいう自助的自立である。

それは、より簡潔にいえば、生活者の生活が第三者や社会福祉制度に依存することなしに独立して維持されている状態である。そして、社会福祉の世界で自立助長という場合、それは、第三者や社会福祉制度にその生活を依存するおそれのある、あるいは現に依存している生活者を、第三者や社会福祉制度に依存することなしに生活を営めるような状態に方向づけ、援助することを意味している。こうして、自立自助、自立助長にいう自立、あるいはここでいう自助的自立は、第三者や社会制度に依存して維持される生活の状態——依存的生活——の対極にあるものとして認識されてきたのである。

もとより、このような自助的自立という観念、すなわち自己決定と自己責任にもとづく生活の維持という観念は、決して社会福祉に固有なものではない。周知のように、それは資本主義的経済システムをとる近代社会に普遍的な生活自己責任原則の別の表現である。この生活自己責任という原則は、もともとは市民革命による近代市民社会の誕生の過程において、市民一般に普遍的に適用されるべき市民権的基本権のコロラリーとして確認されたものである。しかしながら、現実には市民権的基本権は一般の庶民、なかでも労働者階級に属する人びとにたいしては画餅に過ぎず、自助的自立という観念は庶民にたいしてはもっぱら生活の自己責任を追及する拘束的な装置として機能することになる。こうした傾向は、市民権の部分的修正と補完を意味する社会権的基本権が成立し、市民にたいする生活権保障としての社会福祉が実現してのちにおいても継承されてきた。実際、わが国における生活保護制度の運用にみられるように、こんにちにおいても自立助長、すなわち第三者や社会福祉制度に依存することなしに生活を営めるような状態に方向づけ、援助することこそが社会福祉の目標であり、理念であるとみなされる傾向は否めないのである。

(2) 依存的自立

このような自助的自立の概念にたいして、依存的自立とは、たとえその一部を第三者や社会福祉その他の社会制度に依存していたとしても、生活の目標、思想信条、場、様式、行動などに関して可能な限り生活者による自己選択権や自己決定権が確保されている状態を意味している。自助的自立の概念が生活のすべての側面が第三者や社会制度による支援を前提とせず自助的に営まれている状態を想定しているのにたいして、依存的自立の概念は生活の一定の部分について第三者や社会制度による補完や代替がなされているような場合であっても、生活の目標、思想信条、場、様式、行動などについて自己選択権や自己決定権の行使が保障されていれば、そこには自立的生活が確保されているものと考えられるのである。

たとえば、身体に機能の不全があってもそれが装具や車いすその他の生活機器の給付や貸与という社会福祉制度（福祉サービス）を利用することによって補強され、日常の生活が確保されるならば、障害のある人びとにも自立生活を維持することは十分に可能である。同様に、退職によって職業的ないし経済的な自立を喪失した人びとであっても、老齢年金の給付や生活保護の適用によって日常の生活が確保されうるならば、そこには自立生活が存在しているといってよい。

(3) 依存と自立の連続性

もとより自助的自立という視点からいえば、装具や車いすの利用、老齢年金や生活保護を前提にする生活——換言すれば、社会保障や社会福祉に依存した生活——は自立した生活とはいえないであろう。

自助的自立という概念は、実態概念というよりも規範概念である。自助的自立の概念には、近代社会を構成する市民は誰しもが自助的に自立した生活が可能であり、第三者や社会制度に依存する生活は特殊例外的な事例であるという前提が含まれている。そのような観点からいえば、特殊例外的な事例については可及的すみやかに第三者や社会制度にたいする依存からの離脱が求められる。そこに、自助的自立を助長するような施策の必要性が強調されることになる。

しかしながら、近代市民社会を構成する人びとはいつでも自助的自立の状態にあるわけではない。むしろ、人びとはその生涯を通じて幼弱、傷病、障害、高齢その他のリスクによって自助的自立を脅かされ、第三者や社会制度に依存せざるをえない。人びとの生涯を通じていえば、自助的自立を維持しうるのは青壮年期のほんの一時期にすぎないというべきであろう。しかも、必要とされる依存の程度はさまざまである。

すなわち、近代社会における人びとの生活は、生涯の一時期の相対的にみて自助的自立の状態にあるといえる生活を頂点に、その両端にほぼ全面的に周囲に依存せざるをえない幼弱期と後期高齢期をもつ、潜在的また顕在的につねに多様なレベルと領域において第三者や社会制度への依存の必要性を内包する、連続的日常的な変化のなかにある状態として把握されなければならない。

このような視点からいえば、二一世紀の社会福祉の課題としての自立生活の支援は、自助的自立の助長という文脈を離れて、第三者や社会制度にたいする依存——すなわち、社会保障や社会福祉の利用——を前提に、市民の生活に関わる自己決定権（市民的権利）と生活権（社会的権利）を同時的に保障する「依存的自立の支援」という文脈のなかで追求され、実現されなければならないのである。

2　自立概念の構成

(1)　自立を捉える視点

つぎに、生活の自立という場合の自立の内容的な側面について検討しておきたい。一般に自立については、身体的自立、心理的自立、社会関係的自立、経済的ないし職業的自立などが自立を構成する諸側面として指摘されている。このような自立の捉え方は多分に発達心理学的な知見を反映したものといえようが、社会福祉の固有の概念としての自立生活支援について考察するうえでもこの知見はそれなりに有効性をもっている。社会福祉で生活の自立を論じる場合においても、身体的自立、心理的自立、社会関係的自立、経済的自立という自立の諸側面やそれが人びとの誕生から死に至る生涯のどの段階において、どのような状況のもとにおいて獲得され、あるいは喪失されるかはきわめて重要な意味をもっているからである。

しかし、社会福祉における自立論としては身体的自立、心理的自立、社会関係的自立、経済的自立という自立の類型論だけでは不十分である。発達心理学的な自立の類型論を社会福祉における自立論として援用し、展開するためには、そこにいくつかの視点を追加しなければならない。第一に、われわれは自立の類型として身体的自立、心理的自立、社会関係的自立、経済的自立に新しく人格的自立（全人的自立、すなわちperson as a wholeとしての自立）を追加するとともに、身体的自立から経済的自立までを道具的自立、最後の人格的自立を目的的自立として位置づけることにしよう。第二に、われわれは自立の各類型の意味とそれが獲得されあるいは喪失される過程と経緯を社会的な文脈のなかで捉える視点を導入し、その意義を強調しなければならない。第三に、われわれは道具的自立の第三者や社会制度による補強や置き換えについて論じることにしたい。この最後の視点は、すなわちわれわれのいう依存的自立の内実に関わり、それを膨らませることを意図している。

(2) 道具的自立と目的的自立

まず、第一の視点である。身体的、心理的、社会関係的、経済的な自立を獲得することは、人びとが現代社会を構成する市民としてその生活を維持するうえで不可欠とされる要件であろう。しかしながら、繰り返し指摘するまでもないことであるが、人びとはその誕生の時点においては経済的、社会関係的にはもとより、心理的にも身体的にも全面的に外界に依存する存在である。そして、その後の成長の過程において、人びとは身体的、心理的、社会関係的、経済的な自立をほぼその順序にしたがって獲得していくことになる。この過程において、人びとが身体的、心理的、社会関係的、そして経済的な自立を達成することは、人びとが現代社会のなかで一人前の人間として生き、生活を営んでいくうえでの不可欠の課題、いわば発達課題とみなされる。

しかしながら、身体的、心理的、社会関係的、経済的な自立は、事柄の相対的な意味において、人びとが生きていくための必要条件ではあっても十分条件ではない。身体的、心理的、社会関係的、経済的な自立の達成は、一般的にいえば望ましいことであり、必要なことである。ただ、人びとが生命と活力を維持再生産し、成長発達することの意味は、身体的、心理的、社会関係的、経済的な自立を達成すること、そのこと自体にあるわけではない。もし、そのような個々の領域における自立が人びとが生きるということの目的であるとすれば、人びとにとって生きるということは何を意味するのであろうか。また、障害や傷病、高齢、失業などのために身体的、心理的、社会関係的、経済的な自立を十全に達成ないし維持しえない多くの人びとにとって、生きるということは一体何を意味するのであろうか。

人びとには、身体的、心理的、社会的、経済的な自立の程度や態様を超えて全人格、全存在を懸けて追及し、達成しようと願う目標が存在する。それが、われわれのいう人格的（全人的）自立である。身体的、心理的、社会関係的、経済的な自立は、人びとがそのような人格的自立――すなわち、人びとがその生活をみずから決定し、制御し、自己の実現を求めて努力しうる状態――を達成し、あるいは維持するための道具的手段である。このような人格的自立を実現し、維持すること、そのことこそが人びとが生きることの目標であり、また生き甲斐そのものであろう。

われわれが身体的、心理的、社会関係的、経済的な自立を道具的自立とみなし、人格的自立を目的的自立というのは実にこの意味においてである。

(3)　自立を規定する諸要因

ところで、身体的自立、心理的自立、社会関係的自立、経済的自立、そして人格的自立は、基本的一般的には身体的、心理的、社会関係的、経済的、人格的という順序で達成され、逆に経済的、社会関係的、心理的、身体的という順序で喪失され、最終的には人格的自立も弱体化する。この序列の整理は発達心理学的な知見とも一致する。

すなわち、このような自立の発達序列は、それ自体としては発達心理学ないし発達社会心理学的な現象といってよいであろう。しかし、他方、身体的自立、心理的自立、社会関係的自立、経済的自立、そして人格的自立それぞれの態様や程度には文化的、社会経済的、政治的などの多様な条件が密接に関与し、あるいはそのような多様な条件のもとで独自の意味をもつことに留意しておかなければならない。社会福祉は、むしろこのような視点から、人びとの身体的自立、心理的自立、社会関係的自立、経済的自立の、そしてそれらの統合であり、方向づけるものとしての人格的自立の、態様や程度に関心をもつのである。

人びとの社会関係的自立や経済的自立の態様や程度は、一方において個々人のもつ身体的なまた心理的な諸条件、たとえば労働力の状態によって規定される。また、それは同時に、社会経済的、政治的などの諸条件によって規定される。人びとの社会関係的自立や経済的自立の態様や程度は、就労の形態や労働条件によって、またその属する家族、地域社会、階層、社会関係のありようによって規定されることになる。もとよりひとくちに労働力の状態といっても、それは自営か雇用か、さらには職種によって異なった状況をうみだすことになる。たとえば、下肢の障害は座位で仕事が可能な職種においては比較的軽微なハンディで済むということもありえようが、立位による肉体的な労働を必要とする職種には向かないであろう。結果的には、障害のある人びとの経済的自立の機会やその程度は障害の種類や程度、就労の形態や職種によって異なったものとなる。

他方、身体的自立や心理的自立の態様や程度もまた社会経済的、政治的などの諸条件によって規定される。身体的自立を困難なものとする障害はしばしば傷病や事故によってもたらされ、障害による機能不全が日常的な生活においてもたらす困難は家屋や交通機関の態様によって、また家族をはじめとする周囲の人びとの意識や態度のありようによって異なってくる。心理的自立についても同様である。人びとの心理的自立の態様や程度は、家族、地域社会、階層によって、より具体的には人びとが家族をはじめ周囲の人びととのあいだで取り結んできた社会関係のありようによって規定されるのである。社会福祉の領域において自立を論じるにあたっては、このような社会的な文脈にたいする留意が不可欠である。

(4) 道具的自立の補強と代替

先に、人格的自立が目的的自立であるとすれば、その前提となる身体的自立、心理的自立、社会関係的自立、経済的自立は道具的自立であるとした。このような、身体的自立、心理的自立、社会関係的自立、経済的自立を道具的自立であるとみなす視点には、その延長線上において人びとが傷病、障害などの何らかの理由で身体的、心理的、社会関係的、経済的な自立を十全なかたちで達成しえない場合、あるいは事故、傷病、高齢などのために人びとが一度達成した自立の一部もしくは全部を喪失した場合であっても、その部分についてそれに代わるべき道具的手段が確保されうるならば、人びとはそのような自立の道具的条件の不全を超えて人格的自立を達成し、あるいは維持することが可能であるという判断が含まれている。

ここで事柄は自助的自立と依存的自立の区別と関連という論点と結びついてくる。先にも指摘しておいたように、下肢の機能に障害のある人びとは装具や車いすの貸与という福祉サービスに依存する（利用する）ことによって、十分であるとはいえないまでもアクセシビリティという人格的自立を実現する条件の一つを充足したことになる。高齢による所得の喪失による経済的自立の危機については年金制度による補強や代替が可能であろう。知的障害による心理的自立の補強は日常的な権利擁護サービスがあれば部分的には実現する。社会関係的自立の不全については憩いの家や老人大学などの活用によって補強されることになろう。

このようにして道具的自立については福祉サービスなどの社会サービスや家族、友人、近所の人びとによるインフォーマルサービスの利用によって補強ないしは代替が可能であり、そのことによって人びとの人格的自立が確保される。われわれはこのようにして実現される自立をもって依存的自立というのである。自助的自立は、道具的自立のいずれか一部門でも不完全なものとなれば、その時点において喪失される。しかしながら、道具的自立は第三者による援助や各種の社会制度によって補強したり、置き換えることが可能であり、人びとはそのことによって道具的自立を達成・維持しえなくとも、人格的自立を実現・維持することができるということである。

3　生活把握の基本的視点

さて、それでは、そのような自立の前提となる生活とは何か。これについては、周知のように、すでに豊富な先行研究が蓄積されてきており、われわれもまた生活問題論というかたちにおいてではあるが、若干の議論を展開してきている。ここでは一部そのことにも触れながら、生活を把握する基本的な視点について言及しておきたい。

(1)　生活の意義

生活とは何か、これを定義的に記述することは容易ではないがとりあえずつぎのように規定しておこう。すなわち、われわれは、生活を「基本的には人びとがその生命と活力を維持・再生産しようとする過程であり、それは人びとがその潜在的な能力を発揮しあるいは理想とする価値を追求するなど、よりよい生活のありようを求め、自己の実現を図ろうとする営み」として把握することにしたい。

ここで留意しておきたいことは、生活の基本的な性格が「生命と活力の維持・再生産」であることはいうまでもないとしても、それだけでは不十分だということである。もとより、「生命と活力の維持・再生産」それ自体で十分に積極的な営みである。しかし、こんにちの時点において社会福祉の観点から生活を捉えるということになれば、さらに積極的全人的な営みとしてこれを把握しなければならない。そのことは、社会福祉サービスの目標としてしばしばＱＯＬ（生活の質）の向上が強調される傾向にあることを思い起こせば十分に理解されうるであろう。

かねて社会福祉においては人びとの「生命と活力の維持・再生産」が阻害される状況を生活問題として捉え、その対象としてきた。「生命と活力の維持・再生産」の阻害がこんにちにおいても重要な社会福祉の課題であることに変わりはな

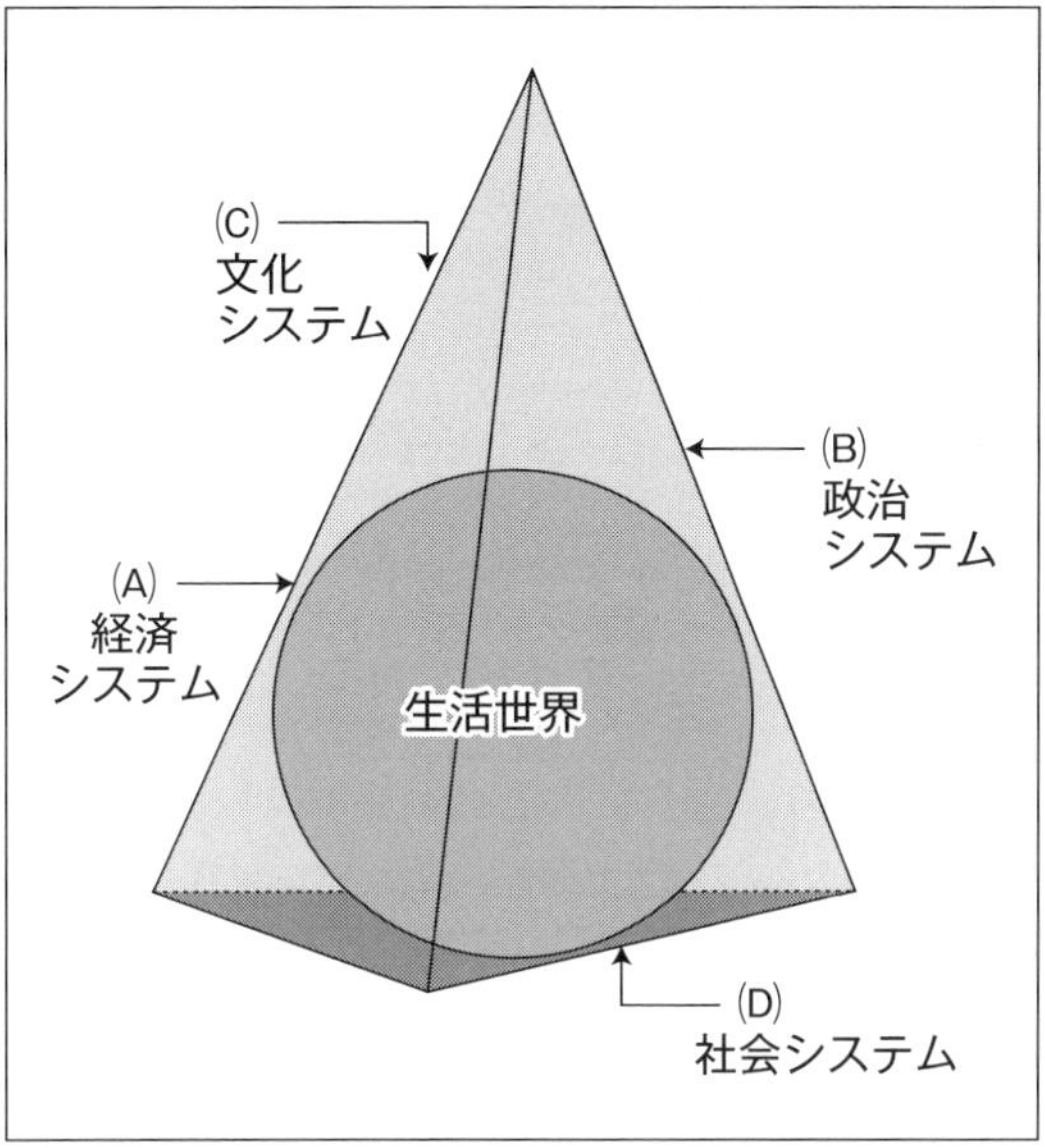

図 7-1　総体社会システムと生活世界　古川孝順　作成

いが、近年新たに「よりよい生活の実現」や「自己実現」の阻害、不十分さが重要な課題として認識されるようになってきている。この傾向は、今後二一世紀に向けて社会福祉が普遍化し、一般化するなかでなお一層拡大するものと考えられる。社会福祉における生活や生活問題の捉え方にこれまでにない転換が必要とされるゆえんである。

(2) 生活世界と生活システム

人びとの生活が社会のなかで営まれていることは言をまたないが、この生活にとっての外部環境ともいうべき社会——広義の社会であるが狭義の社会と区別する必要がある場合は総体社会という——は、経済システムとしての資本主義社会、政治システムとしての市民社会、価値システムとしての文化社会、そして社会（狭義）システム、あるいは結合システムとしての共同社会という四通りの側面をもつ社会である。人びとの生活はこれら総体社会のもつ四通りの側面のうち共同社会という側面を基盤としつつ、それぞれの側面とのあいだに新陳代謝を繰り返しながら営まれている。

しかしながら、ここで留意しておかなければならないことは、人びとは総体社会のもつ四通りの側面と接点をもち、代

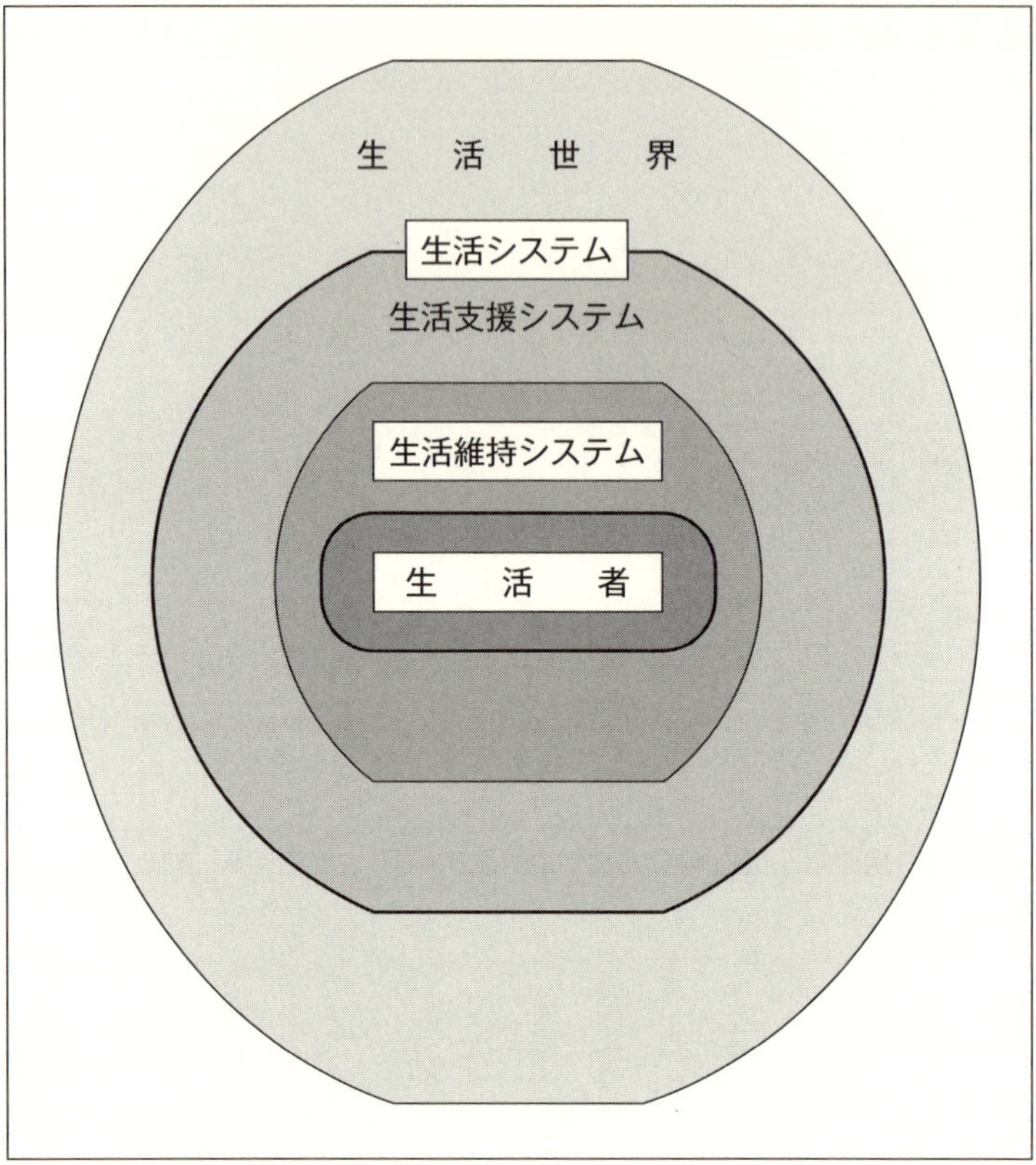

図 7-2　生活者と生活システム　　古川孝順　作成

謝関係を取り結ぶといっても、人びとがそうするのは客観的な実在としての経済システム、政治システム、文化システム、社会システムではないということである。人びとが接点をもち、代謝関係を取り結ぶのは人びとにとって意味のある、あるいは意味のあるものとして認識されたかぎりでの経済システム、政治システム、文化システム、社会システムである。**図7-1**にみるように、人びとは客観的な総体社会のシステムのなかにそれぞれに固有の意味をもつ生活世界を構成し、そのなかにおいて固有のしかたで生活を営んでいる。万人にとって客観的なものと映る経済システム、政治システム、文化システム、社会システムもそのような生活世界に摂取され、組み込まれることによって個々人にとって固有の意味をもつことになる。

　社会福祉、なかでも社会福祉の援助に

とって重要なことは、このような個々人にとって固有な意味をもつ生活世界を可能な限り適切に読み解くことである。そのことがなされなければ、十分な援助は展開されえないであろう。

つぎに、**図7－2**は生活世界の主体としての生活者とその生活者が生活を営む過程において形成され、あるいは必要とされる生活システムとの関係を示したものである。まず、生活者はその生活を維持するために生活世界――そのなかに意味のあるものとして組み込まれた限りでの経済システム、政治システム、文化システム、そして社会システム――と接点をもち、代謝関係を取り結ぶが、そこに形成されるのが生活維持システムである。つぎに、そのような生活維持システムにさまざまな困難や障害が生じたときに形成されるのが生活支援システムないし生活保障システムである。われわれのいう生活システムは、このような生活維持システムと生活支援システムの総体である。

生活維持システムは、一定の構造と機能をもち、生活構造とほぼ同義である。生活維持システムの内容は、一方において生活主体としての生活者のもつ年齢、性別、身体的・精神的状況などの個別的な諸条件によって規定され、他方において生活世界を構成する要素として認識され、そのなかに組み込まれている経済システム、政治システム、文化システム、そして社会システムのありようによって規定されている。生活維持システムは、いわば人びとの生活を規定する「客体」的諸条件と主体的諸条件が相互に接触し、規定しあい、生活のありようを定め、方向づける場であるといえよう。生活者は一方において生活維持システムを媒介として総体社会の規定を受けるが、逆に他方において社会総体に主体的にはたらきかけ、その変革をめざすのである。

このような生活維持システムが適切に機能することによってはじめて、人びとの生活は適切に維持されるものであり、その不調は直ちに生活の維持・展開に危機をもたらすことになる。この生活維持システムに生じた危機は通常、生活問題や福祉ニーズとして認識されることになるが、それに対処するシステムとして構築されるのがわれわれのいう生活支援システムないし生活保障システムにほかならない。ここにいう生活支援システムは、広義には労働政策、雇用政策、公衆衛生、住宅政策、公教育、更生保護などの諸施策を含む概念であるが、狭義には所得保障、保健医療保障、福祉サービス保

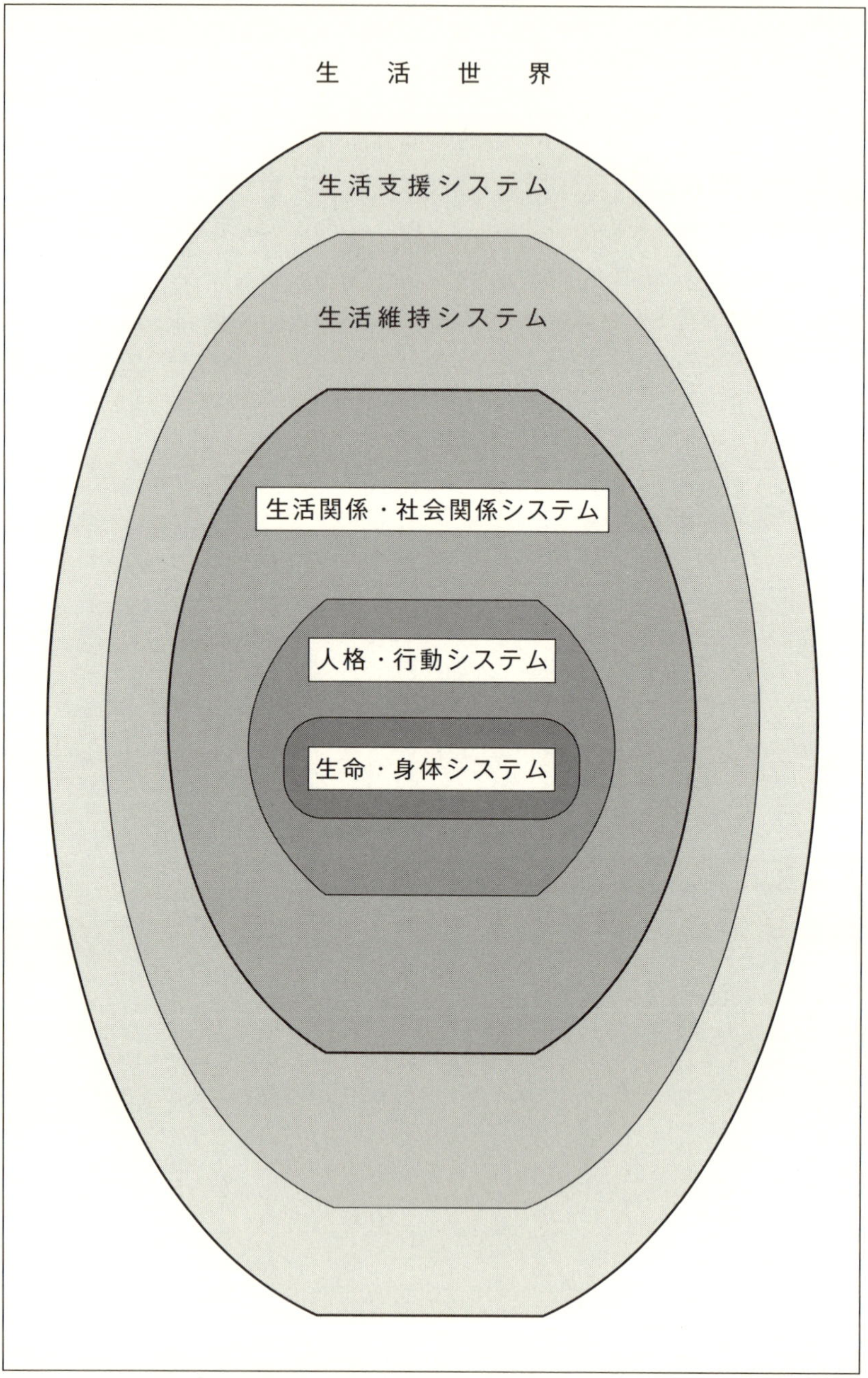

図 7-3　生活主体の内部構成と生活システム　古川孝順　作成

障から構成され、それらが中核的な部分を構成する。

このような生活支援システムは、生活維持システムに生じた危機的状況に対応するための施策・制度として社会的に構築されるが、その総体社会のなかにおける位置づけはあくまでも二次的、人工的（アーティフィシャル）なものである。その限りでは、それに本来的なシステムとして総体社会を構成する経済システム、政治システム、文化システム、社会システムとは明確に区別される。しかし、こんにちそれが現代社会に必要不可欠の、第一線の施策・制度として組み込まれ、重要な機能を果していることはあらためて指摘するまでもないことであろう。

図7－3はさらに**図7－2**に生活の主体としての生活者のもつ内部システムを加味したものである。ここでは生活者は、生命・身体システム、人格・行動システム、生活関係・社会関係システムという三通りの内部システムをもつ存在として把握されている。これら生命・身体システム、人格・行動システム、生活関係・社会関係システムという三通りのシステムは層構造を形成しており、相互に依存し影響しあいつつ生活者とその生活のありようを規定している。

人びとの生活は、このような三通りの内部システムをもつ生活者と生活世界が遭遇する場において、それぞれに固有の内容をもちながら展開されているのである。自立生活支援を効果的に実施するためには、生活支援者（援助者）は、利用者の生活世界にたいする理解と同時に、その内部システム、すなわち生命・身体システム、人格・行動システム、生活関係・社会関係システムの状況にたいする適切な理解をもつことが求められる。

もとより、生活支援者が対応するのは生命・身体システム、人格・行動システム、生活関係・社会関係システムのすべてではない。生活支援者はそれが生活者の支援に必要な限りにおいてこれらすべてのシステムに目配りし、求められる援助を提供することになる。しかしながら、その社会福祉の専門的援助者としての関心は生活関係・社会関係システムに向けられる。生活関係・社会関係システムにおける困難や障害を緩和・軽減し、あるいは克服するうえで必要な場合において、生命・身体システムや人格・行動システムに関心を向け、一定の範囲でそれらにはたらきかけるのである。

生命・身体システムや人格・行動システムにたいする直接的かつ専門的なはたらきかけは、医療職や心理・教育職の領野である。社会福祉専門職にとって必要なことは、これらの関連専門職と連携し、協力しあいながら生活者の自立生活を支え、補強し、強化することである。さらに、生命・身体システムや人格・行動システムにおける困難や障害はそれぞれのレベルにおける困難や障害として出現するだけではない。それらは、同時に生活関係・社会関係システム、なかでも社会関係システムにおける困難や障害として出現することがある。その場合には、生活者の自立生活を支えるためには住宅建築や生活機器製作の専門家との連携も必要となってこよう。

いずれにせよ、人びとの自立生活にたいする支援を効果的に実施するためには、自立生活を妨げている困難や障害の適切な把握とそれを解決するのに必要とされる各種専門家との連携・調整が必要とされる。生活主体の内部システムの解明は、他方における生活世界の解明とともに、その重要な前提となる。

(3) 生活の基本的特性

つぎに、これまでの考察を踏まえながら、生活の基本的な特性について言及しておきたい。ここでは、生活の特性を相互に関連する四通りの類型に整理する。すなわち、①自存自律性と社会性、②自己保存性と志向性、③履歴規定性と一回性、そして④分節構造性と全体性である。いずれも、自立生活支援を試みようとするとき留意しなければならない生活の基本的な特性である。[(3)]

① 自存自律性と社会性

これまで言及してきたように、人びとの生活は生活主体としての生活者と生活世界が遭遇する場所において形成され、展開される。それは一方において生活主体のもつ諸条件——生命・身体システム、人格・行動システム、生活関係・社会関係システムという内部システムのありよう——によって規定され、他方において生活主体によって認識され、意味づけられて生活世界のなかに組み込まれた経済システム、政治システム、文化システム、社会システムによる規定をうけて形成され、展開される。

しばしば、生活は被規定性の強い事象として分析され、記述される。たしかに、生活は生活主体にとって外部環境を意味する経済システム、政治システム、文化システム、社会システムや内部環境を意味する生命・身体システム、人格・行動システム、生活関係・社会関係システムによる規定のもとにおかれている。なかでも、本来的に社会的存在としての生活者にとって外部環境による規定は重要な意味をもち、その限りにおいて生活のもつ社会性――社会的被規定性――が強調されることは必然性をもっている。

しかし、生活の被規定的な側面のみを強調することは適切ではない。生活は多様な外部的内部的諸条件による規定を受けつつも、それらを離れてそれ自体として存在し、機能するという意味において自存性をもっている。また、生活は、それ自体の固有の論理によって自己を組織化し、自己運動するという意味において、自律性をもっている。生活は多様な外部的内部的諸条件による規定のもとにおかれながらも、みずからの論理によって判断し、決定を下し、外部環境や内部環境にはたらきかけ、そのありようを方向づけるのである。

われわれが生活を一つのシステムとして把握しようとするのは生活のこのような特性に着目するからである。生活システム、なかでも人間的存在の基盤となる生活維持システムの概念は、生活を一定の構造と機能をもつ自存的かつ自律的な事象として把握することを前提としている。

②自己保存性と志向性

生活は自己保存性をもっている。一定の期間、一定の状態において維持されてきた生活は、何らかの事情によってその調和と均衡が損なわれようとするとき、それに抵抗しようとする傾向性をもっている。調和と均衡が失われるようなことがあっても、もとの状態に復帰しようとする強い傾向性が備わっている。復元力といってよいかもしれない。もとより、もとの状態に復元するといっても、完全にもとの状況に復帰するというわけではない。それに近い状態に回復しようとする傾向性が認められるということである。その回復がどの程度のものであり、どのような内容のものになるかは、おのずとそれまで維持されてきた生活の状況や生活者をめぐる外部的内部的諸条件によって異ならざるをえないからである。

このような生活の自己保存性はしばしば生理現象に認められるホメオスタシスの原理を援用することによって説明される。すなわち、人びとは体内における水分が欠乏することによって生理的な調和と均衡の状態が失われたときには、喉に渇き（水分にたいする生理的ニーズ）を覚え、水分を摂取することによって再びもとの調和と均衡の状態を回復させようとする。水分の不足に限らず、多量に発汗したのちに塩分が欲しくなることなども同じ原理によって説明される。このような傾向性は人間に限らず多くの生物に認められるところであり、生来的な傾向性として理解されている。

たしかに、このような生活における自己保存性——ホメオスタシス現象——は生理現象のみならず人びとの日常生活一般に認められるところである。しかしながら、人びとの生活は調和や均衡を求める傾向性だけから構成されているわけではない。人びとはしばしばより高次の生活の質や価値の実現をめざして自らの手で生活の調和や均衡を覆すことがある。たとえば、人びとは従前の水準における生活の安定を一時的には放棄してでも、より高次の水準における自己実現を求めて自らに新たな試練を課すことがある。このような傾向性を、ここでは生活における志向性として把握することにしたい。

生活に均衡を欠いている生活者にたいする自立の支援は、その生活の状態を自己保存性と志向性という二つの側面から捉えつつ、展開されなければならないのである。

③ 履歴規定性と一回性

人びとの生活は過去における生活によって規定される。しばしば、一度広がった生活の規模を縮小することや、一度上昇した生活水準を引き下げることは容易ではないといわれる。実際、この履歴効果ともよばれる現象はかなり根強いものであり、人びとの生活は過去における生活の積み重ねのうえに構築されるほかはない。自立生活の支援において生活歴が重要視されるゆえんである。

もとより、生活に履歴規定性があるといっても、現在の生活が過去の生活によって一面的、宿命的に規定されるというわけではない。また、過去における生活が現在の生活を規定するといっても、過去の生活が直接的に現在の生活を規定するというわけではない。現在の生活はその時点その時点における諸条件によって規定され、現在における必要に即応しつつ展開されている。人びとの生活はその時点その時点における対処の連続として形成され、しかも同じ生活を再び繰り返すことは不可能である。すなわち、これがここでいう生活の一回性である。

過去における生活のありようやそこにおける経験は、このような生活の一回性のなかにおいて、その内容や方向性を規定する諸条件の一つとして応分の規定力をもつのである。自立生活の支援は、ここにおいても、履歴規定性と一回性という相反する方向に作用する二つの特性に留意しつつ展開されなければならない。

④分節構造性と全体性

人びとの生活は相互に独立した分節（領域）から構成されている。たとえば、食生活、住生活、衣生活、職業生活、学校生活、余暇生活などということばの存在は、そのまま人びとの生活が分節構造をもつことを物語っている。このほかにも宗教、健康、家族関係、近隣関係などもそれぞれに分節を構成する領域として存在している。このような分節の数や種類は、個々人の年齢、性別、職業、社会的地位、関心の所在などによって異なっている。幼児の生活はほとんど分節をもたないであろうし、壮年の働き盛りといわれる年齢層にあたる人びとの生活は多数の分節をもっていることが予想される。

通常、これらの個々の生活の領域、すなわち分節は、相互のあいだにつくられる壁によって区分されている。たとえば、職場における職業活動と家族関係は相互の独立した生活の領域として維持される。基本的には、それぞれの領域におけるできごとはそれぞれの領域内部のできごととして処理される。そのできごとによって別の領域が影響をうけることは少ない。しかし、領域のあいだを隔てる壁は相対的なものであり、その厚みも個々人によって、また領域の性格によって異なっている。領域相互の壁は厚過ぎても、逆に薄過ぎても適切で調和と均衡のとれた生活を維持継続することは期待しえないであろう。

このことは逆にいえば、生活は多数の領域に分節しながらも、それぞれの領域が相互に影響しあいつつ、その全体を構成しているということである。生活はそれ自体として一つのまとまりをもちながらも、同時に多数の領域から構成されているのである。たとえば、職業活動という一領域におけるできごとが、両者を隔てる壁のありようによっては容易に家族関係に影響を及ぼすことになる。逆に、傷病という健康の領域における弱点が別の領域における活動の調整によって補われるという状況もしばしばみうけられる。

人びとの生活を理解するためには、この分節構造性と全体性の両面にたいする配慮が必要とされるのである。

第4節　利用支援活動

さて、基礎構造改革の包括的な命題は、社会福祉を提供者本位のサービスから利用者本位のサービスに転換するということである。利用方式の措置制度から契約制度への転換も提供主体（事業者）の多様・多元化の促進や競争原理の導入も、また情報の開示やサービスの評価もいずれも、その帰結するところは利用者本位のサービス提供システムへの転換にあるとされている。

これらの課題の多くは肯定可能な提案であるが同時に少なからず難点も含まれており、その評価は最終的には具体的な施策制度の形成と実施の結果を待って行うほかかない。しかしながら、現時点において個々の提案について若干の考察を加え、今後におけるそのあり方について言及してみることもあながち無意味とはいえないであろう。

1　利用支援システム

ここでは、さしあたり社会福祉構造改革分科会の「中間報告」が「質と効率性の確保」の項および「地域福祉の確立」の項において、それぞれ「利用者の需要に的確に対応するためには、保健・医療・福祉サービスの一体的な提供が重要であり、福祉サービス全般について、介護支援サービス（ケアマネジメント）のようなサービス提供手法の確立が必要である」、「地域福祉計画においては、住民が身近なところで総合的な相談を受けられ、サービスの適切な利用と結びつける体制整備や、保健・医療・福祉の総合的な展開と併せて、教育、就労、住宅、交通などの生活関連分野との連携に配慮する必要がある」としていることに留意してみたい。

「中間報告」の該当箇所を通じて論じられていることは、第一には利用者の需要に的確に対応するには、福祉サービスのみならず、保健、医療、教育、就労、住宅、交通などの総合的な提供を必要とするということであり、第二にはそのことを実現するためには介護支援サービスのようなサービス提供手法の確立あるいは利用者をサービスの適切な利用と結びつける体制の整備を必要とするということである。第一の論点はこれからの社会福祉におけるサービス提供の基本的なあり方を指し示すものであるが、ここでわれわれが重要視するのはむしろ第二の論点、すなわち利用者とサービスを結びつけるための体制整備の必要性が介護支援サービスを例示するかたちで提案されている事実である。

われわれはかねてからサービスの実施・提供体制とは相対的に独立したシステムとして利用者と各種のサービスとを適切に結びつける過程を支援するためのシステム、すなわち利用支援システムの必要性を指摘してきたところである。そのことからすれば、このような「中間報告」の提案は歓迎すべきものといってよい。しかし、その内容についてはなお若干の議論が必要である。

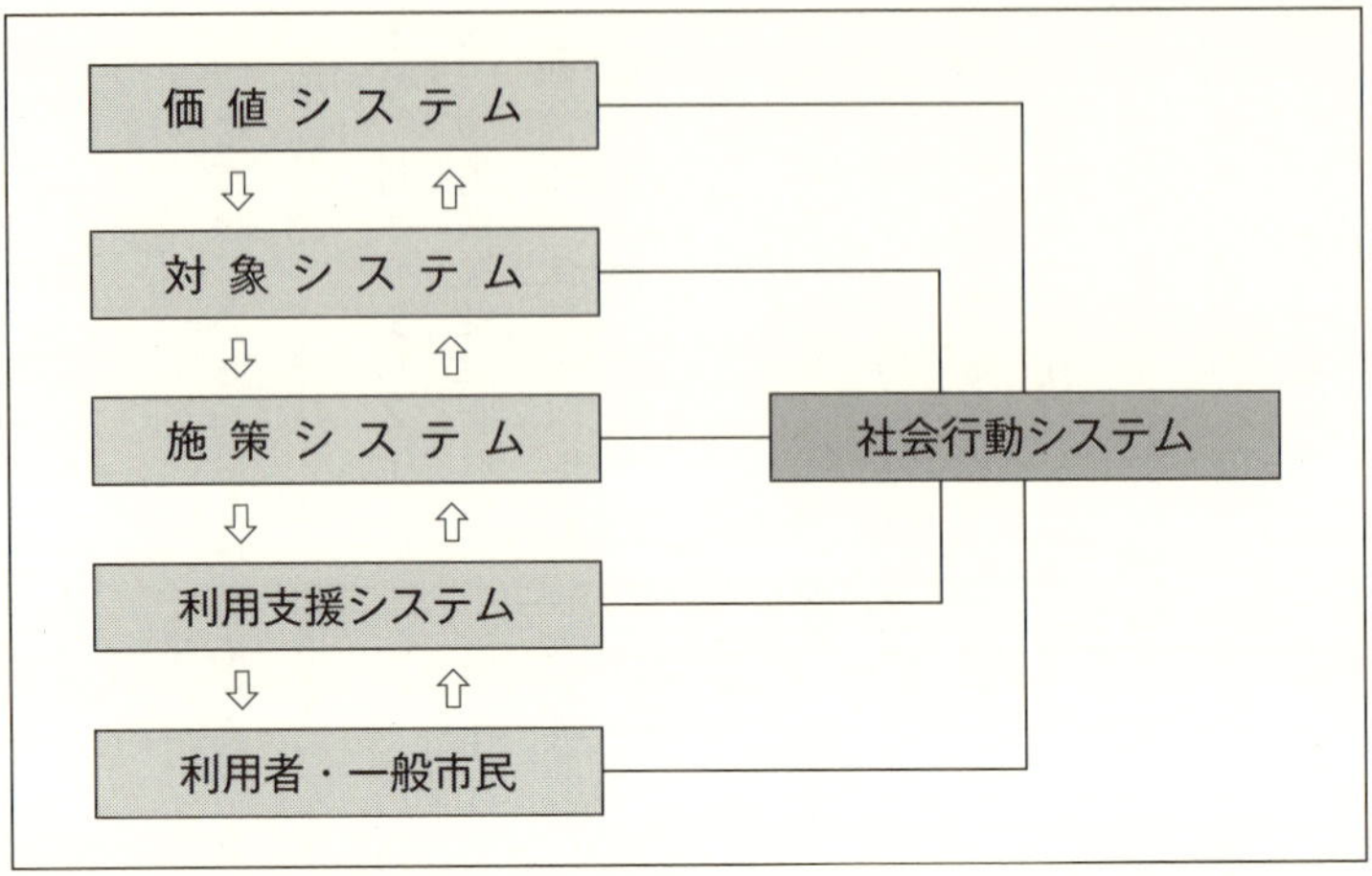

図 7-4　社会福祉総体のシステム構成　　古川孝順　作成

ただし、その議論に取りかかる以前に**図7－4**によりながらわれわれのいう利用支援システムの社会福祉総体における位置づけについて言及しておかなければならない。まず、**図7－4**にいう「価値システム」は広く社会福祉の追求する価値の体系を意味しており、通常、社会福祉の理念、目標、課題、目的などとして示されるものがその内容となる。そこには、社会的公平や公正、平等などの高度に抽象的に表現される理念から生活権の保障、ノーマライゼーション、生活の質、自己決定権の保障などのようにより具体的に示される目標、さらには最低生活水準の保障、日常生活の援護、生活力の育成、社会的自立の支援、地域生活の支援、社会資源の開発などのように個別的な制度との関わりで示されるような課題ないし目的などが組み込まれている。

「対象システム」は、社会福祉を必要とする人びとやそれらの人びとがかかえている一定の状況、それを規定する諸条件から構成されている。一定の状況は、福祉ニーズあるいは生活問題として分析・記述される。

「施策システム」はいわば社会福祉の本体部分にあたり、政策システム、運営システム、援助システムという三通りのサブシステムから構成されている。このうち、社会福祉に関わる施策展開のいわば入り口に位置するシステムが政策システム、出口に位置するシステムが援助システムである。政策システムはさらに政策策定システムと政策運用システムから構成され、援助システムは援助提供システムと援助展開システムから構成されている。

運営システムは、そのような政策システムと援助システムの中間に位置し、社会福祉に関わる法令や通達通知、条例という抽象的な形態で示される政策を援助という具体的なかたちに変換する重要な役割を担う社会福祉の要ともいえるシステムである。その運営システムは、事業実施システムを中心に政策運用システムと援助提供システムの一部を含んで構成される。

われわれのいう「利用支援システム」は、このような価値システムと施策システムからなる社会福祉、より直接的にはその施策システムと潜在的な利用者としての一般市民、そしてそこから顕在化してくる利用者とのあいだを媒介調整し、利用者による社会福祉の利用がより適切に行われるように支援することを課題とするシステムである。

社会福祉の利用にあたって利用希望者の申請（あるいは申し込み）を受け付け、所要のニーズについて認定を行い、利用にあたっての施設の選定やサービスの実施の委託などに関わる決定を行う権限と責任を有するのは事業実施システムである。これにたいして、利用支援システムの概念は、それ以前における申請のために必要とされる情報の提供、施設の選択や申請にあたっての助言、申請の代行などを行うほか、事業実施システムによる決定以後におけるサービス利用過程における見守り、アフターケア、さらに権利擁護活動、苦情の処理などを実施する機関や職員、そしてその活動を想定して構成されている。

より具体的にいえば、利用支援システムを構成する機関は、在宅介護支援センター、地域子育て支援センター、児童家庭支援センター、社会福祉協議会、民生委員・児童委員などである。こんにちすでに、社会福祉に関わるサービスは多様・多元化し、複雑化し、高度化している。他方、市民生活も多様・多元化し、複雑化し、高度化している。将来このような傾向は一層強まるものと予想され、そうした状況のなかで福祉サービスのみならず、保健、医療、教育、就労、住宅、交通などにわたる多種多様なサービスのなかから利用者がみずからのニーズに必要とされるサービスを独力で選択し、所要の手続きを行い、その利用を実現することは容易なことではない。その意味で「中間報告」が利用者の需要と各種サービスのあいだを調整する体制の整備を提案していることは、時宜をえた判断といわなければならない。

2　ケアマネジメント適用の可能性

しかし、その提案にもあらためて論じるべき課題が含まれていないわけではない。それは、「中間報告」が「社会福祉の全般について、介護支援サービス（ケアマネジメント）のようなサービス提供手法の確立が必要である」というかたちで媒介調整体制の確立を提案していることである。この提案には明らかに二通りの論点が含まれている。第一の論点は、介護支援サービスとケアマネジメントとを等置するかのような記述になっているということである。第二の論点は、介護サービスの提供手法として開発されてきたケアマネジメントというサービス提供の手法をはたして社会福祉の全般に適用することが可能かということである。

第一の論点についていえば、介護支援サービスをケアマネジメントと等置することは適切ではないであろう。まず、ケアマネジメントの理解のしかたにもよるが、介護支援サービスの内容はケアマネジメントに限定されるものではないであろう。たとえば、利用者がサービスを選択するのに必要とされる情報の開示は、介護支援サービスの重要な要素の一つであるといってよい。しかし、その情報の開示をケアマネジメントの一部分ということには異論がありうる。介護支援サービスはケアマネジメントを含むということはできるが両者を等置することは妥当ではない。両者を等置することは介護支援サービスを狭小化することになりかねない。介護支援サービスのかわりに子育て支援サービスや児童家庭支援サービスとケアマネジメントの関係を想定する場合にも同様の指摘が可能であろう。

他方、ケアマネジメントを介護支援サービスのなかに閉じ込めてしまえば今度はケアマネジメントを狭小化することになろう。たとえば、ケアマネジメントの機能を要介護度の認定が実施されて以後、認められた金額の範囲でケアプランを作成し、サービス提供者との調整を行うことに限定するとすれば、ケアマネジメントはもっぱらサービスメニューの組合せのなかに利用者を追い込む方法を意味することにもなりかねない。よりよいケアマネジメントは、現時点において利用可能なあらゆる領域のサービスを選択の素材として捉えることはもとより、利用者のニーズに応じて必要とされるサービスを新たに開発すること、すなわち所与の社会資源の範囲で利用者のニーズとサービスを結びつけるということのみならず、必要に応じて新たに社会資源を開発・創出することを含む活動として捉えられる必要があろう。

第二の論点についていえば、介護サービス以外の社会福祉の領域にケアマネジメントを適用することについては少なからず慎重でありたい。まず、障害者福祉の領域を別にすれば、サービスメニューそれ自体に限界がある。選択し、独自のサービス利用を実現しようとしても、サービスメニューそれ自体が少なければ、選択は成り立ちえないし、ケアマネジメントの効用を期待しても現実にはその前提が欠落しているのである。たとえば、児童養護の領域で通常の養護サービス以外に選択の対象になりうるようなサービス、ショートステイサービスやトワイライトサービスなどを実施している児童養護施設は全体のおよそ一〇%といわれている。選択の前提条件が欠けているというほかはない。新しいサービスの開発も含めて、サービスメニューの拡充が何よりも必要とされる。

つぎに、介護サービスにおけるサービスの提供や効果の測定はADL的な評価を手がかりにして行われることが多い。しかしながら、児童、母子家族、知的障害者などにたいするサービスの領域においては、ADL的な評価を手がかりにするというのでは不十分である。児童、母子家族、知的障害者などの領域においてはサービスのプランも評価もかなり長期的な尺度に依存せざるをえない。短期間で別のサービスに変更するには困難が多い。その分、ケアマネジメントを導入するにあたっては慎重でなければならない。

さらに、ケアマネジメントに関する議論を一層発展させるためには、ケースワークとの異同について明確にする必要があろう。ケアマネジメントとケースワークを等置する議論もみられるが、両者は同一物であろうか。ケアマネジメントが従来のケースワークでインテーク（受理）面接やリファー（送致）とよんできた部分を発展させた技術としての性格をもつとしても、ケアマネジメントの開発によってケースワークが消滅することにはならない。ケアマネジメントが発展したのちにおいてもケースワークは多様多種なサービスメニューの一つとして存続するというべきであろう。ケアマネジメントが効果的に実施されるという状況になったとしても、ケースワークは独自の領域と技術をもつ援助の方法として存続しうるものと考えられる。

3　権利擁護と苦情解決

利用支援システムには、利用者のニーズとサービスのあいだの媒介調整を行うという機能に加えて、利用者の権利擁護や苦情解決についてのシステムが包摂されていなければならない。「検討会報告」や「中間報告」には、社会福祉の利用方式として契約制度を導入するにあたり、自己決定能力（当事者能力）が低下している場合には、利用者にかわってその保護者や扶養義務者、さらには後見人が契約を行えばよいという発想がみられる。しかし、保護者や扶養義務者は、児童虐待や老人虐待の例をもちだすまでもなく、常に当事者の利益を代弁する存在であるとは言い難い。当事者の利益にたいする侵害者であることも少なくない。後見制度は現時点ではその機能・権限を資産の保護に限定している。

社会福祉利用の方式として契約制度を導入するとすれば、当事者能力の低い潜在的、顕在的利用者の状況に鑑み、利用者の財産権、自己選択・自己決定権、平等権、幸福追求権などの市民的な諸権利や生活権、労働権などの社会的な諸権利を日常的に擁護し、保障するためのシステムを確立する必要があろう。この制度は後見制度にかわるというよりも、潜在的顕在的利用者の生活を日常的に擁護する、利用者にとってより身近な制度として設けられ、運用される必要がある。

また、社会福祉のありようを提供者本位のものから利用者本位のものに転換するということであれば、各地で実施されはじめているオンブズマン制度も利用支援システムの重要な構成要素として位置づけられなければならないであろう。もとより、利用者の権利擁護という意味ではまず事業実施システムのなかに再審査制度や不服申し立て制度がより利用しやすいかたちできちんと組み込まれていることが求められる。しかしながら、それだけでは十分ではない。一般的にいって、福祉サービスの利用者は提供者（事業者）にたいして不満や苦情を抱くことがあっても、それを直接提供者にたいして訴えることには困難が多い。こうした不満や苦情を解決するためには、事業実施システム（サービス実施決定機関・職員）や援助提供システム（サービス提供機関・施設・職員）とは一定の距離をもつ第三者機関の設定が不可欠である。オンブズマン制度の一層の発展が期待される所以である。

さらに、われわれはこれら権利擁護システムや苦情解決システムを含む利用支援システムを確立することに加えて、**図7-4**にいう「社会行動システム」の重要性を指摘しておかなければならない。ここでいう「社会行動システム」は、より具体的には、利用者の利害をより社会的に代弁するアドボケーション活動を支えるシステムや社会や政府（国政府や自治体政府、さらには国際政府機関）にたいして新たな施策や制度、社会資源開発の必要性を訴え、その実現をはたらきかけるソーシャルアクションのシステム、またその前提となるような社会福祉調査のシステムから構成されている。

このような社会行動システムは機能的内容的には利用支援システムの延長線上に位置するものである。しかしながら、両者は社会的な位置づけとしては区別される。もとより、利用支援システムもそれ自体として第三者的な位置づけをもつが、一定の限界は避けられない。これにたいして、社会行動システムの位置づけは本来的に第三者的なものであり、直接的間接的に社会福祉の総体を構成する価値システム、施策システムにたいして、さらには利用支援システムにたいしてもはたらきかけるのである。

4　コミュニティエンパワーメントアプローチ

最後に、今回の社会福祉基礎構造改革のなかで、地域社会を重視した社会福祉の展開が意図されていることに注意を喚起しておかなければならない。基礎構造改革の意図は、明らかに地域社会を単に社会福祉の提供の場ないし手段として位置づけるというものではない。基礎構造改革の姿勢は、いわば社会福祉にたいするコミュニティエンパワーメントアプローチとでもいえばよいであろうか。

そこで意図されていることは、旧来のいわゆる施設型福祉に対置されるものとしての在宅福祉、さらには在宅福祉を中心に施設福祉を加味した地域福祉という理念と枠組を超えて、地域社会そのもの、それがもつ組織・機関、マンパワー、情報、財源などの社会資源のすべてを動員して人びとの自立生活を支援するシステムを構築するという方向である。この方向は、いわば社会福祉を提供者本位から利用者本位へ転換するという提言にはじまる今回の基礎構造改革を総括しようとするものといってもよいであろう。

戦後五〇年の歴史のなかでおよその三分の二、一九七〇年代までは、わが国の社会福祉は居住型施設を中心に展開してきた。八〇年代以降、徐々にわが国の社会福祉は在宅サービスを中心とするものに変化してきた。こんにち二一世紀を展望する時期を迎え、その方向は一層明確化してきている。

その背景には八〇年代福祉改革以来の社会福祉における分権化の推進、より具体的には高齢者福祉や身体障害者福祉の市町村事務化、さらには市町村を保険者とする介護保険の成立が契機としてあることはいうまでもない。おそらく、この傾向は今後、知的障害者の領域を組み込みつつ一層拡大することが予想される。もとより、このような社会福祉における分権化の傾向が自治体の財政負担の拡大をもたらし、社会福祉にたいする意識の深浅とも相まって、全国的に自治体による福祉サービスの整備状況に深刻な格差がうまれていることは否定し難い事実である。

しかしながら、社会福祉の地域社会化（コミュナリゼーション）はいまや時代の趨勢である。こんにちわれわれに求められることは、基礎自治体としての市町村を基盤に、そのような格差の是正をはかりつつ、地域社会における自立生活の支援を基本に社会福祉の提供と利用のシステムをきちんと整備することであろう。そのためには、提供主体の多様・多元化、サービスに関する第三者評価、情報の開示など相当のエネルギーを必要とする課題にも対応することが求められることになる。

また、そのような方向のなかで、社会福祉の専門職従事者にたいする期待も変化してきている。従来、少なくとも八〇年代に社会福祉士や介護福祉士の制度が成立する時期までは、専門職養成への期待は相談機関における相談員や施設の職員に向けられていた。社会福祉士や介護福祉士の制度自体がそのような期待を前提として成立しているのである。しかし、基礎構造改革における専門職への期待は相談員や施設職員というよりも地域社会のなかで人びとのなかに存在する福祉ニーズを発見し、それを適切に福祉サービスの利用に結びつけ、必要に応じて権利擁護活動を展開するとともに、社会福祉を含めて多様な施策にかかわる社会資源を動員し、開発する能力をもつ職員の養成に向けられている。

二一世紀を迎えて、社会福祉の実践家、そして研究者に課せられた課題は大きく重い。ここまで、基礎構造改革問題を端緒に序説的な考察を試みてきたが、その作業を終えるにあたって、あらためてそのことに思いを致さざるをえないのである。

注

(1) 社会福祉基礎構造改革をめぐる議論の内容や問題点については、拙著『社会福祉基礎構造改革』(誠信書房、一九九八年)において詳しく論じている。参照されたい。

(2) 岡本民夫稿。仲村優一他編『現代社会福祉辞典』(全国社会福祉協議会、一九八二年)、四六七ページ。

(3) よく知られているように、岡村重夫は社会福祉的援助の原理として、①社会性の原理、②全体性の原理、③主体性の原理、④現実性の原理をあげている(『社会福祉原論』全国社会福祉協議会、一九八三年、九五~一〇三ページ)。この四通りの原理は「社会福祉固有の視点に立って生活問題をみる場合の原理」であるが、なかでも社会性、全体性、主体性については生活そのものの特性として読み替えることが可能であろう。

第8章　社会福祉運営の理論（一）

従来、わが国の社会福祉に関する議論は、政策とその具体化されたものとしての制度の構造や機能についての議論と社会福祉の機関や施設において行われている援助活動ならびにそこで活用される技術についての議論から構成されてきた。しかしながら、そのような社会福祉に関する政策・制度と援助活動・技術とのあいだには、これまで必ずしも十分に議論されてきたとは言い難い、しかも重要な意味をもつ領域が存在している。

それは、社会福祉の政策・制度と援助活動・技術とを接続・媒介し、社会福祉を具体的に展開する組織と過程である。この章では、そのような組織と過程をとりあげ、その特質について考察する。

第1節　社会福祉運営論の視点と枠組み

1　社会福祉運営論の視点

まず、社会福祉における政策と制度、援助活動と技術を接続し、媒介する組織と過程に着目し、その構造や機能を「社会福祉の運営」という概念を設定して考察する理由とその意義について敷衍しておきたい。

第一に、従来の社会福祉研究において政策という場合、それは基本的には国や自治体などの政策主体による施策上の方針、すなわち施策上の意思決定とその内容を意味するものとして扱われてきた。このような意味での政策について、その背景や策定の過程について考察することの必要性と重要性は、あらためて指摘するまでもない。しかしながら、さらに重要なのは、そのような政策が制度としてどのように具現化され、どのように運営管理されているのか、またその結果としていかなる成果がもたらされているのか、あるいはもたらされなかったのか、を明らかにすることである。

このような課題を達成するためには、多様な社会福祉の主体によって策定された政策が、①実体的な制度として具体化される組織・仕組みと過程、②そのような制度が社会福祉の従事者を媒介としながら財貨やサービスに変換される組織・仕組みと過程、③それらの財貨やサービスが個別の利用者に提供される組織・仕組みと過程、さらには、④利用者による利用の結果としてうみだされる成果の諸相とその意義など、について考察することが必要とされる。

第二の理由は、従来このような研究の課題は社会福祉行政という範疇のもとに論じられてきたが、この範疇では射程が狭隘に過ぎ、こんにちの社会福祉のもつ多様性に対応しきれないということである。社会福祉行政という範疇は、いわゆる「法律による社会福祉」＝「法律の設定する枠組みを前提に供給される社会福祉」の運用管理の組織と過程を取り扱う概念として設定されたものである。昨今における社会福祉の多様・多元化を前提に社会福祉の全体像を把握しようとすれば、「法律による社会福祉」のみならず、「法律によらない社会福祉」＝「自発的社会福祉」すなわち社会福祉法人を除く民間非営利組織によって任意に供給されているサービス、さらには営利的事業者によるサービスについても、視野に収めたかたちでの議論が必要とされる。

第三の理由は、近年、わが国における社会福祉が、国による政策の策定を機軸としながらも、基礎自治体である市町村とそれをバックアップする都道府県の政策を中心に展開されるようになっていることに関わっている。そうした状況のなかで、社会福祉の全体像を認識するためには、国による政策のみならず、その実施過程を担う市町村・都道府県による社会福祉の施策やその実施過程について解明することが不可欠の課題となる。

第四の理由は、そのような社会福祉に関わる政策が事後的、後追い処理的な単年度ごとの事業というよりも、数カ年を見越した事業計画の企画・立案・実施の過程として展開されるようになっていることに関わっている。社会福祉の全体像を理解するには、そのことを射程に取り込むことが必要とされる。

最後に、わが国における社会福祉の研究は、伝統的に、国ないし総体社会による社会福祉の政策に関する研究と社会福祉の援助なかでもそこにおいて適用される専門的な知識や技術に関する研究に二分されるかたちで展開されてきた。そして、その背景には、社会福祉に関わる政策と援助に関する知識や技術のいずれに社会福祉の本質を認めるかという理論的な争点が横たわっている。しかしながら、社会福祉における政策と援助は事柄の性質として相互に対立するものではありえず、同じものの二つの側面である。こうしたわが国の社会福祉研究に残されている理論的な課題を克服するには、社会福祉の政策がどのような道筋によって援助として具体化され、展開されるのか、その道筋を支える組織と過程に関する研究が不可欠のものとされる。

2　社会福祉運営論の枠組み

さて、こうした理由にもとづいて社会福祉の運営について概略的な議論を展開することになるが、まず手始めに社会福祉の運営という概念に暫定的な規定を与えておきたい。

すなわち、社会福祉の運営とは、社会福祉の政策システムによって権限、情報、要員ならびに財源の組み合わせとして企画・立案・策定された政策の実体化・具体化としての制度的枠組を前提に、社会福祉の援助を創出し、配分し、提供するために設けられる組織とその運用の過程、すなわち運営システムを設計し、整備し、稼働させ、それが効果的かつ効率的に所期の目的を達成するように運営し、管理することを意味している。

このように社会福祉の運営を規定する背景には、社会福祉の全体像を把握するための一定の枠組みが想定されている。すなわち、社会福祉の総体は**図8―1**にみるような概念図によってこれを把握することができる。

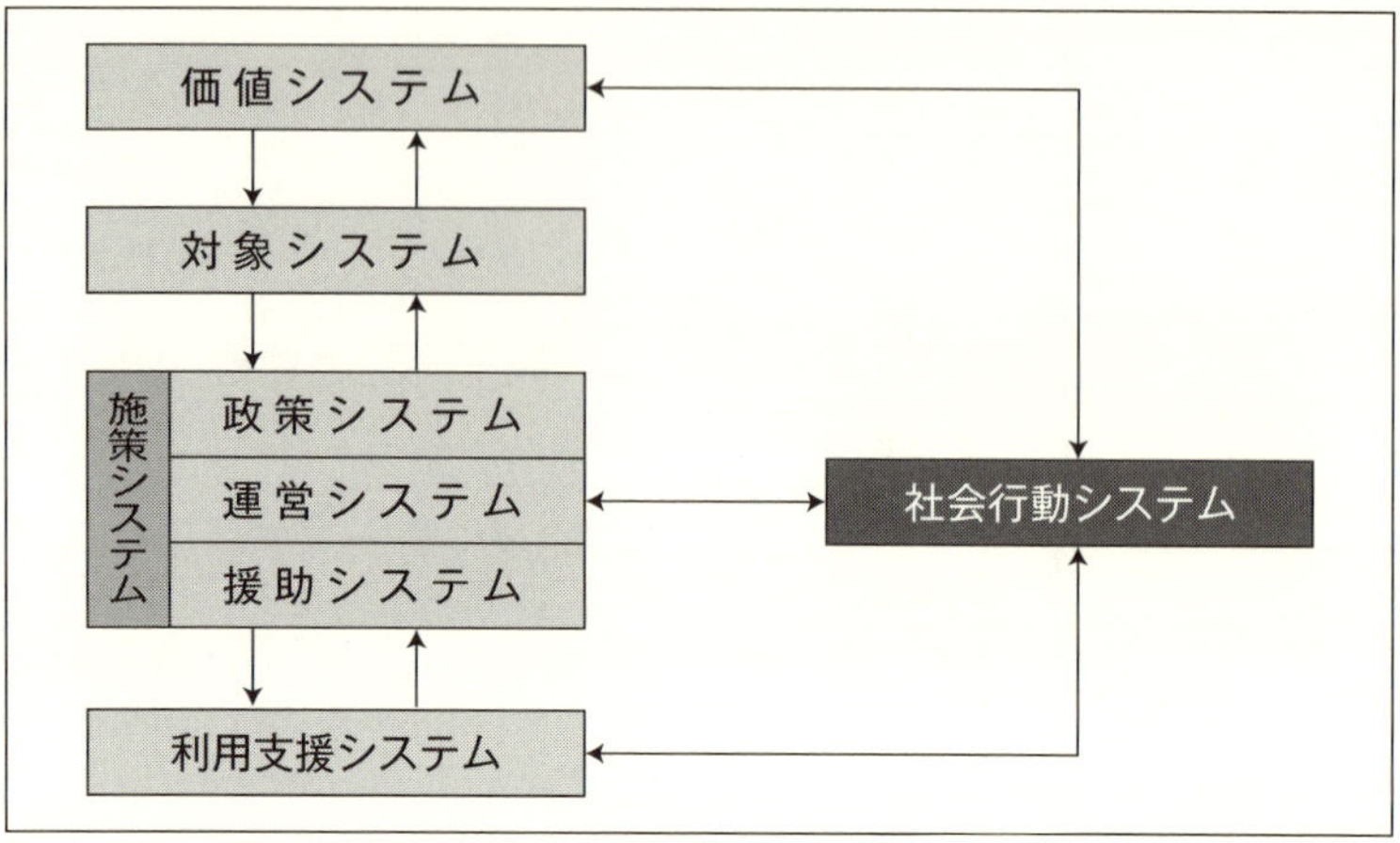

図 8-1　社会福祉総体のシステム構成　　　　古川孝順　作成

社会福祉の総体は、価値システム、対象システム、施策システム、利用支援システム、社会行動システムから構成される。価値システムは、社会福祉の利用者、供給者その他の関係者、一般社会、さらには自治体や国があるべきものと考え、実現させようとしている価値の体系であり、具体的には社会福祉の理念、目標、目的、あるいは利用ないし認定の基準というかたちで示される。対象システムは、社会福祉の利用者のもつ属性に関わっている。社会福祉の対象、すなわち社会福祉を必要とし、社会福祉が働きかける客体としての利用者の特質は、利用者のもっている年齢、性別、身体的あるいは精神的機能などの属人的な属性、あるいは利用者の担う生活問題や福祉ニーズの性格によって確定される。施策システムは社会福祉のいわば本体部分であり、社会福祉に関わる政策、制度、施設設備、援助活動がその内容となる。利用支援システムは、利用者による社会福祉の利用の過程を援助し促進するシステムである。具体的には、リーチアウト活動、制度やその利用の手続きに関する情報の提供、利用者の権利擁護、苦情解決制度などがその内容となる。社会行動システムは、社会福祉の関係者によるアドボケーション（代弁的活動）、ソーシャルアクション（社会的活動）あるいは社会福祉運動から構成される。具体的には、社会福祉の利用者の権利を擁護するアドボケーション、社会福祉の施策制度の拡大、運営の改善を求めるソーシャルアクションなどがその内容を構成する。

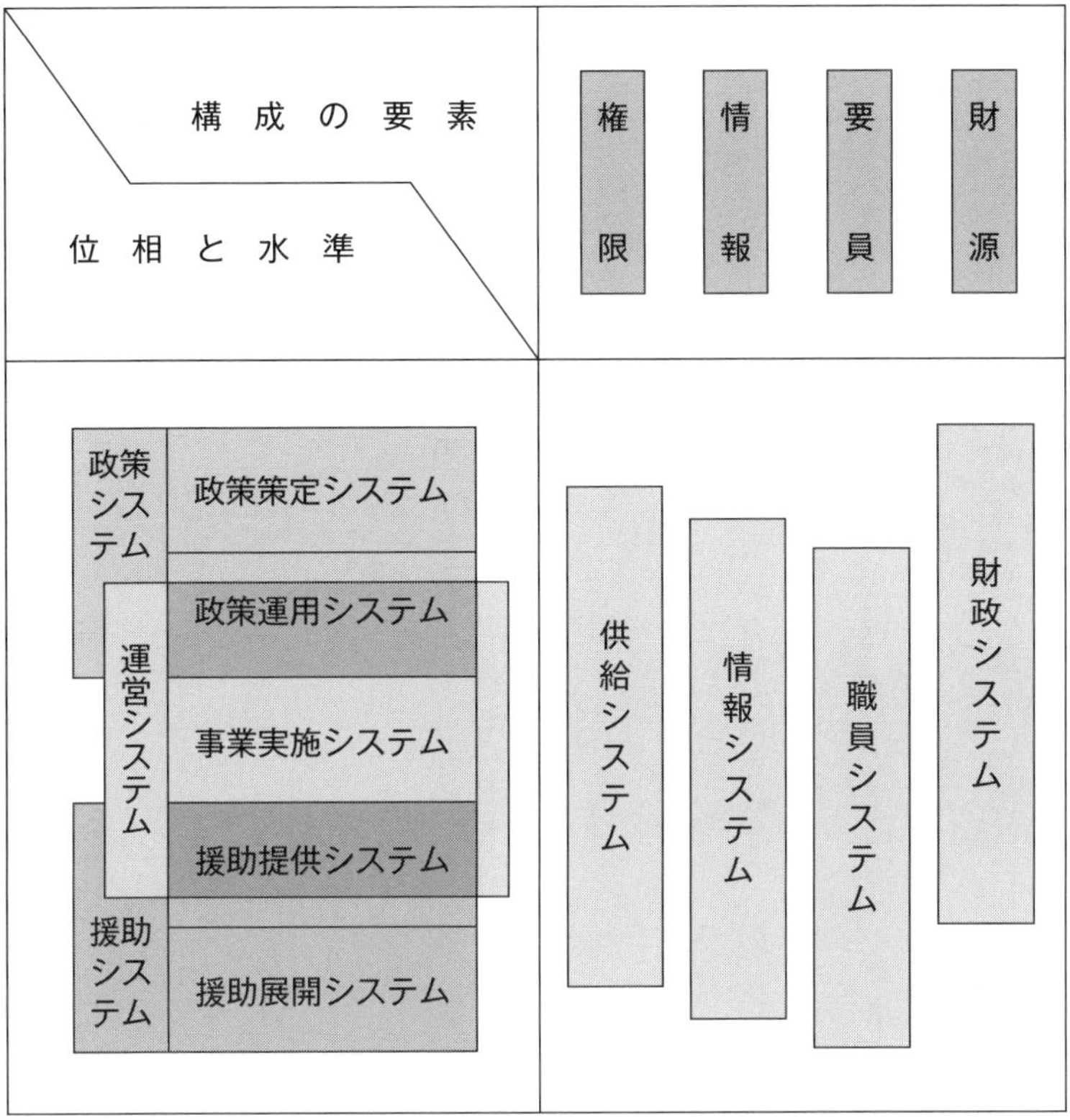

図 8-2　施策システムの内部構成　　古川孝順　作成

図8－2は、**図8－1**の施策システムの内部構成を示している。縦軸は、システムの位相あるいは水準である。横軸は、社会福祉を構成するもっとも基礎的な要素である。

施策システムは、政策システム、運営システム、援助システムから構成されている。政策システムはさらに、政策策定システムと政策運用システムというサブシステムから構成されている。政策策定システムは政策の策定に関わる組織であり、国であれば国会、自治体であれば自治体議会（市町村議会・都道府県議会）、民間団体であれば理事会等がこれに該当するが、わが国では法案や条例案、事業計画等は国や自治体の政府あるいは民間団体であれば事務局等において企画・立案され、議会や理事会の機能は政府案や事務局案の修正という範囲にとどまる例が多い。その限りで言えば、わが国の場合、実質的な政策策定は国・自治体の政府あるいは民間団体の事務局によって行われている。政策運用システムは、政策策定システムによって策定された政策を制度として具体化し、その運用に必要な規定や規則――政府であれば、通達や通知――を策定し、運用する組織と過程である。具体的には、国や自治体の場合であれば行政部門、民間団体であれば事務部門とその活動である。

援助システムのサブシステムは、援助提供システムと援助展開システムである。援助提供システムは、援助の提供に関わる機関、施設、機器設備、非専門的ならびに専門的職員等の諸要素とその稼働や管理の過程から構成されている。援助展開システムは、援助の提供者と利用者、援助のための知識や技術、そしてそれらの要素を織りなすかたちで展開される援助活動から構成されている。

ここでの考察の課題である運営システムは、このような政策システムの一部である政策運用システム、援助システムの一部である援助提供システム、さらにそれらを媒介する事業実施システムから構成される。事業実施システムは、政策とその具体化されたものとしての制度を利用者が直接利用できる形態である金銭（所得）や各種の福祉サービスに転換するための組織の創出とその運営管理の過程から構成されている。利用者が金銭（所得）や各種の福祉サービスを利用する手続きやその決定の過程もここに含まれる。

社会福祉の運営システムを社会福祉のもっとも基礎的な構成要素との関係で再整理すると、それは提供システム、情報システム、職員システム、財政システムに分割される。このうち、提供システムは、金銭や福祉サービスの提供に関わる組織――なかでも機関・施設、機器設備――とその運営管理の過程がその内容となる。情報システムは、政策策定、その運用・運営管理、援助活動に関する情報、個別制度の内容や利用手続き、利用者等に関する情報、その収集・管理・利用のための組織とその運営管理の過程から構成される。職員システムは、政策システム、運営システム、援助システムを通じて社会福祉に関わる業務を担う職員の種類、職種、資格、賃金その他の労働条件、職員組織とその運営管理の過程から構成されている。財政システムは、社会福祉のための財源調達、保育や養護の委託、支援費の支給に要する費用の支弁と助成、補助金、受益者負担、共同募金、助成財団等による助成など社会福祉の財政に関わる仕組みとその運営管理を内容とする。

以下、ここでは、これら社会福祉の運営システムを構成する提供システム、情報システム、職員システム、財政システムのうち供給システムを中心に、社会福祉運営のあり方について考察する。

第2節　社会福祉運営の原理と原則

まず、社会福祉の運営にあたっていわば公準として扱われる原理と原則について考察しておきたい。社会福祉運営の原理とは、社会福祉の存立に関わって前提的に確保され、実現されるべきもっとも基本的な要請を意味している。権利性、普遍性、公平性、総合性がこれに該当する。社会福祉運営の原則とは、社会福祉の運営の過程において確保され、実現されるべき要請である。接近性、選択性、有効性、説明責任性がこれに該当する。

1　社会福祉運営の原理

(1)　権利性

社会福祉の原点となるものは、人びとの市民としての権利、人権を保障するという思想である。そのような人権の中核に位置するものは社会権的基本権としての生活権である。この社会権的生活権を起点としながら、これまで社会福祉においてややもすれば軽視されがちであった自由権的・市民権的な諸権利をどのようにして再確認し、保障していくかということがこれからの社会福祉にとっての重要な課題である。

従来、社会福祉ではその法的な根拠として生存権という概念が用いられてきた。わが国の場合でいえば、それは日本国憲法第二五条にいう生存権である。生存権の基本的な性格は社会権であり、それは自由権的・市民権的基本権の抽象性・形式性を克服することを意図して形成されてきた権利である。そのような生存権の中核にあるものは、形成されてきた時代や社会の実態を反映して、生活の「最低限」を確保し、保障するという思想であった。もとより、「健康で文化的な最低限度の生活」を確保するということの意義はこんにちにおいても重要である。しかし、いまや社会福祉の課題は、生活の最低限の保障を超えて、生活におけるアメニティ（快適性）・自己実現・社会参加を達成するということでなければならない。「最低限」の生存権の保障からアメニティ・自己実現・社会参加を含む生活権の保障への展開が求められているのである。

社会福祉における権利性として重視されるべきもう一つの課題は、社会福祉を提供者本位のものから利用者主体のそれに転換させるということである。社会福祉の利用者主権化といってもよいであろう。まず第一に、社会福祉援助の利用の申請からその審査・決定、そして実施の過程、さらにはアフターケアの過程にいたるまで、利用者の権利が尊重されなければならない。近年さまざまな局面においてその重要性が指摘されているインフォームドチョイスの権利、自己決定権、不服申立て権、福祉サービス忌避権（再選択権）の保障という課題は、そのことにかかわっている。第二に、社会福祉を利用する人びとについても、プライバシー、思想、信教、通信、交通、さらには結社にかかわる自由や、差別的処遇や虐待からの自由等の、市民としての権利を保障することの重要性が再確認されなければならない。従来、社会福祉の世界においては、これらの市民権的諸権利は制限されがちであったし、また制限があって当然と考えられてきたきらいがある。社会福祉が生存権の保障から生活権の保障に発展する過程においては、これらの自由権的・市民権的諸権利もまた最大限に尊重されなければならない。

(2) 普遍性

一九六〇年代以後、わが国に限らず、先進資本主義諸国において、選別主義から普遍主義への転換ということが社会福祉にとって大きな課題となった。すなわち、貧困低所得階層に属する人びとに、対象を限定した選別主義的な社会福祉から、一般階層に属する人びとを含むニーズをもつすべての人びとを対象にする、「貧困者のためばかりではない」普遍主義的な社会福祉への転換ということである。特にわが国では、八〇年代以来の福祉改革の過程において、「誰でも、いつでも、どこでも、自由に」利用できる社会福祉の実現が追求されてきた。

現代社会を生きるすべての人びとにたいして生活権を保障するという社会福祉の理念からいえば、このような社会福祉の普遍化・一般化は今後ともなお一層追求されなければならない課題である。しかも、その社会福祉の普遍化・一般化は、わが国の国籍を所有する人びとの範囲を超えて、わが国に居住するすべての人びとをその対象として包摂し得るところまで拡大されていかなければならないであろう。

わが国の社会福祉、なかでも公的扶助は、いわば一国社会福祉であり、厳格な国籍による受給の制限が行われている。しかしながら、国外ならびに国内におけるグローバリゼーションの進行という社会の現実に照らしていえば、早晩、社会福祉の普遍化・一般化は国籍を超える水準にまで拡大されなければならないのである。

社会福祉の普遍化・一般化はいわば時代の趨勢である。しかしながら、この際、その社会福祉の普遍化・一般化がかえって選別性を再生させるという側面のあることにも留意しておきたい。例えば、介護サービスにおける社会保険の導入は、財源調達の方式を租税方式から保険方式に改めることによって、そのサービス提供の普遍性を担保することを目的としている。しかし、この普遍主義の導入は、他方において、公的扶助の一環としての介護扶助という選別主義的な供給方式による補完を必要としている。あるいは、受益者負担の引き上げをともなう福祉サービスの普遍化・一般化は逆進性をもち、低所得者層の福祉サービス利用を制約する傾向をもっている。社会福祉の普遍化・一般化がかえって低所得貧困階層を特別の範疇として取り残し、あるいは再生させることになっているといっても過言ではない。そうしたことからいえば、社会福祉の普遍化・一般化は、それを前提にしながら、しかも低所得貧困階層と一般階層の社会福祉を一体的統合的に保障し得るような制度的対応策を講じることを付帯条件として、推進されなければならないであろう。

(3) 公平性

社会福祉援助は、その潜在的な利用者を含めて、すべての利用者にたいして公平に提供されなければならない。

社会福祉における公平性は多様な側面をもっている。第一には、社会福祉の利用における無差別平等性を確保するということである。社会福祉の利用は、利用希望(申請)者の人種、民族、家柄、身分、職業、性別、年齢などによる公正を欠く優遇措置や差別的取り扱いを排除して行われなければならない。この社会福祉における無差別平等性の確保は、いわば法の下における平等という市民としての基本的な権利を前提とするものであり、その意味ではあらためて指摘するまでもないことである。

例えば、利用申請の受理や援助提供において優先度に序列を設けるような場合、そこに恣意的な判断が介入することのないように細心の配慮が必要とされよう。そのためには、利用申請の手続きや審査・決定の過程についての情報の公開・提供とともに、明確かつ説明可能な基準が設定され、事案処理の手続きの透明性が確立されなければならない。

第二に、社会福祉における公平性の確保は重要であるが、それは提供される公的扶助や福祉サービスの多様性を妨げるものであってはならない。例えば、公的扶助においては、保護基準にしたがって算定された困窮の要因や程度が同一であれば扶助の種別や額は同一である。しかし、困窮の要因や程度が異なれば、そのことに応じて扶助の種別や額が異なるのは当然である。福祉サービスについても事情は同様である。児童、障害者、高齢者という範疇の違いによる福祉サービスの内容に違いが出てくるのは当然であり、同じ高齢者でも福祉ニーズの違いに応じて必要とされる福祉サービスは異なってくる。すなわち、社会福祉の公平性は提供される公的扶助や福祉サービスの内容的な均一性や画一性を意味するものであってはならない。社会福祉における公平性は、利用者の福祉ニーズの種類や程度にたいして必要かつ適正な内容の公的扶助や福祉サービスが提供されているかどうかを内容とする基準によって判断される公平性でなければならないのである。

第三に、社会福祉にかかわる公平性は、例えば社会福祉の利用者と納税者、高齢者世代と労働力世代、あるいは有子世帯と夫婦のみ世帯というように各種の相互に拮抗する集団のあいだにおいても問題となりうる。これら三種類の組み合わせのうち、前者に属する利用者、高齢者世代、有子世帯はいずれも社会福祉を通じて利益を得る可能性の高い集団である。逆に、後者の納税者、労働力世代、夫婦のみ世帯は、いわば社会福祉の費用負担を求められる集団である。これら二種類の範疇の間で公平性が議論される場合、しばしば後者の集団による負担の軽減を図るという理由で福祉サービスの抑制や受益者負担の引き上げが求められる。しかしながら、それでは納税者、労働力世代、夫婦のみ世帯が常に負担を求められる集団かといえば、そうとばかりはいえないであろう。一定の時間が経過したり、状況が異なれば、納税者、労働力世代、夫婦のみ世帯も社会福祉の利益を享受すべき立場に転じることになる。納税者、労働力世代、夫婦のみ世帯のこんにちにおける負担は将来の受益を予定したものともいい得るのである。このような競合集団間での公平性に関する議論には総合的な観点と判断が必要とされる。

(4) 総合性

社会福祉を含むわが国の生活支援システムは、その機能という視点からいえば、所得保障、保健医療保障、そして福祉サービス保障に大別される。この分類は、それぞれ、人びとの担う所得ニーズ、保健医療ニーズ、福祉ニーズに対応している。しかし、もとより、このような分類の方法がとられるのは、もっぱら制度を設計し運用する側の必要によるものであって利用者の必要に基づくものではない。生活支援システムを必要とするようなニーズ、すなわち生活保障ニーズが本来的に範疇的に形成されるということはあり得ないからである。

われわれは人びとの生活を、例えば、生命・身体のレベル、人格・行動のレベル、生活関係・社会関係のレベルというように区分し、それぞれのレベルにたいして先のニーズ範疇を対応させることができる。すなわち、われわれは所得ニーズを生活関係・社会関係のレベルに、保健医療ニーズを生命・身体のレベルにし、福祉ニーズを人格・行動のレベルと生活関係・社会関係のレベルの両方に、それぞれ対応させることができる。

しかしながら、人びとの生活は生命・身体のレベル、人格・行動のレベル、生活関係・社会関係のレベルというそれぞれのレベルが相互に規定しあい影響しあいながら、ひとつの全体を構成しているのであって、それぞれのレベルが相互に独立して機能しているわけではない。いわゆる生活の全体性である。人びとの生活はそれを構成する各部分やレベルの機械的な総和ではない。それは各部分やレベルが有機的に結合した全体である。したがって、人びとの生活支援ニーズを所得ニーズ、保健医療ニーズ、福祉ニーズというように分類することが可能であるとしても、それはあくまでも操作的な分類であるにすぎない。実態的には、所得ニーズ、保健医療ニーズ、福祉ニーズは、その種類や程度に違いはあっても、相互に分かち難く結びついて存在しているのである。

こうして、人びとの担う生活支援ニーズ、すなわち所得ニーズ、保健医療ニーズ、福祉ニーズに適切かつ効果的に対応するためには、所得保障、保健医療保障、福祉サービス保障のみならず、さらには労働、教育、消費者保護、司法、住宅、交通等にかかわる施策を含めて、必要とされる生活支援サービスが総合的かつ有機的に結びつけられたかたちで提供されなければならない。しかし、他方において、それらの生活支援ニーズに対応すべき施策や制度はニーズの範疇ごとにそれぞれ個別に成立し、それぞれに対応するサービスを提供している。このような施策や制度の分立は、最小のコストで最大の成果を期待するという社会組織の構成原理からすれば、合理的かつ機能的なあり方であるといえよう。しかし、同時に、そこにセクショナリズムの弊害がともないがちであることも現実である。

こうして、生活の総合性に根差して分かち難く結びついている所得ニーズ、保健医療ニーズ、福祉ニーズを適切かつ効果的に充足するためには、多様に分立し独自の原理によって運用されている諸制度を、より具体的にはそれらによって提供されている諸サービスについて、相互の連携・調整を図り、総合的かつ有機的なサービスを提供するという営みが不可欠の要件となってくる。近年、社会福祉や保健医療の領域においてケアマネジメント（あるいはサービスマネジメント）とよばれる社会的技術の重要性が強調される所以である。

また、この傾向は、社会福祉も保健医療も、居宅型の施設ではなく在宅生活を前提とするサービスにその援助方法を変化させてきたという事実と不可分の関係にある。居宅型のサービス供給を推進するには、社会福祉と保健医療との連携・調整のみならず、その他の関連諸施策、なかでも住宅施策との連携・調整が重要な意味をもってくる。

2　社会福祉運営の原則

(1) 接近性

社会福祉は、すべての市民にとって、「誰でも、いつでも、どこででも、自由に」利用することができるようなかたちで、すなわち高い接近性を保障されるかたちにおいて運営されなければならない。

社会福祉援助にたいする接近性という観点からみて第一に重要なことは、何といっても福祉サービスの総量の拡大である。総量としての福祉サービスが市民の利用希望に対応し得るだけの質と量に達していなければ、社会福祉にたいする接近性を高め、改善するといっても現実性のともないようがないであろう。

第二に重要なことは、事業実施組織や援助提供組織が市民の生活に最も近いところに存在し、利用申請の手続きや援助の利用が身近な場所で可能になっているかどうかということである。その意味では近年、社会福祉の分権化が推進され、在宅福祉サービスを中心に市町村レベルで社会福祉の援助が利用しやすくなってきたことは評価されてよいであろう。また、在宅介護支援センターをはじめとする各種利用支援機関の拡充も同様である。しかし、社会福祉にかかわる各種機関や施設の地理的な配置に関してはかなりの偏りがめだち、格段の整備が求められよう。

第三に重要なのは援助利用の時間枠である。わが国の現状では、この側面からみた社会福祉の接近性の充実はいまだその緒についたばかりというところであろう。例えば、ホームヘルプサービスの二四時間提供は最近ようやく一部の自治体が手をつけはじめたという段階であり、今後の発展を待たなければならない。また、在宅介護支援センターによる二四時間対応の実態も現状では実質性をともなっているとはいい難いであろう。

第四に重要なことは、福祉サービスにかかわる情報の公開と提供である。情報の公開は事業実施組織や援助提供組織による広報誌の発行やコンピュータによる情報の検索というかたちをとることが多い。しかし、これらの方策はあくまで手段であり、要になるのは窓口対応を担当する職員の資質である。

第五に、社会福祉にたいする接近性を高めるためには、事業実施機関はその窓口において利用希望者による利用の申請を待つという姿勢では不十分である。わが国では社会福祉のうち生活保護（公的扶助）においては申請主義が、福祉サービスにおいては職権主義が採用されている。そして、福祉サービスが職権主義を採用しているのは、申請主義よりも積極的な実施機関による関与を可能にするためであると説明されている。しかしながら、しばしば指摘されるように、わが国の福祉サービスの利用手続きは利用者による相談を契機に開始されるものであり、実態的には申請主義が適用されている。利用の相談（申請）がなされなければ利用の必要性はないものとみなされやすい。しかし、現実には、利用相談（申請）者の背後には、多数の、身体的・精神的、地理的、あるいは社会的等の理由で申請が不可能な、もしくはそれが困難な状況にある社会的困難者の潜在が推測される。こうしたいわば申請弱者の接近性を高めるためには、リーチアウト活動による情報の提供、福祉ニーズの掘り起こし、利用申請にたいする直接的支援等の積極的な対応策が不可欠となる。

(2) 選択性

従来、わが国の社会福祉においては、その利用が「法の措置にともなう反射的利益」として位置づけられていることもあって、社会福祉の援助について利用者がこれを選択するという考え方の成り立つ余地はほとんど存在しなかったといって過言ではない。しかし、近年、わが国の社会福祉においても、社会福祉援助を利用する過程において、利用者に福祉サービスの選択権を保障するべきであるという考え方が定着しつつある。利用者に福祉サービス選択権を保障するということは、福祉サービスの利用に当たって、利用申請者が供給者に福祉サービスメニューの提示を求め、そのなかから利用者自身がその責任において利用すべきサービスを選択し、さらには利用の時期、形態、援助提供施設などについても自己責任において選択し指定することを、利用者に固有の権利として保障するということである。すなわち、福祉サービス選択権を保障するということは、とりもなおさず社会福祉利用にかかわる利用者の自己決定権を尊重し、保障するということである。

もとより、利用者による福祉サービス選択権(自己決定権)の行使は、その過程において福祉サービス供給者が利用者に助言することを妨げるものではない。近年、医療の領域においてその重要性が指摘されてきたインフォームドコンセントの権利さらにはインフォームドチョイスの権利は、医療サービスの領域に始まるものであるが、いくつかの提供可能な医療サービスについて、個々に治療の目的、方法と手順、予想される効果、副作用や後遺症、さらに予後等について十分な情報の提供と説明が行われるということを前提にしている。福祉サービスについてもこれと同様の配慮がなされなければならない。さらにいえば、利用の申請・受理から審査・決定にいたる手続きの過程を事業実施機関と利用者とのネゴシエーション(交渉)の過程として再構成するという方向について検討が行われるべきであろう。

こうして、利用者にたいして選択権を保障することは、福祉サービスの申請・審査・決定・提供の過程にたいする利用者(当事者)参加に道を開くことにもつながっている。従来、社会福祉においてはその利用者を利益の一方向的な享受者として受身的な立場においてきた。しかし、医療サービスにおけると同様に、福祉サービスにおいても利用者やその保護者・家族による積極的な協力と参加がなければ十分な成果は期待しえない。これからの社会福祉は、利用者による選択権・自己決定権を保障するとともに、その積極的な協力・参加を前提として展開されなければならない。

そして、そのことを可能にするためには、社会福祉の実施・提供にかかわる決定の権限を可能な限り利用者と直接的に接触する第一線の職員に委譲することが不可欠となる。分権化は、中央政府(国)と地方政府(自治体)とのあいだだけでなく、公民を問わず、社会福祉援助の実施・提供システムの内部においても必要とされるのである。

(3) 有効性

社会福祉における援助は、生活保障ニーズの直接的な解決や緩和にとって、また所期の目的の達成にとって有効なものでなければならない。そして、それはまた、有効な成果が達成されることを前提とする限りにおいて、効率的でなければならない。

従来、社会福祉の領域においては、居住型施設によるサービスに典型的にみられるように、援助の効果という観念は希薄であった。居住型施設においては、利用者にたいして施設のなかで最低限度の生活を保障することで事足れりとされてきた。生活困窮者についても、障害者や高齢者についても、それ以上のことを考える必要はなかったのである。ただし、利用者が児童の場合や身体障害者の場合はやや事情が違っていた。児童や身体障害者の場合には、施設生活後には就労自活が期待されることが多く、就職に役立つ限りにおいて援助の効果が論じられてきた。

近年、社会福祉援助の効果が一般的に論じられるようになったのは、一つには、社会福祉の援助が居住型から在宅型に移行するにしたがい、居住型の施設が、一時的に、かつ必要な限りにおいて、利用されるべき通過施設として考えられるようになったことと結びついている。居住型の施設は、そこで永続的に生活する施設から、一定の生活にかかわる治療・指導・訓練を受け、その成果があがれば再び在宅での生活に復帰する、そのような意味での通過施設とみなされるようになったのである。

このような治療や指導・訓練の効果は、当然のことながら、居住型施設のみならず在宅サービスについても問われなければならない。社会福祉の援助においても、その効果や有効性を確認し、説明するために、アセスメント（事前評価）やエバリュエーション（事後評価）を的確に行い、改善の努力を積み重ねることが必要とされる。

つぎに、社会福祉援助の効果を問い、その有効性を検証する努力は別の観点からも必要とされる。近年、社会の高齢化、少子化、複雑化、国際化、女性の社会進出の拡大等にともない、生活保障ニーズの拡大と質的変化——多様化・複雑化・高度化――にはめざましいものがある。しかし、その一方において、そのような変化に対応するために必要とされる資源の有限性もまた明らかである。そのことを考えれば、社会福祉においても公的扶助や福祉サービスによる援助がどのように成果をあげえているのか、また、その成果が投入された費用との対比において効果的、効率的に生み出されているかどうか、改めて検討してみなければならない。ただし、ここでいう援助の効果は利用者にとって意味のあるものでなければならず、効率性の追求は利用者の利益に反して行われる費用の切り詰めを結果するものであってはならない。そのことは改めて指摘するまでもないことであろう。

(4) 説明責任性

社会福祉は、公的福祉セクターにいうまでもなく、民間福祉セクターにおいても、公的ないし社会的な性格をもつ資金（財源）によって維持されており、それが事業の目的に照らして適正に運用され、所期の効果を上げているかどうか、明確に説明しえるように運営されていなければならない。端的にいえば、社会福祉運営における説明責任性は、運営過程における公開性や透明性の確保という問題にかかわっているのである。

もともと説明責任性という概念は、その原語であるアカウンタビリティという語句が物語っているように、会計や経理にかかわる責任である。それは、一定の目的を遂行するために設置された組織や事業体がそのために提供され、あるいは運用を委ねられた資金（財源）を適正に運用し、所期の目的を達成しえているかどうかを資金の提供者にたいして明確に説明する責任を意味していた。したがって、それは第一義的には、公的福祉セクターであれば、市民、なかでも納税者を代表する議会にたいする責任であり、民間福祉セクターであれば、理事会や資金提供者等にたいする責任として考えられてきたといってよい。

しかしながら、近年、この説明責任性という概念は、より広い意味においてとらえられるようになってきている。第一に、説明責任性は、会計や経理という資金の運用という側面に限らず、その資金によって運営されている政策や制度、さらには援助活動の内容という質的な側面に関しても、その目的や手続きについて、また、期待される効果等について説明する責任としてとらえられている。第二に、説明責任性は、公民を問わず組織や事業体において、より下位にある者がより上位にある者にたいして果たすべき責任であると同時に、より上位にある者がより下位にある者にたいして果たすべき責任としてもとらえられている。第三に、説明責任性は、利用者にたいしても果たされなければならない。社会福祉の関係者は、第一線の専門的業務に従事している職員を含めて、上司や管理者にたいしてのみならず、利用者やその保護者・家族にたいしても、提供しようとしている、あるいは提供しつつあるサービスについて、その目的や手順、期待される効果等について明確に説明するとともに、その理解を得られるように努めなければならないのである。

このような意味での説明責任性は、多少別の観点からいえば、情報公開に関わる責任である。一般の行政や事業経営と同様に、社会福祉の領域においても、責任問題に関わるような情報はなかなか公開されなかった。しかし、情報の公開はここでいう説明責任性を果たす第一歩である。今後、社会福祉援助の質的な向上と量的な拡大を図ろうとすれば、説明責任性の遂行はそのための不可欠の要件となろう。

第3節　社会福祉運営の法的枠組

さて、社会福祉運営の基本的枠組みを明らかにするうえでまず重要なことは、社会福祉を「法律による社会福祉（法令社会福祉）」と「法律によらない社会福祉（非法令社会福祉）」＝「自発的社会福祉」に区分することである。ここで「法律による」というのはいうまでもなく「法律を根拠にする、基盤にする」という意味である。

1　「法律による社会福祉」と「法律によらない社会福祉」

一九八〇年前後から、わが国では社会福祉の提供組織に多様・多元化の傾向がみられるようになり、民間非営利組織や営利組織の参入が拡大してきている。しかし、その基本の部分がこんにちにおいても国や自治体による社会福祉政策として展開されていることに変わりはない。そして、そのような施策の根拠は、法治国家であるわが国では、国の法律や自治体による条例によって、なかでも前者によって与えられている。ただし、社会福祉の政策が法律や条例によって規定されている事実は、必ずしもそれらのすべてが国や自治体によって運用され、実施されることを意味するものではない。

わが国の社会福祉において社会福祉援助の提供組織として極めて重要な役割を果たしているものに社会福祉法人がある。この社会福祉法人の存立の根拠は国の法律によって与えられている。しかしながら、その基本的な性格は民間における任意の団体である。すなわち、社会福祉法人は民間団体であり、国や自治体等の公共団体とは明確に区別される存在である。だが、それにもかかわらず、社会福祉法人によって実施されている事業のほとんどは「法律による社会福祉」である。すなわち、「法律による社会福祉」と「法律によらない社会福祉」という区分は必ずしも「国・自治体による社会福祉」と「民間団体による社会福祉」という区分と一致するわけではない。「法律による社会福祉」と「法律によらない社会福祉」という区分は社会福祉が供給される枠組みに着目した区分であり、「国・自治体による社会福祉」と「民間団体による社会福祉」は供給組織（主体）の性格に着目した区分である。

「法律による社会福祉」は、提供組織の性格の違いに着目していえば、基本的には、国・自治体が直接実施する社会福祉と社会福祉法人等の認可団体の実施する社会福祉から構成されている。逆に、「法律によらない社会福祉」は、社会福祉法人等の認可団体以外の民間団体、総じていえば民間非営利組織や営利組織による社会福祉である。もう一度別の言葉をもちいて端的にいえば、「法律による社会福祉」は国・自治体・社会福祉法人を提供組織とする「公的社会福祉」であり、「法律によらない社会福祉」は社会福祉法人以外の民間非営利組織や営利組織を供給主体とする「民間社会福祉」である。

ただし、近年この区分も流動化しつつある。市町村を中心に在宅サービスの実施機関としての自治体が在宅福祉サービスの提供や保育所の経営を民間非営利組織や個人営業を含む営利組織（事業者）に委託するという例が増加しつつある。また、介護保険制度のもとでは一定の要件を充足し、保険者としての市町村（や一部自治組合）の認可を得ることができれば、営利事業者が居宅介護サービスの提供事業者になることが認められている。このような状況を算入すれば、社会福祉法人以外の民間非営利組織や営利組織も「法律による社会福祉」の供給主体に含まれることになる。近年における多様化・多元化の拡大によって、社会福祉を供給組織の性格によって「公的社会福祉」と「民間社会福祉」に区分することの意義は徐々に重要性を失いつつあるといってよい。

2　社会福祉の法的枠組み

しかし、このような状況を勘案したとしても、わが国における社会福祉の基幹的な部分が「法律による社会福祉」であることには変わりがない。わが国の場合、「法律による社会福祉」を構成する社会福祉関係法令は多岐にわたっている。戦後の福祉改革以来、社会福祉関係法令の一般的なとらえ方として、従来、「福祉三法」、「福祉六法」という分類方法が行われてきた。「福祉三法」は一九五〇年代を中心に用いられてきた呼称であり、生活保護法（一九四六年制定、五〇年改正）、児童福祉法（一九四七年制定）、身体障害者福祉法（一九四九年制定）を意味する。「福祉六法」という呼称は一九六〇年代後半以降であり、生活保護法、児童福祉法、身体障害者福祉法と精神薄弱者福祉法（一九六〇年制定、九八年に知的障害者福祉法に改正改称）、老人福祉法（一九六三年制定）、母子福祉法（一九六四年制定、八一年に母子及び寡婦福祉法に改正改称）を意味する。さらに、これらの法律とは別に、一九五一年には社会福祉事業法（二〇〇〇年に社会福

表 8-1　社会福祉の法体系　　　古川孝順　作成

法の性格	法の名称
基本法	障害者基本法 高齢社会対策基本法
所得保障法	生活保護法 児童手当法 児童扶養手当法 特別児童扶養手当法
福祉サービス法	児童福祉法 児童虐待防止法 身体障害者福祉法 知的障害者福祉法 老人福祉法 母子及び寡婦福祉法
介護サービス法	介護保険法
保健サービス法	地域保健法 母子保健法 老人保健法 精神保健及び精神障害者福祉に関する法律
組織・資格法	社会福祉法 社会福祉士及び介護福祉士法 精神保健福祉士法 民生委員法 社会福祉施設職員等退職手当共済法
振興・助成法	社会福祉・医療事業団法

祉法に改正改称）が制定されているが、これは「福祉三法」、「福祉六法」には加えない。「福祉三法」、「福祉六法」に含まれる法律が基本的には社会福祉という枠組みを通じて人びとに提供される現金（購買力）や福祉サービスの種類と内容、実施機関、施設の種類と内容、利用の資格、手続き、運営管理等に関して規定する給付法であるのにたいし、社会福祉法は社会福祉事業の種類、社会福祉を実施する組織や機関、共同募金や社会福祉協議会等に関して規定する組織法だからである。

ちなみに、類似の呼称として「社会福祉関係八法」があるが、これは一九九〇年の「老人福祉法等の一部を改正する法律」によって改正された社会福祉関係法令の通称であり、児童福祉法、身体障害者福祉法、精神薄弱者福祉法、老人福祉法、母子及び寡婦福祉法に社会福祉事業法（一九五一年制定）、老人保健法（一九八二年制定）、社会福祉・医療事業団法（一九八四年制定）を加えたものである。

表8―1は、これらの社会福祉関係の法令ならびに社会福祉と密接に関連する法令を、その内容のもつ性格に基づいて分類したものである。**表8―1**ではまず法令の性格による分類がなされ、次にそれぞれの類型に対応する法令が整理されている。もとより、一つの法令がいくつかの類型に該当する内容をもっている場合があるが、**表8―1**の分類はそれぞれの法令のもつ主要な性格を基準としたものである。

基本法とは、それが対象としている領域や事象についての国の基本的な政策をプログラム的に示した法律である。プログラム的にというのは、達成すべき課題を達成すべき目標として設定し、国としてそのために努力することを国民（市民）にたいして宣言したものという意味である。障害者基本法や高齢社会対策基本法はそのような意味において基本法として分類される。そして、障害者基本法や高齢社会対策基本法はプログラム的規定であるから、そこには具体的な施策、すなわち公的扶助や福祉サービスに関する規定は含まれていない。具体的な施策に関する規定は身体障害者福祉法、知的障害者福祉法、老人福祉法等に委ねられている。

所得保障法は、人びとの所得ニーズに対応し、現金（金銭）を供与あるいは貸与することによって、購買力を保障することをその目的とする施策及びその利用手続きに関する法律である。社会福祉に関する法令のなかでは生活保護法、児童手当・児童扶養手当・特別児童扶養手当法がこれに該当する。これらの法令のうち、生活保護法を扶助法といい、児童手当・児童扶養手当そして特別児童扶養手当法を社会手当法ということがある。資金の貸与については母子及び寡婦福祉法による母子福祉資金や寡婦福祉資金の貸付がこれにあたるが、母子及び寡婦福祉法そのものはつぎの福祉サービス法に分類した。

福祉サービス法は、多様な人的サービス、物的サービス、システム的サービスを提供して人びとの福祉ニーズを充足しあるいは軽減緩和し、その自立生活を支援することを目的とする各種の施策とその内容や利用の資格・手続き等に関する規定を内容としている。児童福祉法、身体障害者福祉法、知的障害者福祉法、老人福祉法、さらに母子及び寡婦福祉法がこれに属する。保健サービス法は、福祉サービス法になぞらえていえば、多様な人的サービス、物的サービス、システム的サービスを提供して人びとの保健ニーズを充足しあるいは軽減緩和することを目的とする各種の保健施策ならびに利用の手続きなどに関する規定を内容としている。母子保健法、老人保健法、そして精神保健及び精神障害者福祉に関する法律がここに属する。

介護サービス法は、介護サービスに関する法律であり、具体的には介護保険法がこれにあたる。介護保険法にもとづく介護サービスは社会保険制度の一部と解すべきか、福祉サービスもしくは保健サービスの一部とみなすべきか、定まった見解はみられない。ここでは、社会保険という財源調達方式をとるものの内容的には福祉サービスと保健サービスの両面をもつ制度として新たに介護サービス法という範疇を設定した。

組織・資格法には組織法と資格法が含まれている。組織法は、社会福祉の組織、機関や施設、職員等に関する規定をその内容としている。これに類する規定は、すでにみた福祉サービス法や保健サービス法のなかにも含まれている。例えば、児童相談所や保健所に関する規定がそうである。しかし、その中心となる部分は、各種のサービスと利用の手続き等に関する規定である。

組織法を代表する法律は社会福祉法であり、第一種社会福祉事業と第二種社会福祉事業の区別、社会福祉運営の原則、社会福祉審議会、福祉事務所、社会福祉主事、社会福祉法人、社会福祉協議会、共同募金会等の社会福祉運営の根幹となる組織のあり方について規定している。組織法にはこのほか社会福祉の職員の処遇にかかわる社会福祉施設職員等退職手当共済法が含まれている。また、民生委員の任務、委嘱、組織等について規定する民生委員法も組織法の一種として扱うことができる。

資格法は社会福祉の職員の資格にかかわる法律であるが、任用資格とは異なり独立した属人的な資格制度を創設した社会福祉士及び介護福祉士法、精神保健福祉士法がこれに該当する。

振興・助成法にあたるのは、社会福祉施設や医療施設の設置や心身障害者扶養保険の実施に必要な資金の融資や助成を行うことを目的として制定されている社会福祉・医療事業団法である。

「法律によらない社会福祉」とは、以上のような社会福祉関係の法律の外側において展開される社会福祉――福祉サービス――を意味している。その中心は社会福祉法人を除く民間非営利組織によって実施されている社会福祉である。従来、国や自治体による助成の対象になり難いこともあって、「法律によらない社会福祉」の規模は全国的にみても小さなものであった。しかし、近年、「法律によらない社会福祉」、行政関与型の福祉公社に典型的にみられるように、社会福祉関係法令による規制を受けないという特性を積極的に活用した事業の展開を試み、社会福祉の総体としての範囲を拡大することに貢献している。また、さらにその外側には、営利組織による福祉サービスが存在するが、認可や委託という法律的な枠組みの外において提供されているサービスを、内容的には区別しえないとしても、福祉サービスという名称に包括しうるかどうかということについては疑問視する向きも多い。

第4節　社会福祉事業の区分と経営主体

社会福祉法は、それが対象とする社会福祉事業を「第一種社会福祉事業」と「第二種社会福祉事業」に区分するとともに、それぞれの事業の経営主体について制限を加えている。

1　「第一種社会福祉事業」と「第二種社会福祉事業」

社会福祉法（旧社会福祉事業法）は社会福祉事業を「第一種社会福祉事業」と「第二種社会福祉事業」に区分しているが、そこには二通りのねらいが込められている。第一のねらいは、社会福祉法で取り扱う社会福祉事業の範囲を示すことである。

社会福祉法は、それが取り扱う社会福祉事業の範囲を規定するにあたって、それを直接的、包括的に規定（定義）するという方法を避け、社会福祉事業とみなすことのできる事業を列挙するという方法をとっている。このような方法は制限列挙（記）主義とよばれるが、一九三八年に制定された社会事業法においてもこの方法がとられている。制限列挙主義は、社会福祉事業の内容は一定不変とはいえず、時代の必要によって新しい社会福祉事業が追加され、あるいはその一方においてかつて社会福祉事業と考えられた事業が除外されるという社会福祉事業にみられる特殊な性格に対応して導入された特有の規定の方法である。

さて、社会福祉法の規定する「第一種社会福祉事業」と「第二種社会福祉事業」の具体的な内容については、**表8-2**を参照されたい。われわれは、**表8-2**をみただけでも、「第一種社会福祉事業」と「第二種社会福祉事業」の内容についてある程度のイメージをもつことができるが、重要なのは社会福祉法がこのように社会福祉事業を「第一種社会福祉事業」と「第二種社会福祉事業」に区分する理由及び基準である。そのことについて、旧社会福祉事業法の制定に尽力した木村忠二郎は「社会福祉事業を、社会福祉の見地からと、個人の人格の尊重の角度からみて、その対象にたいする影響の軽重から」第一種と第二種に分類したとしている。すなわち、社会福祉法は、社会福祉事業のうち、社会的弱者の保護にたいする社会的公共的な責任と利用者の人格の尊厳という観点からみて、その運営管理のいかんによっては利用者が非常に重要な影響を被る可能性のあるものを「第一種社会福祉事業」とし、それ以外の、利用者の被る影響が比較的軽微と考えられるものを「第二種社会福祉事業」として規定しているのである。

概括的にいえば、社会福祉事業のうち「第一種社会福祉事業」に属する事業は、第一には居住（入所）型あるいは生活型の社会福祉施設のように、利用者の生活の大部分が施設の内部で営まれ、その運営管理のあり方が利用者の身体や人格の尊厳に重大な影響を及ぼす事業である。そして、第二には、授産施設のような社会的弱者の経済上の保護を行う施設であって、その運営管理のあり方が多分に利用者の不当な搾取になるおそれのある事業である。

〈第二種社会福祉事業〉	■身体障害者居宅介護等事業　■身体障害者生活訓練等事業* ■身体障害者デイサービス事業　■手話通訳事業* ■身体障害者短期入所事業 ■身体障害者相談支援事業* □身体障害者福祉法に規定する以下の施設を経営する事業 ■身体障害者福祉センター　■盲導犬訓練施設* ■補装具製作施設　■視聴覚障害者情報提供施設 ■身体障害者の更生相談に応ずる事業 □知的障害者福祉法に規定する以下の事業 ■知的障害者居宅介護等事業　■知的障害者地域生活援助事業 ■知的障害者デイサービス事業*　■知的障害者相談支援事業* ■知的障害者短期入所事業 ■知的障害者福祉法に規定する知的障害者デイサービスセンターを経営する事業* ■知的障害者の更生相談に応ずる事業 □精神保健及び精神障害者福祉に関する法律に規定する精神障害者社会復帰施設を経営する事業 ■精神障害者生活訓練施設　■精神障害者福祉工場 ■精神障害者授産施設　■精神障害者地域生活支援センター ■精神障害者福祉ホーム □精神保健及び精神障害者福祉に関する法律に規定する精神障害者居宅生活支援事業 ■精神障害者居宅介護等事業（平成 14 年度～）　■精神障害者地域生活援助事業 ■精神障害者短期入所事業（平成 14 年度～） □生計困難者のために，無料または低額な料金で，簡易住宅を貸し付け，または宿泊所その他の施設を利用させる事業 ■簡易住宅を貸し付ける事業　■宿泊所等を利用させる事業 ■生計困難者のために，無料または低額な料金で診療を行う事業 ■生計困難者に対して，無料または低額な費用で介護保険法に規定する介護老人保健施設を利用させる事業 ■隣保事業 ■福祉サービス利用援助事業* □社会福祉事業に関する連絡または助成を行う事業 ■連絡を行う事業　■助成を行う事業

（注）■の数が，社会福祉事業の総数となる。*　**はそれぞれ 1990 年の法改正により追加，削除されたものを示す。

（厚生労働省資料より抜粋，一部修正）

表 8-2　社会福祉事業一覧

〈第一種社会福祉事業〉	□生活保護法に規定する救護施設，更生施設その他生計困難者を無料または低額な料金で入所させて生活の扶助を行うことを目的とする施設を経営する事業 ■救護施設　■授産施設 ■更生施設　■宿所提供施設 ■医療保護施設 ■生計困難者に対して助葬を行う事業 □児童福祉法に規定する以下の施設を経営する事業 ■乳児院　■盲ろうあ児施設 ■母子生活支援施設　■肢体不自由児施設 ■児童養護施設　■重症心身障害児施設 ■知的障害児施設　■情緒障害児短期治療施設 ■知的障害児通園施設　■児童自立支援施設 □老人福祉法に規定する以下の施設を経営する事業 ■養護老人ホーム　■軽費老人ホーム ■特別養護老人ホーム □身体障害者福祉法に規定する以下の施設を経営する事業 ■身体障害者更生施設　■身体障害者福祉ホーム ■身体障害者療護施設　■身体障害者授産施設 □知的障害者福祉法に規定する以下の施設を経営する事業 ■知的障害者更生施設　■知的障害者福祉ホーム ■知的障害者授産施設　■知的障害者通勤寮 ■売春防止法に規定する婦人保護施設を経営する事業 ■公益質屋を経営する事業** ■授産施設を経営する事業 ■生計困難者に対して無利子または低利で資金を融通する事業
〈第二種社会福祉事業〉	□生計困難者に対して，その住居で衣食その他日常の生活必需品もしくはこれに要する金銭を与え，または生活に関する相談に応ずる事業 ■生活必需品等を与える事業　■生活に関する相談に応ずる事業 □児童福祉法に規定する以下の事業 ■児童居宅介護等事業　■障害児相談支援事業* ■児童デイサービス事業　■児童自立生活援助事業 ■児童短期入所事業　■放課後児童健全育成事業 □児童福祉法に規定する以下の施設を経営する事業 ■助産施設　■児童厚生施設 ■保育所　■児童家庭支援センター ■児童の福祉の増進について相談に応ずる事業 □母子及び寡婦福祉法に規定する以下の事業 ■母子家庭居宅介護等事業　■寡婦居宅介護等事業 □母子及び寡婦福祉法に規定する母子福祉施設を経営する事業 ■母子福祉センター　■母子休養ホーム ■父子家庭居宅介護等事業 □老人福祉法に規定する以下の事業 ■老人居宅介護等事業　■老人短期入所事業 ■老人デイサービス事業　■痴呆対応型老人共同生活援助事業 □老人福祉法に規定する以下の施設を経営する事業 ■老人デイサービスセンター　■老人福祉センター ■老人短期入所施設　■老人介護支援センター □身体障害者福祉法に規定する以下の事業

これにたいして、「第二種社会福祉事業」は、簡略にいえば、「第一種社会福祉事業」に属さない社会福祉事業である。「第二種社会福祉事業」もまた社会の期待のもとに社会福祉理念の達成を追求するものであり、その点において「第一種社会福祉事業」と異なるものではない。しかし、それらの事業は利用者にたいする影響（弊害）が比較的少ないという理由で「第二種社会福祉事業」として分類されているといってよい。ただし、両者の区別は相対的なものであり、「第二種社会福祉事業」に分類されていても、例えば保育所やホームヘルプサービスやデイサービスなどの事業は、その運営管理のありようによって利用者の身体や人格に重大な影響を及ぼすことは十分予想されうるところである。

ところで、社会福祉法は制限列挙主義にもとづき「第一種社会福祉事業」と「第二種社会福祉事業」に該当する事業を列挙しているが、このことは社会福祉法が社会福祉事業の範囲を「第一種社会福祉事業」と「第二種社会福祉事業」に列挙されている事業に限定していることを意味している。逆にいえば、「第一種社会福祉事業」及び「第二種社会福祉事業」に列挙されていない社会福祉事業は、社会福祉法にいう社会福祉事業ではない、ということになる。

ただし、実態的にいえば「第一種社会福祉事業」や「第二種社会福祉事業」の周辺には内容的には社会福祉事業と同等の生活支援に関わる事業でありながら事業規模その他の理由から「第一種社会福祉事業」や「第二種社会福祉事業」として認められない事業、いうなれば「準社会福祉事業」とでもいうべき事業が存在している。他方、社会福祉法は社会福祉事業とは別に「社会福祉を目的とする事業」という概念を設定しているが、この概念は「第一種社会福祉事業」や「第二種社会福祉事業」を中核にここでいう「準社会福祉事業」を含むより包括的な概念であると解釈される。また、社会福祉法には新たに「社会福祉に関する活動」という概念も導入されている。

2 経営主体の制限

このような「第一種社会福祉事業」と「第二種社会福祉事業」との区分は分類すること自体に目的があるわけではな

い。社会福祉法は「第一種社会福祉事業」と「第二種社会福祉事業」とでその経営主体に制限を設けている。「第一種社会福祉事業」を経営しうる者は原則として「国、地方公共団体又は社会福祉法人」に限定されている。

このような経営主体の制限は、「第一種社会福祉事業」を経営することにともなう社会的、公共的な責任を全うし、利用者の人格の尊厳の維持や搾取の危険性の排除のために必要とされたものであるが、こんにち振り返ってみるとこのような制限がかえって社会福祉事業経営の硬直性を生み出し、利用者に不利益をもたらしてきたという側面もみうけられる。特に社会福祉法人についてはそうである。社会福祉法人は、措置委託費制度の運用とも相まって、本来の民間組織としての自主性・主体性・創意性・柔軟性を十分に発揮しえなくなっているという批判もみられるところである。

「第二種社会福祉事業」の経営主体については、条文上に特別の制限はない。「国、地方公共団体又は社会福祉法人」以外であっても、例えば任意の団体や個人であっても、さらには営利事業者であっても実施機関への届け出や認可によって「第二種社会福祉事業」を運営することができる。ただし、「第二種社会福祉事業」の展開にあたって行政による委託や公費の助成を受けるということになれば、任意団体や個人といえども活動の公共性・継続性を裏付けるようなそれなりの組織や財源の準備が求められる。関連して、木村忠二郎が「第二種社会福祉事業」を「第一種社会福祉事業」と区別した理由として前者については「その事業の展開を阻害することのないように、自主性と創意と助長することが必要なので、いちおうその間に一線を画した」としていたことに留意しておきたい。

このような旧社会福祉事業法制定時の趣旨を考えれば、「第二種社会福祉事業」を経営する者はその「自主性と創意」を発揮することに努めるとともに、それを助成しあるいは監督する立場にある国や地方公共団体はそれを可能にするような環境条件の整備に努める必要があろう。

第5節　社会福祉における公私関係

社会福祉における公私関係（公私の機能分担関係）をどのようにとらえるかという問題は、まさにこの領域における古くて新しい問題である。

1　公私関係論の系譜

(1)　平行棒の理論と繰り出し梯子の理論

歴史的にいえば、社会福祉における「公私」関係についての古典的な議論として知られているのは、二〇世紀初頭のイギリスにおいて救貧法による公的救済と慈善事業との関係をめぐって展開された「平行棒の理論」対「繰り出し梯子の理論」とよばれる論争であろう。こんにち的な状況に読み替えていえば、「平行棒の理論」は公的社会福祉（救貧法）と民間社会福祉（慈善事業）とは本来的にそれぞれに異なった性質を有する課題（福祉ニーズ）に対応する事業であり、両者が交錯することはありえないとする理論である。これにたいして「繰り出し梯子の理論」は、民間社会福祉の役割は、その自主性と創意のもとに、常に先駆的、実験的な課題に挑戦し、その成果と事業を安定的、長期的な事業展開を身上とする公的社会福祉に引き継ぎ、それを先導することにあると論じた。

(2)　GHQの公私分離原則

わが国において社会福祉における「公私」関係が深刻な議論の対象となったのは、第二次世界大戦後、わが国の社会福祉の再編成と近代化が推進された時期であった。わが国の社会福祉は、戦後福祉改革のなかで再編成される過程において

表 8-3　社会福祉の供給組織類型　　古川孝順　作成

セクター	供給組織	サービス
Ⅰ 公的福祉セクター	(a)公設公営型供給組織	公設公営型福祉サービス
	(b)認可団体型供給組織	認可団体型福祉サービス
Ⅱ 民間福祉セクター	(c)行政関与型供給組織	行政関与型福祉サービス
	(d)市民組織型供給組織	市民組織型福祉サービス
Ⅲ インフォーマルセクター	(e)近隣支援型活動組織	近隣支援型ネットワーク
Ⅳ 民間営利セクター	(f)市場原理型供給組織	民間営利型福祉サービス

「無差別平等の原則」「救済費非制限の原則」とともにGHQによる三原則の一つを構成する「公私分離の原則」が適用された。この「公私分離の原則」の適用は、措置委託費制度の創設をもたらし、戦後社会福祉の根幹にかかわるような影響を残すことになった。しかしながら、もともとこの措置委託費制度は憲法第八十九条にいう公金支出禁止条項を回避する手続きとして便宜的に導入された制度であり、公私関係の最終的な決着は社会福祉事業法にもち越されることになった。

旧社会福祉事業法は、「事業経営の準則」を規定するその第五条において、「国、地方公共団体、社会福祉法人その他社会福祉事業を経営する者」の関係について、①国、地方公共団体はその責任を他の社会福祉事業を経営する者に転嫁し、またそれらの者に財政的援助を求めないこと、②国、地方公共団体は他の社会福祉事業を経営する者の自主性を重んじ、不当な関与を行わないこと、③社会福祉事業を経営する者は不当に国及び地方公共団体の財政的、管理的援助を仰がないこと、と定めている。

旧社会福祉事業法が制定された一九五一年以後、わが国の社会福祉における「公私」関係は、この第五条の規定によって律されてきた。しかしながら、この準則は、一方において措置委託費制度のもとで形骸化し、他方において有料老人ホーム等のように社会福祉事業法の制定当時予測されていなかったような事業経営の形態が登場してきた。さらに近年においては、社会福祉の援助提供を積極的に民間に委託しようとする傾向とともに法令や条例にとらわれない社会福祉の独自の展開をめざす民間供給組織の発展がみられる。このような展開はいずれも公私関係を一層複

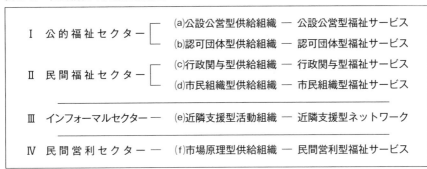

表 8-4　公私分担の基準

公私分担の類型	ニーズ充足メカニズムとの対応関係	ニーズの性格
Ⅰ　公的責任	市場メカニズムによる充足が不可能 家族メカニズムによる充足が不可能	義務的・基礎的・強制的・補償的・普遍的
Ⅱ　どちらかといえば公的責任	市場メカニズムによる充足では不十分 家族メカニズムによる充足では不十分	任意的・選択的／基礎的・普遍的
Ⅲ　どちらかといえば私的責任	市場メカニズムによる充足が大体可能 家族メカニズムによる充足が大体可能	任意的・選択的・追加的
Ⅳ　私的責任	市場メカニズムによる充足が可能 家族メカニズムによる充足が可能	任意的・選択的・追加的

（三浦文夫『増補社会福祉政策研究』全国社会福祉協議会，1987）

雑なものとし、社会福祉事業における公私関係の再考を促すことになっている。

このように、社会福祉における公私関係については従来からさまざまに議論が展開されてきているが、その内容は、公私という場合の「公」と「私」をどのようなものとして規定するかによって異なってくる。こんにち、社会福祉の出発点になる生活支援ニーズの充足に関与しているセクターは、**表8-3**にみられるように、公的福祉セクター、民間福祉セクター、インフォーマルセクター、民間営利セクターに分類されるが、これら四通りのセクターのどれとどれを組み合わせて公私関係と捉えるかによって、またさらにはそれぞれのセクターの規定の仕方によっても、公私関係の議論は異なったものになってくる。

公私関係論の類型の第一は、公私関係が、基本的に、公的福祉セクター（すなわち、その財源がもっぱら公的責任〈行政責任〉によって調達され、運営されているセクター）と民間営利セクター（すなわち、市場メカニズムと家族による自助努力を前提に運営されているセクター）との関係として捉えられている場合である。第二の類型は、公私関係が基本的に公的福祉セクターと民間福祉セクター（すなわち、その財源が会員による出資、寄付金、利用料金等によって運営されているセクター）との関係として捉えられている場合である。

第三の類型は、一方において公が行政部門に限定され、他方において私が社会福祉法人、民間福祉セクター、さらに場合によっては民間営利セクターをも包括する部門として把握されている場合、すなわち公私関係が行政セクターと非行政セクター＝民間セクターの関係として捉えられているような場合である。

これら三通りの公私関係にかかわる類型のうち実質的に意味をもつのは、第一、第二の類型である。第一の類型を前提に公私間の機能分担を論じているものに三浦文夫の研究がある。三浦は、公私間の機能分担を論じるに際して、福祉ニーズ充足の性格（あるいはニーズの種類）及び市場メカニズムと家族による自助努力というニーズ充足の一般的な経路におけるニーズ充足の状況に着目している。三浦の公私責任分担論はこれら二種類の条件を組み合わせたものであるが、その内容を大筋において整理し直したものが**表8－4**である。

表8－4にみるように、三浦が公的責任、すなわち公的セクターの責任においてニーズの充足が図られるべきだとしているのは、市場メカニズムと家族の自助努力によるニーズ充足がいずれも期待できず、しかもそのニーズ充足のあり方が義務的、基礎的、強制的、補償的のいずれかであり、かつ普遍的なニーズの場合である。逆に、私的責任、すなわち市場メカニズムと家族の自助努力を前提とする民間営利セクターの範囲においてニーズの充足が図られてよいとしているのは、市場メカニズムと家族の自助努力によるニーズ充足が十分に可能であって、しかもそのニーズ充足のあり方が任意的、選択的、追加的な場合である。そして、これら両者の中間に、どちらかといえば公的責任、あるいはどちらかといえば私的責任に属するとみなされる領域が設定されている。

(3) 公的責任の再構成

さて、公私間の役割分担のありように関しては、公的責任を、すべての福祉サービスについて、財源調達から援助の実施・提供に至るまで、行政が全面的、自己完結的に運営にあたることとして理解する見解が存在する。いわば、すべての福祉ニーズは、公的福祉セクターによるサービスによって充足されるべきであるし、またそれが可能であるとする考え方である。しかし、公的福祉セクターの実態や近年における民間福祉セクターの成長拡大という状況の変化に照らしていえば、公的福祉セクターによるサービスの必要性と重要性は十分に承認するとしても、公的責任の範囲と遂行の型態を、より包括的、総体的に理解する必要がでてきているように思われる。

すなわち、先ほどの公私関係論の第二の類型にも関連させていえば、今後は、行政を中心とする公的福祉セクターによる対応を基軸にすえつつ、民間福祉セクターによる各種サービスの提供を積極的に活用することやそれを可能にするために民間福祉セクターやインフォーマルセクターにたいして財政的、技術的な支援や援助を行うことを通じて、すべての市民が自立生活を維持するに必要なだけのサービスをその総量において確保し得るような状況を準備することを前提に、公的責任を多様な供給組織の提供するサービス全体のなかから個々の市民が必要とするサービスを自由に選択し、利用することのできるような福祉サービス提供のシステムを地域社会のなかに構築し、維持していく包括的な責任としてとらえ直すことが求められよう。いわば、公的責任体制の自己型から運営管理型への転換である。

公的責任体制についてのこのような考え方を前提にしていえば、公的福祉セクターの役割は次のように整理し直すことが可能であろう。

①市民生活に一般的に必要とされる基礎的な、すなわち支援的、予防的、促進的な福祉サービスを提供すること。

②国・自治体・社会の不作為や過失によって生み出されてきた福祉ニーズにたいして補償的な福祉サービスを提供すること。

③貧困・低所得などの理由により民間福祉セクターや民間営利セクターを利用することの困難な階層にたいして、必要とされる福祉サービスを提供すること。

④財政的・技術的に民間福祉セクターや民間営利セクターでは対応しきれないような高度の福祉ニーズにたいする福祉サービスを提供すること。

⑤民間福祉セクターによる福祉サービスの提供を拡大し、活性化させるため、必要な技術的、財政的等の支援を行う

こと。

⑥民間営利セクターによる生活関連サービスについて必要な規制を行い、利用者（消費者）の保護に当たること。

公的福祉セクターがこのような責任を引き受けることによってはじめて、民間福祉セクターやサブフォーマルセクターが、福祉サービスの多様性、選択性にたいする市民の希望を実現する受け皿となり得るのである。

第6節　社会福祉における自治体と国

近年における社会福祉の動向を象徴するのはその分権化である。戦後間もない時期に実施された「戦後福祉改革」以来、わが国の社会福祉は国を中心に位置づけ、国の事務を都道府県や市町村に委任して実施するという体制をとってきた。そうした体制が一九八〇年代にはじまる福祉改革、すなわち「八〇年代福祉改革」によって大幅に改められ、市町村を中心とする実施体制に移行されてきたのである。

社会福祉の運営は、国を中心とし都道府県から市町村に至るという下向型の運営方式から、市町村を中心とする自治型の社会福祉を起点に、そこから都道府県、そして国に至る上向型の運営方式に転換されなければならない。

1　市町村の役割と責任

(1)　市町村の責務

八〇年代福祉改革を通じて、社会福祉における市町村の役割は大きく拡大された。なかでも大きく変化したのは町村の役割である。それまで、福祉事務所を設置する一、二の町村を別にすれば、社会福祉行政における町村の役割は保育所等の一部の児童福祉施設の設置運営やその入所に関する事務にほぼ限定されていたといってよい。保育所等を除けば、措置や利用の決定にかかわる主要な事務は当該町村を管轄する都道府県の設置する福祉事務所に委ねられていたのである。

新しい提供体制の下において、市町村は、老人福祉関係では、①在宅福祉サービス、②特別養護老人ホーム等の入所決定、③老人保健福祉計画の策定等について、身体障害者福祉関係では、①身体障害者更生援護施設の入所決定、②在宅福祉サービス等について、重要な権限と努力義務を負うことになった。児童福祉、母子及び寡婦福祉及び知的障害者福祉関係では、在宅福祉サービスのうちホームヘルプサービスならびにデイサービスが同様に市町村の努力義務として位置づけられた。ただし、児童福祉、母子及び寡婦福祉及び知的障害者福祉領域の主要な施設への入所措置やショートステイサービスの利用については、その措置・決定権限が都道府県に留保されている。

このように、市町村を中心とした社会福祉提供体制への移行は必ずしも社会福祉の全面に及ぶものではない。しかしながら、市町村の管轄する福祉サービスの種類や規模、それにともなう予算の規模、利用者の規模等からすれば、社会福祉提供体制の基軸は明らかに市町村の側に移行してきている。加えて、介護保険法の成立にともない高齢者の介護サービスにたいする市町村の責任は飛躍的に拡大された。また、将来的には、児童福祉、母子及び寡婦福祉及び知的障害者福祉の領域においても、市町村がより一層重要な役割を果たすようになるものと考えられる。

(2) コミュニティオプティマム

社会福祉における分権化が提供体制における主要な役割を市町村に移行したことは、いわば当然のことであった。国民の生活に最も密着した自治（自己統治）の単位は市町村であり、地域住民のために社会福祉の施策を講じることは、地方自治の本来的、かつ不可避的な役割であり、機能であるとみなされるからである。

従来、市町村に期待されてきた役割や機能は、国や都道府県による施策の実施運営の過程を担うとともに、それを補完する役割を担うこと、すなわち櫛の歯的、縦割的に設定されている国や都道府県による施策のすき間を埋め、それらを相互に関連づけ、施策相互間の連携、調整を図るというものであった。市町村の役割と機能は、これまでどちらかといえば受け身的、消極的なものとして捉えられてきた。実際それを越える活動を展開するだけの役割も権限も付与されていなかったのである。しかし、こんにちの市町村を中心とする社会福祉提供体制下においては、事態は大きく変化せざるを得ない。市町村には、これまでの後追い的、落ち穂拾い的な施策から大幅に転換し、積極的計画的に住民の福祉の向上に努めることが期待されている。

市町村を機軸的提供主体とする社会福祉運営に期待されていることは、国や都道府県から委任された事務の単なる遂行ではない。公民の福祉セクターやサブフォーマルセクター、さらには民間営利セクターを駆使して地域社会を構成する人びとの福祉を最大限度に向上させるということである。つまり、後述の国によるナショナルミニマムと都道府県によるリージョナルミニマムを前提に、そのうえにコミュニティオプティマムの実現をめざして努力すること、それが自治（自己統治）の基礎的単位としての市町村とその社会福祉運営に求められる基本的な課題である。

2　都道府県の役割と責任

(1)　都道府県の責務

社会福祉における都道府県の役割と機能は、①都道府県の水準における社会福祉に関する総合的計画の策定、②施策の運用に関する細則の策定や調整、③市町村間の利害の調整及び格差の是正、④市町村にたいする指導・助言・援助、⑤市町村に属さない施策や市町村の能力を超える施策の実施、⑥必要な費用の調達と支弁等に整理することができる。

八〇年代以降の福祉改革の過程を通じて、都道府県の役割には大きな変化がみられた。ただし、生活保護の領域では、都道府県の役割は変化しなかった。生活保護に関する事務は法定受託事務として残されており、都道府県は従来通り市及び福祉事務所を設置する町村以外の町村について福祉事務所を設置し、生活保護法の運用に当たる。

児童福祉法、母子及び寡婦福祉法などに関する領域では、一定の範囲において都道府県の権限が強化された。従来の団体（委任）事務が自治事務に改められたことにより、都道府県の裁量権はむしろ拡大されている。具体的には、これらの領域における社会福祉の運営について都道府県議会の関与する余地が広がり、自治体としての都道府県がその固有の事務として措置権を行使することになった。この部分における社会福祉運営の最終的な責任者はもとより都道府県知事であるが、国の事務の執行を委任された機関としてではなく、当該都道府県の首長として社会福祉運営に責任をもつのである。

(2) リージョナルミニマム

九〇年の福祉関係八法改正によって、都道府県にたいして老人福祉計画及び老人保健計画を策定することが義務づけられた。また、その後の改革のなかで自治体にたいしてもその策定が奨励されたエンゼルプランや障害者プランの策定も推進されつつある。これらの改革は、社会福祉運営における都道府県の役割に新たな方向を付与するものであった。社会福祉における計画化は、①後追い的社会福祉施策からの脱皮、②増分主義的予算配分からの脱皮、③総合的視点と重点的資源配分の追求、④合意形成の前提条件の確認等の観点に照らして、今後の社会福祉運営の基軸となるべきものである。

都道府県の福祉計画の前提に国の社会福祉施策があることは指摘するまでもないが、都道府県の基本的な役割は、国の施策にたいしては都道府県の多様性、個別性を主張することであり、都道府県の内部にたいしては市町村間の多様性、個別性を尊重すると同時に市町村間の格差を是正し、最小限度に維持していくことに求められる。

国の社会福祉政策にナショナルミニマムの確立が求められるのと同様に、都道府県の福祉計画にはその実情に即応するリージョナルミニマムの設定が必要とされる。各都道府県において必要とされる福祉サービスの種類と規模を展望し、利用（措置）決定の基準、施設・設備、援助内容等に関する最低基準あるいはガイドラインの設定、社会福祉施設の適正な配置、マンパワー確保の方策、市町村にたいする財政支援の基準等の策定がリージョナルミニマムの主要な内容となろう。

3 国の役割と責任

(1) 国の役割

社会福祉に関して国に期待される責務は、①全国的な水準に対応する社会福祉施策の策定、②政策や制度の運用に関する規則や準則の策定、③都道府県・指定都市間の利害の調整ならびに格差の是正、④都道府県・指定都市にたいする助言・指導・援助、⑤都道府県・指定都市に属さない施策や都道府県・指定都市の能力を超える施策の実施、⑥必要な費用の調達と負担等である。

社会福祉に関わる国の主務官庁である厚生労働省（旧厚生省）の内部組織は、それぞれの時代における政策課題を反映するかたちで変化してきている。戦後福祉改革の時代から七〇年代までは、生活保護、身体障害者福祉、老人福祉を担当する社会局と児童福祉、母子福祉、知的障害者福祉を担当する児童局が中心であった。八〇年代以降になると、わが国社会の高齢化、障害者問題にたいする国際的規模での関心の増大を反映し、老人保健福祉局ならびに大臣官房障害保健福祉部が主要には社会局から分離独立するかたちで設置された。老人保健福祉局、障害保健福祉部の設置には、その名称からも明らかなように、保健と福祉、さらには医療と保健、福祉という三通りの領域の連携と統合を重視する姿勢が反映させられている。

ちなみに、二〇〇〇年一月の省庁再編で誕生した厚生労働省で社会福祉に関する政策の策定や運用に携わっている部局は、雇用均等・児童家庭局、社会・援護局ならびにその一部である障害保健福祉部、そして老健局である。

(2) ナショナルミニマム

一九八〇年代福祉改革以降における分権化の進展、すなわち社会福祉のなかでも福祉サービスの自治事務化や町村にたいする権限の委譲、すなわち総じていえば社会福祉における分権化の推進は、自治体ごとの社会福祉を取り巻く環境の違いや福祉ニーズの多様性に即応しようというものであり、その限りにおいてわが国の社会福祉の水準を一段階押し上げる改革であり発展であるといってよい。しかしその半面では、分権化はわが国の社会福祉に地域間の格差をもたらすのではないかという懸念も提起されている。

しかも、この懸念は必ずしも理由のないことではない。各種機関・施設の整備状況、それを支える要員、援助の内容的水準、それらの基礎になる財政能力などをみると、都道府県のあいだに、さらには同じ都道府県内の市町村のあいだにも、明らかに格差が生じてきている。そして、その格差は、短時日に解消されうるものではない。

このような状況を前提にしていえば、社会福祉の分権化が不平等や不公平に結びつくという懸念を一概に否認することはできないであろう。分権化が進むなかで、同じ市民でありながら、児童、高齢者、障害者が、その居住する市町村の違い、都道府県の違いによって享受しうる福祉サービスの種類や質的・量的な水準に平等性や公平性という観点からみて許容の範囲を超える格差が生じることは十二分に予想される。

さきにもふれたように、社会福祉のうちでも生活保護については、あらためて国の関与を残す法定受託事務として位置づけられた。それは、生活保護は国民生活の最後の防波堤であり、ナショナルミニマムの維持は国の責任だからである。この領域では、級地制を取り入れつつも地域による生活の多様性よりもナショナルミニマムを維持することのほうに優先性が付与されている。これにたいして、福祉サービスにおいては、逆に地域による生活の多様性が優先されるべきだとされる。

しかし、多様性の尊重とナショナルミニマムの維持は必ずしもトレードオフの関係にあるわけではない。国には、引き続き、福祉サービスに関しても提供されるべきサービスの種類と規模、質的水準、利用（措置）決定の基準、施設・設備、援助方法などに関する最低基準あるいはガイドラインの設定、財政支援、利用支援システムの構築などの方策を講じて、福祉サービスにおけるナショナルミニマムを設定し、その維持に努めることが求められる。

第7節　社会福祉と民間営利セクター

一九九〇年代なかばにはじまる社会福祉基礎構造改革の特徴の一つは、民間営利セクターの参入が促進されたことである。参入の形態は、事業委託、経営委託、サービス提供事業者としての認可などさまざまであるが、民間営利セクターの参入はわが国の社会福祉の歴史に新しいページを開くことになったといって過言ではない。

1　新たなサービス提供の方式

(1)　福祉サービス提供の民間委託

すでに明らかにしておいたように、社会福祉法にいう社会福祉事業と民間営利セクターによる福祉関連サービスとは制度上は明確に区別される。しかしながら、つぎのような状況の下においては、やや事情が異なってくる。

例えば、民間営利セクターに属する家政婦紹介事業所に所属する家政婦が自治体によって公的ホームヘルプサービスの提供という枠組みのなかで派遣され、ホームヘルパーとしての人的サービスを提供しているような場合である。この場合、社会福祉事業についての社会福祉法の基準を適用すれば、営利的に経営されている家政婦紹介事業そのものはどのようにみても社会福祉事業とはいえないであろう。

しかしながら、それにもかかわらず、事業所から派遣されてくる家政婦は、利用者との関係でいえば、自治体から派遣されてきたホームヘルパーとして労働し、自治体によるホームヘルプサービス事業を具体化するという過程を担っている。料金という側面からいえば、家政婦によるホームヘルプサービスの利用者の負担すべき利用料は、家政婦紹介事業所の一般的な基準価格よりも低価格に設定され、その差額は自治体によって埋め合わされている。そして、さらにいえば、利用者にとっては、派遣されてきたホームヘルパーが必要なホームヘルプサービスを適切に提供し、かつ利用料が利用者の納得しうる水準に設定されていれば、そのホームヘルパーがどのようなセクターに所属しているかということ、そのこと自体は問題にならないであろう。

(2) 福祉サービス提供の枠組みと提供主体の性格

この場合に重要なことは、社会福祉として意味をもつのは、ホームヘルプサービス事業が実施されている枠組みであって、ホームヘルパーの所属する事業所の種類やその業態ではない、ということである。すなわち、ある事業や活動が社会福祉に含まれるかそうでないかを決定するには、その事業や活動の内容とともに、そのような事業や活動が利用者に提供される枠組みがいかなる性格のものであるかが重要な意味をもってくる。

実際問題として、すでに全国的にみてかなりの数の自治体において、自治体が民間営利セクターに福祉関連サービスの提供を委託し、それらを自治体によるホームヘルプサービス、入浴サービス、あるいは食事サービス等の枠組みのなかで利用者に提供するという福祉サービス提供の方式を導入している。換言すれば、この場合、自治体は自らの責任に属する事業を民間営利セクターから福祉関連サービスを購入し、それを利用者に提供するというかたちで実施しているのである。こうした事例においては、民間営利セクターによる福祉関連サービスは、それ自体としては社会福祉事業と区別されるとしても、それが自治体によるサービス提供の委託や当該サービスの購入という手続きを媒介項として、自治体による福祉サービスという提供の枠組みのなかで提供されている限りにおいて、社会福祉事業に該当するといわなければならない。

このようなかたちでの民間営利セクターの参入は居宅型介護サービスの提供システムにおいてはさらに一般化されている。居宅型介護サービスにおいては、原則として法人格をもち、保険者の設定する基準を充足していれば、どのような事業者であれ指定事業者になることができる。

介護サービス以外の一般の福祉サービスにおいても、民間営利セクターの参入が認められている。東京都は、二〇〇一年に、従来原則として社会福祉法人であることを要件としてきた保育所について、一定の基準を充足していることを前提に民間営利事業者による経営を認める認証保育所の制度を発足させた。三鷹市は民間営利事業者に公設の保育所の経営を委託する公設民営方式を導入している。また、国は軽費老人ホームの一種であるケアハウスについて民間営利事業者の参入を認めるための基準を設定している。

これらの状況はいずれも提供主体の性格と社会福祉事業との関わりについての新たな議論を要請するものといえよう。

2 民間営利セクターの規制と振興

(1) 産業としての福祉関連サービス提供

ここまで、民間営利セクターにたいする事業委託、サービス提供事業者としての認可や指定、さらには経営委託というサービス提供の形態を例にとりながら、社会福祉事業と民間営利セクターによる福祉関連サービスとの関連、それぞれの位置関係について論じてきた。つぎに、それとは少し異なる観点、すなわち国・自治体による民間営利セクター、なかでも有料福祉関連サービスを提供する事業者にたいする規制と振興という問題について言及しておきたい。

わが国では、民間営利セクターによる有料福祉関連サービスの提供は、有料老人ホームの場合に象徴的に見られるように、公的福祉サービスの利用になじみにくい一般階層の福祉ニーズに対応する制度としてはじまり、やがては公的福祉サービスにたいする需要を振り替え、公費負担の膨張を抑制するための受け皿として、その発展が期待されてきた。こんにちでは、有料福祉関連サービスは将来的にみて大幅な需要の拡大を期待しうる有望な分野の一つとして産業界の関心を集めている。産業界からみれば、有料福祉関連サービスに限らず、福祉産業という言葉が端的に物語っているように、社会福祉事業そのものが未開拓で有望なサービス産業の一分野なのである。

(2) 福祉関連サービスの営利的提供と利用者保護

原理的にいえば、民間営利セクターによる生活関連サービスの提供、すなわちシルバービジネスやチャイルドビジネス等の福祉産業は市場原理を前提にする営利的事業である。その限りでは、福祉産業の発展や展開は、当然のことながら、経済的合理性に基づく競争を旨とする市場原理に委ねられるべきであろう。しかし、市場原理によるとはいえ、提供される生活関連サービスの内容やそれを購買し、消費する人びと、すなわち顕在的、潜在的な利用者（その一部は福祉サービスの利用者と重なりあっている）のもつ特性を考えれば、すべてを民間営利セクターの経済合理的な事業展開の論理に委ねてしまうことは適切ではない。そこには、民間営利セクターの自主性や主体性を尊重しつつも、生活関連サービスの品質についての一定の規制とそれを前提とする振興策とが必要になってくる。

民間営利セクターによる福祉関連サービスは市場原理による経営を前提としているとはいえ事業委託、経営委託、あるいは事業者としての認可等の提供等形態を通じて社会福祉事業の一翼を担うとすれば、そこにはおのずから一定の規整が必要となる。一般的に、民間営利セクターによる福祉関連サービス、たとえば有料老人ホームやベビーシッター派遣事業者を利用しようとすれば、利用希望者は、任意の事業者にたいして利用しうるサービスの内容や利用料についての説明を求め、それが納得しうるものであれば利用契約書に署名し、必要な費用を払い込むことによってその利用が実現する。利用希望者は、事業者の説明に納得がいかなければその都度別の有料老人ホームやベビーシッター派遣事業者を訪ね、資料の提供や説明を求めることができる。

こうして、利用者は何度でも選択権を行使することができる。しかしながら、利用希望者のすべてが、常に経営者の提示する条件を冷静に分析し、経済合理的に判断を下す能力をもっているわけではない。なかでも有料老人ホームの利用希望者は、市場メカニズムが想定しているような経済合理的な判断能力をもつ人びとばかりとはいえないであろう。老年性痴呆その他の事情によって十分な判断力をもっていない人びとが多数存在する。そこまでいかなくとも、有料老人ホーム利用者のなかにはそのすべての財産を処理してはじめて入居が可能になるという人びとが含まれている。入居後のサービスの実態によって別の有料老人ホームを選択し直すということは、まず不可能に近い。

民間営利セクターによる福祉関連サービスの利用者や利用希望者の多くは、高齢者、障害者、子どもとして社会的弱者であると同時に市場的弱者でもある。民間営利セクターによる福祉関連サービスについては、そのような意味において、その品質の維持や利用者の権利保護を目的としたガイドラインや標準の設定、さらには一定の強制力をもった規制策の導入等一般の消費者保護のレベルを超える市場弱者救済策が必要とされる。

(3) 社会福祉事業と有料福祉関連サービスの棲み分け

最後に、社会福祉事業と民間営利セクターによる有料福祉関連サービスとの棲み分けという問題を取り上げておこう。社会福祉事業と民間営利セクターによる有料福祉関連サービスとの関係を、公立学校と私立学校、社会保険と私保険というような類似の状況と比較してみるとき、両者の棲み分け、すなわち役割の区別や位置関係は必ずしも明確なものになっていない。公立学校と私立学校、社会保険と私保険の棲み分けはかなり明確なものになっているが、それは学校制度が国民の教育を受ける権利や義務に対応して設けられていること、また社会保険が国民にたいして加入を強制していることとかかわりをもっている。つまり、教育制度や保険の世界では公立学校や社会保険というかたちで国・地方自治体が義務的に必要なだけの制度や施設整備を設けていることが基本となっており、そのことを前提に、その外側においていわばオプション（任意の選択）の対象として私立学校や私保険が存在しているのである。

これにたいして、社会福祉事業と民間営利セクターによる有料福祉関連サービスとの関係はそのようなものにはなっていない。むしろ、すでにみたように、社会福祉事業は、事業委託、経営委託、指定事業者としての認可等を通じて民間営利セクターによる福祉関連サービスを社会福祉事業の内部に取り込もうとしている。このため、民間営利セクターによる福祉関連サービスのうち、社会福祉事業の一環として提供される部分とそれ以外の部分との関係は必ずしも明確ではない。

このような社会福祉事業と民間営利セクターによる有料福祉関連サービスとの曖昧な関係を改善するためには、基本的にはまず公的福祉サービス、すなわち社会福祉事業の枠組みによって、最低限度の必要を満たすという方向での条件整備が図られるべきであろう。そうすることによってはじめて、民間営利セクターによる有料福祉関連サービスの役割もまた明確化し、社会福祉事業との棲み分けと発展が可能となろう。

第9章 社会福祉運営の理論（二）

第1節 社会福祉援助の類型

社会福祉の援助は公的扶助のほか多種・多様な形態と内容をもつ福祉サービスから構成されている。社会福祉における援助は、貧困者に衣食住を提供すること、しかも多くの場合は施設への収容（入所）を前提として提供することからはじまっているといってよいが、一九六〇年代ころから先進資本主義諸国では利用者の居宅において援助を提供するようになり、それにつれて援助の形態や内容も多様なものになっている。

さらに、近年、人口や家族の構造が変化し、就労構造や生活様式も変容するなど、社会経済や文化の変動とともに、人びとのもつ福祉ニーズの多様化、複雑化、高度化が進み、そのことが社会福祉における援助の形態や内容を多様なものにしてきている。

1 類型化の視点

こうしてますます多様化する社会福祉援助の総体を理解するため、それを援助の提供手段の違いに着目して類型化したものが、**図9−1**である。

- 購買力の提供
  - 現金提供
  - バウチャー（切符）提供
  - 資金貸付
- 生活便益の提供
  - 生活支援サービスの提供
    - 人的サービス
    - 物的サービス
    - システム的サービス
  - 社会的便益の提供

図 9-1　社会福祉援助の手段形態別類型　　古川孝順　作成

社会福祉の援助は、まず①購買力の提供と、②生活便益の提供に区分される。

購買力の提供は、所得の欠落や不足のため十分な購買力をもっていない利用者や多子、母子、障害などの事情のため一般家庭に比較し生活費負担の多い市民にたいして、ⓐ現金の提供、ⓑバウチャー（切符）の提供、もしくは、ⓒ資金の貸付によって、利用者に購買力を提供し、あるいはそれを補強することを目的として行われる。そこでの課題は、貧困者に最低限度の生活を保障することであり、また多子、母子、障害にもとづく生活費負担の多い市民についてその負担を軽減緩和し、自立生活を支援することである。

生活便益の提供は、高齢、障害、幼少、母子その他の事由に起因する生活上の困難や障害――福祉ニーズ――をもつ市民にたいし、それらの困難や障害を軽減緩和するに必要な生活支援サービスを提供し、あるいは一定の社会的配慮を講じることによって、その自立生活を支援することを課題として行われる。生活支援サービスは、人的サービス、物的サービス、システム的サービスから構成され、社会的配慮は税制上の優遇措置その他から構成されている。

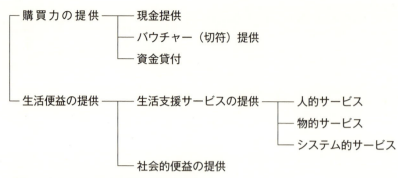

2　購買力の提供

(1)　現金の提供

社会福祉における現金提供のしくみは公的扶助と社会手当によって行われる。わが国においては公的扶助は生活保護とよばれ、社会手当は児童手当、児童扶養手当、特別児童扶養手当から構成されている。

生活保護は、資力調査を前提に、国民に「健康で文化的な最低限度の生活を保障する」ことを目的とする制度であり、保護の種類は生活扶助、教育扶助、住宅扶助、医療扶助、介護扶助、出産扶助、生業扶助、葬祭扶助の八種類である。これらの扶助は、医療扶助等それにより難いものを除き、現金（金銭）を提供して行われる。現金の提供は利用者に生活資料の自由な選択と購買を可能にするという意味で、利用者の自由権的基本権を尊重する方法であるといえる。ただし、身体あるいは精神的な機能の低下などの事由で現金による扶助がその目的を達成し難い場合には、保護施設による保護が実施される。

社会福祉における現金提供のいま一つの形態は社会扶助とよばれるものであり、児童手当、児童扶養手当、特別児童扶養手当がこれに該当する。これらの手当はいずれも所得調査を前提とする現金の提供である。児童手当は義務教育就学前の児童を養育し、これと一定の生計維持関係にある者に支給され、児童の養育が家計に及ぼす負担を緩和することを目的としている。児童扶養手当は生別母子家庭にたいして支給され、母子家庭の家計を支援することを目的とする。特別児童扶養手当は障害をもつ児童を扶養する家庭に支給され、障害児の扶養に起因する家計の負担を緩和することを目的としている。

(2) 切符（バウチャー）の提供

切符制度とは、それを携帯する利用者にたいして一定の財貨やサービスを提供する制度である。典型的な例はアメリカにおける食料切符制度である。低所得者を対象とする制度であるが、食料切符は一定量の食料と交換することができる。現金の提供が受給者に消費財の自由な選択と購買の余地を認めているのにたいして、バウチャーの提供は使途ならびに使用の場所を限定し、提供される購買力がほかの目的のために振り向けられることを避ける制度である。

わが国でこの制度に近いのは生活保護の一部である医療扶助で活用される医療券制度である。医療扶助は、医療というサービスの特性上、診療の必要性やその内容についてあらかじめ想定することができないため、医療券を交付して行われる。診療や薬剤の必要性や内容についての判断は医師の専門性に委ねられるのである。

なお、わが国では、医療券とは別に、保育サービスや障害者にたいする福祉サービスの提供に切符制度を導入するという提案がなされたことがある。利用券を活用すれば利用者によるサービスや施設の選択がより容易になると考えられたのである。

(3) 資金の貸付

資金の貸付に該当するのは、生活福祉資金、母子福祉資金、寡婦福祉資金、高齢者住宅整備資金等の貸付制度である。いずれも、低所得者、母子家族、寡婦、高齢者扶養世帯等の一般金融機関による貸付を受け難い人びとにたいして低利無担保で資金の融資を行い、利用の時点における購買力を補強することによって、それらの人びとの現在もしくは将来における自立生活を支援しようとするところにねらいがある。

3 生活便益の提供

先にみたように、生活便益の提供は、①生活支援サービスの提供と、②社会的配慮の提供に大別される。前者はさらに、ⓐ人的サービスの提供、ⓑ物的サービスの提供、ⓒシステム的サービスの提供に分類される。

(1) 人的サービスの提供

人的サービスは相談、保育、養護、教護、生活指導、ホームヘルプ、介護等がこれに当たり、いずれも社会福祉の専門的ならびに非専門的な職員による労働、すなわち人びとのはたらき（機能）というかたちで提供される。人的サービスは職員によるサービス労働そのものであり、職員の存在と分離したかたちでは提供されえない。社会福祉援助はそのような労働集約的な人的サービスを核としてはじめて成立しうるのである。

(2) 物的サービスの提供

物的サービスは、装具、日常生活用具の提供等がその主な内容となる。食事（弁当）の提供（配食サービス）もここに含めることができる。物的サービスは、障害者や高齢者にたいして物品のもつはたらき（機能）を提供することが内容となる。例えば、装具の提供は、装具そのものを提供するものではない。装具による関節の保護や筋力の補強という装具のもつ機能を提供するのである。日常生活用具の提供でいえば、車いすの貸与は車いすによって移動機能を強化することにねらいがあり、ワープロの貸与はそれによる情報伝達力を補強することにねらいがある。

(3) システム的サービスの提供

システム的サービスは、人的サービス、物的サービス、さらには営造物の機能などの諸要素が不可分に一体化しているサービスである。人的サービスや物的サービスに還元し難い複合的なサービスといってもよい。代表的なものは、伝統的な居住型施設による生活の援護、各種の福祉センターや老人クラブなどで行われる社会参加促進事業等がこれに該当する。

4 社会的便益の提供

社会的便益の提供は、社会福祉法による社会福祉事業とは区別されるが、低所得者や母子家庭、寡婦、高齢者世帯等の自立生活を側面から支援しようとする措置であり、広い意味では社会福祉に関わる施策である。

(1) 生業便益の提供

母子家庭にたいする公共施設内の売店やたばこ店等の優先的認可。

(2) 税制便益の提供

各種控除や免税等の税制上の優遇措置、交通機関利用料の割引措置等。

(3) 住宅便益の提供

低所得者や母子家族、寡婦、高齢者世帯等にたいする公営住宅の優先的割当等。

(4) 運賃割引の提供

公共的な意味をもつ交通機関における障害者や高齢者にたいする運賃割引制度等。

第2節 運営システム

以上のような社会福祉の援助は運営システムによる援助の事業化、利用の申請、相談の受理、調査や診断、審査や認定、認可や承認等の過程を通じて利用者に提供される。ここでいう運営システムは、社会福祉に関わる事業の実施について直接的に権限をもつ組織とそれらの組織によって展開される事業の実施過程から構成されている。

1　事業実施組織

公的社会福祉の事業実施組織としてまずあげられるのは、市町村や都道府県である。事業実施組織としての市町村や都道府県は事業を実施する主体という意味で事業主体あるいは事業実施主体とよばれる。

かつては、社会福祉援助の実施主体は、主要には、都道府県知事（以下、指定都市の市長を含む）、市長ならびに福祉事務所を設置する町村の長であった。やや厳密にいえば、生活保護をはじめとして身体障害者福祉サービスや老人福祉サービスの実施主体は機関委任事務としてその運用を委任された都道府県知事と市長ならびに福祉事務所を設置する町村の長であった。児童福祉、身体障害者福祉、知的障害者福祉、母子及び寡婦福祉に関わるサービスの実施主体は都道府県知事を中心に一部市町村長とされてきた。

(1)　市町村の権限

しかし、一九九〇年の社会福祉関係八法改正を契機に、生活保護を除き、かつての機関委任事務は団体（委任）事務に改められ、また身体障害者福祉及び老人福祉に関しては福祉事務所を設置しない町村にも措置権が移譲され、同時に児童福祉、知的障害者福祉、母子及び寡婦福祉の各領域に関わる在宅福祉サービスの実施について市町村に努力義務が課された。さらに、一九九九年の地方分権一括法の成立により、二〇〇〇年四月から生活保護は法定受託事務に、福祉サービスは自治事務に改められた。

こうして、こんにちでは、わが国における福祉サービスは、児童福祉、母子及び寡婦福祉、知的障害者福祉の居住型施設や貸付制度を除き、基礎自治体である市町村によって実施されている。なお、知的障害者福祉の居住型施設に関わる事務についても二〇〇三年四月から市町村に移管されることになっている。

(2) 都道府県の権限

すなわち、二〇〇三年四月以降、事業実施に関わる権限が都道府県に残されるのは、児童福祉および母子及び寡婦福祉の居住型施設と貸付制度、さらに厳密にいえば身体障害者手帳の交付に関わる事務、に限定されることになる。

児童福祉および母子及び寡婦福祉の居住型施設については、その事務が都道府県に残されるのみならず、措置制度が維持されることになる。この領域、なかでも児童福祉の領域においては診断、調査、判定、措置の決定等に高度の専門的知識が必要とされるというのが、都道府県による関与が残された理由である。しかし、人びとの生活に最も近いところで自立生活を支援するという社会福祉の理念からすれば、早晩残された領域についても市町村による事業実施に移されるのが望ましいであろう。

2 相談・指導機関

事業実施組織の特徴は、それが社会福祉の利用を希望する者について、申請や相談を受理し、調査や診断の結果にもとづいて審査を行い、一定の基準に照らして利用の可否を判断し、措置（決定）を行う権限をもっているということである。このような事業実施組織を相談・措置（決定）機関というが、それらは都道府県や市町村による権限の委任を受けて、措置権を行使する機関である。福祉事務所や児童相談所がそれにあたる。

(1) 福祉事務所

福祉事務所のうち、都道府県の設置する福祉事務所は主として生活保護に関わる事務と管轄下の町村による福祉行政の調整事務を実施している。市町村の設置する福祉事務所は、生活保護のほかに福祉五法による福祉サービスに関わる事務を実施している。

(2) 児童相談所

児童相談所は保育所、助産施設、児童厚生施設を除き、児童福祉施設への措置に関わる事務等、児童福祉に関わる事務の主要な部分を実施している。

(3) 更生相談所

これらの実施機関に類似の機関として身体障害者更生相談所や知的障害者更生相談所があるが、措置（決定）権を行使する権限は委任されていない。身体障害者更生相談所や知的障害者更生相談所の主要な機能は、障害の種類や程度、専門的援助による機能の回復や改善促進の可能性等を専門的な立場から判定することである。

(4) 支援センター

近年創設され、数も増加している相談・指導機関に各種の支援センターがある。在宅介護支援センター、地域子育て支援センター、児童家庭支援センター等がそうである。これらのセンターは施設への措置や委託を行い、あるいは在宅福祉サービスの提供を決定する権限はないが、地域社会において福祉サービスを必要とする人びとやその保護者等の相談に応じ、情報の提供や助言指導を行っている。

3　民間機関

民間社会福祉団体の場合にも、政策運用組織と事業実施組織とは区別される。例えば、政策運用組織は理事会とその事務を担当する部門であり、事業実施組織は相談・指導、援助を担当する部門である。小規模な民間団体では両者の区分もない場合が多い。しかし、それでも機能的には政策運用組織と事業実施組織との区分は可能である。

4　事業実施の過程

(1)　施策の事業化と運営管理

事業実施システムの課題は、政策運用システムによって策定された制度の細目に関わる政令・通達・通知・条例・規程等に依拠し、制度運用に必要とされる機関・施設を設置するとともに、種別や員数など定められた職員を雇用し、所定の財源によって、所期の目的を達成しうるように、社会福祉援助を創出し、利用に供する過程を適切に運営管理することである。

また、この過程には、事業実施の責任をもつ自治体（首長）が利用者の保護・養護・育成等を民間の施設等に委託して行うことも含まれている。

(2)　援助提供の手続き

このように、事業実施システムの課題は基本的には定められた枠組みに基づいて公明・公正かつ効果的効率的に社会福祉援助の実現を図ることであるが、そのなかでも事業実施組織が独自に判断を求められる重要な局面が存在する。それは、利用申請者の申請を受理し、利用資格を審査（調査）し、あるいは利用者のニーズを認定した上で利用の可否について措置・決定を行うという局面である。

周知のようにわが国では、公的扶助（生活保護）については、保護の申請を国民の権利（保護申請権）として承認しており、申請者が保護の実施機関の決定に不服をもつ場合には上級官庁にたいして再審査の請求を行う権利（再審査請求権）が認められている。同様に福祉サービスにおいても実態的には、国民にたいして相談というかたちで利用の申請を行うことを認めている。しかし、それは国民にたいして福祉サービスを申請する権利を承認するという意味ではない。福祉サービスの場合は、国民は福祉サービスの実施機関が利用の措置・決定を行ったその結果として、これを利用するという利益を享受することができるとされている。すなわち、国民による福祉サービスの利用は「法の措置にともなう反射的利益」として可能になるという考え方である。利用希望者による相談は、審査（調査）・認定から措置・決定にいたる一連の手続きを開始する契機としての意味をもつにすぎないとされている。基礎構造改革のなかで措置制度について見直しが求められてきた理由の一つはここにある。

第3節　援助提供システム

ここでいう援助提供システムは、利用者にたいして直接的に各種の社会福祉援助を提供する組織とその過程である。より具体的には、社会福祉の援助を創出（生産）し、提供している各種の機関や施設、団体等とその援助提供行動といえばよいであろうか。

1　援助提供組織の類型

従来社会福祉の援助を創出・提供してきたのは、国・地方自治体の設置する機関や施設であり、あるいは社会福祉法人の設置する施設であったが、近年における特徴の一つは社会福祉援助を提供する組織の多様化と多元化であり、いま一つの特徴はその多様化と多元化にともない社会福祉援助の利用の前提となる措置・決定を行う機関と実際に援助を提供する機関や施設とが分離する傾向にあるということである。

(1) 援助提供組織の多様・多元化

まず、社会福祉援助を提供する組織の多様化・多元化についてとりあげる。われわれはすでに、社会福祉の範囲をめぐる議論とも関わらせながら提供組織の類型化を試みたことがある。われわれは、そこで社会福祉の提供組織を、①公設公営型提供組織、②認可団体型提供組織、③行政関与型提供組織、④市民組織型提供組織、⑤近隣支援型活動組織、⑥市場原理型提供組織に類型化しておいた。

図9-2は、そのような社会福祉の提供組織を整理したものである。**図9-2**では、市場原理対公益原理という軸と自発性原理対組織性原理という軸を交錯させ、そこに構成される四通りの象限に社会福祉の提供組織を割り当て、各類型相互の位置関係を明らかにしようと試みたものである。第Ⅰ象限に属するのは公益性と組織性の高い提供組織であり、(a)公設公営型提供組織、(b)認可団体型提供組織、(c)行政関与型提供組織、(d)市民組織型提供組織がこれにあたる。第Ⅱ象限に属するのは市場性と組織性の高い提供組織であり、(e-1)企業フィランソロフィー、(e-2)企業活動がこれにあたる。第Ⅲ象限は市場性と自発性の高い提供組織であり、(f)個人営業・個人開業がこれにあたる。第Ⅳ象限は公益性と自発性の高い提供組織であり、(g-1)ボランティア活動、(g-2)近隣サポートトネットワーク、(g-3)当事者活動がこれにあたる。

このような象限ごとの整理を前提にしていえば、わが国の社会福祉援助は第Ⅰ象限に属する提供組織によって提供されてきた。なかでも、一九七〇年代頃までは、(a)公設公営型と(b)認可団体型によって提供されてきた。その後、八〇年代になると、一方において(c)行政関与型提供組織、(d)市民組織型提供組織の参入がはじまり、他方において第Ⅳ象限に属する(g-1)ボランティア活動、(g-2)近隣サポートトネットワーク、(g-3)当事者活動の意義が強調されるようになった。九〇年代になると、第Ⅱ象限に属する提供組織である(e-1)企業フィランソロフィーや(e-

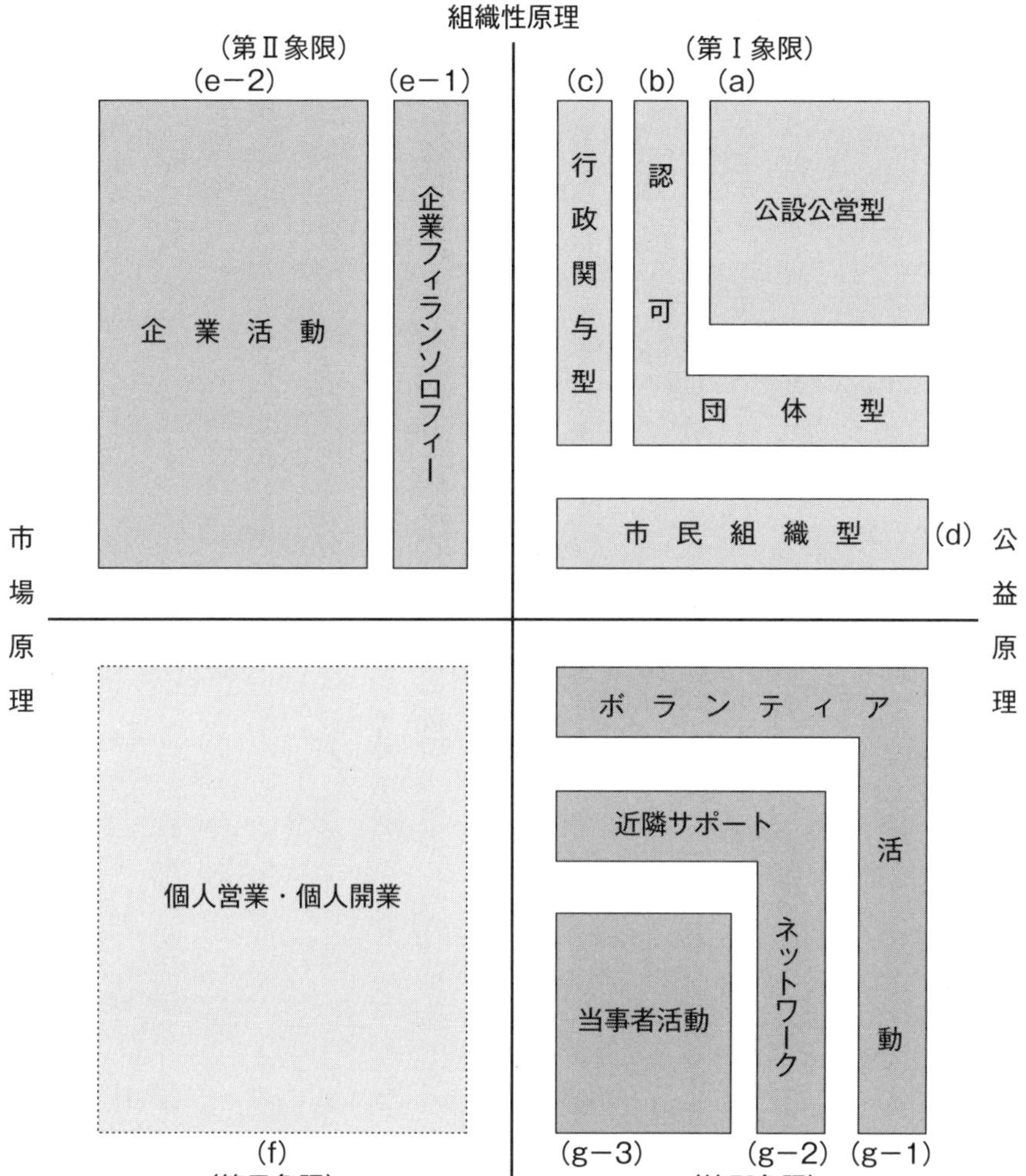

図 9-2　社会福祉提供組織の位置関係　　吉川孝順　作成

2）企業活動の参入が拡大しはじめるが、二〇〇〇年から二〇〇一年にかけて在宅福祉サービスに関してはフォーマルな提供組織として承認されることになった。第Ⅲ象限に属する提供組織は少数ではあるが、個人営業の事業者で在宅福祉サービスの事業委託や指定事業者として認可されるものがあり、また個人開業する社会福祉士も現れている。第Ⅱ象限や第Ⅲ象限に属する提供組織の動向については今後とも留意されるべきであろう。

(2) 措置・決定機関と援助提供機関・施設の分離

つぎに、社会福祉援助の措置・決定機関と援助提供機関・施設との分離という問題は、別の視点からいえば、伝統的にその役割を担ってきた公設公営型の機関・施設や認可団体（社会福祉法人）型の機関・施設とは別に、新しく行政関与型や市民組織型の民間非営利の機関・施設が援助提供の機関・施設として登場してきたことに関わっている。そして、同時に、それは、そのような行政関与型や市民組織型の援助提供の機関・施設にたいしても公的な援助提供の委託が行われるようになったことに関わっている。さらに、このような援助提供の委託は行政関与型や市民組織型の機関・施設にたいしてだけでなく、自由市場型の機関・施設にたいしても行われるようになってきている。このような状況は介護保険制度によって一層促進されることになろう。

これまで、こうした援助提供施設をめぐる諸問題について、従来われわれは援助提供組織の属性、すなわち公か民か、非営利か営利かという観点から検討してきた。しかし、今後の援助提供組織のあり方を考えれば、援助提供組織の属性もさることながら、援助（福祉サービス）の質を客観的に評価する基準をどのように設定するか、また援助提供組織にそのようにして設定された援助の質をいかにして維持させるのかという観点からも検討していくことが重要な課題となろう。

		提供者拠点＝機関・施設	配分過程	利用者拠点＝居宅
在宅福祉サービス	訪問型	▲	（訪問） ――――→	サービスの創出 △　○ サービスの利用
	宅配型	サービスの創出 ▲	（配送） ――――→	△　○ サービスの利用
	通所型	サービスの創出 △　○ サービスの利用	（送迎） ←――――	●
居住福祉サービス	居住型	サービスの創出 △　○ サービスの利用	（移送） ←――――	●

〔注〕△……提供者　○……利用者

図 9-3　福祉サービスの利用形態別類型　古川孝順　作成

2　社会福祉援助の利用形態別類型

ここで、多様な社会福祉援助のうち、生活支援を目的とするサービス、すなわち一般的にいう福祉サービスを、その利用の形態、あるいは利用の場（セッティング）の違いに基づいて分類し、さらに社会福祉援助についての理解を深めることにしたい。

図9−3にみられるように、福祉サービスは、その利用形態の違いに着目するとき、まず①在宅型（居宅型）福祉サービスと②居住型（生活型）福祉サービスに大別される。このうち、前者の在宅型（居宅型）福祉サービスは、さらにⓐ訪問型サービス、ⓑ宅配型サービス、ⓒ通所型サービスに分類される。こうして、福祉サービスは、ⓐ訪問型サービス、ⓑ宅配型サービス、ⓒ通所型サービスに、ⓓ居住型サービスを加えた四通りの類型に分類が可能である。それら四通りのサービスのうち、両極に位置するのが訪問型サービスと居住型サービスである。

(1)　訪問型

一方の典型である訪問型サービスに該当するのは、具体的にはホームヘルプサービスや入浴サービスである。訪問型サービスでは、サービスの提供者がその利用者の居宅を訪問し、そこでサービスを創出（生産）

し、提供する。サービスの利用者はその居宅において必要なサービスを利用（消費）することができる。訪問型サービスでは利用者はその生活の継続性を最大限維持しうるが、その反面においてサービスの提供には多大な労力と時間を必要とする。訪問型サービスでは、利用者による生活の自己管理が可能であるか、同居の介護者の存在が前提となる。それが期待できない場合、最終的には居住型サービスの利用が必要となる。

(2) 居住型

居住型サービスの典型は各種の居住型施設によるサービスである。居住型サービスにおいては、サービスの生産と消費は施設のなかで行われ、利用者はその生活を全面的に施設のなかに移転しなければならない。必然的に生活の継続性は喪失されざるをえない。居住型サービスでは訪問型サービスと比較してサービス提供に必要な労力と時間は大幅に節約され、効率的なサービスの提供が可能である。しかし、その反面においてサービスの利用者は無視しえない不利益を被ることになる。訪問型サービスと居住型サービスとではその長所と短所が逆になる。

(3) 通所型

このような訪問型サービスと居住型サービスとの中間に位置するもの、それが通所型サービス（デイサービス型サービス）である。例えば、通所型による入浴サービスはサービスの創出（生産）と利用（消費）は施設において行われ、居住型サービスと同様に、労力や時間の効率的な活用が可能である。通所型サービスは、利用者の居宅に設備を持ち込む訪問型入浴サービスと比較して、設備、労力、時間を効率的に使いつつ、より品質の高いサービスを提供することができる。

一方、利用者は居所を移動させる必要がなく、生活の継続性や生活時間について自己決定を行いうる余地が大きい。しかも、通所型サービスは衣食住という基本的生活ニーズにかかわるサービスを提供する必要がないため、営造物、設備、職員等居住型よりも低廉な費用によるサービスの提供が可能である。ただし、通所型サービスは移送サービスその他によって通所が可能な利用者がその前提となり、重度の障害や痴呆等常時介護を必要とする利用者による利用には困難が多い。

(4) 宅配型

宅配型サービスは、訪問型サービスの変型あるいは亜型である。宅配型サービスに含まれるのは具体的には装具や日常生活用具、給食の提供等である。この場合、装具、日常生活用具、食事は訪問型で提供される人的サービスの一部分を有形化(物化)したものと考えられる。すなわち、装具、日常生活用具、給食はホームヘルパーによる介護サービスや調理サービスの一部を有形化し、モノのかたちをとる物財によって置き換えたものである。

宅配型サービスでは、装具、日常生活用具、給食を利用者の自宅に送り届け、その独力による利用を求めることによって、訪問型の人的サービスに必要な労力や時間を他の目的に活用することが可能となる。ただし、装具や日常生活用具については それが適切に利用されるようになるためには、人的サービスによる器具の調整、使用方法についてのトレーニングが必要であり、食事サービスについてはその配送を担当する人びとによる安否の確認や対話の重要性が指摘されている。そのことに留意しておきたい。

このように、訪問型、宅配型、通所型、居住型という四通りの福祉サービスの類型にはそれぞれに長所と短所が存在し、援助の効果と効率を高めるためにはそれぞれの特質を生かした活用の仕方が必要となる。

3 社会福祉の施設体系

近年、地域社会における、あるいは地域社会による在宅あるいは居宅中心の福祉サービスへの移行の必要性が指摘されているとはいえ、伝統的な居住型の施設をはじめとして社会福祉施設一般のもつ重要性はいささかも軽減されるわけではない。改革が求められてきたのは施設の形態や機能のありようである。社会福祉援助の提供システムのなかで施設はこんにちでも大きな比重を占めている。以下、社会福祉施設の体系と個々の施設にたいする理解を深めるためにいくつかの分類方法に言及しておきたい。

(1) 利用者の属性による分類

施設体系を理解する最も端的な方法は、それを利用者のもつ属性によって分類することである。①生活保護施設、②児童福祉施設、③母子福祉施設、④老人福祉施設、⑤身体障害者福祉施設、⑥知的障害者福祉施設という分類の仕方がそれにあたる。わが国の社会福祉関連の法律が対象の属性別に構成されていることもあり、この分類方法は大変わかりやすいが、施設の利用の仕方や機能を理解する直接的な手がかりにはなり難い。

(2) 利用の形態による分類

つぎに、施設をその利用の仕方、利用の形態によって分類する。この視点は先の福祉サービスの利用形態による類型化と重なりあうことになるが、施設は、①居住型施設、②通所型施設、③地域利用型施設に分類することができる。伝統的な①居住型施設に属するのは、例えば児童養護施設、児童自立支援施設、救護施設、身体障害者更生援護施設、知的障害者援護施設、養護老人ホーム、特別養護老人ホーム等である。②通所型施設には保育所、デイサービスセンター等が含まれ、③地域利用型には老人憩いの家、児童館や児童遊園等が含まれている。

(3) 利用手続きによる分類

他方、施設は利用に関わる手続きの違いに着目するとき、①措置相談施設、②利用申請施設、③契約支援施設、④認定契約施設、⑤任意契約施設、⑥随時利用施設に分類することが可能である。①措置相談施設は、措置権者（事業実施機関）である都道府県・市町村に利用について相談し、その受理・調査・審査（判定）・措置（決定）という過程を経由してはじめて利用が実現する施設である。児童福祉領域の居住型施設や養護老人ホームの利用についてはこの手続きが前提となる。②利用申請施設は利用者による施設の選択と利用の申し出を前提に援助実施機関が利用を認める施設である。保育所がこれに該当する。③契約支援施設に該当するのは障害者福祉関係の施設である。利用者は、指定事業者となっている施設と相談交渉し、契約を行う。並行して、利用者は実施機関（市町村）に支援費の支給を申請し、その認定によって利用が実現する。

④認定契約施設に該当するのは介護保険の適用をうける施設である。特別養護老人ホーム、老人保健施設、療養型病床群、居宅介護サービス施設等がこれに該当する。介護保険の利用者（被保険者）は保険者による要介護性ならびに要介護度の認定を前提に、施設と契約してサービスを利用する。⑤任意契約施設は、実施機関（市町村）が関与することなしに利用者と施設経営者との直接的な交渉によって利用が可能となる施設であり、現在では軽費老人ホームがこの方式に該当する。⑥随時利用施設は、特に手続きを必要とせず、その利用が不特定多数の児童、障害者、高齢者等の利用者に一般的に開かれている施設である。地域利用施設がこれに該当する。

(4) 機能による分類

施設をその主たる機能によって分類すると、①生活援護型施設、②生活力育成型施設、③自立援助型施設、④地域生活支援型施設という類型化が可能である。

①生活援護型施設の機能は、基本的には日常的に生活そのものを保障することであり、その前提のなかで児童、障害者、高齢者等の利用者の属性に応じた専門的援助を提供することを課題としている。救護施設、乳児院、身体障害者福祉ホーム、養護老人ホーム等がこの類型に含まれる。②生活力育成型施設はむしろ利用者の属性に留意しつつ、その生活力の育成・回復・維持を図ることをその主要な機能としている施設である。保育所、児童養護施設、情緒障害児短期治療施

設、肢体不自由児施設、身体障害者更生施設、身体障害者療護施設、知的障害者更生施設等がこの類型に属する。

③自立援助型施設は利用者の社会的自立を援助することを主たる機能とする施設で、自立援助ホーム、身体障害者授産施設、知的障害者授産施設等がこれに含まれる。④地域生活支援型施設は地域で生活する利用者の相談、休息、レクリエーション等のニーズに対応することを主要な機能とする施設であり、老人憩の家、母子休息ホーム、各種の福祉センター等がこの類型に含まれている。

以上の類型化は社会福祉施設の機能や課題について分析を試みるための枠組であり、現実の施設は近年とみに多機能化・複合機能化の度合いを強める傾向にある。一つの施設が複数の類型に属する側面を備えつつ、総合的な地域利用型の施設として展開しようとしていることに留意しておかなければならない。

(5) 社会福祉施設の類型と提供組織との関係

最後に、社会福祉援助の内容と提供組織の類型との関係について言及しておきたい。多様な社会福祉援助のうち、購買力の提供、居住型施設による福祉サービスの提供は、そのほとんどが社会福祉法人を含む公的福祉セクターによって担われ、民間福祉サービスは通所型福祉サービスや訪問型福祉サービスを中心に事業展開を行っている。そこには社会福祉法の規定上そうならざるをえないという側面のあることも事実であるが、居住型の事業展開を民間福祉セクター（民間非営利組織）に期待することには、財政的にも要員的にも無理があるように思われる。その点、居住型サービスの展開に関心を寄せているのは民間営利セクター（民間営利組織）である。しかしながら、一部には費用の額や徴収の方法、援助（処遇）の内容、事業としての継続性や安定性、説明責任性などに難点を抱える民間営利事業所も少なからずみられるところであり、民間営利セクターの参入を促進するにしても、事業者としての認可や指定を行うにあたっては事業実施組織による明確な要件の設定と事業者によるその充足が要請されよう。

第4節　援助配分の原理

「いつでも、どこでも、誰にでも」利用できるというのが社会福祉の理念であるが、現実には社会福祉の援助は市民のすべて、あるいは希望するもののすべてに提供されるというわけではない。社会福祉の援助は一定の範囲に属する人びとに提供されるが、その範囲をどのように設定するのが妥当であるか、そのことについては多くの議論がなされてきた。すなわち、選別主義と普遍主義をめぐる論争である。

1　選別主義とスティグマ

選別主義とは、沿革的にいえば、救貧法による救済のように、社会福祉の援助を資力調査によって貧困層や低所得階層に限定しようとする思想を意味している。近代社会においては、市民は自己の生活に責任をもつことを求められる。いわゆる生活自己責任の原則あるいは生活自助の原則である。

生活自助原則のもとにおいては貧困は自己の能力、性格、生活習慣に起因するもの、すなわち自己の責任に起因するものとみなされ、公的な救済は誰がみても困窮していると認められる者だけに制限されるべきであると考えられた。しかも、その救済のレベルは可能な限り低位の水準に設定されるべきであるとみなされた。こうして、人びとは救済に屈辱感や恥辱感をもつようになり、またそのようにしむけることが救済費を抑制することにつながり、貧困者自身のためにもよいことであると考えられるようになった。人びとは屈辱感や恥辱感を恐れて救済を求めないようにしむけられたのである。これがいわゆる救済にともなうスティグマである。

選別主義は、救貧法による救済のみならず、児童手当や児童扶養手当等の社会手当や福祉サービスにも適用される。社会手当や福祉サービスの提供を資力調査や所得調査によって貧困階層や低所得階層に限定しようとする姿勢は保守的な政治思想に一般的に認められる傾向である。

2　普遍主義の発展

普遍主義は資産や所得のいかんにかかわらずニーズに応じて救済や給付を行うことを意味している。例えば、児童の養育、障害、高齢、母子等にともなう福祉ニーズは資産や所得の多寡とは無関係に生起するものであり、したがってそれに対応する福祉サービスは福祉ニーズの有無や程度のみに着目して提供されるべきであるとみなされる。これが普遍主義の思想である。

普遍主義の思想は、選別主義にともなうスティグマを回避し、福祉ニーズを抱えるすべての人びとに平等かつ公平に福祉サービスを提供しようとする考え方に立脚している。そして、それは社会福祉の伝統的なありようを批判する立場に立つ革新的な人びとによって提起され、保守的立場に立つ人びとの選別主義の思想と厳しく対立することになった。保守主義者は生活自助原則の厳格な適用を求めただけでなく、普遍主義が多額の費用を必要とすることにも批判的であった。

3　援助配分の構造化——選択的普遍主義

こうして、歴史的にも、また実態的にも、選別主義と普遍主義のあいだには根強い拮抗があり、論争が繰り返されてきた。しかし、現実的な問題としていえば、状況は二者択一的なそれとして理解されるべきものではない。今日さまざまな所得保障や福祉サービスが提供されているが、そのすべてが選別主義的である必要もなければ、普遍主義的である必要も

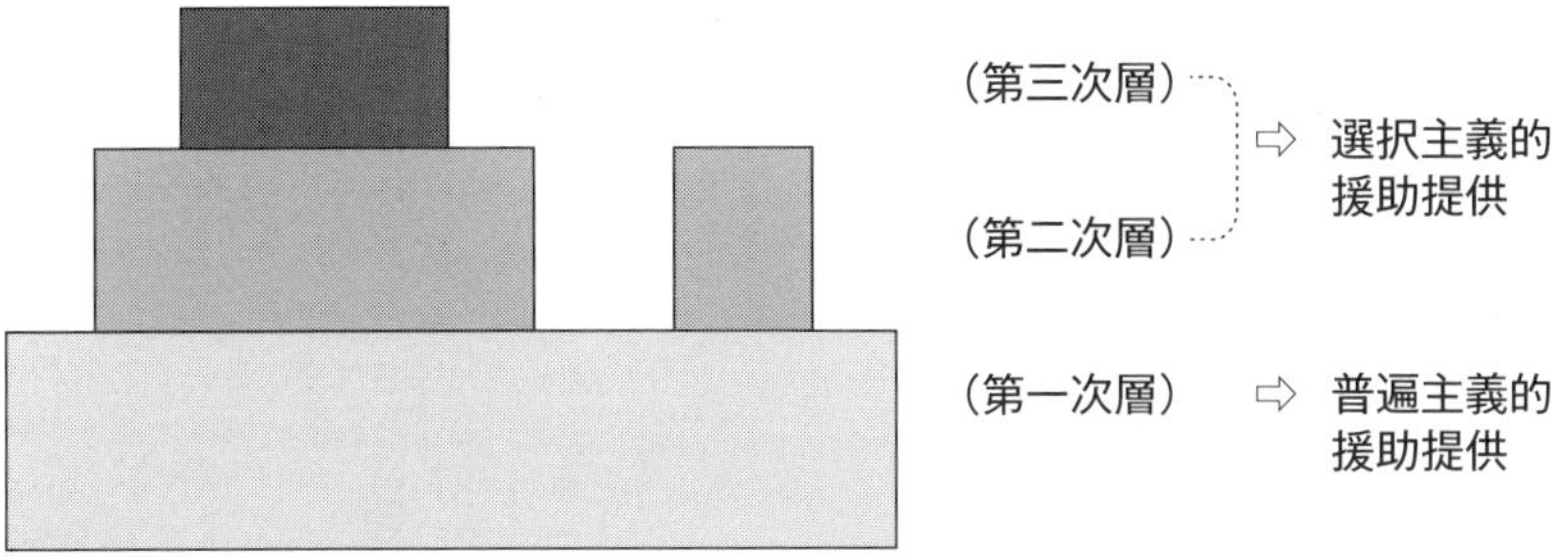

図 9-4　社会福祉援助の配分原理　　古川孝順　作成

ないからである。

一部の所得保障や福祉サービスについては配分を一定の階層や範疇に限定するのが妥当であるし、別の部分については普遍的な配分が妥当であろう。ここで、伝統的な選別主義を一定の階層や範疇に配分を限定することと再解釈し、それを選択主義とよぶことにしよう。問題は、社会福祉の配分原理として選択主義と普遍主義のどちらが一般的な妥当性をもつかにあるわけではない。選択主義と普遍主義のいずれが妥当であるかは、所得保障や福祉サービスの種別や目的によって個別に議論されるべき問題であり、むしろ重要なことは、選択主義的援助と普遍主義的援助をいかに組み合わせれば社会福祉援助としての所期の効果をあげうるかということである。

図9-4は、そのような観点から社会福祉援助の配分原理を構造化して図示したものである。第一次層は普遍主義的に提供される援助であり、市民生活に共通して必要とされる基礎的サービス、予防的サービス、増進的サービスがその内容となる。関連領域であるが一定年齢における全数的な健康診査を含む母子保健サービス、高齢者保健サービス等は最も普遍性の高いサービスに該当する。福祉サービスのなかでは、育児・養護相談サービス、保育サービス、生きがいサービス等がこの範疇に属し、利用を希望する者すべてにたいして公平・平等に提供されるべきサービス群である。

第二次層は、選択主義的援助であるが、要養護児童サービス、障害児・者サービス、要養護高齢者サービス等はここに属する。第二次層に属するサービス群は、親の不在や親による不適切な養護にともなう要養護性、身体的あるいは精神的機能の不全ないし低位性、高齢にともなう要保護性に起因する福祉ニーズに対応する。これらの福祉ニーズに対応するサービスは、第一次層のように同一年齢群や同一世代群の全体にたいして提供される必要はない。福祉ニーズをもつ人びとを抽出して、あるいはそれらの人びとに限定してサービスを提供すればよい。その意味でいえば、第二次層に属するサービス群は選択主義的援助である。ただし、同一の福祉ニーズをもつ人びとの内部においては、サービスの提供は普遍的でなければならない。同一のニーズをもちながら福祉サービスの提供から漏れるようなことがあってはならないということである。

第三次層は、さらに選択性の高いサービスであり、特定小児疾患医療サービスや痴呆性高齢者介護サービス等がこれに含まれる。第二次層と第三次層との違いは福祉ニーズの性格やそれを担う人口の規模に依存している。一般に、より複雑で、個別性の高い福祉ニーズに対応する援助や、比較的少数の集団に対応する援助はおのずと分配の範囲は限定される。一般に選択主義的なサービスの援助内容はより専門化し、高度化する傾向にあるといえよう。

第5節　福祉サービスの利用

福祉ニーズをもつ人びとが社会福祉援助の利用を実現するためには、何らかのかたちで援助の実施機関と接触し、援助を利用するための手続きをとらなければならない。この手続きは、従来わが国では実施機関による措置というかたちで行われてきたが、近年社会福祉援助の利用手続きを利用者本位のものに改めるという観点から多様な利用方式が導入されている。

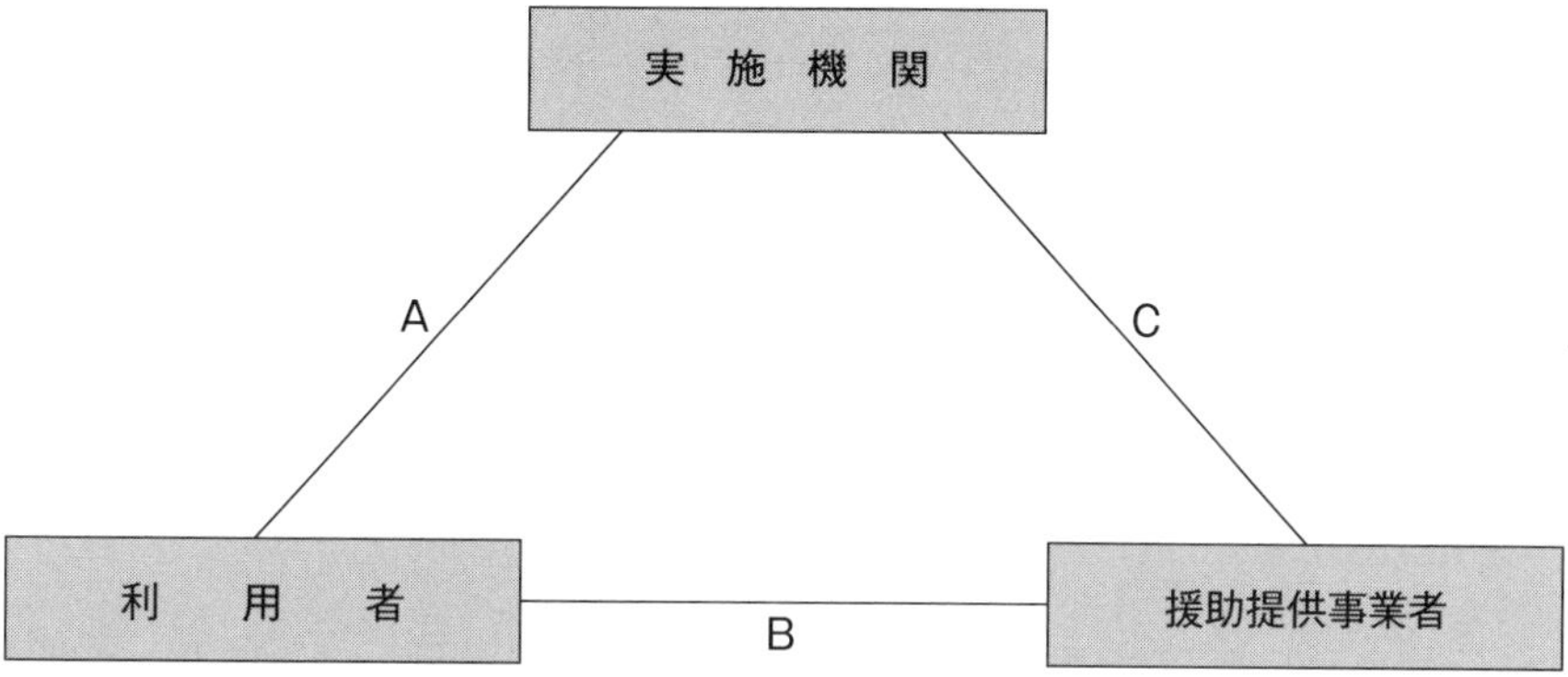

図 9-5　社会福祉援助の実施—提供—利用トライアングル　　古川孝順　作成

1　実施—提供—利用トライアングル

一九九〇年代なかばから社会福祉援助の提供の方式、利用者の立場からいえば利用の方式を行政権限による措置制度から利用者と援助者の交渉を契機とする契約制度に転換することの適否をめぐって厳しい議論の応酬がなされてきた。このような措置制度に関わる議論のなかには、福祉サービスをめぐる需給調整のメカニズムをどのように構成するかという問題と提供者（ここでは国・自治体）と市民との権利義務関係をめぐる問題、さらには社会福祉法人の経営基盤をめぐる問題等が混在しており、そのことが議論を錯綜させている。これら三通りの問題は相互に密接に関連し合ってはいるが、同時に位相を異にするという性格をもっている。

このような措置制度か契約制度かという問題に関わる議論の混乱を回避するためには、社会福祉援助の実施機関と利用者との関係、利用者と援助提供事業者との関係に着目するだけでなく、実施機関と援助提供事業者との関係にも留意した議論が必要とされる。すなわち、措置制度か契約制度かという問題は、社会福祉援助の実施機関、利用者、援助提供事業者という三者の関係を視野に入れつつ、検討される必要があるということである。

図9-5にみるように、社会福祉援助の提供と利用に関わる構造は、A実施機関と援助利用者との関係、B利用者と援助提供事業者との関係、C実施機関と援

助提供事業者との関係、という三通りの関係から構成されている。われわれはいま、これらA、B、Cという三通りの関係から構成される枠組みを「社会福祉援助の実施—提供—利用トライアングル」とよぶことにしたい。図9-5にいう実施機関は、法令にもとづく社会福祉の場合には、措置権者・実施権者・保険者等としての市町村や都道府県であり、また認可権者・費用支払者・補助金交付者等としての市町村や都道府県である。法令によらない民間の社会福祉でいえば、実施機関は民間の団体・機関の意思決定部門である。

利用者は、法律による社会福祉の場合は、実施機関である市町村や都道府県に福祉サービスの利用について相談し、あるいは認定を申請する市民である。援助提供事業者は、法律による社会福祉の場合であれば、援助提供事業者としての市町村・都道府県、または市町村・都道府県による認可・指定・委託のもとに援助を提供する社会福祉法人・指定事業者・受託事業者等である。法律によらない社会福祉の場合についていえば、援助提供事業者は民間の団体・機関の援助提供部門である。

2 利用方式の類型

以下、このような「実施—提供—利用トライアングル」の存在を前提に、社会福祉援助を利用する方式について考察する。社会福祉援助を利用する方式は、①保護申請方式、②措置相談方式、③行政との契約方式、④支援費申請方式、⑤保険給付申請方式、⑥任意契約方式、⑦随時利用方式、に分類することができる。なお、ここでいう社会福祉援助の利用方式は、社会福祉援助を実施する側からいえば提供方式であるが、ここでは利用者本位という観点に立つ立場から利用方式として考察する。

(1) 保護申請方式

保護申請方式をとるのは生活保護である。生活保護を利用するには人びとはその保護請求権にもとづき、受給資格の有無について審査を申請する。いわゆる申請保護の原則とよばれる手続きである。審査の結果に不服がある場合には再審査を請求することができる。

利用の手順等は**図9－6**の通りである。

①保護を希望する者は、その保護請求権にもとづき、保護の実施機関に保護の開始を申請する。

②実施機関は、申請者及び扶養義務者の資産について調査を実施する。

③実施機関は調査の結果を保護基準に照合し、保護の要否、種類、程度及び方法を決定し、申請者に通知する。

(2) 措置相談方式

居住型施設の利用は措置相談方式によって行われる。措置相談方式は利用希望者の実施機関にたいする相談を契機とする。ただし、この相談は利用者の申請権の行使を意味するものではない。施設の利用は措置権者の職権による措置（行政処分）の結果として可能になる。法の措置にともなう反射的利益としての利用である。この方式は以下の福祉サービスに適用される。

a　児童福祉法関係（養護等施設）
乳児院、児童養護施設、情緒障害児短期治療施設、児童自立支援施設

b　児童福祉法関係（療養等施設）
知的障害児施設、知的障害児通園施設、盲ろうあ児施設、肢体不自由児施設、重症心身障害児施設

c　母子及び寡婦福祉法関係
母子家庭居宅介護等事業、寡婦居宅介護等事業

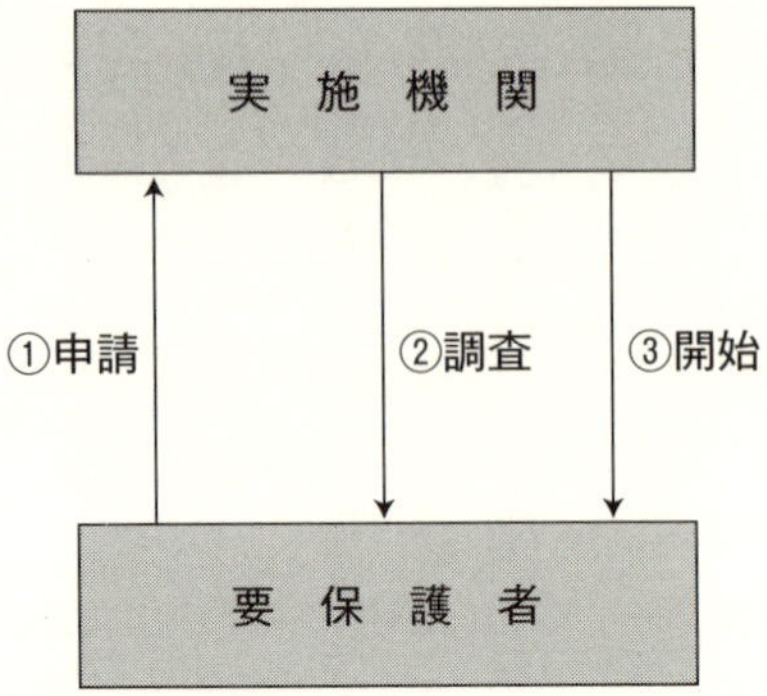

図 9-6　保護申請方式　古川孝順　作成

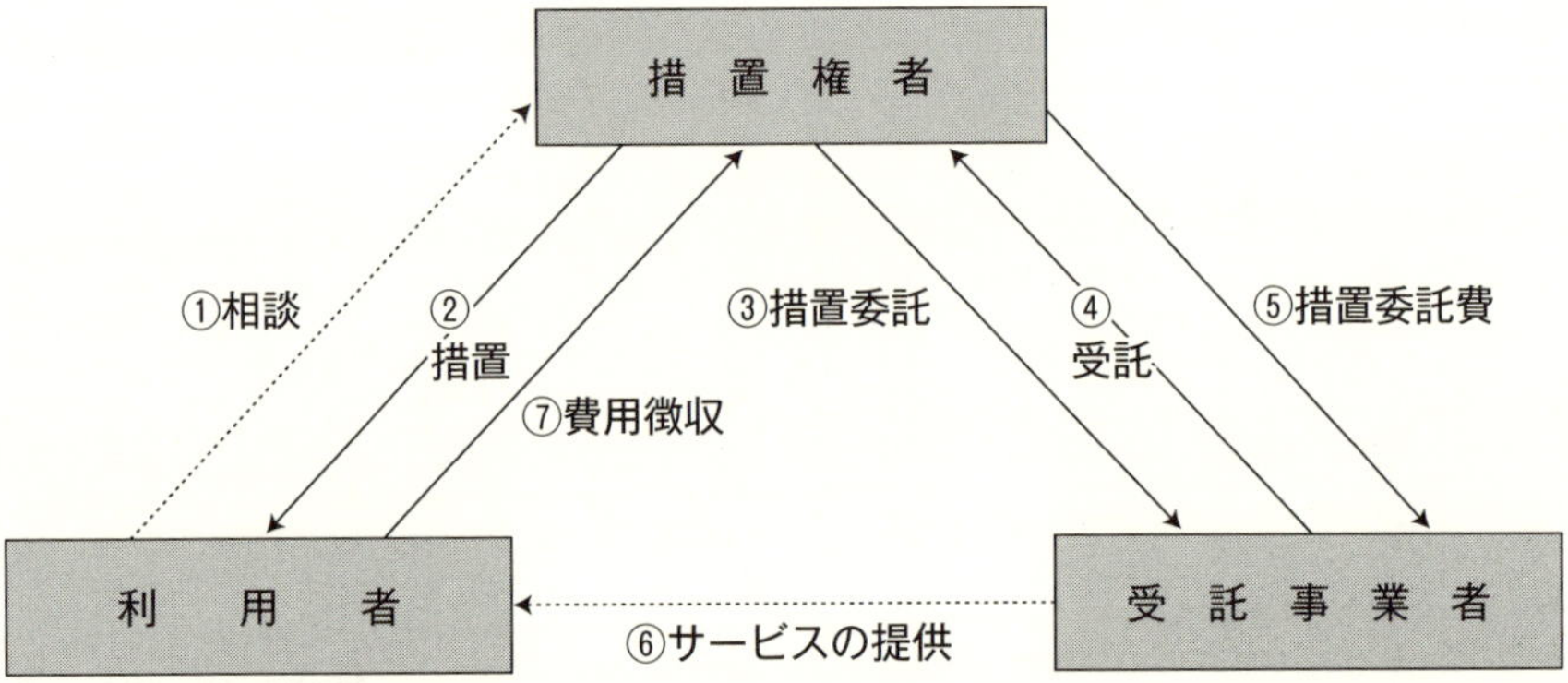

図 9-7　措置相談方式
（厚生労働省資料より一部修正）

d　老人福祉法関係

養護老人ホーム

利用の手順等は**図9－7**の通りである。

①利用者は、利用したい施設等の利用について措置権者（実施機関）に相談する。①の矢印が破線になっているのは、相談は申請権を前提としていないからである。

②措置権者は利用者が利用の資格要件を充足していれば、措置を実施する。

③措置権者は利用者の保護等について受託事業者（施設等）に措置委託を行う。

④受託事業者は、措置委託を受託する。受託事業者は正当な事由がない限り、措置委託を受託しなければならない。

⑤措置権者は、措置委託の受託にともない、受託事業者に措置委託費を支給する。

⑥受託事業者は利用者にたいしてサービスの提供を行う。⑥の矢印が破線になっているのは受託者と利用者とのあいだには権利義務の関係が存在しないことを意味している。受託者と利用者との関係は、措置権者による利用者の措置と受託事業者による措置委託の受託によって間接的に成立する。

⑦措置権者は、利用者本人もしくは保護者ないし扶養義務者から、応能負担主義にもとづき、受益者負担として費用を徴収する。

(3) 行政との契約方式

行政との契約とよばれる方式は保育所に固有の方式である。保育所の利用は利用者の施設の選択を含む利用の申し出を前提として開始される。この申し出は申請権とみなされ、「保育に欠ける」ことが認定された場合には、保育所に保育が委託される。この方式は申請を前提にするが、しかし再審査を請求することは認められていない。

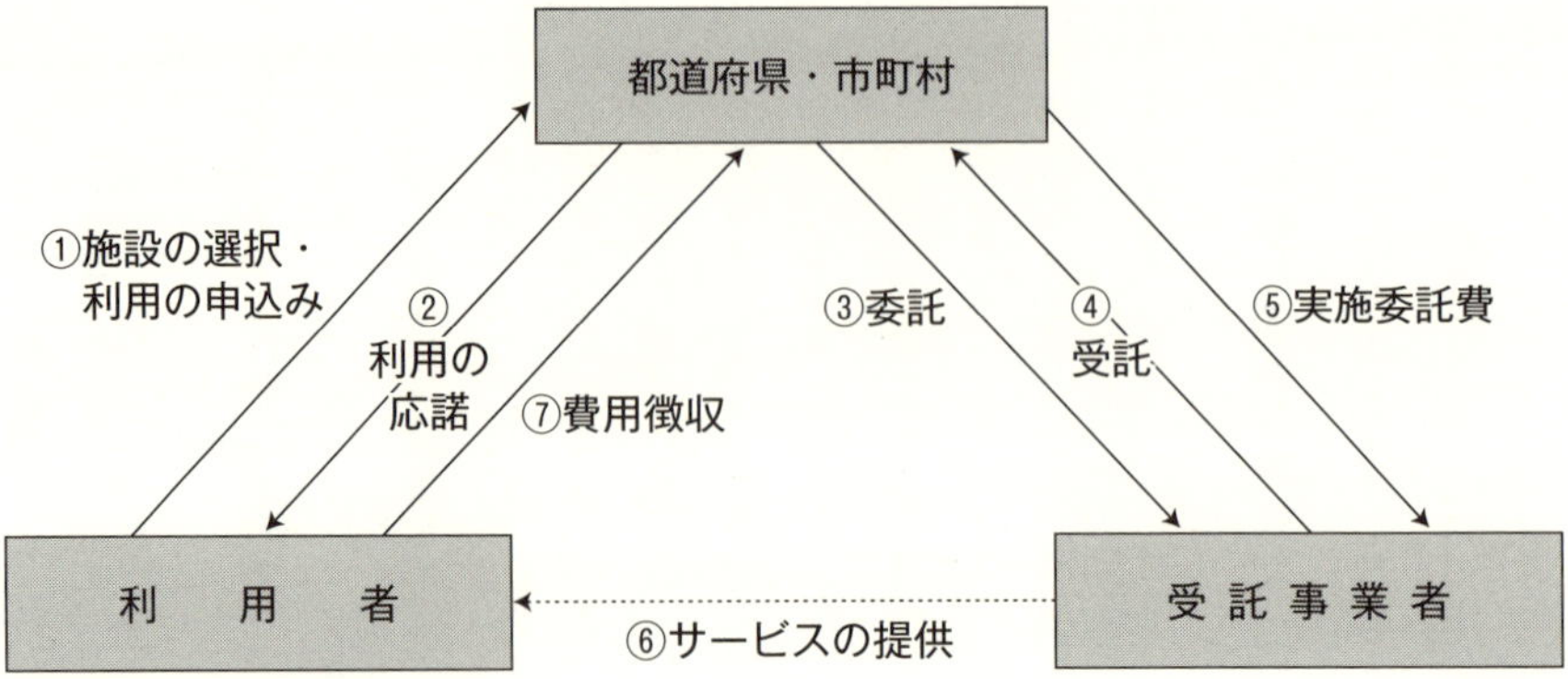

図 9-8　行政との契約方式
（厚生労働省資料より一部修正）

利用の手順等は**図9－8**にみられる。

①利用者は、利用したい保育所等の施設を選択し、都道府県・市町村に利用の申し込みを行う。この申し込みは利用者による申請権の行使とみなされる。

②都道府県・市町村は利用者が利用に関わる資格要件を充足していれば、利用の申し出について応諾する。

③都道府県・市町村は受託事業者に保育等の実施を委託する。

④受託事業者は、実施の委託を受託する。受託事業者は正当な事由がない限り、実施の委託を断ることはできない。

⑤都道府県・市町村は、保育実施委託が受託されれば、受託事業者に実施委託費を支給する。

⑥受託事業者は利用者にたいしてサービスの提供を行う。⑥の矢印が破線になっているのは、措置方式の場合と同様に、受託者と利用者とのあいだには権利義務の関係が存在しないことを意味している。受託者と利用者との関係は、都道府県・市町村による利用申し込みの応諾と受託事業者による実施委託の受託によって間接的に成立する。

⑦都道府県・市町村は利用者から、応能負担主義にもとづき、受益者負担として費用を徴収する。

(4)　支援費申請方式

二〇〇〇年の法改正であらたに導入された方式である。この方式では利用者は指定事業者と直接的に契約を結ぶことになり、行政との契約方式よりも、より一層、市場原理を前提とする契約——商行為——に近い方法である。社会福祉基礎構造改革の理念を具現化した利用の方式であるといってよいであろう。

この方式のもとでは、利用者は指定事業者と交渉する傍ら実施機関にたいして支援費の支給を申請し、実施機関による認定をえられれば支援費の支給をうける。利用者にたいして支給される支援費は実際には指定事業者が代理受領することになる。

事業者との直接的契約や支援費支給の申請という手続きにより難い利用者——単身の重度の障害者その他扶養義務者による契約も期待しえない人びとなど——については、従来通り、措置方式による福祉サービスの利用が想定されている。なお、この方式による利用は二〇〇三年四月からであり、それまでは措置方式が適用される。

この方式が適用される福祉サービスは以下の通りである。

a　身体障害者福祉法関係（居住施設）
身体障害者更生施設、身体障害者療護施設、身体障害者授産施設

b　身体障害者福祉法関係（居宅サービス）
身体障害者居宅介護等事業、身体障害者デイサービス事業、身体障害者短期入所事業

c　知的障害者福祉法関係（居住施設）
知的障害者更生施設、知的障害者授産施設、知的障害者通勤寮、知的障害者デイサービスセンター

d　知的障害者福祉法関係（居宅サービス）
知的障害者居宅介護等事業、知的障害者デイサービス事業、知的障害者短期入所事業、知的障害者地域生活援助事業

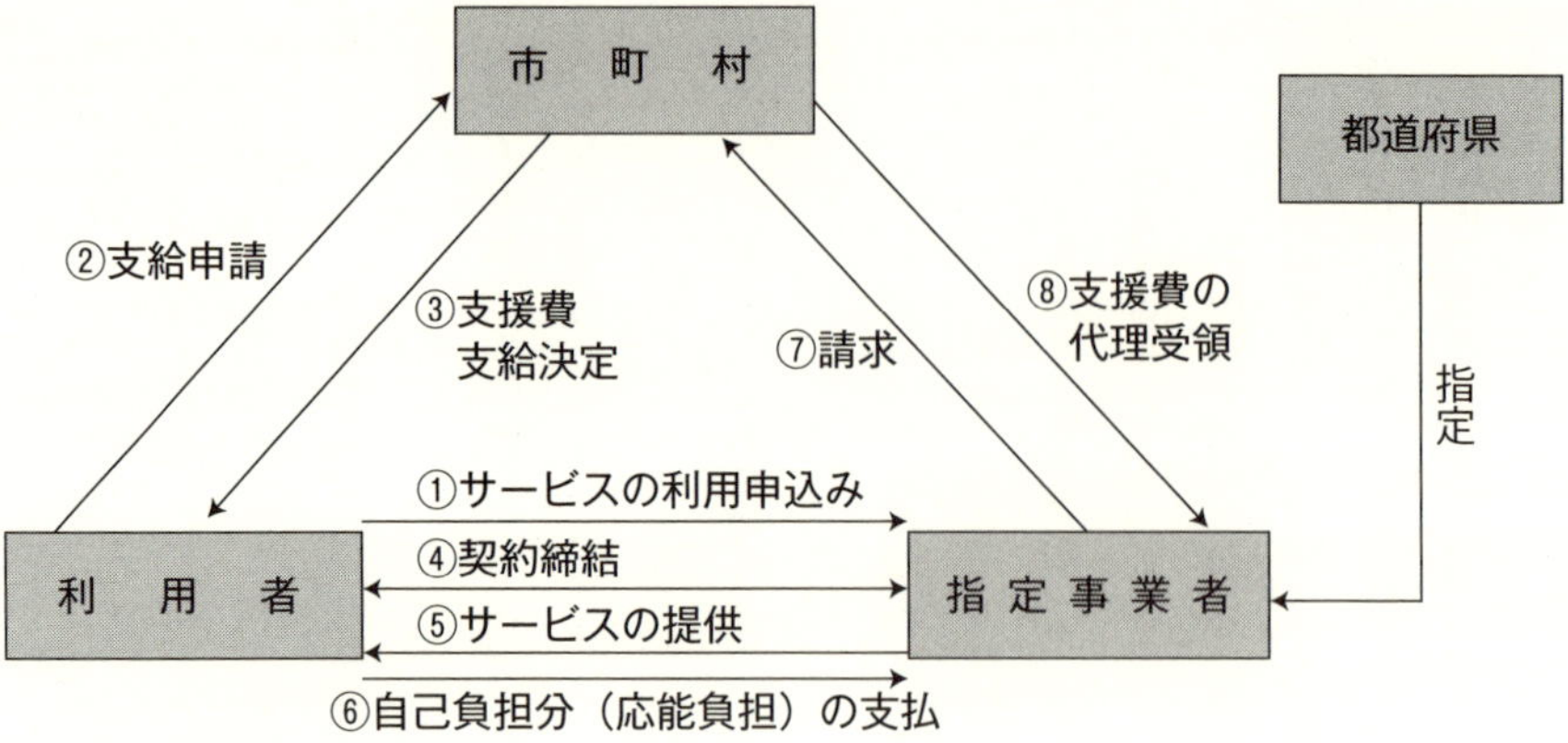

図 9-9　支援費申請方式
（厚生労働省資料より一部修正）

e　児童福祉法関係（障害児居宅サービス）

児童居宅介護等事業、児童デイサービス事業、児童短期入所事業

利用の手順等は**図9－9**にみる通りである。

①利用者はまず、指定事業者にたいしてサービスの利用を申し込み、サービスの内容や利用の条件等について説明をうけ、施設等の選択を行う。

②これと並行して、利用者は市町村にたいして支援費の支給を申請する。この申請は利用者の申請権の行使を意味する。

③市町村は、利用者の申請にたいし、資格要件を充足していることを条件に支援費の支給を決定し、通知する。

④支援費の支給が決定されれば、利用者と指定事業者は契約を締結する。

⑤指定事業者は契約にもとづき、利用者にサービスを提供する。

⑥利用者は指定事業者に自己負担分――受益者負担分であり、応能負担主義にもとづいて算定される。

⑦指定事業者は、市町村にたいして、サービスの提供に要した費用のうち利用者の自己負担分を除く部分について支給を請求する。

⑧市町村は、指定事業者にたいして利用者ごとに決定された支援費を支給し、指定事業者はこれを代理受領する。

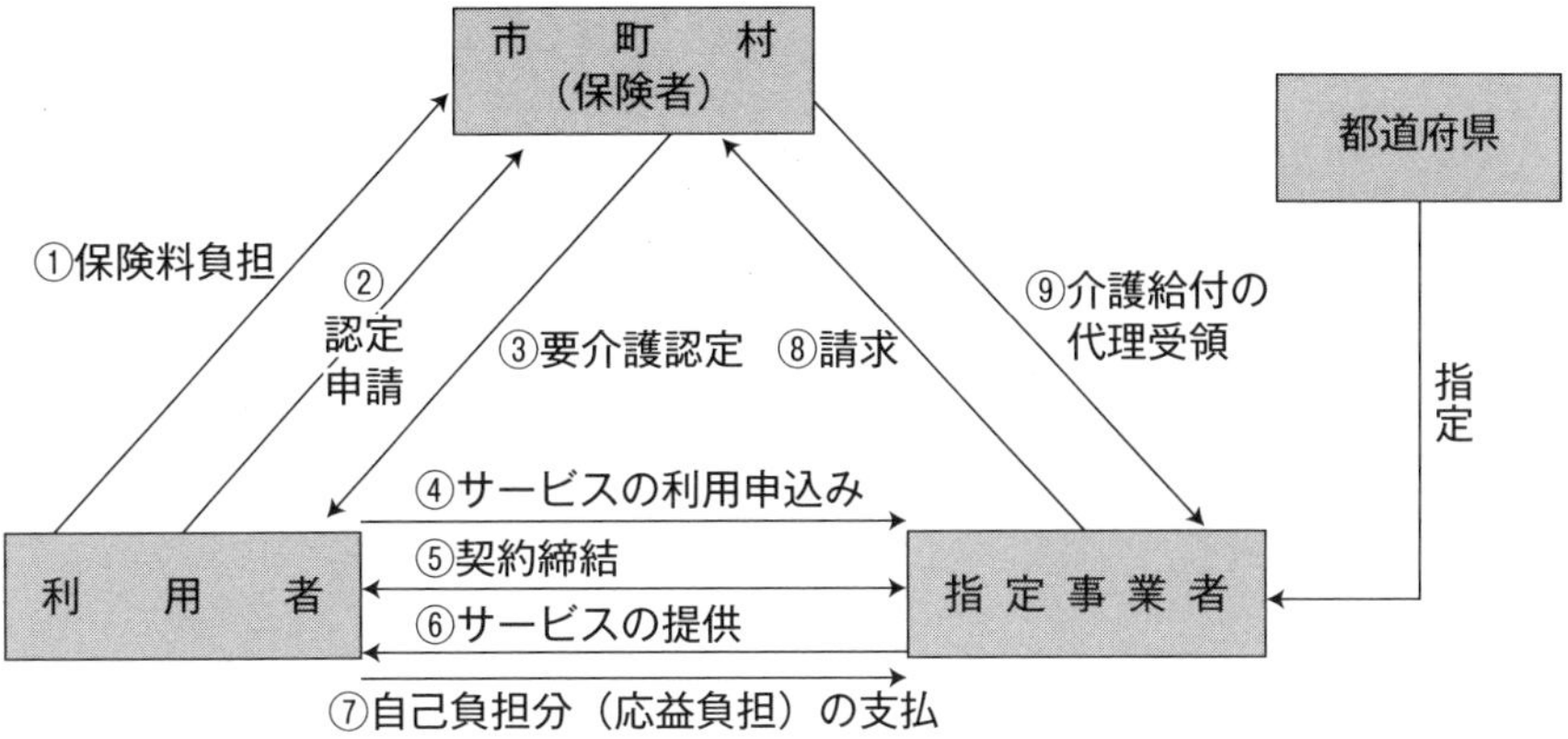

図 9-10　保険給付申請方式
（厚生労働省資料より一部修正）

(5) 保険給付申請方式

保険給付申請方式は介護保険に特有の方式で、利用者は申請と要介護度の認定にもとづいて介護サービスを利用することができる。この方式によって介護サービスを利用するには、あらかじめ介護保険に加入し、所定の保険料を納付することが前提となる。要介護度の認定に不服がある場合には再審査を求めることができる。

利用の手順等は**図 9-10**にみられる。

①一定の年齢に達した利用者は介護保険に加入し、一定の基準と方法により、保険料を負担する。

②介護サービスを利用しようとするものは、保険者としての市町村にたいして介護の要否と程度に関する認定の申請を行う。この申請は、第一義的には、被保険者としての請求権によるものである。

③市町村は要介護認定基準にもとづいて介護の要否と程度の認定を行い、要介護認定者について利用可能な介護費（介護給付）の額を決定し、利用者に通知する。

④利用者は、一般的には、ケアプラン作成事業者の助言をうけて介護サービス計画（ケアプラン）を策定し、指定事業者にサービスの利用申込を行う。

⑤利用者は介護サービスの内容や利用の条件等について指定事業者の

説明をうけ、契約を締結する。

⑥指定事業者は契約にもとづいて所定の介護サービスを提供する。

⑦利用者は指定事業者にたいして介護サービスの提供に要する費用のうち、自己負担分——応益負担主義にもとづき、個々のサービスごとに算定される——の支払いを行う。

⑧指定事業者は、市町村にたいして、サービスの提供に要した費用のうち利用者の自己負担分を除いた費用について保険者に支払いを請求する。

⑨市町村は介護給付の支給を行い、指定事業者はこれを代理受領する。

(6) 任意契約方式

任意契約方式は軽費老人ホームの利用にみられる。この方式では利用者は施設の経営者と直接交渉することによって、利用が可能となる。利用者と経営者との交渉に公権力が介入することはない。

この方式は以下の福祉サービスに適用される。

a　身体障害者福祉法関係
身体障害者福祉ホーム、身体障害者福祉センター、視聴覚障害者情報提供施設

b　知的障害者福祉法関係
知的障害者福祉ホーム

c　精神保健福祉法関係
精神障害者社会復帰施設、精神障害者居宅生活支援事業

d　児童福祉法関係

放課後児童健全育成事業

e　母子及び寡婦福祉法関係

母子福祉センター、母子休養ホーム

f　老人福祉法関係

軽費老人ホーム、老人福祉センター

利用の手順等は**図9－11**の通りである。

①利用者は事業者とサービスの利用について直接的に契約を締結する。

②事業者は利用者にサービスを提供する。

③利用者は事業者に利用料金の支払いを行う。

④事業者は事業経営に必要な費用の一部について市町村に補助金の交付を申請する。

⑤市町村は事業者にたいして定められた範囲で事業費の補助を行う。

(7) 随時利用方式

随時利用方式は児童館や児童遊園に典型的に認められる。この種の施設の利用は利用者の任意に委ねられ、利用者に求められるのは施設利用の規則に従うことだけである。

児童館等の利用についていえば、その手順等は**図9－12**にみる通りである。

①利用者は事業者にサービスの利用を申し出る。

②事業者は利用者にサービスを提供する。

③利用者は事業者に遊びの材料費、おやつ代等、利用料金の支払いを行う。

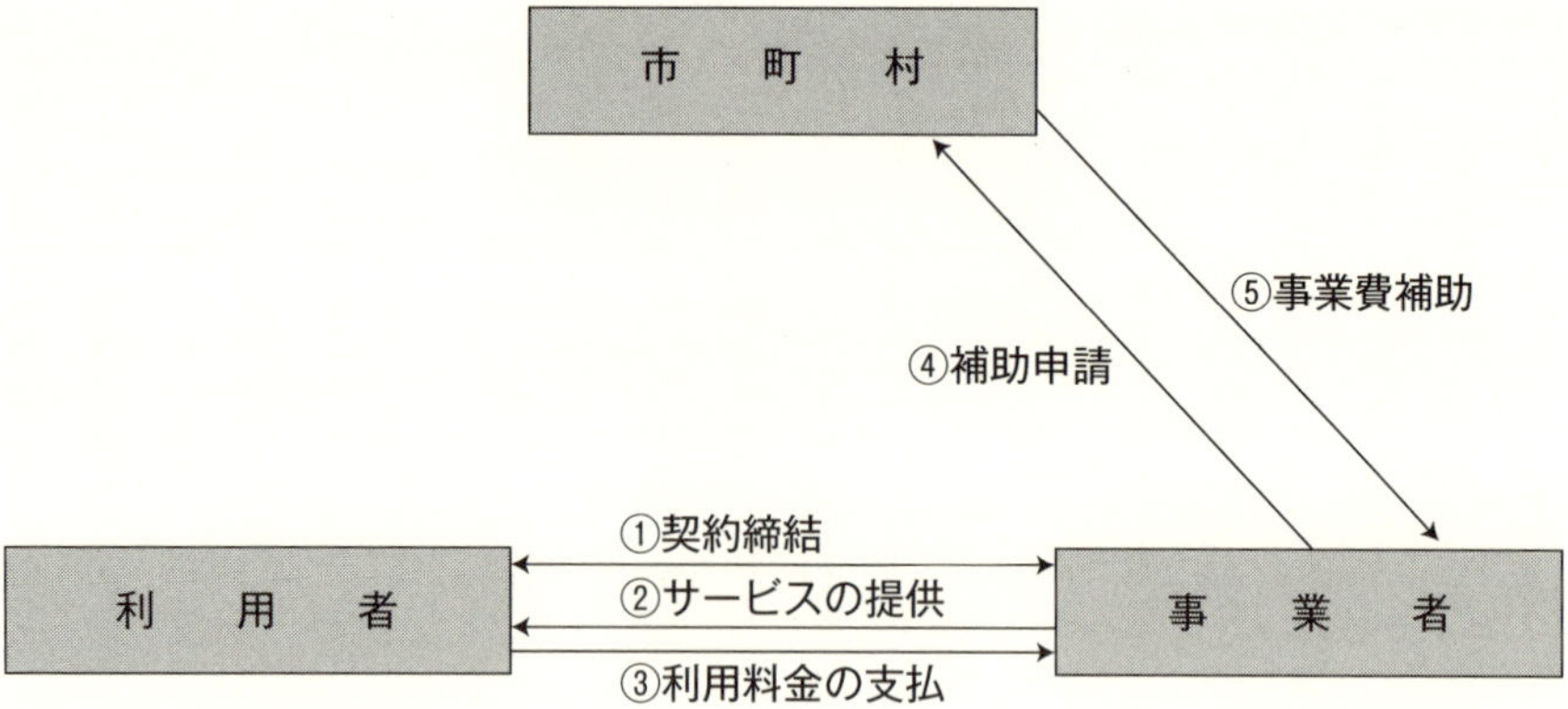

図 9-11　任意契約方式　　古川孝順　作成

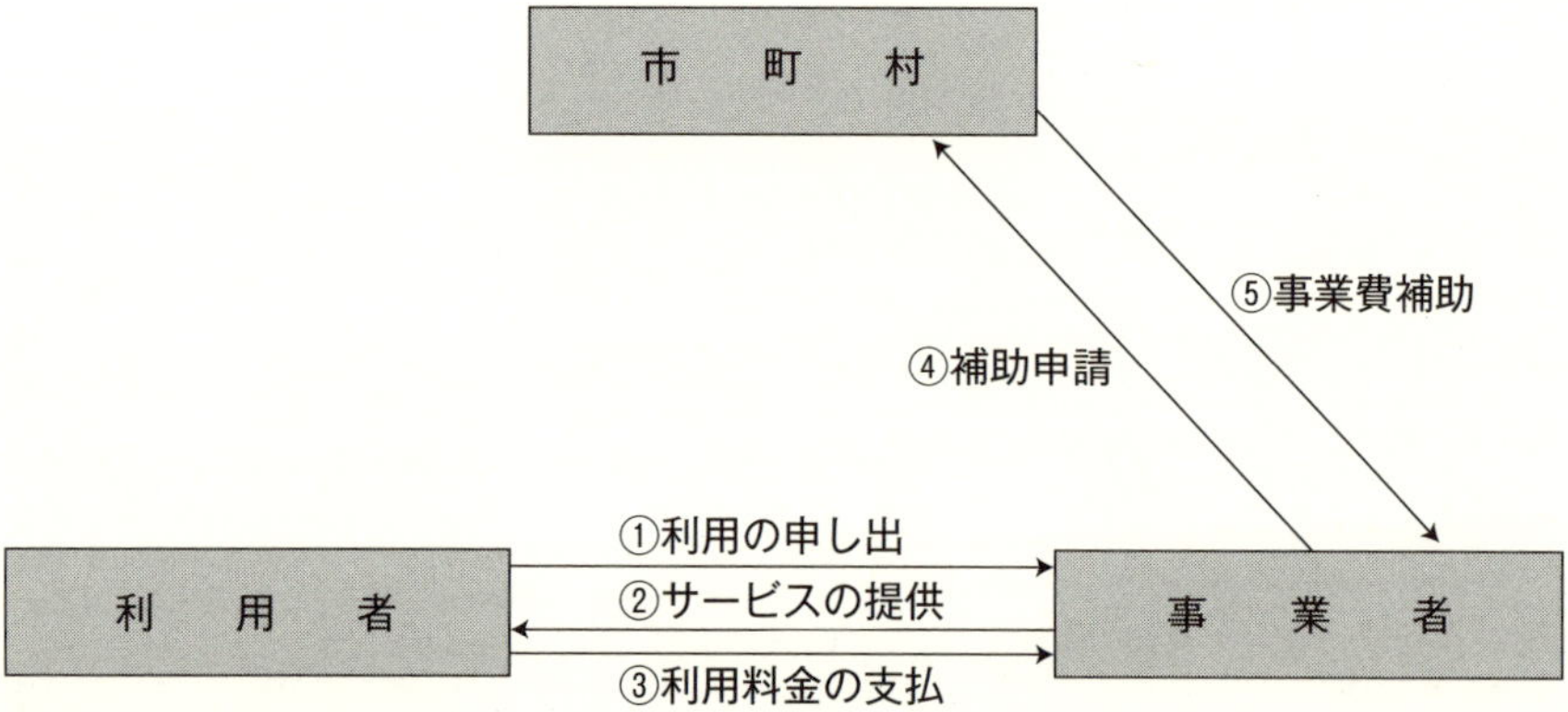

図 9-12　随時利用方式　　古川孝順　作成

④事業者は事業経営に必要な費用の一部について市町村に補助金の交付を申請する。
⑤市町村は事業者にたいして定められた範囲で事業費の補助を行う。

3　利用過程の管理

(1)　利用過程の管理——ケアマネジメント

わが国ではそれが介護保険制度の一部分として制度化されたこともあってか、ケアマネジメントは介護支援専門員の業務と結びつけて理解されることが多い。しかし、ケアマネジメントは介護保険制度の占有物ではない。社会福祉における利用支援システムの重要性を考えるとき、ケアマネジメントはそれが適切に行われれば、介護保険領域のみならず、児童福祉や障害者福祉の領域においても利用支援の技術、なかでも利用の申請・相談から終結に至るまでの利用の全過程を管理する技術として、その有効性を期待することができる。

その場合重要なことは、ケアマネジメントが既存の福祉サービスに利用者を振り分ける機能ないしそのための技法に矮小化して扱われてはならないということである。まず、ケアマネジメントは、利用者がみずからの課題を解決ないし達成するために福祉サービスを選択し、利用する力を十分に発揮できるように、またそのような力を獲得できるように支援するという視点で展開されなければならない。つぎに、ケアマネジメントはソーシャルワークの関連技術として理解されるべきではない。利用支援という観点からいえば、ケアマネジメントはソーシャルワークの中核に位置する過程であり、まさた技術である。すなわち、ケアマネジメントは、福祉ニーズのアセスメント（事前評価）からはじまり、利用されるべきサービスバッテリーの選定、サービスの利用、そしてエバリュエーション（事後評価）にいたるソーシャルワークの全過程を利用者の視点から駆動させ、運営管理する技術として理解されなければならない。

(2) 福祉サービスの質的向上

福祉サービスの質的向上に資する方策としては、以下、①外形的基準、②ケア基準の設定（自己点検・評価）、③選択と競争、④情報公開、⑤苦情解決、⑥第三者評価、⑦人材の資質の向上、という七つの方策が考えられる。このうち、⑤苦情解決は後に検討することにして、残りの方策について簡潔に検討しておきたい。

① 外形的基準

外形的基準は、社会福祉施設各種別ごとに設定されている最低基準を意味している。児童福祉施設の最低基準を例にとれば、定員にともなう施設の敷地、建物の広さや構造、設備、職員の職種・資格・員数など、いわば施設のハード的環境が設定されている。これらの最低基準を充足しておくことは、福祉サービスの質を向上させるうえで不可欠の要件である。ただし、最低基準が最高基準になってしまっていることは周知の通りである。また、他方において、不況にともなう歳入の低下とともに最低基準の引き上げそれ自体が困難になってきている。

② ケア基準

ケア基準を設定し、福祉サービスの向上を図るという方式は、児童養護施設など一部の社会福祉施設において八〇年代頃から導入されてきたという経緯がある。この方式では、施設の職員が自主的に自分たちの処遇のあり方を点検・評価し、処遇の改善を図るという考え方が基本になっている。

③ 選択と競争

利用者による選択と事業者間の競争による質の向上を図るという考え方は、基礎構造改革のいわば象徴的な方策であ

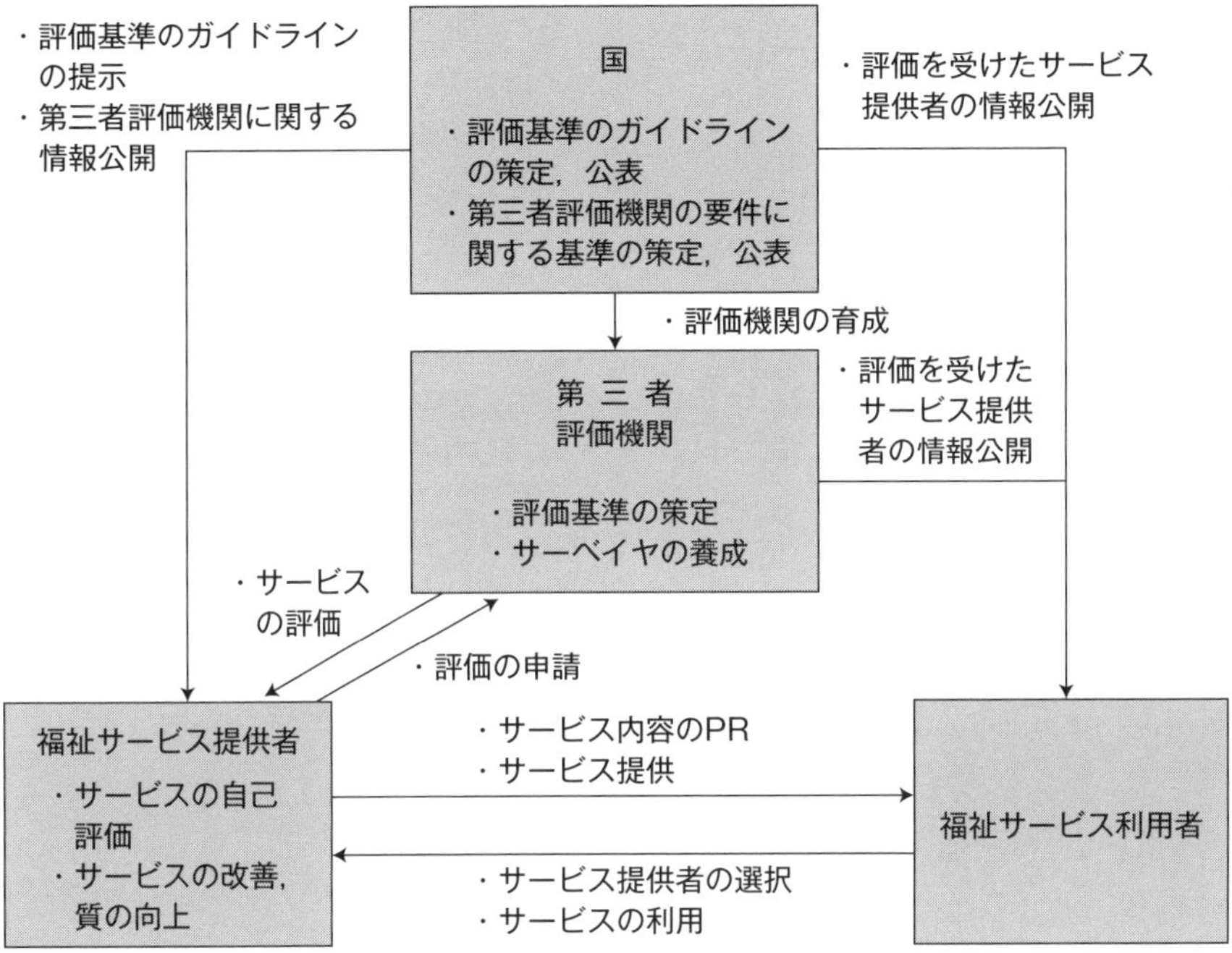

図 9-13　福祉サービスの第三者評価のイメージ図
（福祉サービス評価事業共同委員会報告書より）

る。そこには、利用者が施設やサービスを選択できるようにすれば、サービスの提供事業者（施設の経営者）は利用を獲得するため競争せざるをえず、結果的にサービスの質が向上するという期待が込められている。

④情報公開

情報公開は、利用者の選択に資するためには施設側による情報提供が不可欠であり、また利用者の求めがあれば事業者は情報を開示し、事業の目的、内容、経理などについて明確に説明する責任があるという議論であり、そのことが施設経営の透明性を高め、サービスの質的向上につながることになる。

⑥第三者評価

第三者評価は、利用者、事業者以外の第三者（弁護士や医者などの専門家、学識経験者、社会福祉事業の経営者、さらには一般市民等）に施設の提供する福祉サービスを客観的に評価してもらい、その結果を公表してサービス提供の質的向上を図るという方策である。

この第三者評価のイメージについては、**図9－13**を参照されたい。第三者評価の対象になる事項としては、ⓐ福祉サービス提供の基本方針と組織、ⓑ地域との関係、ⓒ福祉サービス提供手法の確立、ⓓ福祉サービスの適切な提供、ⓔ利用者本位のサービス提供、ⓕ組織の運営管理等が想定されている。

⑦ 人材の資質の向上

人材の資質の向上は、施設や機関で働く職員の資質を向上させることによってサービスの質の向上を図るという方策である。ある意味でもっとも本来的な方策である。具体的には、社会福祉に従事する各種の専門職員に関する養成教育の向上、資格制度の改善、現任訓練、スーパービジョンなどの充実が期待されよう。

(3) 苦情解決制度

誰しもが交通機関やホテルの利用者になったり、レストランの顧客になったときのことを想定すれば、福祉サービスの利用者が福祉サービスの提供と利用に関して、さまざまに不平・不満や注文を抱いているであろうということは容易に想像可能であろう。しかし、福祉サービスの利用者がその不平・不満や注文を口に出したり、誰かに訴えるということについては否定的な受けとめ方がなされるのが一般的である、といってまず過言ではない。

利用者の苦情にたいして否定的な心情をもつ社会福祉従事者は、そのことによって自分自身が否定された、あるいは批判されていると感じているのであろう。あるいは、そのような心情の底には怒りや不安の感情があるかもしれない。そして、そのような感情はある程度は避けられないものといってよいかもしれない。しかし、社会福祉従事者は利用者の苦情にたいしてこれを冷静に受けとめることが求められる。社会福祉従事者が利用者の苦情に否定的、拒否的になる背景にしばしばお上意識、援助提供者としての優越者意識、利用者にたいする差別意識が潜んでいることは否定できない事実であ

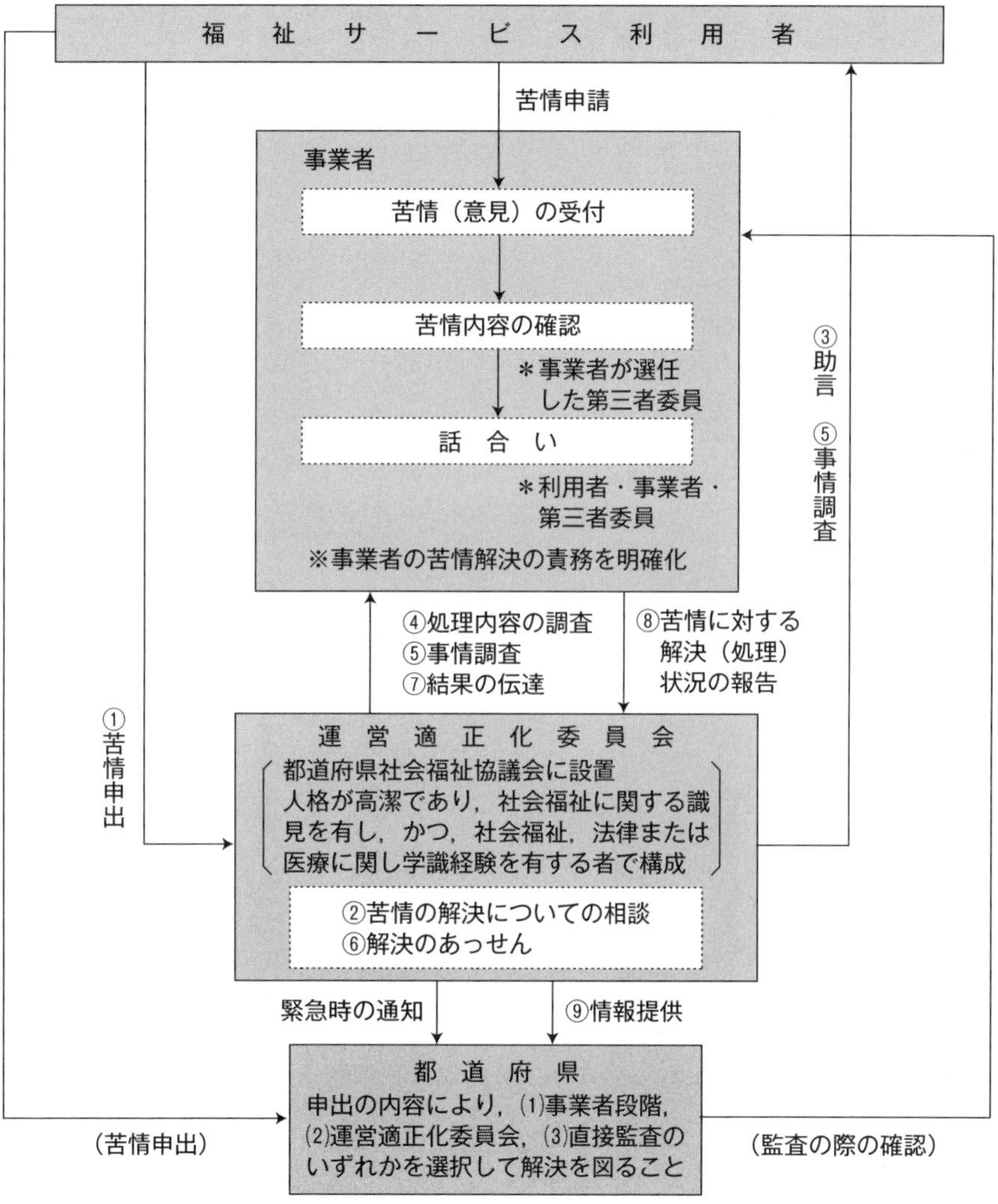

図 9-14　福祉サービスに関する苦情解決のしくみの概要
（厚生労働省資料より一部修正）

ろう。

社会福祉の世界では長い伝統のなかでお上意識や優越者意識が形成され、利用者は援助を受けられることを感謝することがあっても、不平不満をもつなどあってはならないことだという心情がみうけられる。なかには、利用者を能力、性格、生活習慣に欠点をもつ人びとだと考える職員の存在も十分に考えられる。歴史的にいえば、百年以上前の道徳主義的貧困観の残滓というほかはない。

そこには専門家意識の介在も考えられる。専門家として利用者に良かれと思って援助しているのだから、われわれに任せておけばいい、第一素人にわかるはずがない、という思考である。たしかに、利用者は援助のあり方に関しては素人である。しかし、感性的、つまり印象や勘であったとしてもその受けとめ方を過小に評価すべきではない。もとより、そうはいっても、不平不満も、注文も、そしてそれらが表出されたものとしての苦情も、根っこは利用者個人の主観的な判断に根ざしている。主観的な判断にはおのずと個人差があり、思わぬ誤解もありうることである。したがって、基本的には、苦情はそのすべてを尊重し、謙虚に耳を傾けながら、その内容を客観的に判断し、適切に対応することが必要とされる。

図9-14にみるように、厚生労働省によって準備されている苦情解決の仕組みは、①事業者（施設経営者）段階、②都道府県社会福祉協議会に設置される運営適正化委員会の段階、③都道府県による直接監査の段階という三つのレベルから構成されている。利用者による苦情申し出の内容によっていずれかのレベルが選択されることになる。事業者レベルにおいても客観性を確保し、よりよい解決策を求めるため第三者委員の参加が求められている。ただし、この委員は事業者の選任する委員である。まず、この段階で、利用者、事業者、第三者委員による話し合いを前提に、事業者は苦情対応の責務を果たすことが求められる。それが不調に終わった場合や苦情の内容によって事業者段階での対応では適切な対応が期待できない場合には、運営適正化委員会による対応や都道府県による直接監査による対応が予定されている。

サービスの質的向上には、さきに言及したように、苦情対応以外にも多様な方策が存在する。また、同じ苦情であっても事業者により施設経営者と直接処遇職員とではその受けとめ方も一様ではありえない。苦情対応を含め、福祉サービスの質的向上のあり方については今後の議論に待つべきことも多い。しかし、いずれにしても良薬は口に苦しである。社会福祉従事者には、そこを乗り越え、苦情の申し出を処遇改善の最善、最良のきっかけとしてうけとめ、利用者とともに新しい施設のあり方を追求する真摯かつ寛容な姿勢が求められている。

第6節　利用支援システム

1　利用方式の転換と利用者の権利

措置から契約へという利用方式転換問題は、しばしば措置方式と契約方式それ自体の資源配分方式としての優劣の問題として議論されてきた。しかし、たしかにそのような側面があるにせよ、利用者にとってもっとも肝要なことは、新しい利用方式のもとで質の高いサービスがきちんと確保できて、快適な生活が安定的継続的に維持できるかどうかということである。

契約利用という新しい方式を導入してそれが効果を奏しうるかどうかは、第一には福祉サービスの供給が利用者による選択を可能にし、しかもその選択が事業者による競争とそれによるサービスの質的向上を実現しうるほどに豊富に準備され得るかどうかということである。第二に、契約利用が効果的に成果をあげうるかどうかを左右するもう一つの要因は、利用者が顕在的ないし潜在的に持っている属性である。利用者が契約の当事者として期待しうる条件を備えているかどうかによって、契約方式の実効は規定される。直截にいえば、契約方式の成否は何よりも利用者が当事者能力をもっているかどうかによって定まることにならざるをえないのである。

すなわち、鍵になるのは、福祉サービスの利用者が自己責任を前提とする選択と自己決定を行う能力、より一般的には契約による利用を可能とするような当事者能力を備えているかどうかということである。結論的にいえば、福祉サービスの利用者の多くは自己決定能力の低位な状態にある人びとである。さらにいえば、福祉サービスの利用者の多くは、自己決定能力の低位性ということ以前に、あるいはそのことに加えて、福祉サービスにたいするアクセス能力それ自体の低位性という困難をかかえている。

福祉サービスにおける選択や自己決定を確保するには契約という方式が不可避的であるとしても、自己決定能力やアクセス能力の低位性という福祉サービスの利用者の多くにみられる特性にたいする配慮を欠くとすれば、彼らは福祉サービスの利用が不可能になる、あるいは不十分なかたちでの利用にならざるを得ないとしても、そのことは自己責任の問題として放置されることになりかねない。それでは、福祉サービスは人びとに認められている生活権の保障、すなわち人びとの生活にたいする最終的なセーフティネットとしての役割を放棄することになろう。

2　成年後見制度

後見制度、すなわち民法にいう禁治産・準禁治産の制度は、人びとが心神喪失＝自己の行為の結果について合理的な判断をする能力のない状態、心神耗弱＝行為の性質については理解できるが、その結果に関する判断能力に達しない状態に陥ったとき、本人・配偶者等親族の家庭裁判所にたいする申し立てと家庭裁判所の宣告によって、それぞれ後見人、補佐人を設定し、本人を保護する制度である。

このような後見制度の利用は年間二〇〇〇件程度といわれるが、痴呆性高齢者や知的障害者等の遺産相続や資産管理にあたって、その利用の仕方によっては、本人の自己決定能力のみならず人格そのものさえも否定しかねないような状況がみられる。そのほか、この制度には、禁治産・準禁治産宣告の戸籍への記載、選挙権の喪失など多数の欠格条項がともない、本人を保護しているようにみえながら実際には本人の権利を制限し、むしろ配偶者や親族の利益、契約の相手方の利益を保護することになっている。また、それらの欠陥は措くにしても、手続きの煩瑣さもあり、介護保険による自立支援という枠組みと結びつけて容易に利用できるという制度ではない。

さらに、わが国の後見制度は後見人の選任には法的な手続きが前提となり、本人が心身喪失や心神耗弱に至ってしまってから手続きが開始される事後後見制度であり、本人が意思能力があるうちに代理人をみずからの意志によって選任し、代理を求める事項についても設定しておき、意思能力が低下したときにその意志の代理・執行を求める英米の事前後見制度とは異なっている。二一世紀の超高齢社会において想定される介護ニーズにたい応するには、もっと柔軟で、本人の意志を尊重した制度が望ましい。

このため後見制度の改革が日程に上り、介護保険法の施行と合わせて、二〇〇〇年四月から新しい成年後見制度が実施されている。ここでその詳細について論じる余裕はないが、新しい成年後見制度では従来の制度が後見類型、保佐類型、補助類型の三通りの類型に拡張、再整理されている。後見類型は従来の禁治産の改正であり、後見人に代理・取消権が付与されるものの、本人の自己決定権を尊重するため、日用品の購入その他の日常生活に関する行為については本人の判断に委ねられている。保佐類型は準禁治産の改正であり、代理権は本人の申し立てにより設定されるが、一部の行為等については保佐人の取消権が設定されている。補助類型は新設されたものであるが、軽度の判断能力の低下についても適用され、補助人には本人の申し立てまたは本人の同意を要件として、本人の申し立てた法律行為に限定して代理・同意権が付与される。

このほか、改正された成年後見制度には、複数後見人、社会福祉法人等の法人による後見、市町村長による申立権、本人の意思尊重、任意後見人等新しい内容が盛り込まれている。しかし、成年後見制度の及ぶ範囲は財産管理と身上監護にかかわる法律行為に限定されている。この限界を補い、かつより広い範囲で利用当事者の意思を尊重することをめざして導入されたのが、社会福祉協議会による福祉サービス利用援助事業（地域福祉権利擁護事業）である。

3　福祉サービス利用援助事業

福祉サービス利用援助事業は、その適用の範囲を本人もしくはその代理人と福祉サービスの利用等日常生活に必要不可欠な部分に限定し、委任契約を前提に、利用者の地域における自立生活の支援を行おうとするものである。適用の対象は、痴呆性高齢者、知的障害者、精神障害者等である。援助の内容としては、①福祉サービスの利用援助と②日常的金銭管理に大別される。より具体的には、前者の①福祉サービスの利用援助には、ⓐ情報提供・助言、ⓑ手続き援助、ⓒ苦情解決制度の利用援助が、後者の②日常的金銭管理には、ⓐ福祉サービス利用料等、通帳・権利証等の保管が含まれている。

図9－15、**図9－16**は、それぞれ成年後見制度と福祉サービス利用援助事業との関係、福祉サービス利用援助事業の概念図を示したものである。

福祉サービス利用援助事業の実施機関は広域行政圏の基幹的市町村社会福祉協議会を受け皿にすることになっており、権利擁護業務の担当者としては実務に従事する生活支援員（一定の研修を受け登録された者）と業務の監督を行う専門員の配置が予定されている。また、この制度は委任契約を前提とするため、自己決定能力の低い利用者については「契約締結委員会」を設置し、利用当事者の自己決定能力の有無を判断する。さらに、市町村社会福祉協議会を運営機関とすることによって予想される利益相反行為による当事者の不利益を防ぐために第三者的な「運営監視委員会」の設置も検討されている。

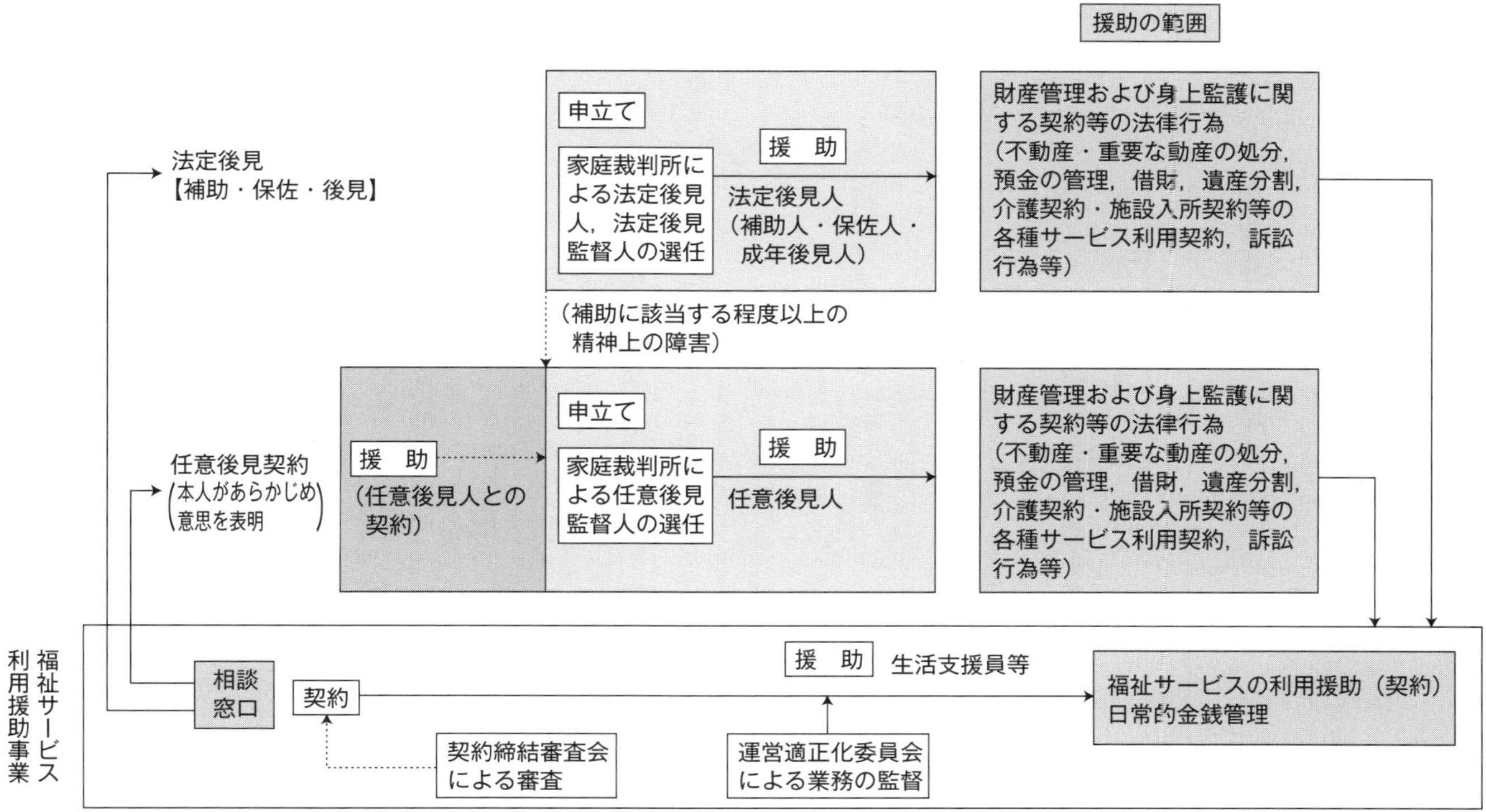

図 9-15　成年後見制度と福祉サービス利用援助事業
（厚生労働省資料より一部修正）

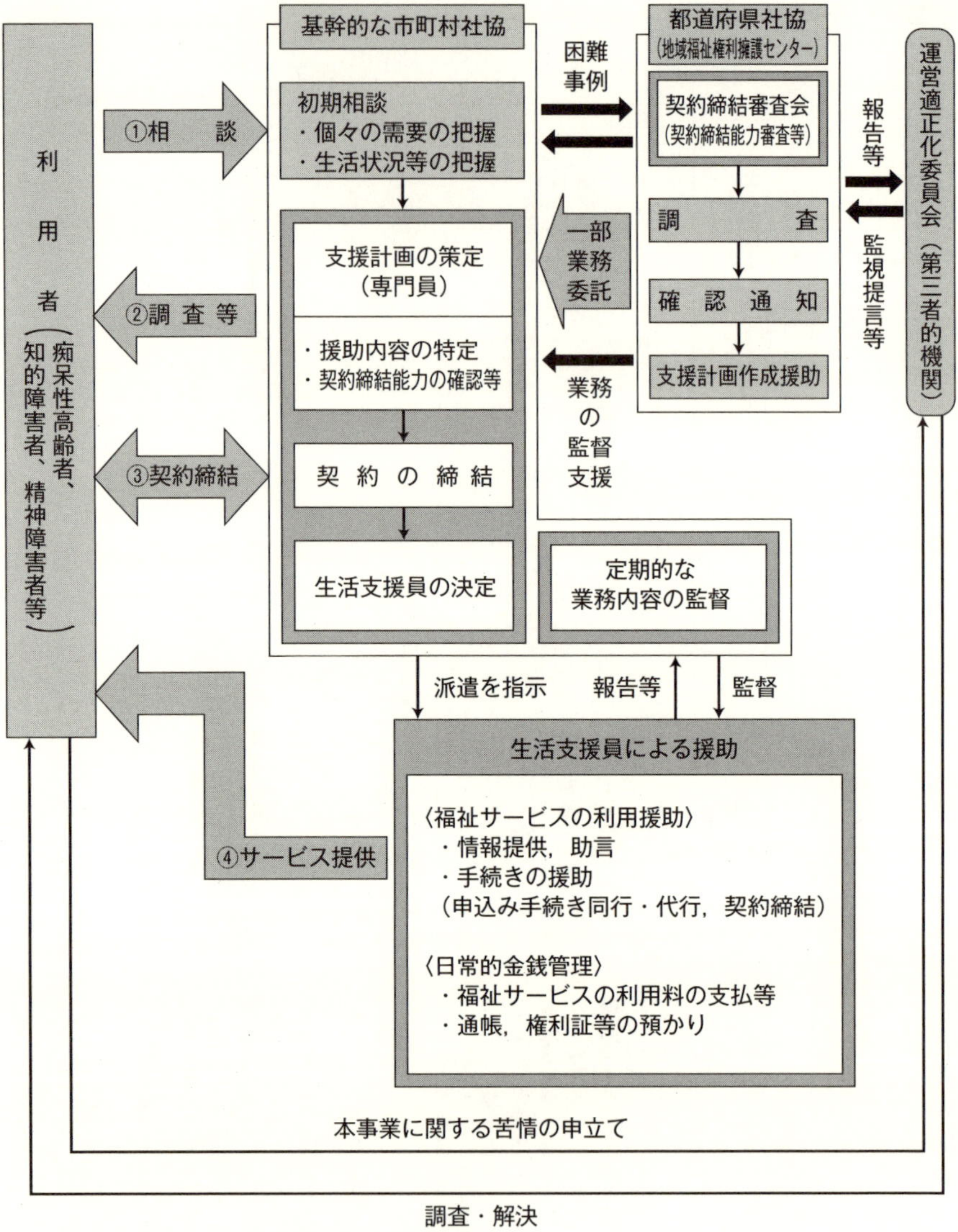

図 9-16　福祉サービス利用援助事業の概念図

（厚生労働省資料より一部修正）

参考文献

右田紀久恵編『自治型地域福祉の展開』法律文化社、一九九三年
小笠原祐次・福島一雄・小国英夫編『これからの社会福祉⑦　社会福祉施設』有斐閣、一九九九年
大山博・炭谷茂・武川正吾・平岡公一編『福祉国家への視座――揺らぎから再構築へ』ミネルヴァ書房、二〇〇〇年
坂田周一『社会福祉政策』有斐閣、二〇〇〇年
全国社会福祉協議会『在宅福祉サービスの戦略』、一九七九年
高澤武司『現代福祉システム論――最適化の条件を求めて』有斐閣、二〇〇〇年
武川正吾『福祉社会の社会政策』法律文化社、一九九九年
藤村正之『福祉国家の再編成――「分権化」と「民営化」をめぐる日本的動態』東京大学出版会、一九九九年
古川孝順『児童福祉改革』誠信書房、一九九一年
同　『社会福祉改革』誠信書房、一九九五年
同　『社会福祉のパラダイム転換』有斐閣、一九九七年
同　『社会福祉基礎構造改革』誠信書房、一九九八年
古川孝順編『社会福祉供給システムのパラダイム転換』誠信書房、一九九二年
堀勝洋『現代社会保障・社会福祉の基本問題――二十一世紀へのパラダイム転換』ミネルヴァ書房、一九九七年
正村公宏『福祉国家から福祉社会へ』筑摩書房、二〇〇〇年
三浦文夫『増補社会福祉政策研究――社会福祉経営論ノート』全国社会福祉協議会、一九八七年
同　『増補改訂社会福祉政策研究――福祉政策と福祉改革』全国社会福祉協議会、一九九五年

著書・論文一覧

最後にこれまで刊行・発表してきた著書・論文の一覧を掲げておきたい。

著書は、単著、共著、編著、共編著、分担執筆に分類した。共著の場合は書名の下に括弧で共著者の氏名を入れ、刊行年の後に括弧で執筆した章のタイトルを示した。同様に、編著についても、刊行年の後に括弧で執筆した章のタイトルを示した。共編著の書名の下の括弧は共編者の氏名、刊行年の後の括弧に執筆した章や節のタイトルを示している。分担執筆の書名のつぎの括弧内は編者の氏名であり、刊行年の後の括弧内は執筆した章や節のタイトルである。

論文は最初にそのタイトルを掲げ、つぎに収録された雑誌等の名称を示している。一部共著については括弧内に共著者名を示しておいた。翻訳は主要なものに限定した。括弧内は共訳者である。また、辞典・事典等については執筆項目を記録していないものがあるため、共編のもの一冊のみにした。エッセイその他の小品についても割愛せざるをえなかった。

〈単著〉

1『子どもの権利』　有斐閣　一九八二年

2『児童福祉改革』　誠信書房　一九九一年

3『社会福祉学序説』　有斐閣　一九九四年

4『社会福祉改革』　誠信書房　一九九五年

5『社会福祉のパラダイム転換』　有斐閣　一九九七年

6『社会福祉基礎構造改革』　誠信書房　一九九八年

7『社会福祉の運営』　有斐閣　二〇〇〇年

〈共著〉

1『社会福祉論』（庄司洋子・定藤丈弘）　有斐閣　一九九三年（「転型期の社会福祉」「社会福祉の概念と枠組」「社会福祉の歴史的展開」「戦後日本の社会福祉と福祉改革」「社会福祉の対象(1)」「社会福祉の供給体制(1)」「社会福祉の供給体制(2)」）

〈編著〉

1『社会福祉供給システムのパラダイム転換』　誠信書房　一九九二年（「社会福祉供給システムのパラダイム転換——供給者サイドの社会福祉から利用者サイドの社会福祉へ」）「福祉改革：その歴史的位置と性格」「利用者の権利救済——オンブズマン制度素描」）

2『社会福祉21世紀のパラダイムⅠ』　誠信書房　一九九八年（「社会福祉21世紀への課題」「社会福祉理論のパラダイム転換」）

3『社会福祉21世紀のパラダイムⅡ』　誠信書房　一九九九年（「社会福祉基礎構造改革と援助パラダイム」）

4『子どもの権利と情報公開』　ミネルヴァ書房　二〇〇〇年（「研究の目的と方法」「制度改革と児童養護」）

〈共編著〉

1『児童福祉の成立と転換』（浜野一郎・松矢勝宏）　川島書店　一九七五年（「児童福祉の発達構造」）

2『社会福祉の歴史』（右田紀久恵・高澤武司）　有斐閣　一九七七年（「社会福祉政策の形成と展開」「重商主義の貧民政策」「自助・貧窮・個人責任の論理」「ニューディールの救済政策」）

3『現代家族と社会福祉』（一番ヶ瀬康子）　有斐閣　一九八六年（「児童福祉の契機と背景」）

4『社会福祉施設―地域社会コンフリクト』（庄司洋子・三本松政之）　誠信書房　一九九三年（「社会福祉施設――地域社会関係の新しい地平を求めて」「社会福祉施設――地域社会コンフリクト研究の意義と枠組」「施設――地域コンフリクトの生成と展開」）

5『社会福祉概論』（松原一郎・社本修）　有斐閣　一九九五年（「これからの社会福祉」「社会福祉の概念と機能」「社会福祉の対象――問題とニーズ」）

6『介護福祉』（佐藤豊道・奥田いさよ）　有斐閣　一九九六年（「介護福祉と政策課題」「介護福祉政策の展望」）

7『社会福祉概論Ⅰ――理論と体系』（蟻塚昌克）　全国社会福祉協議会　一九九七年（「社会福祉の意義と理論」「社会福祉理念の発展」）

8『社会福祉概論Ⅱ――運営の組織と過程』（蟻塚昌克）　全国社会福祉協議会　一九九七年（「社会福祉運営総論」）

9『社会福祉原論』（阿部志郎・京極髙宣・宮田和明）　中央法規出版　一九九九年（「社会福祉の概念と枠組み」）

10『世界の社会福祉：アメリカ・カナダ』（窪田暁子・岡本民夫）　旬報社　二〇〇〇年（「アメリカ合衆国の歴史と社会」「社会福祉の歴史」「社会福祉の構造」）

11『新版社会福祉原論』（阿部志郎・京極髙宣・宮田和明）　中央法規出版　二〇〇一年（「社会福祉の概念と枠組み」）

12『社会福祉概論』（蟻塚昌克）　全国社会福祉協議会　二〇〇一年（「社会福祉の意義と理論」「社会福祉理念の発展」「社会福祉運営の原理と構造」「社会福祉をめぐる動向」）

13『介護福祉』（改訂版）（佐藤豊道）　有斐閣　二〇〇一年（「介護福祉と政策課題」「介護福祉政策の展望」）

14『社会福祉の歴史』（新版）（右田紀久恵・高澤武司）　有斐閣　二〇〇一年（「社会福祉政策の形成と展開」「重商主義の貧民政策」「自助・貧窮・個人責任の論理」「ニューディールの救済政策」「社会福祉基礎構造改革」）

〈分担執筆書〉

1『児童臨床心理学』（子どもの生活研究所）　垣内出版　一九六九年（「児童臨床施設と利用」）

2『家族・福祉・教育』（湯沢擁彦・副田義也・松原治郎・麻生誠）

有斐閣　一九七二年（「児童問題の構造」）
3『児童福祉論』（一番ヶ瀬康子）　有斐閣　一九七四年（「児童問題の論理」「児童福祉への展開」「児童福祉労働者問題」）
4『社会保障論』（小山路男・佐口卓）　有斐閣　一九七五年（「児童福祉」）
5『養護問題の今日と明日』（一番ヶ瀬康子・小笠原祐次）　ドメス出版　一九七五年（「福祉労働の規定要因」）
6『児童政策』（一番ヶ瀬康子）　ミネルヴァ書房　一九七六年（「現代の児童福祉政策――アメリカ児童福祉政策の成立過程を中心に」）
7『児童の権利』（佐藤進）　ミネルヴァ書房　一九七六年（「わが国における児童の権利の生成――児童福祉政策・立法の史的展開」）
8『社会福祉の社会学』（副田義也）　一粒社　一九七六年（「高度成長期の児童福祉」）
9『現代日本の社会福祉』（日本社会事業大学）　勁草書房　一九七六年（「地方自治体の社会福祉政策」）
10『現代の福祉』（真田是）　有斐閣　一九七七年（「児童と福祉――児童問題と児童サービス」）
11『児童と社会保障』（坂寄俊雄・右田紀久恵）　法律文化社　一九七七年（「児童に対する社会保障の国際的動向」）
12『社会福祉の形成と課題』（吉田久一）　川島書店　一九八一年（「社会福祉政策史分析の基準」）
13『社会保障読本』（地主重美）　東洋経済新報社　一九八三年（「主要制度の現状――社会福祉」）
14『日本の社会と福祉』（東京大学社会科学研究所）　東京大学出版会　一九八五年（「戦後日本における社会福祉サービスの展開過程」）
15『社会福祉の現代的展開』（日本社会事業大学）　勁草書房　一九八六年（「社会福祉の拡大と動揺――七〇年代の動向素描」）
16『福祉における国と地方』（伊部秀男・大森彌）　中央法規出版　一九八八年（「戦後社会福祉政策の展開と福祉改革」〈庄司洋子と共著〉）
17『福祉サービスの理論と体系』（仲村優一）　誠信書房　一九八九年（「戦後社会福祉の展開と福祉改革問題」）
18『人文書のすすめ』　人文会　一九九三年（「日本的福祉の現状」）
19『転換期の福祉政策』（山下袈裟男）　ミネルヴァ書房　一九九四年（「地域福祉の供給システム」）
20『21世紀社会福祉学』（一番ヶ瀬康子）　有斐閣　一九九五年（「日本社会福祉学の展開と課題」）
21『社会福祉の国際比較』（阿部志郎・井岡勉）　有斐閣　二〇〇〇年（「比較社会福祉学の視点と方法」）
22『先進諸国の社会保障：アメリカ』（藤田伍一・塩野谷祐一）　東京大学出版会　二〇〇〇年（「社会保障の歴史的形成」）

〈論文〉

1「施設児の研究――不安尺度による」　日本社会事業大学社会事

業研究所　『社会事業研究所年報』第3号　一九六五年

2「マターナル・ディプリベイション理論についての二、三の検討」日本社会事業大学社会福祉学会『社会事業研究』第5号　一九六五年

3「子どもの権利と発達」日本社会事業大学社会福祉学会『社会事業研究』第6号　一九六七年

4「養護施設の今後」日本社会事業大学社会事業研究所『社会事業研究所年報』第5号　一九六七年

5「児童養育の私事性と保育所」熊本短期大学『熊本短大論集』第37号　一九六八年

6「親の児童養育責任と児童福祉」熊本短期大学『熊本短大論集』第38号　一九六九年

7「現代における児童養育の特質――私事性と社会性」熊本短期大学『熊本短大論集』第39号　一九七〇年

8「児童福祉における対象把握について」熊本短期大学『熊本短大論集』第40号　一九七〇年

9「障害児問題への接近」熊本短期大学『熊本短大論集』第41号　一九七〇年

10「児童福祉における対象の問題」日本社会福祉学会『社会福祉学』第10号　一九七〇年

11「非行問題理解の枠組み」青少年問題研究会『青少年問題』第21巻第1号　一九七三年

12「児童福祉対象把握の枠組」日本社会事業大学社会事業研究所『社会事業研究所年報』第9・10合併号　一九七三年

13「児童福祉」全国社会福祉協議会『月刊福祉』第61巻第12号　一九七八年

14「アメリカ社会福祉史の方法をめぐって」W・トラットナー、古川孝順訳『アメリカ社会福祉の歴史』川島書店　所収　一九七八年

15「アメリカ母子扶助法成立史論」社会福祉法人真生会社会福祉研究所『母子研究』第2号　一九七九年

16「戦後児童福祉政策・立法の展開素描」中央学術研究所『真理と創造』第13号　一九七九年

17「わが国児童福祉の現状と課題」鉄道弘済会『社会福祉研究』第24号　一九七九年

18「ニューディール救済政策の展開――現代資本主義と社会福祉政策」社会事業史研究会『社会事業史研究』第8号　一九八〇年

19「戦後アメリカにおける福祉改革」『現代の社会福祉』(『季刊労働法』別冊第8号）総合労働研究所　所収　一九八一年

20「児童福祉の自立と動揺」全国社会福祉協議会『月刊福祉』第66巻第5号　一九八三年

21「養護施設退園者の生活史分析」(庄司洋子・大橋謙策・村井美紀）日本社会事業大学『社会事業の諸問題』第29集　一九八三年

22「戦後社会福祉サービス展開過程分析ノート」日本社会事業大学『社会事業の諸問題』第30集　一九八四年

23「社会福祉展開史分析基準再論ノート――生活保障システムの歴

史的展望」　日本社会事業大学『社会福祉の諸問題』第31集　一九八五年
24「養護施設における進路指導の実態――中間報告」　全国養護施設協議会『全国養護施設長研究協議会第39回研究発表大会資料集』所収　一九八五年
25「現代の貧困と子どもの発達権保障」　有斐閣『ジュリスト増刊総合特集』第43号「子どもの人権」　一九八六年
26「比較社会福祉の視点――予備的考察」　日本社会事業大学『社会事業の諸問題』第32集　一九八六年
27「占領期対日福祉政策と連邦緊急救済法」　社会事業史研究会「社会事業史研究」第15号　一九八七年
28「脱『施設社会化』の視点」　日本社会事業大学『社会事業の諸問題』第34集　一九八八年
29「福祉改革への視点と課題」　日本社会事業大学社会事業研究所『社会事業研究所年報』第24号　一九八八年
30「中卒養護施設児童の進路選択――家族的要因との関わりを中心に」　全国養護施設協議会『全国養護施設長研究協議会第42回研究発表大会資料集』所収　一九八八年
31「これからの福祉施設」　児童手当協会『児童手当』11、12月号　一九八八年
32「福祉改革三つの視点」　全国社会福祉協議会『月刊福祉』第72巻第3号　一九八九年
33「民生・児童委員活動の実態と展望」　日本社会事業大学社会事業研究所『社会事業研究所年報』第25号　一九八九年
34「新しい社会福祉供給＝利用システムと民生・児童委員の役割」　日本社会事業大学社会事業研究所『社会事業研究所年報』第26号　一九九〇年
35「福祉ニーズ＝サービス媒介者としての民生・児童委員」　日本社会事業大学社会事業研究所『社会事業研究所年報』第27号　一九九一年
36「社会福祉改革のなかの児童福祉」　鉄道弘済会『社会福祉研究』第52号　一九九一年
37「福祉改革問題への視座」　熊本短期大学社会福祉研究所『熊本短期大学社会福祉研究所報』第19・20号　一九九一年
38「批判的社会福祉の方法」　東洋大学『東洋大学社会学部紀要』第30巻第1号　一九九三年
39「ホームヘルプ・サービス研究の枠組」　東洋大学『東洋大学社会学部紀要』第32巻第1号　一九九四年
40「国際化時代の社会福祉とその課題」　日本社会福祉学会『社会福祉学』第35巻第1号　一九九四年
41「社会福祉施設改革の展望と課題」　鉄道弘済会『社会福祉研究』第60号　一九九四年
42「社会福祉分析の基礎的枠組」　熊本学園大学社会福祉学部『社会関係研究』第1巻第1号　一九九五年
43「アメリカ社会福祉における公民関係の展開とその教訓」　社会事業史研究会『社会事業史研究』第23号　一九九五年

44「社会福祉の制度・政策のパラダイム転換」 鉄道弘済会『社会福祉研究』第65号 一九九六年

45「公的介護保険と福祉マンパワー問題」有斐閣『ジュリスト』第一〇九四号 一九九六年

46「児童福祉施設の職員構成と専門性」 全国社会福祉協議会『月刊福祉』第79巻第12号 一九九六年

47「社会福祉二十一世紀への展望」 朝日新聞社アエラムック『社会福祉学のみかた』 一九九七年

48「地域福祉の推進と民生委員・児童委員活動への期待」 全国社会福祉協議会『月刊福祉』第80巻第14号 一九九七年

49「戦後社会福祉の骨格形成」 東洋大学社会学研究所『東洋大学社会学研究所年報』第30号 一九九七年

50「戦後社会福祉の拡大過程」 東洋大学社会学研究所『東洋大学社会学研究所年報』第31号 一九九八年

51「社会福祉事業範疇の再構成」 鉄道弘済会『社会福祉研究』第76号 一九九九年

52「社会福祉学研究の曲がり角」 鉄道弘済会『社会福祉研究』第82号 二〇〇一年

〔翻訳〕

1『アメリカ社会福祉の歴史』 T・トラットナー著 川島書店 一九七八年

2『アメリカ社会保障前史』 R・ルヴァブ著 川島書店 一九八二年

3『占領期の福祉改革』 T・タタラ著（菅沼隆との共訳） 筒井書房 一九九七年（「SCAPの活動とソーシャル・ワーク理論」「ポスト占領期ソーシャル・ワークの始まり」「結論」）

〔その他〕

1『社会福祉士・介護福祉士のための用語集』（定藤丈弘・川村佐和子との共編）誠信書房 一九九七年

2『社会福祉士・介護福祉士のための用語集』（第2版）（白澤政和・川村佐和子との共編） 誠信書房 二〇〇一年

索引

■あ行

■か行

■さ行

■わ行

古川孝順社会福祉学著作選集　第4巻

社会福祉学

二〇一九年二月二五日　発行

編　著　古川 孝順
発行者　荘村 明彦
発行所　中央法規出版株式会社
〒110-0016　東京都台東区台東三-二九-一　中央法規ビル
営　業　TEL　〇三-三八三四-五八一七
　　　　FAX　〇三-三八三七-八〇三七
書店窓口　TEL　〇三-三八三四-五八一五
　　　　FAX　〇三-三八三七-八〇三五
編　集　TEL　〇三-三八三四-五八一二
　　　　FAX　〇三-三八三七-八〇三二
https://www.chuohoki.co.jp/

装幀・本文デザイン　株式会社ジャパンマテリアル
印刷・製本　株式会社アルキャスト

セット定価　本体四六、〇〇〇円(税別)
全七巻　分売不可
落丁本・乱丁本はお取り替えいたします。